当代西方
社会心理学
名著译丛

方文 __ 主编

社会认同论
人类群体与社会范畴

[波] 亨利·泰弗尔（Henri Tajfel）__ 著

蒋 谦　毕竞文 __ 译

Human Groups
and Social Categories
Studies in Social Psychology

中国人民大学出版社
·北京·

当代西方社会心理学名著译丛（第二辑）编委会

学术顾问

陈欣银教授（宾夕法尼亚大学教育学院）
乐国安教授（南开大学社会学院）
周晓虹教授（南京大学社会学院）

编辑委员会

戴健林教授（华南师范大学政治与公共管理学院）
高明华教授（哈尔滨工程大学人文社会科学学院）
高申春教授（吉林大学心理学系）
管健教授（南开大学社会学院）
侯玉波副教授（北京大学心理与认知科学学院）
胡平教授（中国人民大学心理学系）
寇彧教授（北京师范大学心理学部）
李丹教授（上海师范大学心理学院）
李磊教授（天津商业大学心理学系）
李强教授（南开大学社会学院）
刘力教授（北京师范大学心理学部）
罗教讲教授（武汉大学社会学院）
马华维教授（天津师范大学心理学部）
潘宇编审（中国人民大学出版社）
彭泗清教授（北京大学光华管理学院）
汪新建教授（南开大学社会学院）
杨宜音研究员（中国社会科学院社会学研究所）
翟学伟教授（南京大学社会学院）
张建新研究员（中国科学院心理研究所）
张彦彦教授（吉林大学心理学系）
赵德雷副教授（哈尔滨工程大学人文社会科学学院）
赵蜜副教授（中央民族大学民族学与社会学学院）
钟年教授（武汉大学哲学学院）
朱虹教授（南京大学商学院）
佐斌教授（华中师范大学心理学院）
方文教授（译丛主编，北京大学社会学系）

开启社会心理学的"文化自觉"
"当代西方社会心理学名著译丛"(第二辑)总序

只有一门社会心理学。它关注人之认知、情感和行为潜能的展现,如何受他人在场(presence of others)的影响。其使命是激励每个活生生的个体去超越约拿情结(Jonah Complex)的羁绊,以缔造其动态、特异而完整的丰腴生命。但他人在场,已脱离奥尔波特(Gordon. W. Allport)原初的实际在场(actual presence)、想象在场(imagined presence)和隐含在场(implied presence)的微观含义,叠合虚拟在场(virtual presence)这种新模态,从共时-历时和宏观-微观两个维度得到重构,以涵括长青的研究实践和不断拓展的学科符号边界(方文,2008a)。社会心理学绝不是哪个学科的附属学科,它只是以从容开放的胸怀,持续融会心理学、社会学、人类学、进化生物学和认知神经科学的智慧,逐渐建构和重构自主独立的学科认同和概念框架,俨然成为人文社会科学的一门基础学问。

在不断建构和重构的学科历史话语体系中,社会心理学有不同版本的诞生神话(myth of birth),如1898年特里普里特(Norman Triplett)有关社会促进/社会助长(social facilitation)的实验研究、1908年两本偶然以社会心理学为题的教科书,或1924年奥尔波特(Floyd H. Allport)的权威教材。这些诞生神话,蕴含可被解构的意识形态偏好和书写策略。援引学科制度视角(方文,2001),这门新生的社会/行为科学的学科合法性和学科认同,在20世纪30年代中期于北美得以获得。而北美社会心理学,在第二次世界大战期间及战后年代声望日盛,成就其独断的符号霸权。当代社会心理学的学科图景和演进画卷，舒展在此脉络中。

一、1967年：透视当代社会心理学的时间线索

黑格尔说，一切哲学也就是哲学史。哲人道破学科史研究的秘密：滋养学术品位。但在社会科学/行为科学的谱系中，学科史研究一直地位尴尬，远不及人文学科。研究学科史的学者，或者被污名化——自身没有原创力，只能去总结梳理他人的英雄故事；或者被认为所投身之事业只是学问大家研究之余的闲暇游戏，如对自身成长过程的记录。而在大学的课程设计中，学科史也只是附属课程，大多数被简化为具体课程中的枝节，在导论里一笔带过。

学科史研究对学术品位的滋养，从几方面展开。第一，它在无情的时间之流中确立学科演化路标、学科的英雄谱系和经典谱系。面对纷繁杂乱的"研究时尚"或招摇撞骗的"学界名流"，它是最简洁而高效的解毒剂。第二，它作为学科集体记忆档案，是学科认同建构的基本资源。当学子们领悟到自身正置身于那些非凡而勤奋的天才所献身的理智事业时，自豪和承诺油然而生。而学科脉络中后继的天才，就从中破茧而出。第三，它也是高效的学习捷径。尽管可向失败和愚昧学习，但成本过高；而向天才及其经典学习，是最佳的学习策略。第四，它还可能为抽象的天才形象注入温暖的感性内容。而这感性，正是后继者求知的信心和努力的动力。

已有四种常规线索、视角或策略，被用来观照当代社会心理学的演化：学科编年史，或者学科通史，是第一种也是最为常用的策略；学派的更替是第二种策略；不同年代研究主题的变换是第三种策略；而不同年代权威教科书的内容变迁，则是第四种策略。

还有一些新颖的策略正在被尝试。支撑学科理智大厦的核心概念或范畴在不同时期杰出学者视域中的意义演化，即概念史或范畴史，是一种新颖独特但极富难度的视角；而学科制度视角，则以学科发展的制度建设为核心，也被构造出来（方文，2001）。这些视角或策略为洞悉学科的理智发展提供了丰厚洞识。

而历史学者黄仁宇先生则以核心事件和核心人物的活动为主线，贡献

了其大历史的观念。黄先生通过聚焦"无关紧要的一年"（A Year of No Significance）——1587年或万历十五年（黄仁宇，2007），条分缕析，洞悉暗示当时最强大的大明帝国若干年后崩溃的所有线索。这些线索，在这一年六位人物的活动事件中都可以找到踪迹。

剥离其悲哀意味，类似地，当代社会心理学的命运，也可标定"无关紧要的一年"：1967年。它与两个基本事件和三个英雄人物关联在一起。

首先是两个基本事件。第一是1967年前后"社会心理学危机话语"的兴起，第二是1967年前后所开始的欧洲社会心理学的理智复兴。危机话语的兴起及其应对，终结了方法学的实验霸权，方法多元和方法宽容逐渐成为共识。而欧洲社会心理学的理智复兴，则终结了北美主流"非社会的"社会心理学（asocial social psychology），"社会关怀"成为标尺。而这两个事件之间亦相互纠缠，共同形塑了当代理论形貌和概念框架（Moscovici & Marková, 2006）。

还有三个英雄人物。主流社会心理学的象征符码——"社会心理学的教皇"（pope of social psychology）费斯廷格（Leon Festinger, 1919—1989），在1967年开始对社会心理学萌生厌倦之心，正准备离开斯坦福大学和社会心理学。一年后，费斯廷格终于成行，从斯坦福大学来到纽约的新社会研究学院（New School for Social Research），主持有关运动视觉的项目。费斯廷格对社会心理学的离弃，是北美独断的符号霸权终结的先兆。

而在同一年，主流社会心理学界还不熟悉的泰弗尔（Henri Tajfel, 1919—1982），这位和费斯廷格同年出生的天才，从牛津大学来到布里斯托大学，身份从牛津大学的讲师变为布里斯托大学社会心理学讲席教授。

而在巴黎，和泰弗尔同样默默无闻的另一位天才莫斯科维奇（Serge Moscovici, 1925—2014）正在孕育少数人影响（minority influence）和社会表征（social representation）的思想和研究。

从1967年开始，泰弗尔团队和莫斯科维奇团队，作为欧洲社会心理学理智复兴的创新引擎，在"社会关怀"的旗帜下，开始了一系列独创性的研究。社会心理学的当代历史编纂家，会铭记这一历史时刻。当代社会心理学的世界图景从那时开始慢慢重构，北美社会心理学独断的符号霸权开始慢慢解体；而我们置身于其中的学科成就，在新的水准上也得以孕育和完善。

二、统一的学科概念框架的建构：解释水平

教科书的结构，是学科概念框架的原型表征。在研究基础上获得广泛共识的学科结构、方法体系和经典案例，作为学科内核，构成教科书的主体内容。教科书，作为学科发展成熟程度的重要指标，是学科知识传承、学术社会化和学科认同建构的基本资源和主要媒介。特定学科的学子和潜在研究者，首先通过教科书而获得有关学科的直观感受和基础知识。而不同年代权威教科书的内容变迁，实质上负载特定学科理智演化的基本线索。

在众多的教科书当中，有几条标准可帮助辨析和鉴别其优劣。第一，教科书的编/作者是不是第一流的研究者。随着学科的成熟，中国学界以往盛行的"教材学者"已经淡出；而使他们获得声望的所编教材，也逐渐丧失价值。第二，教科书的编/作者是否秉承理论关怀。没有深厚的理论关怀，即使是第一流的研究者，也只会专注于自己所感兴趣的狭隘领域，没有能力公正而完备地展现和评论学科发展的整体面貌。第三，教科书的编/作者是否有"文化自觉"的心态。如果负荷文化中心主义的傲慢，编/作者就无法均衡、公正地选择研究资料，而呈现出对自身文化共同体的"单纯暴露效应"(mere exposure effect)，缺失文化多样性的感悟。

直至今日，打开绝大多数中英文社会心理学教科书的目录，只见不同研究主题杂乱无章地并置，而无法明了其逻辑连贯的理智秩序。学生和教师大多无法领悟不同主题之间的逻辑关联，也无法把所学所教内容图式化，使之成为自身特异的知识体系中可随时启动的知识组块和创造资源。这种混乱，是对社会心理学学科身份的误识，也是对学科概念框架的漠视。

如何统合纷繁杂乱但生机活泼的研究实践、理论模式和多元的方法偏好，使之归于逻辑统一而连贯的学科概念框架？有深刻理论关怀的社会心理学大家，都曾致力于这些难题。荣誉最终归于比利时出生的瑞士学者杜瓦斯（Willem Doise）。

在杜瓦斯之前，美国社会心理学者、2007年库利-米德奖（Cooley-

Mead Award）得主豪斯也曾试图描绘社会心理学的整体形貌（House,1977）。豪斯所勾画的社会心理学是三头怪物：社会学的社会心理学（sociological social psychology，SSP）、实验社会心理学（experimental social psychology，ESP）、语境社会心理学（contextual social psychology，CSP）或社会结构和人格研究（social structure and personality）。曾经被误解为两头怪物的社会心理学，因为豪斯更加让人厌烦和畏惧。

但如果承认行动者的能动性，即使是在既定的社会历史语境中的能动性，那么，在行动中对社会过程和社会实在进行情景界定和社会建构的社会心理过程的首要性也会凸显出来。换言之，社会心理过程在主观建构的意义上对应于社会过程。

杜瓦斯在《社会心理学的解释水平》这部名著中，以解释水平为核心，成功重构了社会心理学统一的学科概念框架。杜瓦斯细致而合理地概括了社会心理学解释的四种理想型或水平，而每种解释水平分别对应于不同的社会心理过程，生发相应的研究主题（Doise, 1986: 10-17）。

水平1——个体内水平（intra-personal or intra-individual level）。它是最为微观也最为心理学化的解释水平。个体内分析水平，主要关注个体在社会情境中组织其社会认知、社会情感和社会经验的机制，并不直接处理个体和社会环境之间的互动。

以个体内解释水平为核心的**个体内过程**，可涵括的基本研究主题有：具身性（embodiment）、自我、社会知觉和归因、社会认知和文化认知、社会情感、社会态度等。

在这一解释水平上，社会心理学者已经构造出一些典范的理论模型，如：费斯廷格的认知失调论；态度形成和改变的双过程模型，如精致化可能性模型（elaboration likelihood model，ELM）与启发式加工-系统加工模型（heuristic-systematic model，HSM）；希金斯（Higgins, 1996）的知识启动和激活模型。

水平2——人际和情景水平（interpersonal and situational level）。它主要关注在给定的情景中所发生的人际过程，而并不考虑在此特定的情景之外个体所占据的不同的社会位置（social positions）。

以人际水平为核心的**人际过程**，可涵括的基本研究主题有：亲社会行为、攻击行为、亲和与亲密关系、竞争与合作等。其典范理论模型是费斯廷格的社会比较论。

水平3——社会位置水平（social positional level）或群体内水平。它关注社会行动者在社会位置中的跨情景差异（inter-situational differences），如社会互动中的参与者特定的群体资格或范畴资格（different group or categorical membership）。

以群体水平为核心的**群体过程**，可涵括的基本研究主题有：大众心理、群体形成、多数人的影响和少数人的影响、权威服从、群体绩效、领导-部属关系等。其典范理论模型是莫斯科维奇有关少数人影响的众从模型（conversion theory）、多数人和少数人影响的双过程模型和社会表征论（Moscovici，2000）。

水平4——意识形态水平（ideological level）或群际水平。它是最为宏观也是最为社会学化的解释水平。它在实验或其他研究情景中，关注或考虑研究参与者所携带的信念、表征、评价和规范系统。

以群际水平为核心的**群际过程**，可涵括的基本研究主题有：群际认知，如刻板印象；群际情感，如偏见；群际行为，如歧视及其应对，还有污名。

在过去的40年中，群际水平的研究已有突破性的进展。主宰性的理论范式由泰弗尔的社会认同论所启动，并深化到文化认同的文化动态建构论（dynamic constructivism）（Chiu & Hong，2006；Hong et al.，2000；Wyer，et al. Ed.，2009）和"偏差"地图模型（BIAS map）（Cuddy et al.，2007；Fiske et al.，2002）之中。

社会理论大家布迪厄曾经讥讽某些社会学者的社会巫术或社会炼金术，认为他们把自身的理论图式等同于社会实在本身。英雄所见！杜瓦斯尤其强调的是，社会实在在任何时空场景下都是整体呈现的，而不依从于解释水平。社会心理学的四种解释水平只是逻辑工具，绝不是社会实在的四种不同水平；而每种解释水平，都有其存在的合理性，但都只涉及对整体社会实在的某种面向的研究；对于社会实在的整体把握和解释，有赖于四种不同的解释水平的联合（articulation；Doise，1986）。

这四种不同面向和不同层次的社会心理过程，从最为微观也最为心理学化的个体内过程，到最为宏观也最为社会学化的群际过程，是对整体的社会过程不同面向和不同层次的相应表征。

以基本社会心理过程为内核，就可以勾画社会心理学逻辑连贯的概念框架，它由五部分所组成：

(1) 社会心理学的历史演化、世界图景和符号霸权分层。

(2) 社会心理学的方法体系。

(3) 不断凸现的新路径。它为生机勃勃的学科符号边界的拓展预留空间。

(4) 基本社会心理过程。

(5) 社会心理学在行动中：应用实践的拓展。

社会心理学的基础研究，从第二次世界大战开始，就从两个方面向应用领域拓展。第一，在学科内部，应用社会心理学作为现实问题定向的研究分支，正逐渐把基础研究的成果用来直面和应对更为宏大的社会问题，如健康、法律、政治、环境、宗教和组织行为。第二，社会心理学有关人性、心理和行为的研究，正对其他学科产生深刻影响。行为经济学家塞勒（Richard H. Thaler，又译为泰勒）因有关心理账户和禀赋效应的研究而获得 2017 年诺贝尔经济学奖。这是社会心理学家在近 50 年中第四次获此殊荣［这里没有算上认知神经科学家奥基夫（John O'Keefe）和莫泽夫妇（Edvard I. Moser & May-Britt Moser）因有关大脑的空间定位系统的研究而获得的 2014 年诺贝尔生理学或医学奖］。在此之前，社会心理学家洛伦茨（Konrad Lorenz）、廷伯根（Nikolaas Tinbergen）和冯·弗里希（Karl von Frisch）因有关动物社会行为的开创性研究而于 1973 年分享诺贝尔生理学或医学奖。西蒙（Herbert A. Simon；中文名为司马贺，以向司马迁致敬）因有关有限理性（bounded rationality）和次优决策或满意决策（sub-optimum decision-making or satisficing）的研究而获得 1978 年诺贝尔经济学奖。而卡尼曼（Daniel Kahneman）则因有关行动者在不确定境况中的判断启发式及其偏差的研究，而与另一位学者分享 2002 年诺贝尔经济学奖。

在诺贝尔奖项中，并没有社会心理学奖。值得强调的是，这些荣膺大奖的社会心理学家，也许只是十年一遇的杰出学者，还不是百年一遇的天才。天才社会心理学家如费斯廷格、泰弗尔、莫斯科维奇和特里弗斯（Robert Trivers）等，他们的理论，在不断地触摸人类物种智慧、情感和欲望的限度。在这个意义上，也许任何大奖包括诺贝尔奖，都无法度量他们持久的贡献。但无论如何，不断获奖的事实，从一个侧面证明了社会心理学家群体的卓越成就，以及社会心理学的卓越研究对于其他人文社会科学研究的典范意义。

杜瓦斯的阐释，是对社会心理学统一概念框架的典范说明。纷繁杂乱的研究实践和理论模式，从此可以被纳入逻辑统一而连贯的体系之中。社会心理学直面社会现实的理论雄心由此得以释放，它不再是心理学、社会学或其他什么学科的亚学科，而是融会相关理智资源的自主学科。

三、当代社会心理学的主宰范式

已有社会心理学大家系统梳理了当代社会心理学的理智进展（如乐国安主编，2009；周晓虹，1993；Burke Ed., 2006；Kruglanski & Higgins Eds., 2007；Van Lange et al. Eds., 2012）。以杜瓦斯所勾画的社会心理学的概念框架为心智地图，也可尝试粗略概括当代社会心理学的主宰范式。这些主宰范式主要体现在方法创新和理论构造上，而不关涉具体的学科史研究、实证研究和应用研究。

（一）方法学领域：社会建构论和话语社会心理学的兴起

作为学科内外因素剧烈互动的结果，"社会心理学危机话语"在20世纪60年代末期开始登场，到20世纪80年代初尘埃落定（方文，1997）。在这段时间，社会心理学教科书、期刊和论坛中充斥着种种悲观的危机论，有的甚至非常激进——"解构社会心理学"（Parker & Shotter Eds., 1990）。"危机话语"实质上反映了社会心理学家群体自我批判意识的兴起。这种自我批判意识的核心主题，就是彻底审查社会心理学赖以发展的方法学基础即实验程序。

危机之后，社会心理学已经迈入方法多元和方法宽容的时代。实验的独断主宰地位已经消解，方法体系中的所有资源正日益受到均衡的重视。不同理智传统和方法偏好的社会心理学者，通过理智接触，正在消解相互的刻板印象、偏见甚至是歧视，逐渐趋于友善对话甚至是合作。同时，新的研究程序和文献评论技术被构造出来，并逐渐产生重要影响。

其中主宰性的理论视角就是社会建构论（如 Gergen, 2001），主宰性的研究路径就是话语社会心理学（波特，韦斯雷尔，2006；Potter & Wetherell, 1987; Van Dijk, 1993）和修辞学（rhetoric; Billig, 1996），而新的研究技术则是元分析（meta-analysis; Rosenthal & DiMatteo, 2001）。近期，行动者中心的计算机模拟（agent-based simulation; Macy & Willer, 2002）和以大数据处理为基础的计算社会科学（computer social science）（罗玮，罗教讲，2015；Macy & Willer, 2002）也开始渗透进社会心理学的研究中。

（二）不断凸显的新路径：进化路径、文化路径和社会认知神经科学

社会心理学一直不断地自我超越，以开放自在的心态融合其他学科的资源，持续拓展学科符号边界。换言之，社会心理学家群体不断地实践新的研究路径（approaches or orientations）。进化路径、文化路径和社会认知神经科学是其中的典范路径。

进化路径和文化路径的导入，关联于受到持续困扰的基本理论论争：是否存在统一而普遍的规律和机制以支配人类物种的社会心理和社会行为？人类物种的社会心理和社会行为是否因其发生的社会文化语境的差异而呈现出特异性和多样性？这个基本理论论争，又可称为普遍论-特异论（universalism vs. particularism）之论争。

依据回答这个论争的不同立场和态度的差异，作为整体的社会心理学家群体可被纳入三个不同的类别或范畴之中。第一个类别是以实验研究为定向的主流社会心理学家群体。他们基本的立场和态度是漠视这个问题的存在价值，或视之为假问题。他们自我期许以发现普遍规律为己任，并把这一崇高天职视为社会心理学的学科合法性和学科认同的安身立命之所。因为他们持续不懈的努力，社会心理学的学子们在其学科社会化过程中，

不断地遭遇和亲近跨时空的典范研究和英雄谱系。

第二个类别是以文化比较研究为定向的社会心理学家群体。不同文化语境中社会心理和社会行为的特异性和多样性，使他们刻骨铭心。他们坚定地主张特异论的一极，并决绝地质疑普遍论的诉求。因为他们同样持续不懈的努力，社会心理和社会行为的文化嵌入性（cultural embeddedness）的概念开始深入人心，并且不断激发文化比较研究和本土化研究的热潮。奇妙的是，文化社会心理学的特异性路径，从新世纪开始逐渐解体，而迈向文化动态建构论（Chiu & Hong，2006；Hong et al.，2000）和文化混搭研究（cultural mixing/polyculturalism）（赵志裕、吴莹特约主编，2015；吴莹、赵志裕特约主编，2017；Morris et al.，2015）。

文化动态建构论路径，关涉每个个体的文化命运，如文化认知和知识激活、文化认同和文化融合等重大主题。我们每个个体宿命般地诞生在某种在地的文化脉络而不是某种文化实体中。经过生命历程的试错，在文化认知的基础上，我们开心眼，滋心灵，育德行。但文化认知的能力，是人类物种的禀赋，具有普世性。假借地方性的文化资源，我们成长为人，并不断地修补和提升认知力。我们首先成人，然后才是中国人或外国人、黄皮肤或黑白皮肤、宗教信徒或非信徒。

倚靠不断修补和提升的认知力，我们逐渐穿越地方性的文化场景，加工异文化的体系，建构生动而动态的"多元文化的心智"（multicultural mind；Hong et al.，2000）。异质的"文化病毒"，或多元的文化"神灵"，"栖居"在我们的心智中，而表现出领域-特异性。几乎没有"诸神之争"，它们在我们的心灵中各就其位。

这些异质的"文化病毒"，或多元的文化"神灵"不是暴君，也做不成暴君，绝对主宰不了我们的行为。因为先于它们，从出生时起，我们就被植入了自由意志的天赋。我们的文化修行，只是手头待命的符号资源或"工具箱"（Swidler，1986）。而且在行动中，我们练习"文化开关"的转换技能和策略，并累积性地创造新工具或新的"文化病毒"（Sperber，1996）。

第三个类别是在当代进化生物学的理智土壤中生长而壮大的群体，即进化社会心理学家群体。他们蔑视特异论者的"喧嚣"，而把建构统一理论的雄心拓展至包括人类物种的整个动物界，以求揭示支配整个动物界的社会心理和社会行为的秩序和机制。以进化历程中的利他难题和性选择难题为核心，以有机体遗传品质的适应性（fitness）为逻辑起点，从1964年汉密尔顿（W. D. Hamilton）开始，不同的宏大理论（grand theories）［如亲属选择论（kin selection/ inclusive fitness）、直接互惠论（direct reciprocal altruism）和间接互惠论（indirect reciprocal altruism）在利他难题上，亲本投资论（theory of parental investment；Trivers，2002）在性选择难题上］被构造出来。而进化定向的社会心理学者把进化生物学遗传品质的适应性转化为行为和心智的适应性，进化社会心理学作为新路径和新领域得以成就（如巴斯，2011，2015；Buss，2016）。

认知神经科学和社会认知的融合，催生了社会认知神经科学。以神经科学的新技术如功能性磁共振成像技术（fMRI）和正电子发射断层扫描技术（PET）为利器，社会认知的不同阶段、不同任务以及认知缺陷背后的大脑对应活动，正是最热点前沿（如 Eisenberger，2015；Eisenberger et al.，2003；Greene et al.，2001；Ochsner，2007）。

（三）个体内过程：社会认知范式

在个体内水平上，自20世纪80年代以来，以"暖认知"（warm cognition）或"具身认知"（embodied cognition）为核心的"社会认知革命"（李其维，2008；赵蜜，2010；Barsalou，1999；Barbey et al.，2005），有重要进展。其典范的启动程序（priming procedure）为洞悉人类心智的"黑箱"贡献了简洁武器，并且渗透在其他水平和其他主题的研究中，如文化认知、群体认知（Yzerbyt et al. Eds.，2004）和偏差地图（高明华，2010；佐斌等，2006；Fiske et al.，2002；Cuddy et al.，2007）。

卡尼曼有关行动者在不确定境况中的判断启发式及其偏差的研究（卡尼曼等编，2008；Kahneman et al. Eds，1982），以及塞勒有关禀赋效应和心理账户的研究（泰勒，2013，2016），使社会认知的路径贯注在经济判断和决策领域中。由此，行为经济学开始凸显。

（四）群体过程：社会表征范式

人际过程的研究，充斥着杂多的中小型理论模型，并受个体内过程和群体过程研究的挤压。最有理论综合潜能的可能是以实验博弈论为工具的有关竞争和合作的研究。

当代群体过程研究的革新者是莫斯科维奇。从北美有关群体规范形成、从众以及权威服从的研究传统中，莫斯科维奇洞悉了群体秩序和群体创新的辩证法。莫斯科维奇的团队从1969年开始，在多数人的影响之外，专注少数人影响的机制。他以少数人行为风格的一致性为基础的众从模型（conversion theory），以及在此基础上所不断完善的多数人和少数人影响的双过程模型（如 De Deru et al. Eds., 2001；Nemeth, 2018），重构了群体过程研究的形貌。莫斯科维奇有关少数人影响的研究经历，佐证了其理论的可信性与有效性（Moscovici, 1996）。

而社会表征论（social representation）则是莫斯科维奇对当代社会心理学的另一重大贡献（Moscovici, 2000）。他试图超越北美不同版本内隐论（implicit theories）的还原主义和个体主义逻辑，解释和说明常识在社会沟通实践中的生产和再生产过程。社会表征论从20世纪90年代开始，激发了丰富的理论探索和实证研究（如管健，2009；赵蜜，2017；Doise et al., 1993；Liu, 2004；Marková, 2003），并熔铸在当代社会理论中（梅勒，2009）。

（五）群际过程：社会认同范式及其替代模型

泰弗尔的社会认同论（social identity theory, SIT）革新了当代群际过程的研究。泰弗尔首先奠定了群际过程崭新的知识基础和典范程序：建构主义的群体观、对人际-群际行为差异的精妙辨析，以及"最简群体范式"（minimal group paradigm）的实验程序。从1967年开始，经过十多年持续不懈的艰苦努力，泰弗尔和他的团队构造了以社会范畴化、社会比较、认同建构和认同解构/重构为核心的社会认同论。社会认同论，超越了前泰弗尔时代北美盛行的还原主义和个体主义的微观-利益解释路径，基于行动者的多元群体资格来研究群体过程和群际关系（布朗，2007；Tajfel,

1970,1981;Tajfel & Turner,1986)。

在泰弗尔于1982年辞世之后,社会认同论在其学生特纳的领导下,有不同版本的修正模型,如不确定性-认同论(uncertainty-identity theory;Hogg,2007)和最优特异性模型(optimal distinctiveness model)。其中最有影响的是特纳等人的"自我归类论"(self-categorization theory;Turner et al.,1987)。在自我归类论中,特纳提出了一个精妙构念——元对比原则(meta-contrast principle),它是行为连续体中范畴激活的基本原则(Turner et al.,1987)。所谓元对比原则,是指在群体中,如果群体成员之间在某特定维度上的相似性权重弱于另一维度的差异性权重,沿着这个有差异的维度就会分化出两个群体,群际关系因此从群体过程中凸显。特纳的元对比原则,有两方面的重要贡献:其一,它完善了其恩师的人际-群际行为差别的观念,使之转换为人际-群际行为连续体;其二,它卓有成效地解决了内群行为和群际行为的转化问题。

但社会认同论仍存在基本理论困扰:内群偏好(ingroup favoritism)和外群敌意(outgroup hostility)难题。不同的修正版本都没有妥善地解决这个基本问题。倒是当代社会认知的大家费斯克及其团队从群体认知出发,通过刻板印象内容模型(stereotype content model,STM;Fiske et al.,2002)巧妙解决了这个难题,并经由"偏差"地图(BIAS map;Cuddy et al.,2007)把刻板印象(群际认知)、偏见(群际情感)和歧视(群际行为)融为一体。

典范意味着符号霸权,但同时也是超越的目标和击打的靶心。在社会认同范式的笼罩下,以自尊假设和死亡显著性(mortality salience)为核心的恐惧管理理论(terror management theory,TMT)(张阳阳,佐斌,2006;Greenberg et al.,1997)、社会支配论(social dominance theory;Sidanius & Pratto,1999)和体制合理化理论(system justification theory;Jost & Banaji,1994)被北美学者构造出来,尝试替代解释群际现象。它有两方面的意涵:其一,它意味着人格心理学对北美社会心理学的强大影响力;其二则意味着北美个体主义和还原主义的精神气质期望在当代宏观社会心理过程中借尸还魂,而这尸体就是腐败达半世纪的权威人格论及其变式。

四、铸就中国社会心理学的"社会之魂"

中国当代社会心理学自 1978 年恢复、重建以来,"本土行动、全球情怀"可道其风骨。立足于本土行动的研究实践历经二十余载,催生了"文化自觉"的信心和勇气。中国社会心理学者的全球情怀,也从 21 世纪起开始凸显。

(一)"本土行动"的研究路径

所有国别中的社会心理学研究,首先都是本土性的研究实践。中国当代社会心理学的研究也不例外,其"本土行动"的研究实践,包括以下两类研究路径。

1. 中国文化特异性路径

以中国文化特异性为中心的研究实践,已经取得一定的成就。援引解释水平的线索,可从个体、人际、群体和群际层面进行概要评论。在个体层面,受杨国枢中国人自我研究的激发,金盛华和张建新尝试探究自我价值定向理论和中国人人格模型;彭凯平的分析思维-辩证思维概念、侯玉波的中国人思维方式探索以及杨中芳的"中庸"思维研究,都揭示了中国人独特的思维方式和认知特性;刘力有关中国人的健康表征研究、汪新建和李强团队的心理健康和心理咨询研究,深化了对中国人健康和疾病观念的理解。而周欣悦的思乡研究、金钱启动研究和控制感研究,也有一定的国际影响。在人际层面,黄光国基于儒家关系主义探究了"中国人的权力游戏",并激发了翟学伟和佐斌等有关中国人的人情、面子和里子研究;叶光辉的孝道研究,增进了对中国人家庭伦理和日常交往的理解。在群体层面,梁觉的社会通则概念,王垒、王辉、张志学、孙健敏和郑伯埙等有关中国组织行为和领导风格的研究,尝试探究中国人的群体过程和组织过程。而在群际层面,杨宜音的"自己人"和"关系化"的研究,展现了中国人独特的社会分类逻辑。沙莲香有关中国民族性的系列研究,也产生了重大影响。

上述研究增强了中国社会心理学共同体的学术自信。但这些研究也存在有待完善的共同特征。第一，这些研究都预设一种个体主义文化-集体主义文化的二元对立，而中国文化被假定和西方的个体主义文化不同，位于对应的另一极。第二，这些研究的意趣过分执着于中国文化共同体相对静止而凝固的面向，有的甚至隐含汉族中心主义和儒家中心主义倾向。第三，这些研究的方法程序大多依赖于访谈或问卷/量表。第四，这些研究相对忽视了当代中国社会的伟大变革对当代中国人心灵的塑造作用。

2. 稳态社会路径

稳态社会路径对理论论辩没有丝毫兴趣，但它是大量经验研究的主宰偏好。其问题意识，源于对西方主流学界尤其是北美社会心理学界的追踪、模仿和复制，并常常伴随中西文化比较的冲动。在积极意义上，这种问题意识不断刺激国内学子研读和领悟主流学界的进展；但其消极面是使中国社会心理学的精神品格，蜕变为北美研究时尚的落伍追随者，其典型例证如被各级地方政府所追捧的有关主观幸福感的研究。北美社会已经是高度稳态的程序社会，因而其学者问题意识的生长点只能是稳态社会的枝节问题。而偏好稳态社会路径的中国学者，所面对的是急剧的社会变革和转型。社会心理现象的表现形式、成因、后果和应对策略，在稳态社会与转型社会之间，存在质的差异。

稳态社会路径的方法论偏好，可归结为真空中的个体主义。活生生的行动者，在研究过程中被人为剔除了其在转型社会中的丰富特征，而被简化为高度同质的原子式的个体。强调社会关怀的社会心理学，蜕变为"非社会的"（asocial）社会心理学。而其资料收集程序，乃是真空中的实验或问卷调查。宏大的社会现实，被歪曲或简化为人为的实验室或田野中漠不相关的个体之间虚假的社会互动。社会心理学的"社会"之魂由此被彻底放逐。

（二）超越"怪异心理学"的全球情怀

中国社会"百年未有之变局",给中国社会心理学者提供了千载难逢的社会实验室。一种以中国社会转型为中心的研究实践,从 21 世纪开始焕发生机。其理论抱负不是对中西文化进行比较,也不是为西方模型提供中国样本资料,而是要真切地面对中国伟大的变革现实,以系统描述、理解和解释置身于转型社会的中国人心理和行为的逻辑和机制。其直面的问题虽是本土-本真性的,但由此系统萌生的情怀却是国际性的,力图超越"怪异心理学"［western, educated, industrialized, rich, and democratic (WEIRD) psychology；Henrich et al., 2010］,后者因其研究样本局限于西方受过良好教育的工业化背景的富裕社会而饱受诟病。

乐国安团队有关网络集体行动的研究,周晓虹有关农民群体社会心理变迁、"城市体验"和"中国体验"的研究,杨宜音和王俊秀团队有关社会心态的研究,方文有关群体符号边界、转型心理学和社会分类权的研究（方文,2017）,高明华有关教育不平等的研究（高明华,2013）,赵德雷有关社会污名的研究（赵德雷,2015）,赵蜜有关政策社会心理学和儿童贫困表征的研究（赵蜜,2019；赵蜜、方文,2013）,彭泗清团队有关文化混搭（cultural mixing）的研究,都尝试从不同侧面捕捉中国社会转型对中国特定群体的塑造过程。这些研究的基本品质,在于研究者对社会转型的不同侧面的高度敏感性,并以之为基础来构造自己研究的问题意识。其中,赵志裕和康萤仪的文化动态建构论模型有重要的国际影响。

（三）群体地图与中国体验等紧迫的研究议题

面对空洞的宏大理论和抽象经验主义的符号霸权,米尔斯呼吁社会学者应以持久的人类困扰和紧迫的社会议题为枢纽,重建社会学的想象力。而要滋养和培育中国当代社会心理学的想象力和洞察力,铸就社会心理学的"社会之魂",类似地,必须检讨不同样式的生理决定论和还原论,直面生命持久的心智困扰和紧迫的社会心理议题。

不同样式的生理决定论和还原论,总是附身于招摇的研究时尚,呈现不同的惑人面目，如认知神经科学的殖民倾向。社会心理学虽历经艰难而理智的探索，终于从生理/本能决定论中破茧而出，却持续受到认知神经科学的侵扰。尽管大脑是所有心智活动的物质基础，尽管所有的社会心理和行为都有相伴的神经相关物，尽管社会心理学者对所有的学科进展有持续的开放胸怀，但人类复杂的社会心理过程无法还原为个体大脑的结构或功能。而今天的研究时尚，存在神经研究替代甚至凌驾完整动态的生命活动研究的倾向。又如大数据机构的营销术。据称大数据时代已经来临，而所有生命活动的印迹，通过计算社会科学，都能被系统挖掘、集成、归类、整合和预测。类似于乔治·奥威尔所著《一九八四》中老大哥的眼神，这是令人恐怖的数字乌托邦迷思。完整动态的生命活动，不是数字，也无法还原为数字，无论基于每个生命从出生时起就被永久植入的自由意志，还是基于自动活动与控制活动的分野。

铸就中国当代社会心理学的"社会之魂"，必须直面转型中国社会紧迫的社会心理议题。

(1) 数字时代人类社会认知能力的演化。方便获取的数字文本、便捷的文献检索和存储方式，彻底改变了生命学习和思考的语境。人类的社会认知过程的适应和演化是基本难题之一。"谷歌效应"（Google effect；Sparrow et al., 2011）已经初步揭示便捷的文献检索和存储方式正败坏长时记忆系统。

(2) "平庸之恶"风险中的众从。无论是米尔格拉姆的权威服从实验还是津巴多的"路西法效应"研究，无论是二战期间纳粹德国的屠犹还是日本法西斯在中国和东南亚的暴行，无论是当代非洲的种族灭绝还是不时发生的恐怖活动，如何滋养和培育超越所谓"平庸之恶"的众从行为和内心良知，值得探究。它还涉及如何汇集民智、民情和民意的"顶层设计"。

(3) 中国社会的群体地图。要想描述、理解和解释中国人的所知、所感、所行，必须从结构层面深入人心层面，系统探究社会转型中不同群体的构成特征、认知方式、情感体验、惯例行为模式和生命期盼。

(4) 中国体验与心态模式。如何系统描绘社会变革语境中国民众人心秩序或"中国体验"与心态模式的变迁，培育慈爱之心和公民美德，对抗非人化（dehumanization）或低人化（infra-humanization）趋势，也是紧迫的研究议程之一。

五、文化自觉的阶梯

中国社会"千年未有之变局"，或社会转型，已经开始并正在形塑整体中国人的历史命运。如何从结构层面深入人心层面来系统描述、理解和解释中国人的所知、所感及所行？如何把社会转型的现实灌注到中国社会心理学的研究场景中，以缔造中国社会心理学的独特品格？如何培育中国社会心理学者对持久的人类困扰和紧迫的社会议题的深切关注和敏感？所有这些难题，都是中国社会心理学者不得不直面的挑战，但同时也是理智复兴的机遇。

中国社会转型，给中国社会心理学者提供了独特的社会实验室。为了描述、理解和解释社会转型中的中国人心理和行为逻辑，应该呼唤直面社会转型的社会心理学的研究，或转型心理学的研究。转型心理学的路径，期望能够把握和捕捉社会巨变的脉络和质地，以超越文化特异性路径和稳态社会路径，以求实现中国社会心理学的理智复兴（方文，2008b，2014；方文主编，2013；Fang，2009）。

中国社会心理学的理智复兴，需要在直面中国社会转型的境况下，挖掘本土资源和西方资源，进行脚踏实地的努力。追踪、学习、梳理及借鉴西方社会心理学的新进展，就成为无法绕开的基础性的理论工作，也是最有挑战性和艰巨性的理论工作之一。

从前辈学者开始，对西方社会心理学的翻译、介绍和评论，从来就没有停止过。这些无价的努力，已经熔铸在中国社会心理学研究者和年轻学子的心智中，有助于滋养学术品位，培育"文化自觉"的信心。但翻译工作还主要集中于西方尤其是北美的社会心理学教科书。

教科书作为学术社会化的基本资源，只能择要选择相对凝固的研究发现和理论模型。整体研究过程和理论建构过程中的鲜活逻辑，都被忽略或遗弃了。学生面对的不是原初的完整研究，而是由教科书的编/作者所筛选过的第二手资料。期望学生甚至是研究者直接亲近当代社会心理学的典范研究，就是出版"当代西方社会心理学名著译丛"的初衷。

本译丛第一辑名著的选择，期望能近乎覆盖当代西方社会心理学的主宰范式。其作者，或者是特定研究范式的奠基者和开拓者，或者是特定研究范式的当代旗手。从2011年开始出版和陆续重印的名著译丛，广受好评，也在一定意义上重铸了中文社会心理学界的知识基础。而今启动的第二辑在书目选择上也遵循了第一辑的编选原则——"双重最好"（double best），即当代西方社会心理学最好研究者的最好专著文本，尽量避免多人合著的作品或论文集。已经确定的名篇有《情境中的知识》（Jovchelovitch, 2007）、《超越苦乐原则》（Higgins, 2012）、《努力的意义》（Dweck, 1999）、《归因动机论》（Weiner, 2006）、《欲望的演化》（Buss, 2016）、《偏见》（Brown, 2010）、《情绪感染》（Hatfield et al., 1994）、《偏见与沟通》（Pettigrew & Tropp, 2011）和《道德之锚》（Ellemers, 2017）。

正如西蒙所言，没有最优决策，最多只存在满意决策。文本的筛选和版权协商，尽管尽心尽力、精益求精，但总是有不可抗力而导致痛失珍贵的典范文本，如《自然选择和社会理论》（Trivers, 2002）以及《为异见者辩护》（Nemeth, 2018）等。

期望本名著译丛的出版，能开启中国社会心理学的"文化自觉"。

鸣谢

从2000年开始，我的研究幸运地持续获得国家社会科学基金（2000, 2003, 2008, 2014, 2020）和教育部人文社会科学重点研究基地重大项目基金（2006, 2011, 2016, 2022）的资助。最近获得资助的项目是2020年度国家社会科学基金一般项目"宗教和灵性心理学的跨学科研究"（项目批准号为20BZJ004）和2022年度教育部人文社会科学重点研究基地重大项目"当代中国宗教群体研究"（项目批准号为22JJD190013）。"当代西方社会心理学名著译丛"（第二辑），也是这些资助项目的主要成果之一。

而近20年前有幸结识潘宇博士，开始了和中国人民大学出版社的良好合作。潘宇博士，沙莲香先生的高徒，以对社会心理学学科制度建设的激情、承诺和敏锐洞察力，给我持续的信赖和激励。本名著译丛从最初的构想、书目选择到版权事宜,她都给予了持续的支持和推动。而中国人民大学出版社的张宏学和郦益在译丛出版过程中则持续地贡献了智慧和耐心。

最后衷心感谢本译丛学术顾问和编辑委员会所有师友的鼎力支持、批评和建议,也衷心感谢所有译校者的创造性工作。

方文

2020 年 7 月

参考文献

巴斯. (2011). 欲望的演化:人类的择偶策略(修订版;谭黎,王叶译). 北京:中国人民大学出版社.

巴斯. (2015). 进化心理学:心理的新科学(第 4 版;张勇,蒋柯译). 北京:商务印书馆.

波特,韦斯雷尔. (2006). 话语和社会心理学:超越态度与行为(肖文明等译). 北京:中国人民大学出版社.

布朗. (2007). 群体过程(第 2 版;胡鑫,庆小飞译). 北京:中国轻工业出版社.

方文. (1997). 社会心理学百年进程. 社会科学战线(2), 248 – 257.

方文. (2001). 社会心理学的演化:一种学科制度视角. 中国社会科学(6), 126 – 136 + 207.

方文. (2008a). 学科制度和社会认同. 北京:中国人民大学出版社.

方文. (2008b). 转型心理学:以群体资格为中心. 中国社会科学(4), 137 – 147.

方文. (2014). 转型心理学. 北京:社会科学文献出版社.

方文. (2017). 社会分类权. 北京大学学报:哲学社会科学版, 54 (5), 80 – 90.

方文(主编). (2013). 中国社会转型:转型心理学的路径. 北京:中国人民大学出版社.

高明华. (2010). 刻板印象内容模型的修正与发展:源于大学生群体样本的调查结果. 社会, 30 (5), 200 – 223.

高明华. (2013). 教育不平等的身心机制及干预策略:以农民工子女为例. 中国社会科学(4), 60 – 80.

管健．（2009）．社会表征理论的起源与发展：对莫斯科维奇《社会表征：社会心理学探索》的解读．社会学研究（4），232–246．

黄仁宇．（2007）．万历十五年（增订本）．北京：中华书局．

卡尼曼，斯洛维奇，特沃斯基（编）．（2008）．不确定状况下的判断：启发式和偏差（方文等译）．北京：中国人民大学出版社．

李其维．（2008）．"认知革命"与"第二代认知科学"刍议．心理学报，40（12），1306–1327．

罗玮，罗教讲．（2015）．新计算社会学：大数据时代的社会学研究．社会学研究（3），222–241．

梅勒．（2009）．理解社会（赵亮员等译）．北京：北京大学出版社．

泰勒．（2013）．赢者的诅咒：经济生活中的悖论与反常现象（陈宇峰等译）．北京：中国人民大学出版社．

泰勒．（2016）．"错误"的行为：行为经济学的形成（第2版，王晋译）．北京：中信出版集团．

吴莹，赵志裕（特约主编）．（2017）．中国社会心理学评论：文化混搭心理研究（Ⅱ）．北京：社会科学文献出版社．

乐国安（主编）．（2009）．社会心理学理论新编．天津：天津人民出版社．

张阳阳，佐斌．（2006）．自尊的恐惧管理理论研究述评．心理科学进展，14（2），273–280．

赵德雷．（2015）．农民工社会地位认同研究：以建筑装饰业为视角．北京：知识产权出版社．

赵蜜．（2010）．以身行事：从西美尔风情心理学到身体话语．开放时代（1），152–160．

赵蜜．（2017）．社会表征论：发展脉络及其启示．社会学研究（4），222–245+250．

赵蜜．（2019）．儿童贫困表征的年龄与城乡效应．社会学研究（5），192–216．

赵蜜，方文．（2013）．社会政策中的互依三角：以村民自治制度为例．社会学研究（6），169–192．

赵志裕，吴莹（特约主编）．（2015）．中国社会心理学评论：文化混搭心理研究（Ⅰ）．北京：社会科学文献出版社．

周晓虹．（1993）．现代社会心理学史．北京：中国人民大学出版社．

佐斌，张阳阳，赵菊，王娟．（2006）．刻板印象内容模型：理论假设及研究．心理科学进展，14（1），138–145．

Barbey, A., Barsalou, L., Simmons, W. K., & Santos, A. (2005). Embodiment in religious knowledge. *Journal of Cognition & Culture*, 5 (1-2), 14-57.

Barsalou, L. W. (1999). Perceptual symbol systems. *Behavioral & Brain Sciences*, 22 (4), 577-660.

Billig, M. (1996). *Arguing and thinking: A rhetorical approach to social psychology* (New ed.). Cambridge University Press.

Brown, R. (2010). *Prejudice: It's social psychology* (2nd ed.). Wiley-Blackwell.

Burke, P. J. (Ed.). (2006). *Contemporary social psychological theories*. Stanford University Press.

Buss, D. M. (2016). *The evolution of desire: Strategies of human mating*. Basic Books.

Chiu, C. -y., & Hong, Y. -y. (2006). *Social psychology of culture*. Psychology Press.

Cuddy, A. J., Fiske, S. T., & Glick, P. (2007). The BIAS map: Behaviors from intergroup affect and stereotypes. *Journal of Personality & Social Psychology*, 92 (4), 631-648.

De Dreu, C. K. W., & De Vries, N. K. (Eds.). (2001). *Group consensus and minority influence: Implications for innovation*. Blackwell.

Doise, W. (1986). *Levels of explanation in social psychology* (E. Mapstone, Trans.). Cambridge University Press.

Doise, W., Clémence, A., & Lorenzi-Cioldi, F. (1993). *The quantitative analysis of social representations* (J. Kaneko, Trans.). Harvester Wheatsheaf.

Dweck, C. S. (1999). *Self-theories: Their role in motivation, personality and development*. Psychology Press.

Eisenberger, N. I. (2015). Social pain and the brain: Controversies, questions, and where to go from here. *Annual Review of Psychology*, 66, 601-629.

Eisenberger, N. I., Lieberman, M. D., & Williams, K. D. (2003). Does rejection hurt? An fMRI study of social exclusion. *Science*, 302 (5643), 290-292.

Ellemers, N. (2017). *Morality and the regulation of social behavior: Group as moral anchors*. Routledge.

Fang, W. (2009). Transition psychology: The membership approach. *Social Sciences in China*, 30 (2), 35-48.

Fiske, S. T., Cuddy, A. J., Glick, P., & Xu, J. (2002). A model of (often mixed) stereotype content: Competence and warmth respectively follow from perceived status and competition. *Journal of Personality & Social Psychology*, 82 (6), 878-902.

Gergen, K. J. (2001). *Social construction in context*. Sage.

Greenberg, J., Solomon, S., & Pyszczynski, T. (1997). Terror management theory of self-esteem and cultural worldviews: Empirical assessments and conceptual refinements. In P. M. Zanna (Eds.), *Advances in experimental social psychology* (Vol. 29, pp. 61-139). Academic Press.

Greene, J. D., Sommerville, R. B., Nystrom, L. E., Darley, J. M., & Cohen, J. D. (2001). An fMRI investigation of emotional engagement in moral judgment. *Science*, 293 (5537), 2105-2108.

Hatfield, E., Cacioppo, J. T., & Rapson, R. L. (1994). *Emotional contagion*. Cambridge University Press.

Henrich, J., Heine, S. J., & Norenzayan, A. (2010). The weirdest people in the world? *Behavioral & Brain Sciences*, 33 (2-3), 61-83.

Higgins, E. T. (1996). Activation: Accessibility, and salience. In E. T. Higgins & A. Kruglanski (Eds.), *Social psychology: Handbook of basic principles* (pp. 133-168). Guilford.

Higgins, E. T. (2012). *Beyond pleasure and pain: How motivation works*. Oxford University Press.

Hogg, M. A. (2007). Uncertainty-identity theory. *Advances in Experimental Social Psychology*, 39, 69-126.

Hong, Y.-y., Morris, M. W., Chiu, C.-y., & Benet-Martínez, V. (2000). Multicultural minds: A dynamic constructivist approach to culture and cognition. *American Psychologist*, 55 (7), 709-720.

House, J. S. (1977). The three faces of social psychology. *Sociometry*, 40 (2), 161-177.

Jost, J. T., & Banaji, M. R. (1994). The role of stereotyping in system-justification and the production of false consciousness. *British Journal of Social Psychology*, 33 (1), 1-27.

Jovchelovitch, S. (2007). *Knowledge in context: Representations, community and culture*. Routledge.

Kahneman, D., Slovic, P., & Tversky, A. (Eds.). (1982). *Judgment under uncertainty: Heuristics and biases*. Cambridge university press.

Kruglanski, A. W., & Higgins, E. T. (Eds.). (2007). *Social psychology: Handbook of basic principles*. Guilford.

Liu, L. (2004). Sensitising concept, themata and shareness: A dialogical perspective of social representations. *Journal for the Theory of Social Behaviour, 34* (3), 249–264.

Macy, M. W., & Willer, R. (2002). From factors to actors: Computational sociology and agent-based modeling. *Annual Review of Sociology, 28*, 143–166.

Marková, I. (2003). *Dialogicality and social representations: The dynamics of mind*. Cambridge University Press.

Morris, M. W., Chiu, C.-y., & Liu, Z. (2015). Polycultural psychology. *Annual Review of Psychology, 66*, 631–659.

Moscovici, S. (1996). Foreword: Just remembering. *British Journal of Social Psychology, 35*, 5–14.

Moscovici, S. (2000). *Social representations: Explorations in social psychology*. Polity.

Moscovici, S., & Marková, I. (2006). *The making of modern social psychology: The hidden story of how an international social science was created*. Polity.

Nemeth, C. (2018). *In defense of troublemakers: The power of dissent in life and business*. Basic Books.

Ochsner, K. N. (2007). Social cognitive neuroscience: Historical development, core principles, and future promise. In A. W. Kruglanski & E. T. Higgins (Eds.), *Social psychology: Handbook of basic principles* (pp. 39–66). Guilford.

Parker, I., & Shotter, J. (Eds.). (1990). *Deconstructing social psychology*. Routledge.

Pettigrew, T. F., & Tropp, L. R. (2011). *When groups meet: The dynamics of intergroup contact*. Psychology Press.

Potter, J., & Wetherell, M. (1987). *Discourse and social psychology: Beyond attitudes and behaviour*. Sage.

Rosenthal, R., & DiMatteo, M. (2001). Meta-analysis: Recent developments in quantitative methods for literature review. *Annual Review of Psychology, 52*, 59–82.

Sidanius, J., & Pratto, F. (2001). *Social dominance: An intergroup theory of social hierarchy and oppression*. Cambridge University Press.

Sparrow, B., Liu, J., & Wegner, D. M. (2011). Google effects on memory: Cognitive consequences of having information at our fingertips. *Science, 333* (6043), 776–778.

Sperber, D. (1996). *Explaining culture: A naturalistic approach*. Blackwell.

Swidler, A. (1986). Culture in action: Symbols and strategies. *American Sociological Review*, *51* (2), 273–286.

Tajfel, H. (1970). Experiments in intergroup discrimination. *Scientific American*, *223* (5), 96–103.

Tajfel, H. (1981). *Human groups and social categories: Studies in social psychology*. Cambridge University Press.

Tajfel, H., & Turner, J. C. (1986). The social identity theory of inter-group behavior. In S. Worchel & L. W. Austin (Eds.), *Psychology of intergroup relations* (pp. 7–24). Nelson-Hall.

Trivers, R. (2002). *Natural selection and social theory: Selected papers of Robert Trivers*. Oxford University Press.

Turner, J. C., Hogg, M. A., Oakes, P. J., Reicher, S. D., & Wetherell, M. S. (1987). *Rediscovering the social group: A self-categorization theory*. Blackwell.

Van Dijk, T. A. (1993). *Elite discourse and racism*. Sage.

Van Lange, P. A. M., Kruglanski, A. W., & Higgins, E. T. (Eds.). (2012). *Handbook of theories of social psychology*. Sage.

Weiner, B. (2006). *Social motivation, justice, and the moral emotions: An attributional approach*. Erlbaum.

Wyer, R. S., Chiu, C.-y., & Hong, Y.-y. (Eds.). (2009). *Understanding culture: Theory, research, and application*. Psychology Press.

Yzerbyt, V., Judd, C. M., & Corneille, O. (Eds.). (2004). *The psychology of group perception: Perceived variability, entitativity, and essentialism*. Psychology Press.

献给安妮、迈克尔和保罗

致　谢

我要感谢我的同事们，他们是本书部分内容的共同作者，并慷慨授权我在此使用这些研究。他们是：

约翰·坎贝尔（John D. Campbell）博士，美国国立卫生研究院，马里兰州贝塞斯达；

卡瓦斯吉（S. D. Cawasjee）博士，奥尔胡斯大学，丹麦；

约翰·道森（John Dawson）教授，香港大学；

罗伯特·加德纳（Robert C. Gardner）教授，西安大略大学，安大略省伦敦；

古斯塔夫·亚霍达（Gustav Jahoda）教授，斯特拉斯克莱德大学，格拉斯哥；

尼古拉斯·约翰逊（Nicholas B. Johnson）博士，朴次茅斯，新罕布什尔州；

玛格丽特·米德尔顿（Margaret Middleton）博士，澳大利亚国立大学，堪培拉；

查兰·内梅特（Charlan Nemeth）教授，加利福尼亚大学，伯克利；

里姆（Y. Rim）博士，以色列理工学院，海法；

谢赫（A. A. Sheikh）教授，马凯特大学，威斯康星州密尔沃基；

威尔克斯（A. L. Wilkes）博士，邓迪大学，苏格兰。

如果没有阿尔玛·福斯特（Alma Foster）全心全意、尽职尽责、不遗余力的帮助，这本书是不可能完成的。她知道我很感激她，但我很高兴能够公开表达这种感激之情。

序　言

　　这些文章不仅仅是亨利·泰弗尔（Henry Tajfel）创造才华的表达，更是对他所生活的时代和社会科学发展的敏感见证。泰弗尔为社会科学的发展做出了卓越的贡献，但他也有勇气和感知力去承受质疑和蜕变，而质疑和蜕变正是社会科学发展的一个特征。这些质疑并非全部生长在学术研究的保护土壤中。他和许多同时代人一样，目睹并经历了我们这个时代人类对人类的不人道行为。他以实际行动帮助其他幸存者恢复正常生活，照顾集中营受害者的孤儿。他还想知道，社会科学的工作如何或是否能够防止这样的灾难发生。不谈实质内容，这些论文讲述了一个关于变革和应对的感人故事——在智识和政治层面。

　　我认为，泰弗尔丰富作品的形态和能量源于两类深刻的冲突，这些冲突从一开始就困扰着社会科学。他诚实地与这些冲突共处，并将它们表达出来。其中一类冲突源于客观性的问题：描述和理解人类世界时是否有可能完全摆脱并超越每个社会所珍视的价值观念。他深表怀疑的是，事实上，我们是否能够像自然科学所宣称的那样保持中立。对于这个问题，他提出了多元主义的权宜之计，即需要一种由许多观点同时滋养、"在许多地方同时成长的社会心理学"。然而，抛开多元主义不谈，在他看来，价值立场是无法逃避的。最终，人们必须将自己关于特定社会行为的结论与个体所处的"更广泛的社会环境"联系起来。更广泛的社会环境强烈影响个体行为，同时也受到个体行为的影响，尽管它也有自己的存在。

这直接导致泰弗尔思想中第二类激烈的冲突。这与解释的定位有关。一方面是个体、人类的心理功能，另一方面是"塑造这一功能，并由其塑造的大规模社会过程和事件"，这两者之间存在着深奥的关系。例如，泰弗尔无法接受这样的观点，即偏见仅仅是个体困扰或适应不良的表现，甚至是人际冲突的直接表现。偏见的存在还体现了更广泛社会的某些结构特征，这些特征有助于创造不同的范畴，人们根据这些范畴对他们周围的社会进行整理和评价。在这些"大规模过程"和社会结构的作用下，个体行为被引导到某些方向上，而个体心理学只是间接决定了这些方向。使更广泛的社会充满活力的更具结构性的"超有机"力量，与表面上推动人类行为的个体反应之间存在持续的相互作用。对泰弗尔来说，如果不明确个体社会心理学所处的社会和文化环境，就不可能有正确的微观个体社会心理学。

无论是作为知识分子的自传，还是作为当代社会心理学的论文集，这本书都关乎这两类冲突的解决。实质上，人们可以将这个主题的主要内容表述为"群体偏见"，并且有关这个主题的深入研究为作者赢得了世界范围内的声望。但我认为，以这种方式解释主题是错误的。当泰弗尔谈到处于不利地位的少数群体成员的心理意义时，谈到这些成员在自己群体与优势地位群体之间进行的社会比较时，他也是在讨论一个更普遍的问题，即人们对群体差异的社会氛围的敏感性，因为它们存在于广泛的社会环境中。对偏见的研究可能是本书研究的显性内容，但更深层次的纲领性意义同样适用于任何社会心理现象——无论是政治权力，还是对社会流动的渴望，甚至是移民问题。事实上，从我个人的角度来说，我发现泰弗尔的论文直接涉及人类发展的问题，特别是关于儿童如何进入社会并迅速采纳其标准立场的问题，尽管他们几乎没有机会形成对这些立场的个体认识。从这个意义上说，这本书为我们所谓"现实"的社会学习奠定了基础。

在写这篇序言时，我忍不住加入一些个人评论，因为我与作者相识四分之一个世纪，并将他视为朋友。从广义上讲，他是一个热情好客的人。他倾听，做出反应，给你倒一杯酒，与你争论，然后重新启发你。当他担心表面达成共识，实则意见不统一时，他让客人们互相争论；当他认为他们之间的分歧已经到了不可收拾的地步时,他会对他们大发雷霆。除此之外,还有一个要素。泰弗尔是典型的欧洲人,他不但精通多国语言,而且对欧洲文化有着深刻的理解。我已经提到过他对多元主义的信仰,认为这是社会心理学中狭隘主义的一剂良药。一种幸运的融合是:亨利·泰弗尔选择将他热情好客的、欧洲多元主义的精力投入激发"欧洲"社会心理学的事业中。我认为他特别渴望建立一个与当时(战后十年)占统治地位的美国社会心理学截然不同的基础。很难想象还有人能够为这一事业做出更多的贡献——帮助成立学会,编辑专著丛书,在莱顿、巴黎和博洛尼亚担任定期讲师,同时还在其他十几个中心担任巡回讲师。如果我说,从来没有一次当我在布里斯托尔拜访泰弗尔一家时,那里没有一位荷兰社会统计学家,或者一位路过的意大利社会发展学家,或者一位研究偏见的德国学者,我想我说的完全是实话。很难在历史上找到原因。泰弗尔对知识的热情、欢快好客的精神,他的欧洲信念、对多元主义的信仰——这些任何一个都可以独立做到创造一门生动而有趣的"欧洲"社会心理学。但我也必须关注"大规模的社会过程"。我认为,泰弗尔察觉到了欧洲景象中更深层次的东西——一种有待表达的观点。而且,他比其他任何人都更能帮助将其变为现实。

这本书是该流派的一个杰出范例。如果不能说它们是"欧洲"的论文,那么肯定可以强调它们的精神是"欧洲"的。而且,无论读者生活在地球的哪一边,这都是值得欢迎的。

杰罗姆·布鲁纳(Jerome Bruner)
写于爱尔兰科克郡格兰多尔

目 录

第一章　视角的形成与演变　　　　　　　　　　　/ 1
　　个人议题　　　　　　　　　　　　　　　　　/ 1
　　社会维度　　　　　　　　　　　　　　　　　/ 4

第一部分　社会心理学和社会过程

引　言　　　　　　　　　　　　　　　　　　　　/ 13

第二章　真空中的实验　　　　　　　　　　　　　/ 18
　　引言　　　　　　　　　　　　　　　　　　　/ 18
　　个体、人际和社会心理学　　　　　　　　　　/ 24
　　一种社会心理学的问题视角　　　　　　　　　/ 31

第三章　社会心理学中的个体和群体　　　　　　　/ 41
　　社会心理学有多"社会"？　　　　　　　　　　/ 41
　　个体主义和群体理论　　　　　　　　　　　　/ 44

第二部分　从感知判断到社会刻板印象

引　言　　　　　　　　　　　　　　　　　　　　/ 55

第四章　夸大的重要性　/ 60
引言　/ 60
差异强调的"相关"维度　/ 62
社会感知　/ 67
实验说明：价值与判断中的差异强调　/ 68
价值、分类和刻板印象　/ 74
预测的提出　/ 76
预测在不同系列中的应用　/ 77
抽象连续体　/ 85

第五章　差异与相似：判断的一些背景　/ 87
引言　/ 87
分类和长度判断　/ 88
对人的感知判断极化　/ 100
强调社会相似性和差异性：族群刻板印象的两个案例　/ 110

第六章　偏见的认知方面　/ 123
引言　/ 123
范畴化　/ 127
同化　/ 130
寻求连贯性　/ 132
总结和结论　/ 136

第七章　社会刻板印象和社会群体　/ 138
引言：刻板印象和社会刻板印象　/ 138
社会刻板印象的四个功能　/ 141
刻板印象的认知功能　/ 142
社会刻板印象和个体价值　/ 145
集体行动的"意识形态化"　/ 149
集体与个体之间的联系　/ 152
结语　/ 155

第三部分　内群成员与外群成员

引　言　　　　　　　　　　　　　　　　　　　　　　　/ 159

第八章　偏见的经历　　　　　　　　　　　　　　　/ 162
　　引言　　　　　　　　　　　　　　　　　　　　　　/ 162
　　过去的经历　　　　　　　　　　　　　　　　　　　/ 164
　　在英国的经历　　　　　　　　　　　　　　　　　　/ 168
　　英国的形象　　　　　　　　　　　　　　　　　　　/ 175
　　态度的变化　　　　　　　　　　　　　　　　　　　/ 177

第九章　我群中心主义的形成　　　　　　　　　　　/ 181
　　儿童对自己民族偏好的发展　　　　　　　　　　　　/ 181
　　儿童对自己民族或族群的贬抑：两个案例研究　　　　/ 191

第十章　儿童的国际视角　　　　　　　　　　　　　/ 201
　　一项探索性研究　　　　　　　　　　　　　　　　　/ 201
　　知识和偏好　　　　　　　　　　　　　　　　　　　/ 204

第四部分　群际冲突

引　言　　　　　　　　　　　　　　　　　　　　　　　/ 217

第十一章　群际行为的特征　　　　　　　　　　　　/ 222
　　人际行为何时会变为群际行为？　　　　　　　　　　/ 222
　　从社会流动到社会运动　　　　　　　　　　　　　　/ 236

第十二章　社会范畴化、社会认同和社会比较　　　　/ 246
　　社会范畴化和社会认同　　　　　　　　　　　　　　/ 246
　　社会认同和社会比较　　　　　　　　　　　　　　　/ 248
　　社会比较和相对剥夺　　　　　　　　　　　　　　　/ 251

第十三章	群体分化的实现	/ 260
	"最简"群体实验和"真实"社会情境	/ 260
	群际分化的策略	/ 269

第十四章	群际关系中的退出和呼吁	/ 281
	退出和呼吁,流动和变革	/ 281
	个体退出、群体退出与群体齐呼	/ 290
	群际关系中的呼吁、现状和社会比较	/ 297

第十五章	少数群体的社会心理学	/ 301
	什么是少数群体?	/ 301
	少数群体资格的内部和外部标准	/ 304
	从社会稳定到社会变革:少数群体资格的心理影响	/ 308

参考文献 / 336

主题索引 / 354

译后记 / 361

第一章
视角的形成与演变

❖ 个人议题

这本书很大程度上是基于我之前的出版物。因此，它的出现不可避免地引发了一个问题，即为什么要出版这本书。这个问题有两个答案：一个是"个人的"，另一个是"学术性的"。从长远来看，第二个答案更为重要，但我将从第一个答案开始。

从20世纪50年代中期到现在，我已经成长为一名比较成功的学者。在我有幸居住或参观过的各种象牙塔中，我的生活相当舒适和安全。这是一段漫长的人生。但是，我与我们同时代的许多人一样，都曾经历一场肆虐的风暴——当时看来，这场风暴似乎永远不会停息。在那时死去的人中，有数百万人在最具体的意义上构成了我的"社会背景"：出生在18至19世纪这半个世纪中的几代欧洲犹太人。那些幸存下来的少数人从遥远且寒冷的地方归来。他们中的一些人尽可能地回到了正常的生活事业之中。另一些人在一个对他们来说全新的国家寻求最后的庇护，继续参加其他战争，其中又有一部分人死亡。一些人因为他们的幸存没有意义或理由而永远感到内疚。极少数有才华的人试图表达和反映他们和其他人所经历的事情。

我成为一名学者，分享他们的经历和感受——但没有才华——这并不是在战后立即发生的，而几乎是在一时心血来潮之下。1945年5月，我与其他数百名从德国战俘营返回的人一起在巴黎奥赛火车站（Gare d'Orsay）下车，很快就发现，我在1939年认识的所有人——包括我的家人——几乎都不在人世了。这导致我在欧洲各国以各种方式工作了6年，为那些勇敢尝试阻止苦难洪流的组织服务，虽然它们的方式有时并不恰当。它们的任务是帮助战争受害者恢复正常生活，包括儿童和成年人。这是我对社会心理学的兴趣的开始。又过了几年，在我于伦敦伯贝克学院读本科的最后一年，我非常幸运和惊讶地获得了英国教育部授予的一项名额有限的成年学生奖学金（mature student scholarships）。我为这次比赛写了一篇题为《偏见》（Prejudice）的文章，令我被选中参加伦敦柯松街（Curzon Street）的可怕面试。我至今仍然认为，面试官一定是认定我非常有资格谈论这个问题，所以才给了我奖学金。

当时的象牙塔比现在更坚固，它们有一种慈祥的温暖和舒适。很快，先是在达勒姆（Durham），然后是在牛津（Oxford），我开始使用一种新的语言，学到了一种新的行话，发现了我以前从未意识到的"问题"。"学术的"心理学完全抓住了我。

当时我以为，我已经深深地且不可逆转地沉浸在这种新生活中。然而，当我今天回首往事时，毫无疑问，这一切并不是真的。奇怪的是，即使是我发表的第一篇论文也与过去有很大的关系，尽管从标题来看似乎不太可能。它是在伯贝克学院的一位老师理查德·彼得斯（Richard Peters）的指导下写的，他对我产生了很大影响。文章的标题是《霍布斯和赫尔——行为的形而上学者》（Hobbes and Hull — metaphysicians of behaviour）（Peters & Tajfel，1957）。这篇文章试图反驳心理学中某些形式的还原论。现在我知道，我对赫尔感到愤怒的原因是，他对我们所了解的人类社会的一切都漠不关心，反而编织着他那过于简单化的"假设—推演"网络，同时声称这些假设提供了对人类社会行为复杂性的深刻洞察。

然而，我早期的许多作品似乎也远离了这些复杂性。在本书的第四章和第五章中可以找到一些例子。我仿佛是在偶然间意识到一条统一的主线和我从未放弃关注的问题。其中有三个关键的事件：第一件事是几年前接受一位记者的采访，他当时正在写一本关于心理学家的书（Cohen，

1977）。当我在他的书中读到这篇采访时，我非常不满，不是因为科恩做了什么，而是因为我对自己所做的事情感到不满。显然，我想表达一些对我来说很重要的东西，但却适得其反——显得粗糙而笨拙。第二件事是一次奇怪的交集。有一年夏天，我受邀在耶路撒冷参加了一个关于大屠杀历史研究方法的研讨会。不久之后，我在巴特洪堡（Bad Homburg）参加了一个关于"人类行为学：一门新学科的观点和局限性"的研讨会。当我开始准备在研讨会上的分享时（Tajfel, 1979），我万万没想到，在耶路撒冷的研讨会经历会出现在一篇表面上看完全不相关的文章结论中。第三次意识到（prise de conscience）这一问题，是在我被邀请为杰罗姆·布鲁纳的纪念文集写一篇文章时（Tajfel, 1980a）。在写这篇文章之前，统一的主线已经变得很清晰了。想到它，我不得不思考，在1950年代早期或中期，研究"感知高估"等艰深难懂的问题对我有什么意义。

在发表有关"感知高估"的理论和研究论文的两年内，我将其中的一些观点应用于有着社会刻板印象的问题上。又过了几年时间（包括几次在其他方向上的涉足），我才回到了我为柯松街面试所写的论文的主题（见第六章）。从第六章对刻板印象的认知分析，到第七章将其视为我们社会现实不可分割的一部分，这花了更长的时间；从本书第二部分的前三章到第四部分所介绍的试图处理人类群体冲突的社会心理现实的研究，也花了很长时间。本书最后一章完全回到了我在伯贝克三年级时所写论文的主题。

在我看来，这条统一的主线是出版这本书的一个理由。对我来说，它代表了一个连贯的发展过程。这么说来有些自大；但我认为这只是表面现象，而不是真实情况。我们每个人都有某种思想史；我现在知道，我的思想史与很久以前的创伤性事件深深地纠缠在一起。因此，我认为这本书应该会引起人们的兴趣，它是欧洲社会心理学一个重要发展时期的缩影。

我一直在犹豫是否要出版这本书，在编写过程中也曾多次修改。我想向剑桥大学出版社的杰里米·迈诺特（Jeremy Mynott）博士表示感谢，他总是在我最需要的时候给我鼓励。不必说，他对结果不用负任何责任。

❖ 社会维度

这本书并非完全按照时间顺序排列，但只要是为了明确论证的过程，通常会遵循时间顺序。第一部分"社会心理学和社会过程"包括一篇于1972年发表的论文，以及1979年发起的一场与之直接相关的讨论成果。第二部分的目的是呈现一种视角的拓展。这种视角起源于对感知判断某些方面的研究，数年之后，经过几个连续的研究进展，最终确信社会心理学家对社会（social）刻板印象的研究是对现实的曲解，除非"社会"一词被认真对待，成为我们在该主题上工作的支点。顺着这一观点的发展过程，第二部分包括1957—1980年间发表的一系列普通文章和实证研究成果。第三部分回到了60年代进行的工作，从某种意义上说，这是对第二部分到第四部分所反映的思想发展的一个长篇注解。然而，这也是一个必要的注解，因为它确立了50年代到70年代末之间关注点的连续性。但还有另一个原因需要将这些材料包括在内，也许这是更重要的原因。第三部分第一章（第八章）描述的"偏见的经历"，以及在接下来的两章中总结的有关儿童态度的研究，涉及在各种社会和文化背景下族群和民族态度的发展。这一发展的各种特点促使人们提出了许多新的问题，关乎个体与大规模社会群体之间的群属关系，以及这些群体之间的冲突所涉及的心理过程——这在当时还比较隐晦。本书的第四部分以70年代的一些研究工作为基础，试图为这些问题提供一些初步的答案。但这仅仅是一个开始。第四部分的前三章（第十一、十二和十三章）于1978年发表，但最初的版本可以追溯到1972年和1973年。目前，我在英国和其他地方的许多同事都在这一框架内开展研究工作，并计划在将来继续进行。1978年编写本书时，与第四部分的主题和理论视角直接相关的研究报告清单，有近80项研究，我仅是其中几项研究的作者或合著者；今天要列出一个这样的清单将会篇幅更长（参见第四部分的引言）。这就是为什么我能够在本章的前面写道，这本书是"欧洲社会心理学一个重要发展时期的缩影"。

欧洲社会心理学在60年代初开始形成的新认同，与第一部分讨论的主题密不可分；它也与本书的其他部分相互依存。第二章的引言部分简要概述了该章所借鉴的研讨会的背景，因此我不在此处赘言。需要讨论的是这种相互依存的性质这一更为普遍的问题。

最初推动欧洲工作中这种新认同的产生几乎是偶然发生的，但如果不是在正确的时间和地点发生，它就不会有后续的发展。我的两位美国同事约翰·兰泽塔（John Lanzetta）和约翰·蒂博（John Thibaut）先后访问了欧洲，兰泽塔在伦敦度过了两年，蒂博在巴黎待了一年，他们促成了一个小型委员会的创建。除了兰泽塔和蒂博外，该委员会还包括当时在乌得勒支大学的毛克·米尔德（Mauk Mulder）、索邦大学的罗伯特·帕热斯（Robert Pagès）以及我本人。经过一年多的努力，我们在1963年成功地组织了欧洲社会心理学家的首次会议①。正如我后来写道的："我们花了一些时间，主要是为了'辨认'欧洲的社会心理学家——十年后的今天看来，这项任务显得非常奇怪"（Tajfel, 1972b：308）。这一举措取得了成功并不断扩大。随后的发展包括正式选举执行委员会和五任主席，每位主席任期约为三年。这种正式化始于1960年代中期，也就是第一批非正式的小组成员确信这一举措非常重要的几年后。但是，自不可避免的制度化开始以来发生的一切，其根本的有效性像今天一样，取决于是否有这样一种需求和对这种需求的回应。1963年的第一次会议和会议前的各项倡议都明确指出了这两点。关于欧洲实验社会心理学协会（the European Association of Experimental Social Psychology）的发展历程，可以参见我1972年在鲁汶（Louvain）提交的主席报告（Tajfel, 1972b），以及1978年由代理主席乔斯·贾斯帕斯（Jos Jaspars）在魏玛（Weimar）提交的报告（即将出版）。在这一章中，我关注的不是这段简短的历史，而是创造这段历史的需求的性质，以及对这一需求的回应，这种回应表现为各种理论和研究发展的

---

① 这次会议的组织离不开美国社会科学研究理事会（the American Social Science Research Council）社会心理学跨国委员会（Committee on Transnational Social Psychology）的鼓励和支持。不久之后，该委员会增选了几位来自欧洲的社会心理学家为其成员。该委员会先后在利昂·费斯廷格（Leon Festinger）和莫顿·多伊奇（Morton Deutsch）的主持下，一直持续支持欧洲的活动。直到几年前，其才与美国社会科学研究理事会断开联系。

形式。

不可能也不应该有任何形式的统一的欧洲社会心理学或其他社会心理学。我之前提到的获得新认同的问题，必须从两个相关方面的发展来理解。其一是逐渐形成了积极互动的共同体。欧洲政治、社会、语言和行政边界的多样性，使得以前在不同国家中孤立的小部分人很难汇聚到一起，但这种汇聚又是必要的。我们的美国同事可以轻而易举地利用的交流渠道，在欧洲需要被建立或疏通。其二是提出了多种多样的交流观点、兴趣趋势和研究计划。我们的美国同事人数众多，工作效率极高，再加上在战后的第一个10年或15年里，社会心理学家从欧洲国家前往美国，或从美国到欧洲国家，都要比跨越民族或语言的边界建立联系容易得多，其结果是不可避免的：分散在欧洲的社会心理学家远远地、适当延迟地追随着美国社会心理学主流的起起落落。不能把希望改变这种状况的愿望归因于欧洲新沙文主义的离奇爆发。正如1971年我在《欧洲社会心理学专著丛书》（the series of *European Monographs in Social Psychology*）第一辑的前言中所写的那样（Carswell & Rommetveit，1971：vii–viii）：

> 为什么要成立一个欧洲的社会心理学协会，出版一系列欧洲的社会心理学专著？这些头衔名称并不是为了反映某种新的"更广泛的"或"欧洲大陆的"民族主义——无论是学术上、智识上还是其他方面的民族主义。未来社会心理学作为一门学科对知识和社会的贡献，不再是"欧洲的"、"美国的"或"非洲的"，也不是巴斯克的、威尔士的、佛兰芒的、德意志的或法兰西的……从长远来看……对一个文化背景的排他性关注，难免会损害一门归根结底属于社会科学的学科的健康发展。不久前，我们大多数人还很乐意接受这样一种主张，即社会和人文科学可以是"价值免疫"（value free）的。毫无疑问，无论情况如何，这在今天都已经成为一个极具争议性的问题，而且不仅仅是对社会心理学来说。即使是表面上价值免疫的说法……即将社会心理学描述为"对人类社会行为的科学研究"，也无法置身事外（au-dessus de la mêlée）……由于所有这些和其他许多原因，我们必须创建一种能够在许多地方同时发展的社会心理学……[我们]并不打算成为"欧洲

的",来与其他任何东西明确地对立、竞争或冲突……但是,一门分析和理解人类社会生活的学科,为了包含它全部的意义,必须接受不同文化的智识和社会要求的检验与衡量。

在过去20年里,这种对社会和文化视角多样性的需求在各种新的研究发展中得到了体现。本书旨在追溯其中一项的发展,它反映在——起初只是朦胧地感觉到——一种信念和一种视角缓慢的具体化过程中。接下来的两章将对这两点进行更详细的讨论——这也是为什么它们被放在了本书的开头。在现阶段还需要补充额外的两点。第一点涉及对这一视角非常简短和初步的描述,第二点则与这一信念有关。

这一视角可以简单地概述如下。它认为,社会心理学可以(can)也必须(must)在其理论和研究中,直接关注人类心理功能与既塑造了这种功能又受其影响的大规模社会过程和事件之间的关系。尽管这种说法看似显而易见,但我们在后文(例如第二、三、七、十一、十四和十五章)中将会看到,自第二次世界大战以来,这种对整个社会的关注,充其量只是处于主流发展的边缘。我们还将看到(第十一章),这种对社会心理学整合的忽视,与大多数战后社会心理学的社会和文化背景之间存在着联系。

至于这种信念,它源于我在本章前一节中提到的经历。近40年后的今天,我们又看到了许多新的灭绝和大屠杀事件。面对这一切,我对"价值免疫"的社会心理学的信念迅速动摇。同时,60年代和70年代许多"半"科学或"伪"科学的尝试再度兴起并迅速普及,为人类群体在身体、经济和社会方面相互造成的骚乱提供了粗略和简单的"解释"(对这些观点的一些讨论或应用,请参见:Billig, 1978;Bodmer & Cavalli-Sforza, 1970;Cohn, 1967;Crook, 1978;Kamin, 1977;Ludmerer, 1972;Montagu, 1968;Tajfel, 1976)。正如将在本书的部分章节中看到的那样,我并不认为社会冲突和社会不公正的"解释"首先或主要是心理学的。同时,对于我在本书其他地方称为"解开纠缠不清的问题之网"这一方面,我也可以做出一点微薄的贡献。这与我的信念密切相关,即"价值免疫"的社会心理学几乎是不可能的(社会科学中的免疫往往代表着隐含的立场);同时,作为一名社会心理学家,有可能也有必要尝试理解个体互动与其广泛的社会背景的整合。这种整合可以有多种形式。本书选择讨论的整合形式离不开本章前面所描述的个人经历背景。这就是为什么我必须承认自己不是一位"价值免疫"的社会心理学家,尽管在后面的一些章节中你会发现一些经过"净化"的术语(aseptic idiom)。

本书第一部分(第二和三章)专门讨论的"社会心理学和社会过程"是70年代社会心理学家参与的众多争论之一(参见:Armistead, 1974; Harré, 1977a, 1977b; Harré & Secord, 1972; Israel & Tajfel, 1972; Poitou, 1978; Schlenker, 1977; Strickland et al., 1976; Stroebe, 1979)。然而,它与其他许多争论的不同之处在于,它明确关注到"传统"社会心理学未能在个体互动与这些互动所在的广泛的社会框架之间架起一座桥梁,这些社会框架在很大程度上被忽视了。表面上看,第二部分的前两章,这些从50年代中期到60年代早期完成的工作,似乎很难填补这一空白。第四章从一个快被遗忘的问题——感知高估开始,这个问题在当时非常活跃,关于感知现象研究的"新视角"(New Look)方法是否有效的争议在心理学期刊上占据了很多篇幅。对感知高估和一些相关争论的阐述与此处的讨论并不相关,可以在第四章的第一节中找到相关介绍。尽管感知判断这一相当技术性的问题是不是价值免疫的,与本章前面所说的内容明显不协调,但将其纳入本书似乎是必不可少的。这些技术问题在一段时间内仍然是技术性的,但很快它们就直接关系到社会感知的某些研究,这些研究与人们被划分为不同的社会范畴或类别以及与这些划分相关的价值观念有关。第四章最后一节中的正式假设在某些方面反映了这一进展。接着是第五章中涵盖的各种研究,包括分类对简单判断线条长度的影响,以及群际竞争和少数群体的弱势地位对两个族群相互感知的影响。

但是,尽管有这样的进展,第四章和第五章在很大程度上仍然停留在传统意义上对这些群际现象的认知分析。更重要的是,这两章还从理论和实证的角度介绍了如何从对硬币大小和线条长短的判断,转向对群际刻板印象的分析,这意味着——作为社会心理学家的我们——不需要走得更远了。这种认知视角在第六章中得到了扩展,然后它又被纳入第七章,但只是作为一个必要条件,因为从目前看来,对于社会刻板印象的心理学研究来说，这远远算不上充分（sufficient）条件。第七章中有一部分以前面章节中介绍的早期工作和一些人仍在继续的非常类似的近期研究为例，专门对这些"充分"前提条件进行了批判。该章的后半部分扩大了研究范围，考虑到了刻板印象的社会功能，对这些社会功能的研究被视为社会心理学家工作中不可或缺的一部分。通过这种方式，第七章直接重申了本书第一部分提出的问题，并提供了一个例子，说明这些问题如何与群际冲突社会现实的某一方面相关。

本书的第三部分源自60年代完成的工作。收录这部分内容是为了给第二部分的一些抽象概念提供经验依据，但它也通过提出有关群体认同发展的问题，直接引向第四部分。第八章基于故事性证据，讲述了在英联邦（the Commonwealth）的移民浪潮到来之前，作为一名有色人种学生在英国的感受如何。第九章和第十章概括了一个大型研究项目的几个方面，该项目是在多个欧洲国家进行的，旨在探索儿童族群和民族态度的形成和发展。第三部分标题中的"内群成员"和"外群成员"在儿童的早期生活中扮演着不同的角色——第八章中的"外群成员"除外，因为他们描述了突然成为外群成员的奇特经历。

本书的第四部分与第七章一样，再次回到第一部分提出的社会的心理学问题上。第七章（"社会刻板印象和社会群体"）的关注点是如何将早期对刻板印象的认知分析，与其在产生刻板印象的社会背景下所发挥的功能结合起来考虑。第四部分的前四章则从更广阔的视角出发，探讨了第八章中描述的"偏见的经历"以及其他形式的群际冲突和社会分类与群体认同发展之间的关联。本书的最后一章将这种视角应用于处境不利的少数群体成员所面临的心理问题，并尝试描述可供他们使用的解决这些问题的有限的心理方案。

本书试图达到三个目的。首先是反思我在近期的社会动荡中的经历，慢慢地与我的一些学术研究方向相契合，即使有些方向在一段时间内似乎与这些经历没有太大关系。我觉得重要的是，不仅要知道这种契合的存在，还要让人们知道，我的研究在与这些经历相关联的时候变得更有意义。这并不是在夸大我是什么、我是谁，更不是在强调我的学术工作的重要性。相反，当我今天回顾1945—1980年间我所做的各种事情时，我常常会觉得自己再也不像在战后短短几年里那样有用，当时我有机会帮助几十个年轻人重返社会，他们几乎比我自己还要年轻。但我强烈怀疑，许多社会心理学家和其他人是否也在他们的工作和研究问题的选择中反映了基于经验的世界观（Weltanschauung），因为正是这种经验使他们成为现在的样子。我认为，在社会心理学领域占主导地位的许多顽固的"非社会的"社会心理学就是这种情况。正如我在本书第三章结尾所写的那样：

> 作为社会心理学家，我们有责任关注这些［对他人的非人化和去个性化］过程。即使我们中的许多人希望忽视这些过程，他们也完全可以自由这样做，但我们无（not）权通过我们的研究结论暗示：我们舒适和公平的人际关系可以超越特意选择的社会现实的狭隘视野。

我认为（但无法证明），这种将大多数其他问题排除在外的对"个体间性"（inter-individuality）或"人际层面"的追求，与追捧它的社会背景以及这种背景所固有的社会迷思有很大关系（见第十一章）。一些心理学家的情况也是如此，他们以所谓的科学客观性为名，对有争议的社会和政治问题采取强硬立场，并在此过程中重拾早期优生学和遗传学的古老传统。我已经承认，我不仅清楚地意识到了我的工作与我的过去之间的联系，还致力于将这种联系公之于众。我希望（但不是非常坚定地希望），在我们直接涉及公共问题或公共政策的所有研究领域中，明确表明自己的背景立场会变得更加普遍。就目前而言，一些心理学家明确参与到了这样的一些问题中，但仍笼罩在一种据称客观的浓雾之中。

本书的第二个和第三个目的已经提过。其中之一是将25年来分散的研究成果汇集起来，希望新出现的统一主线和拓宽后的研究视角能够对那些对类似问题感兴趣的人有所帮助。第三个目的是将这个缓慢的进展与60年代欧洲社会心理学的同步发展相提并论。本书介绍的研究工作可以被视为广阔图景中的线索之一；它为其做出了贡献，同时从中找到了更清晰的方向。

第一部分
社会心理学和社会过程

引 言

70年代的人文和社会科学反映了当时的社会和经济动荡。可以预见的是，社会心理学地位的不确定性，即在"社会"科学和"实验"科学之间摇摆不定，会使它对社会和思想氛围的快速变化特别敏感。这种敏感性反映在前一章中提到的许多争论中。其中一部分涉及罗姆·哈雷（Rom Harré）于1976年在《泰晤士报高等教育增刊》（*The Times Higher Education Supplement*）上发表的一篇文章中所说的，社会心理学中"自动性"和"自主性"的区别。哈雷认为，"自动性"（automatisms）是指受试者在实验室实验中人为操纵的情况下做出的"反应"。"自主性"（autonomy）则相反，是一种"自我创造"，他认为这是作为社会心理学家应该研究的东西。正如他所写的那样，这种自主性"受到人们认为自己是什么或认为自己应该是什么的影响"，是"我们可以自由地变成任何自己喜欢的样子的一种观念"。

这些说法无可非议，但要判断它们在获取新知识过程中是否有用，还必须将它们转化成一些可进行经验研究的观点。目前正在努力实现这一目标（参见：Forgas，1979）。但是，当这种"自主性"的一般概念直接应用于社会和政治进程的心理方面时，就会出现新的问题。哈雷的同一篇文章再次提供了一个例子。他写道："将自我干预和自我参照作为政治进程的核心这一令人震惊的想法总是受到抵制——换句话说，抵制优先纠正个人行为的想法，这种想法相当于在社会上只关注一便士的小问题，却忽视一英镑的大问题。"

这段文本无疑过度简化了哈雷和其他人著作中关于"自主的"社会心理学的主张。然而，它仍然是主导这场辩论的先入之见的典型特征。本书第一部分关注的是社会心理学中大量的个体主义倾向，第四部分（第十一章到第十四章）在研究群际关系的背景下再次讨论了这些倾向。这些"自主性"的观点与我们讨论的关联在于，新的社会心理学在处理社会过程时，似乎与旧的社会心理学一样，仍然是个体主义的。

在1977年发表的一篇文章中，毕利希（Billig）考察了"常人方法论者、符号互动论者和行为发生论者（Ethogenists）的观点，是否为社会心理学提供了一个更好的基础"（1977：393）。他的研究对象是这几种方法对于理解大规模社会现象，即法西斯主义的贡献。毕利希（1978）本人后来也对法西斯主义进行了详细的研究。正如他在1977年所写的，"新的视角不适合对法西斯主义这样的社会问题进行认真严肃的研究，因为它们缺乏明确的政治承诺。它们要么漠不关心，要么出于同情理解，这两种态度都不适合对法西斯主义进行研究"（1977：393）。在同一篇文章的结论中，毕利希考虑了哈雷（1974）的主张："我们提倡的方法的一个突出特点是，我们尊重普通人作为社会世界的管理者和解释者的智力与能力。从某种意义上说，每个人都是相当称职的社会科学家，*我们绝不能轻视他（或她）关于社会世界的理论以及他（或她）在社会世界中所处的位置*"（1977：244，斜体为原文所加）。对毕利希而言，"这似乎是在明确要求采用所谓的'文化相对主义的苍白的意识形态'（Bittner, 1973）。这比任何其他事物都更能表现出一种怪异的非经验主义立场。研究者从一开始就认定世界上没有任何可鄙的信念，这似乎很奇怪。可以令人信服地说，研究者的任务就是找出哪些信念值得尊重、哪些不值得"（1977：427）。

我在前一章中承认的"非价值免疫"的立场，在这里很容易再次出现，因为它适用于一系列不同的问题。就新的社会心理学中的新个体主义而言：

> 个体自主性作为"政治进程"的核心，以及许多方面社会行为的核心，都只是一种迷思。在许多社会情境中，我们受到超出我们控制范围的强大社会力量的冲击……个体自主性（比如决定不去偷窃）对

于生活在巨大城市贫民窟里的孩子来说，受到了严格的限制；或者你作为一名士兵，已经将强大的社会惯例内化，并不将敌人看作完全的人类；又或者你作为集中营的守卫，将囚犯视为社会"有机体"中的病毒。当然，这些都是极端情况。我的观点是，它们是一个较长连续体中的极端。任何包含权力、地位、声望和社会群体差异的社会（所有社会都是如此），都将我们每个人置于若干社会范畴之中，这些范畴成为我们自我定义的重要组成部分。在我们认为和他人共享一部分自我定义的相关情境中，我们的行为将会非常相似……

当然，总会有例外。找出为什么一些人的行为与众不同总是有趣的。但对于社会心理学家来说，更重要的是找出为什么这么多人的行为是一致的——而且他们经常这样做。我们不能训练每个人（一点一点地）去行使"自主权"，这种自主权是独立于造成社会行为重要一致性的潜在社会条件和规则的（Tajfel，1977：654）。

本书第一部分的很多讨论都涉及传统社会心理学中出现的观点，这些观点似乎与新社会心理学所捍卫的观点截然不同。然而，在这些差异的背后，新旧学派之间仍然存在着一种基本的相似性：它们都没有将个体或人际的行为和经验纳入更广泛的社会框架之中。

哈雷所说的"自我干预"和"自我参照"作为"政治过程的中心"，无疑是这种新个体主义的极端例子。立场更温和的例子可以在哈雷和他的同事所倡导的社会心理学的"行为发生论"（ethogenic）方法的相关著作中找到（例如：Harré，1977a）。但是，新个体主义的极端很容易与传统心理学家的极端相匹配。在这些情况下，对个体主义的强调往往与本书第一章中提到的科学客观性主张有关。

艾森克（Eysenck）和威尔逊（Wilson）编辑了一本名为《意识形态的心理基础》（*The psychological basis of ideology*）（1978）的选集，其中有一个传统例子与哈雷坚持个体自主性在政治进程中的重要性十分相似。这本书涵括了大量以前发表的关于极端主义政治态度的人格决定因素的文章，这些文章来源广泛。每个章节之前都有一篇由编者撰写的导言，他们还为这本书提供了一个总结性的章节。"意识形态"遵循已故的约翰·普拉梅纳茨（John Plamenatz, 1970）的定义，是"一组紧密关联的信念、观点甚至态度，*是一个群体或社群的特征*"（Eysenck & Wilson, 1978，斜体是我标注的）。由此，两位编者得出了一个奇怪而含糊的推论，即"这个宽泛的定义显然将意识形态的概念与心理测量学意义上的*因素*概念等同起来"（1978：303，斜体为原文所加）。由此可见，与"社会学家和政治学者"倾向于依靠"对历史行动不确定的解释"来"推断意识形态"相比，心理学家"显然更接近现实，他们根据收集方法更为复杂的经验数据来推断他们的因素"（1978：303）。

这本选集主要关注的是一些个体如何会倾向于采取极端的政治态度。这是一个很重要的问题，但必须从正确的角度看待它。意识形态与社会行为密切相关：一种意识形态在社区、社会群体或亚文化中被广泛接受，和与之相关的社会运动之间存在着连续性。很难用心理学中的人格特征来解释为什么会有这么多人参与社会运动。权威人格或个性强硬可能有助于德国国家社会主义的发展；但从心理学角度来看，这场运动为什么能在当时取得如此巨大的成功，还是和以前一样没有答案。更加现实的做法是，从大多数人对社会现实的共同看法，以及导致这些共同看法的条件入手进行分析，这从科学上说也更为简洁。艾森克和威尔逊所代表的方法难在它以一个隐含的观念为基础，即社会是由单个的粒子或"个体"组成的，且他们之间的互动是随机的。在这种视角下，一个社会体系中在社会或文化层面上共享认知的组织就没有了存在的空间，因为这种组织是建立在社会体系中共同感知的社会位置基础上的（对这一问题的讨论见第三章）。

这种由随机相关的个体组成集合的观点在这本选集的一个总结性陈述中被推向了极致："我们自己的解释首先强调了遗传因素在决定社会态度方面的重要作用……这一证据在之前的章节中已经进行了回顾，这里不再赘述"（1978：308）。书中提供的"证据"实际上只有伊夫斯（Eaves）和艾森克的一项研究，且编者认为这项研究只是探索性的，他们在那一章的引言中将其称为"预示春天到来的先兆"（1978：219）。当这本书得出最终结论时，这些初春的迹象似乎已经变成了盛夏的。科学的客观性也就到此为止了。因此，这本选集远没有涉及特定的（the）"意识形态的心理基础",它更贴近于反映了某些(some)心理学的意识形态基础。

正是由于它关注到了这种个体主义视角的不足之处,这里所呈现的争论才有别于近年来的其他许多争论。第二章的直接背景见其引言部分。第三章介绍了一场讨论,讨论双方的研究背景是相同的。该章第一节是对一篇文章的概述,文章的两位作者唐纳德·泰勒(Donald Taylor)和鲁珀特·布朗(Rupert Brown)在创作这篇文章时,曾在或围绕一个我们都参与其中的群际关系研究项目工作过。

第二章
真空中的实验*

❖ 引言

1969年春，欧洲实验社会心理学协会全体会议在比利时鲁汶大学召开。在工作会议和无数次会外讨论中，人们逐渐认识到，大致存在两种主要的观点——这两种观点有时甚至矛盾地存在于同一个人在不同时间发表的看法之中。会议上展示的一些论文遵循了长期以来的传统，即基于过去20多年来人们已经熟悉的思想、理念和方法的严谨的实验研究。其他人则表达了不满，开始寻求新的理论和研究路径。论文展示后的讨论揭示了一种复杂且矛盾的集体心态。一方面，大家对通过明确的经验假设及其实验检验等成熟方法所取得的成就表示了由衷的尊重。另一方面，许多人认为，为了获得少量的科学声望，增加些许的知识，就必须对社会、科学和哲学等许多研究背后的假设不加质疑地接受，这是非常沉重的代价。1969年春的"学生革命"很有可能与这些冲突有关。如果是这样，那么让这些潜在的知识冲突浮出水面，应该被视为这次动荡的积极面向之一。

但是，许多在会议上从不同角度讨论的问题，早在最近几批学生取代

---

* 本章摘录自：J. Israel & H. Tajfel（eds.），*The context of social psychology：A critical assessment*，London：Academic Press，European Monographs in Social Psychology，No.2，1972 中的第1章"引言"（Introduction）和第3章"真空中的实验"（Experiments in a vacuum）。

50年代"沉默的一代"之前，就已经存在了。最重要的问题涉及以下几个方面：社会心理学理论的本质；用于分析"自然"社会现象的方法的适当性；关于人和社会的未加说明的假设、价值观念和预设的本质，这些因素决定了研究的理论和方法；科学成果的相关性和重要性；社会心理学中的理论、问题和研究方法与物理学和自然科学中的理论、问题和研究方法的关系。

这些问题在鲁汶大学清晰地浮现出来，显然应该继续讨论。协会定期组织的"小型工作组会议"就是继续讨论的框架形式之一。约阿希姆·伊斯拉埃尔（Joachim Israel）在哥本哈根与我和塞尔日·莫斯科维奇（Serge Moscovici）进行了一些初步讨论后，承担了组织这次会议的责任，并最终促成了《社会心理学的背景》（The context of social psychology）一书的出版。会议于1970年4月在埃尔西诺（Elsinore）举行①，如果丹麦王子哈姆雷特（Hamlet）当时问的是"如何生存"（how to be），而不是他提出的另一个不朽的问题，那么他很容易就能成为与会者之一。

在这个总体框架内，本章的目的是表达我作为社会心理学家的关注点，我的工作几乎完全是在该学科的实验传统下进行的，并且我仍然相信，在我们可以采用的社会行为研究方法中，可以通过实验检验的理论前景是最有希望的。这种观点可能只是一种信仰，甚至可能是出于绝望而抓住的最后一根稻草。尽管如此，还是有两个重要的理由继续沿着这条笔直而狭窄的道路走下去：第一，系统地研究社会行为是我们这个时代的重要任务，无论是在理论上还是在实践中；第二，没有证据表明，对社会行为的心理层面进行研究的其他方法比实验方法更加坚实可靠。

我们今天所了解的实验社会心理学之所以"无关紧要"，只是因为它是在社会真空中进行的社会科学实践。这种真空并不是因为我们在进行基础研究而非应用研究，而是因为社会心理学家经常错误地判断了他们的学

---

① 我们非常感谢丹麦社会科学研究理事会（the Danish Social Science Research Council）和瑞典国家银行三百周年基金会（the Tricentenary Foundation of the Swedish National Bank）的支持。来自该理事会的资助对埃尔西诺会议的组织起到了很大的帮助作用；来自该基金会的资助使编辑们在会议结束后能够继续合作，最终完成了1972年出版的这本书。

科所关心的是哪一类人（homo）："生物学的"、"心理学的"还是"社会心理学的"。

大多数社会心理学的本科生教材前几页都包含了对该学科的某种定义。这通常至少包括三个论断：社会心理学是对人类行为的科学研究；它所关注的行为类型是社会行为（即个体之间的互动，单独地或群体地）；这种社会行为是它发生的社会背景的"一种功能"，或由其"决定"，或与其"相关"。例如，多伊奇和克劳斯（Krauss）在其《社会心理学理论》（*Theories in social psychology*，1965）一书中，就非常明确地指出了该书涉及的问题："人际关系的独特性不仅在于关系双方都可以发生心理事件，还因为它们具有*社会属性*［斜体为原文所加］。也就是说，人际关系总是发生在有组织的社会环境中——在家庭、群体、社区、国家之中，这些环境已经发展出了与人类互动相关的技术、范畴、规则和价值观。因此，要理解发生在人类互动中的心理事件，*就需要理解这些事件与它们发生的社会背景之间的相互作用*［斜体是我标注的］"（1965：2-3）。他们补充道："……社会心理学家必须能够描述社会环境的相关特征，以便理解或预测人类的互动"（1965：3）。

但在阅读该书中专门讨论通过实验条件检验的社会心理学理论章节时，人们会发现找不到对"与社会背景之间的相互作用"或"社会环境的相关特征"的进一步讨论或描述。例如，挫折-攻击理论作为社会心理学中一种典型的（且有影响力的）"中层"理论，在该书引言章节中进行了介绍；为了忠于原文，该书的介绍主要涉及从主要假设中推导出的逻辑关系，并对一些关键的理论构念，如"攻击""干扰""目标反应"等进行了简要分析。但这既是开头又是结尾。那么，这如何能算作一种"社会心理学理论"呢？

很明显，它的各种假设必须通过预测观察到的社会行为的规律来检验。我们今天面临的最重要且最普遍的社会心理学问题之一，就是解释群际行为涉及的过程；我稍后会对此进行更详细的讨论。这不是一个可以被定性为"应用性的"或"理论性的"问题；它不可避免地同时兼具这两种性质，因为它涉及人之于人的行为的一些基本特征，这些特征适应于"社会背景"和"社会环境的相关特征",被"社会背景"和"社会环境的相关特征"改变,同时也是它们的决定因素。

有观点认为,挫折-攻击理论(或其各种变体)可以"解释"群际行为的一些方面,即可以解释一些观察到的规律。旨在验证这些假设的实验数据为其提供了支持。在此,我并不关心变量之间假设关系的"真"或"假"问题,我关心的是根据从实验获得的数据推断整体的群际行为是否有效。稍后,我会回到实验的推断问题上来。目前,我们只需要回顾一下,就挫折和攻击而言,实验的范围从在受挫的大鼠身上诱发替代攻击,一直延伸到在实验室模拟出一个人在被老板训斥后责骂妻子的情境。然而,这些实验都无法证实或否定这些假设,因为它们可能需要应用到任何群际关系的社会背景下。现在众所周知,如果不考虑社会现实,就无法做到这一点,因为社会现实赋予了"内群"和"外群"意义和界限,决定了什么是攻击、什么不是攻击,也确定了人类的普遍形象,这种形象决定了可以描述为"对另一个生物体造成伤害"的行动的适用范围。莱文和坎贝尔(LeVine & Campbell, 1972)以及其他一些人(例如 LeVine, 1965)已经指出,外群攻击与内群体中普遍存在的社会关系网络类型密切相关,如果不对后者进行深入分析,就无法对前者做出有效预测。然而,在实验社会心理学的文本中,讨论挫折和攻击实验(因为它们与群际冲突有关)的背景,在很大程度上仍然与30年前一样。

有人反对,认为用普遍的和与社会无关的术语提出的假设缺乏预测能力。他们遇到了这样的反驳,即:科学的任务就是提供广泛适用的法则;任何科学理论都不可能关注个别案例的特殊性,或包含未知、不可知和不可控变量的一系列个案的特殊性。真正重要的是需要发现和区分出一些基本的过程——或者用库尔特·勒温(Kurt Lewin)的话来说,就是基因型(genotype)和表现型(phenotype)之间的恰当区别。正是这种区分出社会行为的基因方面的需要,导致勒温坚持使用实验方法,并因此使他的思想对社会心理学的后续发展产生了深远影响。但是,在制定和检验社会行为规律的过程中,什么是基因型,什么是表现型,绝非一目了然。

困难在于如何区分社会行为中的"个体"和"一般"情况。如果我在进行一项社会心理学实验，我会有几组受试者，他们被安排到不同的实验和控制条件下。这些受试群体既可以代表整个人类群体，也可以代表他们从中抽取出来的特定子集。如果前者是正确的，那么观察到的行为规律就可以作为广泛适用的定律推广。如果后者属实，那么这些规律就可以在子集中得到推广。此处应该明确的是，我这里关注的并不是社会心理学实验中"样本代表性"这个老生常谈的话题；在很多情况下，样本代表性可能与研究目的完全无关，这是有充分理由的。然而，重要的是要清楚地认识到，只要人们的行为是出于他们进入实验（或其他任何社会情境）时所抱有的社会期望，就不可能出现一般性的情况。如果这些期望是共有的——正如它们在任何社会环境中总是或多或少地被定义为共有的那样——我就会从我的实验中获得既不是"一般"又不是"个体"的数据。观察到的行为规律将是一般过程与它们所处的社会背景之间相互作用的结果。

如果不了解这种背景，那么这些数据可能与证实或证伪某个假设无关。更重要的是，这些期望在多大程度上是人们共有的，进而在多大程度上决定了结果的模式，这本身就是一个经验问题；在得出任何结论之前，必须先回答这个问题。如果我们只是在处理随机的个体差异，那么常用的统计工具就能提供所有的答案。然而，如果实验的社会背景和实验本身向受试者提出的社会性任务为观察到的规律提供了足够的共同意义，那么我们就必须对数据进行一种解释，这种解释是社会科学中的许多问题所特有的，其中"一般"和"个体"之间的区别并不适用。这种解释旨在说明假定的社会行为的一般过程，与其可能发生作用的条件之间的相互作用，或者在什么条件下"表现型"的差异可能掩盖"基因型"的相似、在什么条件下"基因型"的相似可能遮蔽"表现型"的差异。因此，社会心理学实验中观察到的行为规律，介于一般情况和不可知的个体情况之间。这些行为规律的应用范围取决于人类社会行为的性质。而根据人类群体与其社会环境之间的相互作用，人类社会行为的模式会出现合法但多样的变化。类似的论点构成了当今动物行为学家或生态学家采用的许多准实验和实验技术的基础，尤其是在研究生态与动物社会行为之间的关系时。就对人类社会行为的研究而言，这种论点的适用性更强，因为在这种情况下，忽视它只会使研究持续陷入"无关紧要"的境地。

在继续之前，我想澄清一点，上述论点并不是说实验必须是跨文化的，才能提供有价值的见解。关键在于，所有的实验都是"文化"的，而"跨"文化是否增加了它们的价值，完全取决于它们所依据的理论背景。四处寻找偶然的相似性和差异性可能会开拓研究者的思路，但这并不会为我们的相关知识库增加太多内容（有关跨文化问题的详细讨论，请参阅：Faucheux，1976；Frijda & Jahoda，1966；Jahoda，1970，1979）。例如，一项关于从众行为的实验可能是无足轻重的，因为它使用了笼统的理论工具，如"普遍"的归属需求或认可需求等，来解释实验数据；而且，如果我们从中了解到的是这些需求的强度存在个体人格差异，那么观察到的受试者亚群之间的差异可能就没有什么一般的社会心理学意义了。另外，我们也不必急于去研究其他"文化"，而是要对环境和背景条件进行分析，这些条件决定了受试者在面对一批看似普通的、相对诚实的公民（实际上是实验者的同谋）时，对什么是社会适当行为的看法。

因此，社会心理学实验数据的适用范围受限，主要有三个后果。首先，这将它们置于一个特殊类别中，该类别既与科学上无关紧要的个案无关，也与理想但无法获得的一般情况无关。其次，这种中等范围的数据意味着，除非明确其背景特征，否则这些数据既不能证实又不能证伪一般规律。最后，这些背景特征是实验设计中不可或缺的一部分。因此，对实验条件的描述必须包括对研究者认为与其得出结论相关的社会背景的分析或描述；同时，任何关于其假设证实或证伪的结论也必须与这些条件相关。

需要明确指出实验范围的特征，这不仅仅是因为在社会心理学实验中无法获得无定形、可互换的受试者群体。在物理学或生物学科学中进行实验控制，意味着假定正在进行实验的物质或有机体的相关属性是明确已知的。不用说，在社会心理学实验中，情况并非如此。但也许值得重申的是，尽管社会心理学家们从未明确承认这一点，但他们已经比洛克（Locke）所设想的人类是一块白板走得更远了；他们许多实验设计的假设是，所使用的受试者范畴永远像一块干净的板子，我们可以在上面随意书写实验条件。再次强调，这并不是在呼吁尊重个体差异，也不是在呼吁莫斯科维奇曾称为"差异社会心理学"的东西；社会心理学并不是一本对个体甚或群体社会行为特异性分类的目录。与物理学家或生理学家不同，我们无法在实验开始之前操纵我们所研究材料的属性。这并不影响那些"普通"实验心理学家的研究，如感知恒定性或短期记忆等问题。我们有理由相信，只要满足获得反应的某些条件（这可以通过适当的初步测试来确保），所有人类都以非常相似的方式运作。但我们不能假定社会行为或由社会决定的行为也是如此。① 我们的实验条件总是"受到污染"，而这种污染的性质是我们研究的主要对象之一。

很少有社会心理学家不曾对他们大部分实验所处的社会真空感到不安。许多人提到的"无关紧要"的感觉，归根到底，并非源自"基础与应用之间的紧张关系"，而是与假定为基础的东西的性质直接相关。这一点又是相对的，取决于所提出的关于人类社会行为的问题类型与所提供的答案之间的匹配程度。而问题与答案之间的匹配程度又反映在实验设计中。

❖ 个体、人际和社会心理学

关于人类社会行为的问题可以被视为一个连续体。这个连续体从生物学开始，经过心理学和社会心理学，到达社会学。每当有人提出这种说法

---

① 然而，"普通"实验心理学家也有自己的问题，这些问题主要集中在如何界定什么是、什么不是"社会决定的行为"上面。从这个意义上讲，"所有人类都以非常相似的方式运作"这种说法是对这一问题的回避。这种性质的理论或经验问题出现在"个体"行为的最基本领域。在感知方面，存在着经验因素以及由此产生的社会和文化差异（例见：Segall et al.，1966；Tajfel，1969a）；在动机方面，存在着自由选择及其制约因素的影响（参见：Zimbardo，1969）；在情感方面，存在着认知和社会因素对个体如何标记其情绪状态并采取相应行为的影响。正如一篇关于生理状态与心理或行为事件之间的认同的精彩讨论文章中，Schachter（1970）在结论中写道："如果我们最终要理解这个领域，我相信我们将不得不采用一套概念，这些概念可能会让大多数倾向于生理学的科学家感到有些不舒服和不自在，因为它们难以具体化，目前也很难进行生理化。我们将不得不审视一个人对自己身体状态的感知，以及他根据自己的当前情况和以往经验对这种感知的解释。我们将不得不处理关于感知、认知、学习和社会环境的概念"（1970：120）。

时，目前流行的做法是立即补充说，所有这些"层次"显然都是相互作用的；在研究其中任何一个层次时，都不能不考虑到其他层次；降低学科之间的壁垒已经足够困难了，因此人们不应该再重新设置障碍，让事情变得更加困难。事实上，"相互作用"仅仅是一个无用的口号，除非它能够转化为一种思考问题的方式、决定开展研究的方式。

  试图在这里为这些不同的层次提供正式的定义是毫无意义的。它们之间更多地是重点和关注焦点的问题，而不是明确划定的界限问题。因此，在生物学层面，关于社会行为的问题往往是人类适应和改造社会环境的遗传和生理决定因素，人们往往从进化、生态，它们对人类机体结构的影响，以及这种结构对人类行为的影响等方面来寻找答案。这方面的一个例子是，生态学家研究人类攻击行为的本能时，考虑到了这与其他物种不同形式的种内攻击行为之间的关系和连续性。

  心理学层面的问题通常关注人类的哪些特征决定了其社会行为。这些特征要么是人类所独有的，要么至少是与其他物种截然不同的：语言和其他形式的符号交流、社会衍生出的次级动机、社会化的认知和动机特征。答案通常是根据一般的功能规律提出的，有时与生物学层面紧密相连；有时则认为生物学层面仅提供了相关过程的范围，但并不一定能预测其内容。这方面的例子包括：挫折与攻击之间的关系、认知一致性理论的各种版本、模仿在社会发展中的作用、从各种形式的交换理论中得出的竞争和合作规律、成就动机理论和归属理论等。

  关于行为的社会学问题关注的是社会、经济和政治结构对行为的决定作用。答案往往倾向于从这些结构的选定属性出发，对观察到的行为进行预测，例如经济差距与外群歧视之间的关系。虽然有时会使用心理学概念（如"相对剥夺"）作为自变量和因变量之间的联系，但人们的心理背景并不是理论分析的焦点。

  社会心理学意义上的人类在某种程度上介于这几种理论框架之间。他们所提出的问题类型与提供的答案之间是否匹配，取决于研究者的专业认同，因为社会心理学的问题往往会得到生物学、心理学或社会学的答案。

  几乎没有人会反对这样的观点，即社会心理学问题关注人类社会行为的决定因素，社会心理学理论的目的是理解、解释或预测这种行为。当然，这些决定因素可以在所有层次上找到；但这仍然是那些空洞的"相互作用"的说法之一，除非能证明它在解释和预测工作中是有效的——有时也包括作为解释的事后预测（参见：Popper, 1961）。问题与答案之间不匹配的原因在于，在分析人类社会行为时，似乎可以将其还原为物种的遗传和生理特征，如生物学的偏差情况；或者还原为非社会的人类行为，如心理学的偏差情况；抑或是还原为社会结构的单向决定，如社会学的偏差情况。我并不想夸大这个问题：毫无疑问，人类社会行为的某些方面可以用上述任何一种还原论进行有用的分析，我很乐意把寻找相关例子的任务留给读者。我所关注的是社会行为中具有关键意义的领域，这些领域是社会心理学意义上的人类所独有的，因为它们与他的生物学背景、他的非社会的心理功能，以及将他视为能由其所处社会体系完全解释的概念之间存在着经验上的不连续性。

就像其他形式的还原论一样，我们的三种偏差来自一种从根本上来说是有用的观念。它们提供了可能性的范围，即社会心理学的研究结论不能与支持生物学、普通心理学和社会学理论的确凿证据相矛盾，这些层面的理论对正在研究的社会心理学意义上的人类功能有着直接影响。然而，从这时开始，它们就需要针对各自的问题进行特殊处理了。

承认出现新的变量和行为体系的必要性，与研究艺术史上出现的新风格之间存在一些遥远的相似之处。根据定义，绘画或音乐中的风格包含了某些规律，这些规律必须被分离出来，进行描述和分析。贡布里希（Gombrich, 1960）对视觉艺术中"刻板印象"的使用进行了描述，提供了一个很好的例子，说明如何利用一般心理规律，为必须进行分析的范围提供一个重要的维度。但是，他或任何其他艺术史学家都不可能止步于此。研究让我们能够将一组画家称为"印象派"、"超现实主义"或"野兽派"的规则，必须以熟悉他们的观念为基础，即他们想要传达什么、他们希望如何传达，以及他们为什么选择特定的表达方式。这反过来又需要与分析他们所反映（或反对）的事物相联系，这种分析可以在先前的风格规律或社会历史背景下进行，或两者兼而有之。

当然，在艺术史和社会心理学中，获取有关规律性知识的方法是不同的；同样，历史分析的相对重要性也有所不同。但是，无论是在艺术史上还是在社会心理学中，由范围（在艺术的情况下是人类交流行为的范围）所划定的边界与对所选规律的性质分析之间的关系是相似的。毫无疑问，了解感知和再现中的某些过程（如范畴化和刻板印象化）使艺术风格得以形成是有用且重要的，同样，了解如果我们没有视觉器官，不具备透视感知能力，以及如果没有我们的双手和十根手指，绘画就不会是现在的样子，也是非常有用的。但从了解这些限制性知识，到了解艺术史学家所需要的知识，还有很长的路要走。如果他对艺术风格感兴趣，他需要了解表现出行为规律的中等范围群体，我之前在讨论社会心理学实验中的受试者群体时提到过这一点。事实上，即使在视角受限的情况下，对交流技能发展的社会历史分析也是理解事情如何发生的前提条件。另外，如果过分执着于人类拥有两只手和十根手指的事实，我们可能会得出一些关于艺术风格发展的命题，这些命题与社会心理学中某些缺乏启发性的基本命题相去不远。例如，一个群体的成员拥有的共同目标越多，该群体就越具有"凝聚力"；或者在给定的一段时间内，一个人的活动导致另一个人的活动获得更多回报，另一个人就会更频繁地发出这种活动（Homans，1961：54）。

在社会行为中，"风格规律性"相当于人类群体（根据研究者的理论兴趣所设定的标准进行选择）对他们想要做什么、如何去做以及为什么选择特定表达方式的观念。然而，对"风格规律性"这一类似概念的主要反对意见是，它可能暗示的是一种"临床"和描述性的社会心理学，而不是基于一般社会行为理论的系统科学。对此的一种可能回答是，也许我们目前还没有这样的科学。在他们关于社会心理学理论的著作中，多伊奇和克劳斯（1965）写道："主导处于初级阶段的［社会心理学］的理论路径，在很大程度上仍然是基于对人的本质的隐含观念。这些路径中，没有一种在其心理学假设、逻辑推理方式或经验参照方面足够明确，无法对其含义进行明确的检验。简而言之，从物理科学的理论角度来看，这些研究取向中的任何一个都不是'理论'。"（1965：12-13）

然而，确实有一些有影响力的"路径"或"取向"导致了默顿（Merton，1957）所说的"中层理论"的形成；这些理论虽然没有追求物理科学的严谨性，但却促成了大量优秀的实验研究。挫折-攻击理论就是一个例子，其他例子还包括认知一致性理论。特别是费斯廷格（1957）的认知失调论，在大约15年的时间里激发了大量的研究，应用范围也越来越广。还有许多其他例子，其中一些见证了对小范围和特定问题的兴趣和研究的突然兴起，如关于"风险转移"的研究、关于双人竞争与合作的研究、关于小团体中从众的决定因素或非言语交流的研究。

然而，许多这类理论都有两个特征：要么它们主要不是社会行为理论；要么如果它们看起来是的话，很快人们就会发现它们基本上是关于个体行为的，或者最多是关于人际行为的。

利昂·费斯廷格说过，早在他对视觉研究产生兴趣之前，他就已经不再是社会心理学家了；他在这之前的工作主要是研究他的认知失调论，这在当时似乎是一句令人费解的话。我对这句话的事后解释不应该曲解原作者的意思，我是基于对两类有关人类社会行为的理论问题的区分来进行解释的。一类问题是关于人类作为一个物种，是什么使其成为一种社会性动物的问题；另一类则关注人类因为是这样一种社会性动物而表现出的行为。

这两类问题都与理解社会行为相关。第一类问题关注的是社会行为的范围而不是其内容，因为它适用于社会人（social man）的预备过程，这些过程的起源与颜色视觉或条件反射的普遍化一样，不是"社会性的"；换句话说，从理论上讲，这些过程同社会行为的关联，与视觉的心理生理学或二次强化在学习中的作用等同社会行为的关联是同类的。如果这些过程有所不同，社会行为也会相应地发生变化。但是，在这些过程和实际发生的社会行为之间，还存在着各种各样的起源于社会的现象，如果不考虑这些现象，预测和解释就必然会像通常发现的那样"无关紧要"。伊塔尔（Itard）笔下那个来自阿韦龙（Aveyron）的野蛮男孩，从他被发现的那一刻起，就被证明是符合挫折与攻击之间的某种合法关系的；他可以调节自己的行为，以避免徒劳无获。特吕弗（Truffaut）关于这个男孩的严肃电影《野孩子》（*L'Enfant Sauvage*）表明，通过社会互动改变这些过程对他的行为产生了巨大的影响。如果我们改变了实验中受到挫折和具有攻击性的老鼠所处的社会环境，也可能会发生一些行为上的改变；或者改变劳伦斯（Lawrence）和费斯廷格（1962）研究利用的那些通过做得更好的工作来"证明"自己努力的老鼠的社会环境，它们的行为也可能会发生一些改变。就像阿韦龙男孩的情况一样，需要对新出现的变量进行分析，否则就无法理解行为的转变。应该清楚的是，"转变"或"改变"等术语之所以有意义，是因为在伊塔尔的故事中，我们的出发点是独特的——前社会的东西。在正常情况下，"社会"并不是对其出现之前就存在的事物的改变——它从一开始就与定义范围的过程相互作用。

第二种类型的问题关注的是人类作为社会动物所表现出的行为。这些问题直接由社会互动产生，如沟通、竞争、合作或从众。实验假设所依据的理论和实验设计可以从两个角度来考虑：一是这些理论中隐含的人的形象；二是人的"个体"性与其社会行为之间的关系概念。

我在这里关注的是第二个角度。我最近有幸看到了一位心理学家申请跨文化研究基金的申请书，其中的一段话或许可以说明解决这个问题的常见路径。其中一个重点段落提到了"我们称为'文化'的这一系列环境条件"。

这与某些人类的"个体"性及其行为所处的社会环境之间关系的研究理念非常接近。这种推理过程大致可以描述如下：存在一种个体动机的基础，例如追求奖励和避免惩罚（或追求收益和避免损失）；这决定了人的行为，无论他是在应对天气、寻找食物、探索新现象还是与他人打交道。他从过去的经验中获利（或从过去的回报中学习）的能力和他的"认知结构"，在他想要什么和他如何得到之间起着干预作用。其他人则是一种额外的复杂因素：他们也可以从过去的经验中获利，并运用他们的认知能力。这是社会互动复杂性的主要原因。否则，社会行为与非社会行为一样，都是根据相同的收益和损失矩阵构建的；在这个矩阵中，其他人是获得收益或防止损失的手段。从这个意义上说，他们是碰巧具有"社会性"的刺激因素。

我知道，这只是一个粗糙的、过于简化的形象；但它并不太离谱。让我引用一本多年前备受好评且被广泛使用的实验社会心理学教科书：琼斯和杰勒德（Jones & Gerard, 1967）的著作。

在将近 600 页的内容后面是第 15 章，该章旨在探讨"群体成员资格对个体行为的影响"。这一章的标题本身就具有重要意义，因为它暗示人类群体属于以某种方式叠加在个体行为之上的"一系列环境和条件"的范畴。这一点在该章第一句话中就得到了证实："我们走过了漫长而曲折的道路，以记录个体生活受到他人行为*影响*（touched）［斜体是我标注的］的主要节点。"（1967：591）作者继续写道："在前面的章节中，这些个体被描述为社会化的代理人、刺激因素、比较模范、交流对象，以及*通过结果的偶然性与个体联系在一起*［斜体是我标注的］的行动者。现在，我们将更直接地面对群体生活的现象，不再局限于二元人际关系。"（1967：591）

事实上，在前面的章节中，二元人际关系一直是推断更广泛的社会行为体系的主要基础。二元人际关系，如竞争与合作，可以作为研究社会冲突的心理层面的模型。从二元人际关系到群体关系只有很小的一步。两者都受到相同工具的支配。因此，"当个体成员认为通过持续的群属关系可以实现他们的目的时，两人或多人就会成为一个群体。在某些群体中，成员们有着相同的目的；在其他群体中，群体之所以能够凝聚在一起，是因为它满足了个体的各种目的"（Jones & Gerard, 1967：591）。我们与他人合作以实现我们的目标。因此，"说 A 依赖于 B 或 C，或 B 和 C 的组合，意味着 A 需要这些人的帮助来实现对他很重要的某些目标"（1967：591）。

这样的例子可以无限地增加。诚然，这本教材的其他章节讨论了小群体中的沟通交流和小群体结构的规则问题。但它们仍然可以归结为同一模式：人的社会行为是他一般性的收益-损失策略的调整，以适应周围其他人所带来的特殊要求。因此，上述两类理论问题中的第二类——关注人类作为社会动物所表现出的行为的理论——可以还原为第一类：在这些理论中，社会行为仍然是从前社会或非社会的角度来考虑的。

❖ 一种社会心理学的问题视角

迄今为止我们讨论的主题是，目前社会心理学研究成果中占主导的许多理论都不是社会心理学的。为了检验这些理论而设计的大多数实验，不可避免地忽视了社会行为的广泛现实，聚焦于个体以及个体之间的调整策略。正是在这些方面，我们从个体出发，不间断地推进到他与另一个体之间的二元人际关系，再推进到一个小群体中几个个体之间的关系，最后到达群际关系所带来的问题。但似乎在这一步，出现了过于明显的连续性的断裂，以至于无法忽视它的存在。人们随后采用了一个更简单的解决方案，那就是直接忽略这个问题。20世纪60年代末，杰勒德和米勒（Gerard & Miller, 1967）对关于群际过程的实验研究进行了综述，在长约40页的文本中仅用了十几行来讨论这个问题。这十几行字表明：（1）关于群际过程的实验研究确实很少；（2）这是因为在实验室中创造群际情境存在方法论上的困难。在琼斯和杰勒德（1967）的大部头著作中，想要在索引中找到诸如"群际""内群""外群""认同"（无论是社会认同还是其他认同）等术语，都是徒劳的。"冲突"一词出现在书末的术语表中，是指"当个体被激励做出两种或两种以上相互排斥的反应时所产生的一种状态"（1967：709）。因此，谢里夫（Sherif）关于小群体间冲突的"实地"实验甚至没有被提及，也就不足为奇了。

为何会这样呢？如果我们回想一些显而易见的命题，这个问题就更令人困惑了。例如，各种人类群体之间的关系发展历程是我们这个时代基本的社会问题之一；在个体一生中的无数情境下，他会根据由自己所属的各种群体带来的社会认同，以及自己与他人（作为个体或整体）的社会认同的关系，来进行感知、思考和行动。同样显而易见的是，这种社会行为在很大程度上是由他所属的群体与其他群体之间的关系决定的，而这些关系的性质又在很大程度上是由社会中群际行为的共同规律决定的。因此，这是一种可以被视为个体与其社会环境相互作用的杰出范例的社会现象。群际关系的社会环境影响个体的形成，而个体反过来又塑造了这种社会环境，他们和社会环境共生发展、相辅相成。人们会预期，这种相互作用的性质肯定会成为社会心理学关注的焦点，并成为研究和实验的出发点。

这种分析的缺失以及相关研究的不足，其原因不难寻找。如果社会心理学所关注的基本过程仅限于个体（和普遍）人类的动机和认知功能，那么群际过程只能以两种方式来理解：要么它们可以通过这些个体过程得到充分解释，要么它们会带来一些特殊问题，而对这些问题的研究不会对我们的基础知识有很大贡献。个体被视为社会心理学的基因型。作用于个体以及个体所作用的社会矩阵不过是表现型的叠加。正如伯科威茨（Berkowitz, 1962）所写：

> 尽管如此，本文作者仍然倾向于强调个体因素在群际关系领域的重要性。群体之间的交往最终还是成为个体心理学的问题。个体决定参战，战斗是由个体进行的，和平也是由个体建立的。是个体接受了他所在社会中普遍存在的观点，然后他再将这些观点传达给其他个体，尽管这些观点在多大程度上获得其他人的接受是影响他采纳这些观点的一个因素。归根结底，也是个体攻击了令人畏惧和厌恶的少数族群，尽管他周围的许多人也有同样的感受，并在决定他是否愿意攻击这个少数群体方面起着非常重要的作用。可以将群体作为一个单位来制定理论原则，这些原则在理解群体之间的敌意方面非常有帮助。但这种抽象概念指的是个人的集合，是由个体之间行为的一致性实现的（1962：167）。

其中的意思很清楚：归根结底，个体才是分析的单位；他会对他人做出反应，他人也会对他有所反应——但除此之外，并没有发生根本性的变化。社会行为由个体认知和动机的代数组合构成，形成了个体之间的一致性。

社会心理学家似乎还沉浸在这种还原论中；而在他们赖以获得其基本概念的个体行为领域，这种还原论正在被摒弃，或多少受到严重质疑。正如皮亚杰和英海尔德（Piaget & Inhelder, 1969）在关于认知发展的简短讨论中写道：

一种行动的本质更在于改变现实,而不仅仅是发现其存在:对于每一种新的行动,发现和改变实际上是不可分割的。这不仅仅适用于婴儿,他们每一个新的动作都丰富了他们的世界(从第一次进食到工具行为模式,如使用棍子将物体拉向自己),这种情况在所有层面都适用。制造电子机器或卫星不但丰富了我们对现实的认识,而且丰富了现实本身,因为在那之前,现实中并不包括这样的物体。这种行动的创造性至关重要。行为主义者研究行为,也就是研究行动,但他们往往忘记了行动的"主动"和"改变"的特性(1969:128)。

选择群际关系问题来举例说明本章前面提出的论点,有几个原因。这些问题处于生物学家、心理学家和社会学家兴趣的交汇点。它们涉及面对面互动中的社会行为,这些行为同时受到高度抽象的社会现实表征的指导;它们深刻影响着数百万个体几乎从出生那一刻起就接触到的社会经验。

然而,正如我们所见,有充分的理由认为,关于群际关系的实验社会心理学几乎不存在。它在很大程度上被前面提到的社会心理学问题的"似乎"(as if)或还原路径取代。关于这一主题的某些生物学(以及大多数伪生物学)著作的重点,是人类群际行为与其他物种的种内攻击和领地行为在进化上的连续性。据我所知,这种观点被认为可以解释人类过去和现在不太光彩的一面,但从未有人尝试提出一套符合可证伪性标准的假设,或认真关注人类社会组织所独有的变量。再次讨论这些观念的非社会性和前社会性是没有意义的。

总体而言,心理学家在思考这些问题时表现出更高的科学素养;或者至少可以说,与前一种情况不同,他们的著作是基于对该主题的一些研究的。这种研究大致可以分为四种趋势:从攻击理论(主要但不完全是围绕挫折-攻击假说)中衍生出来;从人际或小群体内的竞争与合作中推断出来;对有关内群和外群的判断、刻板印象、态度和信念的认知分析;基于偏见与个体早期社会化过程中的情感体验的相关性和连续性,研究偏见在个体中的起源。前三种研究趋势从各自的角度出发,都很少关注社会互动的出现及其在解释社会行为规律中的作用,这与生物学路径是一样的。第四种确实考虑到了不同的社会关系模式对早期情感发展的影响，但它明确地将分析重点放在随后出现的各种易产生偏见的人格类型上，因此它不能涵盖，也没有打算涵盖群际冲突更广泛的社会心理学层面。

有一种方法可以描述目前许多社会学著作对相同问题的研究路径，那就是改写我前面引用的伯科威茨的说法（见第32页）。改写的内容如下：

> 尽管如此（即考虑到生物学和心理学方面的因素），本文作者仍然倾向于强调从社会结构的角度来考虑群体关系领域的重要性。群体之间的交往不能用个体心理学来解释。政府决定发动战争，战斗是由军队进行的，和平也是由政府建立起来。人们生活的社会条件在很大程度上决定了他们的信念，以及这种信念的普遍程度。归根结底，一个个体对他所厌恶或恐惧的少数族群发起攻击，如果不是因为他与其他有同感的人一起行动，且他们在决定他是否愿意攻击这个少数民族方面起着非常重要的作用，那么这种攻击就仍然是一件小事。可以将个体作为分析单位来制定理论原则，这些原则对于理解群体之间的敌意非常有帮助。但这些抽象的概念只能指没有组织结构的一群人，并且只能由个体之间行为的一致性来实现，这是因为人们生活在一个有自己的法律和结构的社会环境中。

当然，这种改写在很多方面对伯科威茨是不公平的，因为它忽略了他所关心的一些严重的理论问题。① 但是，对他的观点的批判并不是主要的问题。事实上，我们许多强调群际关系的社会决定论的同事，都很容易认可这一改写。举两个例子：这段话可以很容易地插入班顿（Banton，1967）或布莱洛克（Blalock，1967）颇具影响力的著作中，而丝毫不会与他们的总体论点产生矛盾。但是，这给社会心理学家带来的困难与伯科威茨的"心理个体主义"一样严重。如果这就是对社会行为解释的起点和终点，那么我们就又多了一块白板（tabula rasa），上面没有任何关于心理过程和

---

① 特别是它故意忽略了一个无法回避的事实，即军队、政府等都是由为自己和他人做决定的个体组成的。但这并不意味着我们在这里处理的是"个体"心理学，即一群前社会的人聚集在一起形成一个社会。

社会过程的交汇，以及它们如何相互影响的内容。从某种意义上说，这就像是斯金纳行为主义（Skinnerian behaviourism）的第二个社会学版本，与霍曼斯（Homans, 1961）提出的第一个版本方向不同。这是一种"空洞有机体"的社会学，它将输入（例如，经济状况）与输出（例如，就业歧视）直接联系起来，而不关心中间包含人类社会功能奥秘的"黑箱"。即便如此，也并非完全正确：我们经常会对"黑箱"做出未加说明的假设；莫斯科维奇（1972）和伊斯拉埃尔（1972）关于心理学和经济学理论之间关系的讨论就有一些相关的例子（另见 Plon, 1972）。因此，我们同时面临着心理学家的心理个体主义和社会学或经济学版本的隐含的"天真心理主义"（naive psychologism）。

本章的目的并非提出宏大的（甚或微小的）理论。然而，其目标之一是尝试讨论一种理论应该包含哪些变量，以符合心理社会现实的需求。在群际关系的情况下——以及在其他情况下，例如，在社会影响问题与社会变革或社会变迁（social change）的心理层面相关时——我们可以认为，我们目前面临的是一个由不同层级组成的科学体系，从一个层级到另一个层级的途径几乎从未被使用；或者我们正在见证一种类似于提前包装好的礼物的交换，这些礼物无疑是精心挑选的，但并未考虑到接收者的需求，也没有考虑到他们可能希望如何使用这些礼物。"人类有机体与其环境之间关系的灵活性"这一概念以生物学为基础，并在心理学理论和认知功能研究中得到广泛应用，显然是研究种内攻击行为的生态学理论以及人类社会行为新特征研究应该共同采用的视角。同样，"行为适当性"的概念也可以发挥类似的作用，将"个体心理学"提升到足以应对社会心理学分析的水平。

关于灵活性几乎无须多言。人类最重要的进化武器无疑是能够调整自身行为以适应环境需求，同时也能改变环境以满足自身需求。然而，正如我在其他地方所述（见第六章），大多数关于社会环境的生态学和心理学著作都忽略了用于分析人类试图理解环境（生物环境和物理环境）以便采取行动的认知模型。

与这些人类灵活性的认知模式相关的是行为适当性的概念，它直接引向了将人视为"遵守规则的动物"的概念［参见 Harré（1972）以及彼得斯于 1960 年发表的关于心理学理论中动机概念的讨论内容］。哈耶克（Hayek，1969）在讨论抽象规则在决定行为方面的首要地位时写道："我们所有的行为都必须被视为由规则所引导。我们意识不到这些规则，但它们的共同影响使我们能够在不知道具体动作顺序的情况下，运用极其复杂的技能。"（1969：312-313）运动技能的这种规则整合反映在社会行为的另一个层面。或者正如彼得斯所说，"人是一种遵守规则的动物。他的行动不仅仅是为了达到目的，还符合社会标准和惯例。与一台计算机器不同，他的行为源自他对规则和目标的了解"（1960：5）。

在社会行为领域，规则可以被描述为关于适当性的概念。这意味着，社会行为在很大程度上取决于个体认为什么适合他所处的社会情境。反过来，他对于什么是适当的这一概念，是由现行的规范和价值体系决定的，这些规范和价值体系必须根据他所处的社会体系的特性进行分析。将社会动机归结为基于几种普遍的人类驱动力（无论选择哪种驱动力）的对自身利益（无论是虚拟的还是现实的）的享乐主义计算，是一种粗糙的过度简化。行为得体是一种强大的社会动机。它在很大程度上决定人们是否会试图保持或改变自己的行为以适应情境，以及是否会试图改变、改革或革新某种情境或情境体系，因为这些情境会干扰人们采取适当行为的可能性（或自由）。如果将根据某些内化规则行事的动机和行动方式的选择置于社会稳定与社会变革背景下，置于社会规范和价值体系与个体对自身利益的计算相关联的背景下，置于社会心理学与单纯的人际心理学相比较的背景下，这一点就会变得更清晰。我将逐一简要讨论这些问题。

适当性的概念反映了社会规范和价值体系。规范可以被定义为个体（与他人共享的）对他人期望他如何行动的预期，以及他人在特定情境中将如何行动的预期。然而，如果价值体系没有发挥作用，社会行为将表现出坚定不移和不可改变的从众性。价值观是一个社会——政治的、社会的、道德的或宗教的——以及社会中各个子群体中隐含或明确的意识形态。在这里，我并不关注个体如何获取和内化其价值观的问题，而是关注他拥有价值观这一事实。如果一个社会的某些规范和某些价值观之间不出现严重的紧张关系，那么这个社会就不可能发生任何变革。有时，变革（例如，技术变革）伴随着紧张关系。有时，紧张关系导致变革。最常见的情况是两者相互作用。如果存在紧张关系，一种解决方式是重新定义价值观以符合规范，或者改变规范以更紧密地契合价值观。但是，如果有足够多的个体或群体——受共同利益、共同的意识形态或共同的世界观（Weltanschauung）驱动——拒绝采取上述任何一种方式，现状（status quo）迟早会被动摇。在改变现状的过程中，个体也在改变自己，因为消除了一个紧张关系的来源，会创造出另一个紧张关系的来源，这个来源与他们的现状有着新的、不同的关系。因此，"行为得当"并不一定意味着符合当前或过去的行为规则。它也意味着作为一名反叛者、创新者、圣贤、革命者采取行动，甚至意味着可以采取种族灭绝的行为。

然而，忽略利己主义的动机和策略，将会和只考虑收益损失的"人际"心理学一样过于简单化。当前许多研究中使用的"利己主义"概念，除非经过缜密分析，否则不过是研究者自己最了解的一种利己主义，因为它构成了研究者自身背景的一部分。研究者假定自己与研究对象共享这种背景（事实上，他经常这样对待那些通过参与他的研究获得"学分"的大学生）；或者，如果他的研究对象来自他不熟悉的背景，他就必须假定自己了解他们的利己主义观念。当然，没有独立的证据，我们永远无法知道他做出这种假设是对是错。但是，他又如何能够假定是在验证竞争和合作等一般规律呢？

即使他对其研究对象的隐含假设可能是正确的，也有很好的理由说明：简单地看待"得"与"失"，只会导致"琐碎"或"无关紧要"的研究。一旦我们摒弃了前阿韦龙时代的"个体心理学"迷思，以一个创造了自身环境和复杂性的物种成员应有的尊重来对待他，价值体系就会在很大程度上决定对得失的看法。反过来，规范体系决定了实现"收益"可接受的策略。费斯廷格的认知失调论（1957）对社会心理学的重要贡献之一，就在于它能够进一步揭示价值观的背离对后续规范形成的影响。否则，知道那些为了一美元的报酬而表达与自己相反的观点的研究对象，随后比那些为了十美元而这样做的研究对象更多地改变了他们原来的观点，这并不会太让人感到兴奋（Brehm & Cohen，1962）。只有在我们对于"显而易见"的理解已经悲哀地退化为由强化理论的最简版本和小商人或末流政客的人生哲学组成时，这一发现与其他类似的发现才显得"并非显而易见"。

社会变革中共同的心理过程只有在以下情况中才能成为适当的社会心理学理论的主题：价值观的背离、价值观与新兴规范之间的差异，或者规范与新兴价值观之间的差异，在一段时间内反复出现，导致创造出新的可接受的行为形式，而这些行为形式本身又导致价值观的调整或其优先顺序的重新排列。这样，我们或许可以开始理解，为什么在某些时候，许多人可能愿意为了"这是我的国家，无论对错"而随时准备献出生命。而在另一个极端，人们又会做出建立集中营、投下第一颗原子弹、焚烧德累斯顿（Dresden）或华沙的犹太人区，或在越南村庄杀害"可疑"的妇女和儿童等决定。我们总是可以用"利己主义"的动机或普遍存在的"攻击本能"来"解释"所有这些行为。这就像说母亲照顾她们的孩子是因为她们有母性本能，而我们知道她们有母性本能是因为她们照顾她们的孩子一样，并不具有启发性。问题在于，即使这是真的，它也不会让我们有任何进步——这同样适用于所有从"基本"个体动机的角度对社会行为的解释。

无论是猎首（head-hunting）部落的行为，还是现代的大规模纵火犯的行为，都可以假定其基础是自我利益或自我保护。如果不分析他们的价值体系，就无法理解他们行动的目的；如果不分析他们的规范体系，就无法理解他们的手段。目的的选择可能涉及价值冲突或价值与规范之间的冲突，也可能不涉及；如果涉及，那么就会进行对实际或预期行为的合理化过程。这些过程与规范体系之间存在相互作用，如果这种相互作用发生在一个能够有效传播社会影响的社会体系中，并且这个体系中还存在着根据社会标准（无论这些标准是什么）将他们定义为一个"群体"的人们共同面临的问题，那么这些相互作用可能会导致规范的修改。

但这并不是全部：如上所述，使用手段或者旨在实现目标的行为或预期行为如果意味着价值观的冲突或规范与价值之间的冲突，就会引发体系重建的问题。这是产生新的意识形态的决定因素之一；如果新的意识形态被广泛接受，就会重新启动整个进程。例如，民族主义意识形态的传播曾经是（至今仍然是）新民族产生的重要原因，正如民族的"存在"是民族主义意识形态产生和传播的重要原因一样（进一步的讨论参见：Tajfel，1969b，1970a）。在试图解决其折磨人的价值冲突时，种族主义比所有遗传差异如皮肤颜色或鼻子形状等，更能赋予"种族"以社会意义。［种族之间假定的（presumed）遗传差异已经是意识形态合理化功能的一部分。］让我明确说明，我写这一切的目的并不是要否认或忽视经济、社会和政治因素的内在重要性，而是意在从社会心理学的角度出发，探讨这些问题的某些面向，以便对理解这一错综复杂的问题做出贡献。

当我们考虑到社会行为不同类别之间的心理差异时，这种贡献的性质就会变得更加清晰：例如，这些行为类别都可能简单地由各种版本的普遍个体驱力或基本动机及其衍生出来的次级驱力所解释。如果在明确界定的社会环境中，猎首行为或杀害所有战俘被视为适当的行为，那么这些行为可以持续数个世纪而不引起丝毫的变化。但如果类似的行为发生在这样的社会背景下，即对行为模式适当性的解释存在潜在或共有的分歧，情况就不会如此了：人们不可能长时间接受在欧洲大城市附近建立集中营，或向丛林、村庄投掷凝固汽油弹，因为这会对接受和不接受这些行为的人产生巨大的心理影响。社会心理变化的种子既存在于他们之间的冲突中，也存在于他们内部的冲突中。正是因为行为适当性的概念是在社会层面形成、共享、接受和相互冲突的，正是因为这些概念所适用的情境是由社会界定的，正是因为这些概念的变化方式和相互关联是由社会产生的，所以不能认为个体或人际心理学为构建适当的社会心理学提供了基石。这种推导需要在相反的方向上发展。

诚然，如果我们希望构建一套理论，就必须设法在看似多样的态度和行为模式背后找到一些相似的原则。这样的原则是可以找到的。例如，在个体行为中展现出的挫折-攻击、挫折-攻击抑制、挫折-替代攻击之间的关联；解决认知失调的过程体现出另一套原则。在社会心理学分析中，我之所以坚信后者一定比前者更为有效，是因为"承诺"和"合理化"这两个概念是后者所固有的。这两个概念既具有社会性又具有心理性，可以从其社会衍生的角度进行分析，并且它们在相互冲突的社会行为模式的共享、传播和交流中,即在态度转变理论中,有其自身的衍生过程。

对于那些局限于分析个体和前社会动机以及由此产生的行为策略的理论来说,情况并非如此。让我们短暂地回到群际关系心理学中的一些问题,以及从挫折-攻击以及替代攻击的角度对其进行的分析:由于每个人的生活中都充满了挫折,且每个人的内群体都有其外群体,因此,除了一些技术性的补充和解决在定义术语时偶尔遇到的困难之外,我们似乎做不了更多了。因此,我们会遇到对研究无关紧要和琐碎的批评,这并不出人意料。个体所受挫折的集合与社会共享的共同困难起源的概念截然不同,这些困难之所以被认为是共同的,是因为基于范畴化标准的集体认同概念,而这些范畴化的标准又完全来自社会背景。人们之所以采取共同的行为,并不是因为人们都遇到了挫折,而是因为人们接受了基本相同的社会因果关系理论(参见:Billig, 1976)。分析决定这些"理论"的性质、传播和接受方式,以及它们如何转化为社会行为,是社会心理学的根本任务之一。如果这些问题是社会心理学理论恰当的研究对象,那么就很难拒绝这样一种观点:对群际行为的解释,如挫折-攻击假设以及其他关于个体基本动机的理论所提供的解释,都有点像爱丽丝(Alice)看到的柴郡猫的微笑,看似存在却又难以捉摸。

第三章
社会心理学中的个体和群体*

❖ 社会心理学有多"社会"?

第一部分的引言和前一章的核心议题是社会心理学主要理论和在这些理论指导下进行的大部分研究所具有的"个体主义"性质。在进一步论证之前,有必要再次强调其要点,以免误解对其产生不满的原因。批评并非(not)针对在个体及人际过程方面所做的大量工作。对这些过程的深入研究构成了社会心理学的核心职能之一,而且毫无疑问,在过去三四十年中取得了显著的进步。然而,社会心理学的研究范畴不应仅(only)限于此,该领域对个体互动的过度专注导致了对其他两个同等(或应该同等)重要的大规模研究议题的忽视:对集体行为的研究(将在本书第七章和第四部分中进一步探讨;另见泰弗尔于1981年出版的著作中的部分章节),以及对个体在社会体系中所处位置对人际互动多样性产生的直接(direct)影响的研究。

关于这些问题的争论贯穿了整个70年代,第二章就是一个例子。泰勒和布朗(Taylor & Brown, 1979)在随后几年发表的一篇文章中直接延续了

---

* 本章转载了1979年刊登于《英国社会与临床心理学杂志》(*British Journal of Social and Clinical Psychology*)的一项辩论的部分内容(第18卷,173~179页,183~190页)。本章第一节是泰勒和布朗(1979)文章的概要,该文引起了双方的观点交锋;第二节是本书作者在同一期《英国社会与临床心理学杂志》上发表的回应。

对该章所提出问题的探讨。他们认同社会心理学在其大多数理论和研究中，未能将个体或人际社会行为嵌入更广阔的社会决定框架中；在这一点上，他们同意前一章及其他学者（例如：Billig, 1976；Moscovici, 1972；Steiner, 1974）的观点。然而，他们也指出，这些批评提出的方式未能充分解决两个至关重要的问题：

> 首先，个体主义视角与群体研究路径在社会心理学中的界限并不明确，因此很难制定具体的指导方针以调整个体主义与社会取向之间的平衡。其次，从这个连续体上的哪一点开始，我们不再专注于心理学问题，不再提出虽然重要但属于社会心理学范畴之外的问题？（1979：173）

为解答上述问题，泰勒和布朗（以下简称泰&布）对社会心理学研究中的个体主义与社会心理学理论中的个体主义进行了区分。他们一致认为，社会心理学研究在其关注点上一直是个体主义的，忽视了许多个体社会行为的广阔社会背景。然而，他们也指出，归根结底，社会心理学理论应该关注个体——只要将这种社会背景明确纳入研究设计和目标之中，因为这是心理学研究的基本任务和功能所在。

他们引用了一些批评者的观点，提供了此类非情境化研究的实例。例如，多伊奇（1973）提出的"冲突的博弈论研究路径"；莫斯科维奇和福舍（Moscovici & Faucheux, 1972）对阿希（Asch, 1956）研究的重新分析；早些时候由纽科姆（Newcomb, 1943）所代表的社会心理学传统的逐渐丧失，当时"社会心理学强调我们对人的看法的社会起源"（Taylor & Brown, 1979：174）。随后，另一种传统取代了这一传统，几乎完全集中在二元的人际关系上，如伯恩（Byrne, 1971）所述"关于人际吸引的大量文献"。即使是在那些根据其处理问题的性质，本应清楚明确地关注超越占主导地位的"人际"问题的事宜的研究领域，最终也遵循了这一传统。例如，相对剥夺的研究，"除了一个明显的例外"，以朗西曼（Runciman, 1966）为代表，最终由克罗斯比（Crosby, 1976）提出了一个明确的个体主义的"自我中心的相对剥夺模型"；伯科威茨和沃尔斯特（Berkowitz & Walster,

1976）的公平理论也只关注个体与其他个体之间的关系；罗克奇（Rokeach，1960）的偏见理论是基于个体之间对信念相似性或差异性的感知；对态度形成和变化的研究，从早期的平衡理论（例如：Abelson et al.，1968）到更近期的表述（例如：Triandis，1971；Fishbein & Ajzen，1975）主要关注的都是个体内部（intra）过程。即使是在群际行为的研究中，也是从个体和人际层面来进行分析的，尽管谢里夫们（Sherif & Sherif，1953）的早期研究和一些人类学证据（Brewer & Campbell，1976）表明，群体的相互感知需要与更广泛的文化和社会框架联系起来。

因此，泰 & 布同意批评者的看法，即对这些议题的研究在很大程度上都是在社会真空中进行的。然而，他们并不认同心理学理论能够或应该超越个体分析的层面。

> 我们主张，个体层面的理论构建是完全恰当的，它能够以一种动态的方式融合社会或群体维度；并且，那些声称代表一种新的非个体主义取向的著作，实际上与传统的个体主义研究路径并无本质区别，至少在理论层面如此（1979：176）。

为了进一步阐述这一论点，泰 & 布在其文章的后续部分剖析了两种自称超越个体主义的理论框架（Moscovici，1976；Tajfel，1974，1978a；Tajfel & Turner，1979），并提出论断：（1）这些理论在本质上仍然是"个体"的；（2）它们之所以具有价值，正是因为它们在保持"个体"的同时，成功地将社会行为置于与群体现象相互作用的情境之中；（3）越早公开承认这一点，这些他们认为非常重要的理论进展，就越容易对社会心理学的主流产生积极影响。

换言之，泰 & 布主张社会行为起源于个体，并且与个体紧密相关。无论何种"非个体"变量（例如"群体""社会背景"等）可能对其产生影响，有效的社会心理学理论都必须始终立足于个体层面。泰 & 布最近讨论的两种理论，尽管其声称与此相反，但实际上恰恰做到了这一点。如同莫里哀（Molière）笔下的茹尔丹先生（M. Jourdain），在不自知的情况下，已经在用散文的形式进行表达了。

我同意泰＆布的观点，但仅限于上述总结段落的第一句。关于社会行为源自个体，且由个体所执行的论断，是完全无可争议且显而易见的真理。然而，紧接着，问题便出现了。这位"贵人迷"可能在不自知的情况下说出了散文，但莫里哀并未告知我们这样的结果是否算得上优美的散文。归根结底，我们关注的是个体的社会行为，这一说法虽然正确，却缺乏实际意义，除非我们能够就这种行为的特征以及理解这些特征所需的理论方法做出一些有用和有趣的说明。

❖ 个体主义和群体理论

1. "个体主义"社会心理学的研究和理论

让我们首先探讨泰＆布在"研究"与"理论"之间所作的区分。泰＆布所列举的研究案例，源自挫折-攻击理论在"群体的集体不满"方面的应用，关于冲突的博弈论，以及归因理论、认知失调论、人际吸引理论、态度形成与改变理论、社会比较论、社会影响理论等。出于某些原因（泰＆布的论文中未作解释），所有这些社会心理学理论指导的研究，正如泰＆布所同意的那样，因为忽视了社会行为的社会背景而受到了正当的批评。这引出了一个明显的问题：如果这种情况的出现真的是由于一些（可能是随意确定的）研究方向，而不是理论的性质，那么为何上述列表几乎涵盖了过去40年左右所有"主流"的理论，仅余下零星半被遗忘的边缘理论？正如我在几年前所指出的："许多主导当前社会心理学研究成果的理论并非真正的社会心理学理论。因此，旨在检验这些理论的大多数实验不可避免地对社会行为的广阔现实视而不见，而是集中关注个体与人际调整策略。"

换言之，问题的根源并非如泰＆布所说在于研究的具体方向，而在于那些研究所基于的理论性质及其解释目标。尽管泰＆布在他们的论文中对"研究"和"理论"进行了混淆性的区分，但我相信他们会同意这一观点。这些理论在其自行设定的界限内，极为有效地解释了人类社会行为的某些基本特征。然而，似乎还需要其他理论来完成之前没有完成的任务：考虑个体行为与其广阔的社会背景之间"动态的相互作用"。正如前文所述，泰 & 布认为这些新理论与早期理论在原则上并无差异，因为归根结底，它们都必须集中关注"个体"。

正是因为我们都必须持有对个体的这种基本共识，泰 & 布才让自己陷入语义混淆的旋涡，围绕着一个扭曲的论点展开讨论。正如他们所述："唯有将社会现实纳入考虑，不但将其视为影响行为的静态因素，而且将其视为个体与社会结构之间真正动态的互动关系进行分析，社会心理学理论才算得上足够全面。"然而，他们所描述的群际理论的"基本理论模块"（例如：Tajfel & Turner，1979）"在本质上仍然是个体主义的"，并且根据他们的观点，应该继续维持这种特性。

2. 群际行为理论中的个体过程与集体行为

在泰 & 布的论文中，对群际理论的"个体主义"描述是简单明了的：在三个重要方面中，只描述了一个方面，因为泰 & 布可能认为它比其他两个方面更为基础。在后来的一篇文章中（见本书第十一章至十三章），该理论被描述为一个"概念三脚架"，它使我们能够将三条思路进行融合并做出预测，更好地理解群际关系的社会心理层面。泰 & 布所描述的三脚架的"支撑"是社会范畴化-社会认同-社会比较的过程序列。正如他们所言，这个序列最终由个体过程组成。他们承认"群体过程当然对这一理论至关重要；然而，正是它们与个体及其动机和愿望之间的动态和双向互动，才使这一理论真正成为群际行为的社会心理学理论"。

如果仅仅是这样，泰 & 布的论点就完全合理了。在理论中使用的社会范畴化、社会认同和社会比较这些过程，不能被认为是脱离它们的社会背景而产生的。但也可以证明，它们在群体、人际甚至非社会环境中的某些作用方式是基本相同的。对社会范畴化来说，在某些条件下，在一般判断过程的研究中已经证明了这一点（见本书第四章；Eiser & Stroebe，1972）。社会认同的概念基于一个简单的动机假设，即个体（至少在我们的文化中）更喜欢积极的自我形象而非消极的。社会比较的概念源于费斯廷格的纯人际理论（1954）。鉴于社会范畴化、社会认同和社会比较的"个体主义"观念与当前讨论的群际行为理论中使用的观念之间存在这些重要的相似之处，这种理论与其他理论之间差异的本质是什么？

显然，这里不可能对这些差异进行全面描述（见第十一至十三章）。然而，概述一下总体结构还是有用的，这将有助于在整体模式中确定社会范畴化、社会认同和社会比较等概念的位置，并表明不能像泰＆布所说的那样，把它们视为整个领域研究的核心。请允许我声明，这里选择的重点反映了我自己的观点，我的一些同事并不一定认同，他们为我们工作的发展做出了关键的贡献——包括但不限于鲁珀特·布朗和唐纳德·泰勒。或许不必补充，我们过去和现在存在的分歧，就像我们的共识一样，使我们能够在新的方向上拓展我们的研究。

"社会现实"的一个重要方面是，大多数社会体系都包含着个体的集合，这些个体之间存在着各种各样的差异。其中一些差异可以很容易地被外部客观的、自由的观察者确定存在，例如性别、年龄、财富、权力、工作形式、休闲形式、着装、语言等方面的差异。观察者拥有某些工具，使他能够以这样或那样的方式建构这些差异，即实现他对任何特定社会"现实"的"建构"。这通常是由社会学家、社会人类学家或社会历史学家在"外部"立场上进行的尝试。体系内的个体也拥有完成此类工作的工具，外部人士和内部人士使用的工具并无太大不同。然而，那些为了专业（科学）目的而从事"外部"建构的人，与体系内那些需要行为准则并因此试图在他们的社会环境中建构一种连贯的定位系统的人，接受一种或另一种建构的有效性的标准可能大相径庭。

社会范畴化就是这些工具之一（见第四、六和七章）。然而，这种工具的存在（即它是人类认知设备的一部分），并不能为我们提供关于它是否、何时或如何使用的更多信息；就像知道一个人购买了一个自助工具箱，并不能告诉我们他是否、何时、如何以及会出于何种目的使用它一样。我们只知道他可以用这个工具箱做一些事情（如果我们低估了他的创造力，可能还有一些我们不知道的事情）；我们也知道，由于这个工具箱的限制，有些构造是绝对不可能的。例如：一名外部观察者可能会注意到

（并且可以与其他外部观察者核实），在他所观察的社会中，一些个体是黑人，一些是白人。然而，即使这一信息是客观的，它本身也不能使他得出结论，认为这种黑白之分是社会范畴化工具箱被使用的一个例子，即认为这种区分与体系内部的社会行为有任何关联。

如上文所述，群际行为理论的目的是帮助我们理解社会行为某些特定的一致性。为了做到这一点，我们必须了解：（1）在特定的社会体系中，群体是如何建构的；（2）这些建构所产生的心理效应是什么；（3）这些建构及其后效如何依赖和关联于社会现实的不同形式。虽然泰＆布在他们的论文中讨论了这些群际行为理论的主要目标，但假装这些目标在早期就像我们现在回顾时那样清晰，是没有用的。

上述三个问题中的第一个问题需要分两个阶段来回答。第一个阶段，我们需要对"群体"下一个定义，它指的是体系内的人建构这一概念的方式。这个定义必须使我们能够从假设由相关个体"建构"的概念，过渡到证明假设正确与否的数据。泰＆布所讨论的社会范畴化概念无疑在这一定义过程中至关重要。如果我们不知道人类有能力以特定方式对环境进行范畴化，我们甚至无法开始做这样的假设，即社会体系中个体的集合或累积，可以在认知上被组织成一个复杂的、有重叠的范畴矩阵。但这本身并没有告诉我们范畴化的性质及其在社会行为中的用途或效果。

回答"群体是如何建构的"这一问题的第二个阶段，涉及群际行为理论的目的是解释（或更好地理解）群际行为的某些一致性。因此，有必要说明群体建构的基本条件，以使得一个群体的成员对另一个群体的行为表现出一致性，而不是个体之间的随机变化。群际理论对这些条件提出了两个可检验的、相互依存的命题。它们包括：如果（1）一个群体的成员相信他们不可能（或至少存在相当大的困难）从一个群体转移到另一个群体；以及（2）因此，或在与前者的相互作用下，群体之间的界限相当清晰，那么群际行为就会出现某些一致性。这两个条件结合的结果之一是，它们可能在很大程度上决定了人际互动的进程，而与互动者的个体特征以及他们过去或现在的个人关系的具体情况无关（见第十一至十三章）。

上述第二个问题关注的是这些条件产生的心理效应。这也是泰＆布简要概括的理论的一个方面,他们可能认为这个方面比其他方面更为基础。它涉及从社会范畴化到社会认同,再到社会比较的过程序列(参见:Tajfel, 1974; Turner, 1975; Tajfel & Turner, 1979; 本书第十二章)。毫无疑问,泰&布指出这些心理效应的焦点在个体身上是非常正确的——它几乎不可能在其他任何地方。此外,正如我之前所写的,这些过程在个体、人际或群际行为中都有一些重要的相似之处。同时,也有一些非常重要的差异,在本书的其他章节(见第二、七和十一章)中进行了讨论。

上述第三个问题涉及社会群际建构及其效应(正如刚刚讨论的),与各种形式的社会现实之间的关系。要想使这一理论具有任何预测价值,提供一套可检验的答案至关重要。这有几个原因。到目前为止总结的所有理论思考,都无法在一个保持稳定的多群体社会体系和一个正在经历、试图进行或抵抗群际关系变化的社会体系之间做出明确且可检验的区分。一个社会体系中的个体认为该体系具有清晰的、难以逾越的群体界限,这一事实本身并不意味着他们会采取共同行动来改变或维护现有体系。同样,个体能够进行与自我形象相关的社会比较,这一事实本身并不意味着这些比较都来自他们的群体相对于其他群体的地位,而不是停留在人际比较的层面(更详细的讨论见:Turner, 1975,1978a)。根据清晰明确的社会范畴化来建构社会体系,以及通过某些方式和出于某些目的将自己与他人进行范畴化和比较的能力,是出现某些形式的群际行为的必要条件,但并非充分条件。

从潜在转变为实际的社会行为,需要在其他地方寻找解释。可以通过社会经济、历史或政治结构来描述或分析"社会现实"。这些描述或分析不属于社会心理学家的能力范畴。但是,社会心理学家可以确定,无论出于何种原因,社会群体之间的关系结构都被社会体系中不同位置的个体视为可变的或不可变的,视为基于合法的或不合法的社会组织原则。他还可以确定,那些认为自己在体系中的位置(以及泰勒和布朗等人定义的"社会认同")能够或不能改变、安全或不安全的人,是否会因此共同考虑或采取群体行动。将这些对社会现实的共同解释与社会群体成员认为自己群体在体系中所处的位置结合起来,就有可能提出一些假设。这些假设以及基于它们的一些研究在其他地方有描述（见第十三至十五章；Tajfel，1978a）。

现在，我希望已经清楚地说明了为什么我难以同意泰 & 布的观点，他们在论文中总结了社会范畴化-社会认同-社会比较的过程序列，并将其描述为理论的"基本假设"，然后将所有其他内容归结为下面这一句话："正是从这些基本假设中，产生了各种重要概念，包括社会流动、社会变革、认知替代、合法性和稳定性。"正是这种对更复杂结构的简化，使他们能够直接在下文中写道，他们的目的是"指出理论的焦点最终是个体"，尽管"群体过程当然对这一理论至关重要"。群际理论的焦点不是个体，而是解释群际行为的一致性。没有人会否认，我们最终关注的是以某种方式行事的个体。但必须明确区分"个体主义"的理论与关注社会共享的个体行为模式的理论。"个体主义"的理论（通常）包含了未明确表述的假设，即个体在一个同质的社会环境中生活和行动。这个环境由一系列无差别的个体粒子组成，这些个体粒子相互之间的关联被假定为遵循基本心理过程的规律。在这种随机漂浮的个体粒子的视角中，没有为整个体系中认知和社会共享组织的存在留出空间。或者，即使承认客观和主观上的体系结构与个体的社会行为有很大的关系，这也不过是叠加在更"基本"的东西之上的一组"变量"而已。到目前为止，本章的论点是，这种方法不能使我们深入理解社会行为中那些与我们所处社会体系的心理面向相关的关键一致性，也就是说，它不会使我们对社会冲突、社会稳定、社会变革、社会运动或社会动荡进行更充分的社会心理学研究。泰勒和布朗写道，"个体应该并将继续是理解的最终目标"。我的观点是，如果这真的成为现实，那么社会心理学就"应该并将继续"像目前一样，无法为我们在社会最重要的一些功能方面提供任何新的心理学见解。在本章的下一节中，我希望以泰 & 布在他们的论文中简要提及的两种理论为例，来支持这一说法。

3. 社会心理学中的个体主义假设：信念相似性和公平

正如泰 & 布所指出的，罗克奇基于信念相似性的偏见理论（Rokeach，1960）标志着将"种族"这样的社会变量引入"人际吸引*研究*（*research*）"

领域（斜体是我标注的）。他们还指出，"然而，即便在这些研究中，研究的重点依然主要放在人际层面，即参与者对一个黑人或白人个体进行评价，而其所属社会范畴的重要性被降至最低"。他们承认，该理论在某些社会环境中的应用显然是荒谬的。他们写道："如果认为今天非洲南部黑人和白人之间的敌意主要是由信念相似性引起的……那就近乎荒谬了。忽视因漫长的殖民主义历史而制度化的权力和财富的严重不平等，那将真正是在进行'真空中的实验'。"泰&布还补充说："我们的观点并不是否认相似性与吸引力之间关系的有效性，而是强调其有效性是局限于特定情境的。"

人们可以想象出一些这样的情境：辩论协会、具有强烈自由主义规则和惯例的艺术学院，或者其他任何文雅的心理学实验中的情境，其中表现出种族偏见会被社会视为不受欢迎的。有趣的是，当泰&布讨论这个问题时，他们再次提到了研究，而不是研究背后的理论的性质。根据他们的观点，这种方法所缺少的只是一种独立变量的引入：社会范畴化的显著程度上升。

因此，其结果是一种不变的人际吸引理论，其要素之一是对信念相似性或差异性的感知。然后，社会范畴化这一独立变量，作为一种脚手架附加在某个地方，希望以此支撑起这种古老的结构。由自由浮动的个体粒子构成的同质的社会环境始终保持不变。正如泰&布引用的泰勒和吉蒙德（Taylor & Guimond, 1978）的研究示例一样，实验者诱导出的更显著的社会范畴化"影响"了"范式"，这体现在相关个体的反应中（社会范畴化显著程度上升的类似影响参见：Billig & Tajfel, 1973；Doise & Sinclair, 1973）。

到目前为止，一切顺利：我们都同意，各种社会范畴化可能对某些人际反应产生深远的影响。但是，除非从更广阔的理论背景来看待这个问题（见前一节），否则基本假设实际上一点也没有改变。我们的个体粒子继续其随机漂浮。其中一些个体只是碰巧正牵涉（除了实验者的诱导之外，或者在"现实生活"中，可能是由于某些个体动机模式，其原因无法解释）适用于其社会环境某一方面的凸显的社会范畴化。

这种"个体主义"的反驳意见非常简单，并且在短期内具有研究的合理性：无疑，在某些社会环境中，由于这样或那样的原因，这类显著的社会范畴化通常会在许多个体中被诱导出来；而在其他社会环境中，则不会凸显这类范畴化。但除此之外的一切对社会心理学家来说，仍然是一个深奥的谜。因此，社会范畴化仍然被视为一个随机浮动的"独立变量"，它随着精神意志的变化而随机地发挥作用。在决定其存在和运作方式的条件，与其对广泛传播的社会行为一致性的影响之间，没有任何联系被建立或尝试建立。社会范畴化为什么、何时以及怎样突出或不突出？以社会范畴化为中介的对社会现实的共同建构，会导致什么样的社会氛围，使大批人感到他们与其他人群长期处于冲突之中？例如，从稳定的社会体系到不稳定的社会体系，其心理上的转变是什么？我并不认为，本章前一节简要概述并在其他地方详细描述的理论方法一定能为这些非常困难的问题提供最佳答案。据我所知，大部分从中衍生出来的假设将在未来的研究中被推翻。关键在于，如果我们局限于构建一套被视为在某种特定的社会环境中发挥作用的独立变量，我们将永远无法为集体社会行为研究制定适当的指导方针；这种社会环境在心理上被假定为非结构化的，其中"人际关系"是同质的、无所不包的。

最近重新流行起来的公平理论也有非常类似的论点。它的说法并不谦虚。最近一部关于该主题的著作（Berkowitz & Walster, 1976）的副标题承诺，将通过公平理论带领我们"走向社会互动的一般理论"。这一主张在书中第一章得到了重申，我们被告知其"第一部分阐明了社会行为的一般理论——公平理论"（Walster et al., 1976: 1）。在近期一篇论文中，卡迪克（Caddick, 1977）简要地总结了该理论的主要提议，其中两个与这里特别相关："（1）当个体发现自己处于不公平的关系之中时，他们会感到痛苦。（2）发现自己处于不公平关系中的个体，试图通过恢复公平来消除痛苦。"正如卡迪克所写，"有相当多的实验证据"支持这些提议。但是，他补充说：

> 公平理论的实验评估通常涉及实验参与者之间面对面的互动。显然，在这种人际亲密度水平上，很难避免或忽视对于不公平行为损害自尊的指责，报复的可能性会增加，不公平带来的心理扭曲难以持

续，因此，通过实际补偿来恢复公平可能成为最具吸引力的解决方案。此外，实验参与者之间的不公平关系几乎总是由研究者创造，并不是从中获益的参与者的有意行为。当然，这将处于不利地位的参与者置于一个他可以利用或拒绝的境地。但如果我们记住，公平行为是参与者在自己和他人眼中获得个人尊重的手段，并将这种回报与接受研究者的操纵通常会带来的微不足道的回报进行比较，那么，普遍观察到的补偿倾向就不足为奇了。

这些观点不仅仅是方法论上的。在卡迪克对实验程序的批评中，隐含着对公平理论的确是有效的承认。在许多情况下，不公平的关系确实会引起不适，人们会试图消除这种不适。主要的问题是在什么条件下，这种情况不会发生。当然，不难想象有无数的社会情境，其中上文概括的观点似乎都有明显的错误。在关于公平的研究中，所创建和观察到的关系有一个共同特点：除了作为个体的优势或劣势是公平的或不公平的之外，受试者之间不应存在任何社会差异。就像信念相似性理论的情况一样，我们再次置身于一个非结构化的、同质的社会环境中。正如卡迪克所写，"公平理论基本上是一种群内理论"。它假定"作为一种社会价值观，公平对待他人既指向内群成员，也扩展到了外群成员"。这种群内取向决定了所进行的研究类型；同样，也决定了所获得的数据。它的普遍立场导致了从人际行为到群际行为的推断，这也是泰＆布在他们的论文中所抱怨的。

这里再次强调，仅仅引入社会范畴化的显著程度这一独立变量，观察其是否能够减少由不公平引起的不适和/或恢复公平的倾向，这是不够的。在我们的社会历史中，有许多大家熟悉而令人震惊的例子，即对外群成员进行非人化，以及形式更为温和的去个性化。导致这种非人化或去个性化的心理过程需要进行讨论，这远远超出了本章的研究范围。但必须指出的是，作为社会心理学家，我们有责任关注这些过程。即使我们中的许多人希望忽视这些过程，他们也完全有自由这样做，但我们无权通过我们的研究结论暗示，我们舒适而公平的人际关系可以超越特意选择的社会现实的狭隘视野。正如泰＆布所写，个体是社会心理学理解的目标，但他不能一直是唯一的目标。

第二部分
从感知判断到
社会刻板印象

引 言

本书第二部分包括一般性讨论以及1957—1980年间发表的相关研究报告。其主要内容在本书引言章节中已经提及。这里需要更详细地介绍其逻辑和时间顺序,以及一些相关的研究进展。

社会心理学的整合问题在本书引言章节和第一部分已有讨论,第四部分中会再次探讨,在第二部分中直到结尾一章才出现。但是,这四章从"感知判断到社会刻板印象"的进展,反映了第一章描述的视角发展。这种发展可以在以下几个连续的阶段追溯:

(1) 对感知高估的再分析。第四章的前四节描述了原始研究结果及其影响。再分析是对这样一个发现的新解释,即当刺激物对受试者来说具有价值时,它们被感知为比完全价值无关的刺激物更大。在这里,这种高估现象被看作一种夸大一系列刺激物之间的感知或判断差异的副产品。在这一系列刺激物中,其价值与大小是同步变化的,这种情况在一组不同面额的硬币中很常见。第四章第二节讨论了这种现象发生的功能性基础,并且与第四节一起,提供了一些支持"强调理论"的实验研究案例。

(2) 然后,将同样的原则从具有价值差异的一组个体(individual)刺激物之间的判断差异转用于群体(groups)刺激。这适用于那些在主观上以这样一种方式被分类的刺激物,即它们被分配到不同类别与它们的量级之间存在着可预测的关系。这种转换的一个重要方面是,将这些刺激归入一个类别或另一个类别的标准,可能与做出量级判断的物理维度无关或相互独立。当刺激物类别之间的区别因为与类别之间的主观价值差异有关而获得额外意义时，"价值差异"再次成为考虑因素。第四章最后一节讨论了这些转换。第五章第二节总结了一项实验研究，进行了举例说明。

（3）第四章第三节和第五节进一步将刚刚讨论的"物理"判断转换到对个体和群体（groups）的判断。第五章最后两节通过实验研究说明了这些适用于社会感知的原则。这些研究与第四章概述的理论原则一起，为社会刻板印象理论提供了认知基础。

（4）第六章进一步发展了这一理论，关注到了偏见的"认知病因学"。该章论证了这种病因学的必要性，以及建立适当的社会范畴化理论的必要性。这种理论可以抵消过于简单化的群际偏见概念，即将其完全"解释"为非理性的人类冲动或同样过于简单化的进化连续性概念。

（5）第二部分的最后一章包含了前几章对认知因素的强调，但又超越了前几章，提出了对社会刻板印象功能的社会（socio-）认知观点。在此过程中，它使用了一些原则和主张，这些原则和主张构成了本书第四部分关于群体冲突讨论的基础，且其作为第一部分中讨论的一般性问题的一个方面，已在第一部分中作了非常简要的概述。

在这个部分插入第五章，是为了反映从早期在物理维度对刺激物进行判断中的"强调"现象，到人们在"人的感知"各维度上的判断的经验进展。同时，它还提供了一些例子来说明所涉及的各种原则。第四章的一节简要概述了一个关于感知高估的实验例子。接着，第五章介绍了有关以下方面的研究：在简单的长度判断中，强调刺激物类别之间的差异和类别内部的相似性；在那些对做出判断的人来说特别显著或重要的维度上，对个体（individual）的某些特征进行判断时，强调个体之间的差异；强调属于同一社会范畴的人们之间刻板化的相似性（similarities）；强调属于两个不同社会群体的人之间的差异（differences），当这些差异对其中一个群体的成员所感知到的群际关系非常重要时。

正如第七章所指出的，第四章讨论的一些早期假设最近以一种缩略的形式被重新发现（例如：Taylor et al.，1978），并通过一种不同的、有时是不确定的方法再次得到确认。该章还指出，在一些重要方面，这些重新表述与早期研究相比，是一种"理论上的倒退"。与这种借用和转换视角的狭隘性形成鲜明对比的是，近年来在此基础上有一些研究发展找到了新的结合点，扩展了可有效应用的问题范围。这里将简要介绍其中的三项发展。

第一项发展来自曼海姆大学社会心理学实验室多年来的工作成果。曼海姆的工作有两个方向。一个方向是扩展、完善和检验早期的一些假说，如社会衍生出的价值差异对判断的影响、这些影响与刺激的认知复杂性之间的关系、过去积累的经验的作用等。[①] 另一个方向是利用判断的社会背景，在社会强调论与信号检测论的某些原则之间建立一种一致性（例如：Upmeyer, 1971; Upmeyer & Layer, 1974）。

第二项发展是将强调原则应用于态度量表的极化，这种极化表现在对态度量表所涉及问题持有极端态度（无论是支持还是反对）的人身上。这项工作由艾泽（Eiser）及其同事历时数年完成。自霍夫兰和谢里夫（Hovland & Sherif, 1952）的早期工作以来，艾泽一直在研究一个悬而未决的问题，这个问题可以这样表述：在对某一问题有强烈感受的人身上，会出现判断的极化。当他们面对一系列与该问题相关的陈述时，与那些不太关心该问题的人相比，他们往往会夸大支持性或反对性陈述的极端程度。然而，这里有一个障碍。在一些研究中，当这一原则应用于一系列反对性的陈述时，效果很好；但当应用于支持性陈述时，则没有表现出任何一致性。

艾泽解决了这一矛盾，他把第四章中概述的强调理论的"分类"原则，与对一系列陈述（通常构成态度量表）中"评价性语言"的社会意义的研究结合起来。这些分析的细节以及据此进行的研究可以在他发表的多篇论文中找到，他将这些研究成果总结在 1980 年出版的《认知社会心理学》（*Cognitive social psychology*）一书的部分章节中。他的观点与本书所强调的社会心理学的社会维度不谋而合，其意义超越了态度测量的纯技术问

[①] 伊尔勒（Irle, 1978）对这部分工作有所总结。其他报告和总结参见：Eiser & Stroebe, 1972; Irle, 1975; Lilli, 1975; Lilli & Winkler, 1972, 1973。

题，在其中"社会判断"一章的结论中得到了充分的阐述：

> 社会判断［研究］……并不是一种还原论的尝试，不是要把我们对社会目标和事件的评估中任何固有的社会因素都视为麻烦或无关紧要的，也不仅仅是态度测量领域的技术补充，用以提高传统测量工具的可靠性。相反，它提出了一些根本性问题，不仅涉及个体如何根据给定的维度对社会刺激进行范畴化，还包括他们如何选择并用象征性的方式定义这些范畴化的维度。对社会心理学家来说，选择和象征性定义这一要素具有极其重要的理论意义，并且是个体判断在社会互动中发挥建设性作用的基础。

正是这种对"范畴化的维度"的象征性定义，成为我们在此关注的第三项发展的焦点，这主要是围绕在日内瓦大学进行的研究。这项工作的主要假设与本书第四、五和六章中概述的假设相同。正如杜瓦斯（Doise, 1978a）所述：

> 我们区分一下群际关系中的三个层面：行动、评价和表征。这些层面相互关联。所有群际行为都伴随着评价性或客观性的判断。同时，判断本身也是一种行动，它始终代表着在与另一群体的关系中采取某种立场，并且常常是对与该群体相关行为的辩护或预期。我们的论点是，认知表征层面的分化总是与评价性和行为性歧视相联系，并且只要在一个层面引起变化，就足以在其他两个层面引起相应的变化（1978a：23。译自法文）。

在日内瓦的研究中，第四章所述的认知和"价值"假设被应用于许多新的社会环境中。① 但是，认为各层面之间相互关联的变化是群际歧视发生的充分（sufficient）条件这一观点，并没有得到一致认同（参见：Turner, 1975, 1978a。对这一争议的综述见 Tajfel, 1980b）。

同时，将本书介绍的强调理论的某些原则应用于群际表征，使日内瓦

---

① 这些应用的实例或其综述参见：Dann & Doise, 1974; Deschamps, 1977; Doise, 1978b; Doise et al., 1978; Doise & Weinberger, 1972–3。

的研究者得出了一个直接且重要的推论：更复杂的"纵横交错"的群际范畴化（例如，两个群体在彼此之间进一步细分，并且部分成员资格有所重叠）可能会减少群际歧视。社会人类学的实地研究提供了一些证据，表明这可能是正确的（参见：Jaulin，1973；LeVine & Campbell，1972）。这一点在德尚和杜瓦斯（Deschamps & Doise，1978）进行的实验研究中得到了进一步证实。但布朗和特纳（Brown & Turner，1979）的后续研究对早期结果提出了一些质疑。因此，这个问题仍然未能解决。它与更深入地理解可能降低群际冲突尖锐程度的某些过程直接相关，应该成为群际关系社会心理学研究的重点之一。舍恩巴赫（Schönbach，1981，出版中）研究了一个更简单的例子，即艾泽和德尚讨论的以一种符号和语言形式出现的类别分化（另见：Billig，1976，第9章），对群际态度产生了预期的影响。在这一研究中，它关注的是在联邦德国将移民劳工称为客籍工人（Gastarbeiter）或外籍工人（Fremdarbeiter）对公众态度的影响。

因此，回到第二部分与本书引言章节和第一部分相关的总体进展，就形成了一个完整的闭环。从对硬币大小的判断和类似问题开始，我们又回到社会心理学的一个社会层面。我们的目的是指出各种看似无关的联系，同时，再次确立它们与本书开篇所讨论的个人议题以及社会维度之间的关联。

第四章
夸大的重要性

❖ 引言

"新视角"在感知研究中如今已成为一段几近被遗忘的历史。其研究成果的迅速积累始于1947年，当时布鲁纳和古德曼（Goodman）发表了题为《价值和需求作为感知的组织因素》（*Value and need as organizing factors in perception*）的著名论文。当我在20世纪50年代中期对这项研究的一个方面——感知高估现象——产生兴趣时，人们对"新视角"的普遍兴趣以及投入其中的工作量已经开始减退。

然而，这个带有怀旧色彩的段落，并不是要说服读者与我一同怀旧。20世纪40年代末50年代初，关于人体内部"感知的组织因素"的研究沿着多个方向持续发展。"新视角"提出的观点（这一观点可以追溯至数个世纪前的一些思想先驱），有时是明确地，但往往没有得到充分认可地，与信息处理、期望运作、决策过程或儿童期感知发展等议题的新兴趣和新发现融合在一起。

感知高估现象也面临同样的命运。最初，从杰罗姆·布鲁纳及其众多合作者的研究开始，它被当作一个引人注目的内部"组织因素"的例证。一些研究发现（尽管在其他研究中这一发现并未得到证实），当受试者面对的刺激具有某种价值（如硬币）时，与那些控制性的无价值或中性刺激相比，它们的量级往往会被过高估计。为了解释这种看似奇怪的现象，我采用了不同的视角,这发展成了一种社会范畴化理论,该理论在本书第二部分的引言中有所提及,并将在接下来的章节中更详尽地讨论。将对感知高估的研究路径与社会感知和社会范畴化中更广泛的议题结合起来的尝试,初步反映在1957年在《心理学评论》(*Psychological Review*)上发表的一篇题为《价值与对量级的感知判断》(*Value and the perceptual judgement of magnitude*)的论文中。以下是这篇论文的一些相关摘录。

当时,在过去15年左右的时间里,大约进行了20项关于高估现象不同方面的实验。其中,只有两项实验得到了明确不显著的结果(Bevan & Bevan, 1956; Lysak & Gilchrist, 1955)。卡特和斯库勒(Carter & Schooler, 1949)以及克莱因等人(Klein et al., 1951)报告了部分不显著的结果。所有其他研究者都能得出结论,在他们所采用的情境中,"动机"或"价值"变量对其受试者关于量级的感知判断产生了影响。在大小、重量、数量和亮度判断上,都有研究报告了偏移现象。

这些证据不能被简单地看作实验假象的累积。进一步来说,感知增强并不必被视为一种"适应不良"的现象。它可能代表着对"客观现实"的偏离,这导致一种普遍的批评,即我们为了生存必须如实地感知这个世界(我们通常也确实这样做),因此,短暂的高估现象更多地反映了特定的实验室情境,而不是在正常条件下的感知现象。然而,这些量级判断上的偏移有可能并不妨碍我们对环境的有效处理。它们甚至可能有所帮助。

关于高估的实验自然地分为两类。在一类实验中,被研究的刺激物量级的变化与价值的变化相关。例如,关于硬币的实验:一般来说,硬币越大,其价值越高。另外,有几项实验报告称,价值的变化与受试者被要求判断的物理维度的变化没有明显的关系。例如,在兰伯特等人(Lambert et al., 1949)的实验中,圆盘的颜色是其价值的决定因素,因为只有红色的圆盘与奖励相关联;但受试者被要求判断的是圆盘的大小。在布鲁纳和波兹曼(Bruner & Postman, 1948)以及克莱因等人(1951)的实验中,使用了含有纳粹标志的圆盘作为刺激物,比较了受试者对其大小的判断与对含有中性符号的圆盘大小的判断。在这些情况下，纳粹标志的大小与其相关程度之间并没有明显的关联。

❖ 差异强调的"相关"维度

在差异和价值"相关"的实验组中，根据定义，被判断量级的刺激物构成了一个系列，它们至少在两个维度上同时变化："物理"维度（如大小或重量）以及"价值"维度。大多数实验者的目标是证明（或否认）这样的观点：在其环境中量级变化与价值变化相匹配的一系列刺激物，相比另一系列价值无关的，但在客观上大小相当的刺激物，被人们判定为更大。因此，人们将对硬币大小的判断与对纸制或金属圆盘大小的判断进行比较，或者将对"糖果"填充的罐子重量的判断与沙子填充的罐子重量的判断进行比较。很少有人关注到在有价值变化的系列内部，刺激物之间的量级感知差异，与价值无关系列中的相应差异相比有何不同。

如果考虑到系列内部的因素，就可以解决不同实验结果之间的一些明显矛盾。基于稍后将提出的论点，可以做出这样的预测：在"相关"系列中，即当价值与被研究的维度同时变化时，该系列内部刺激物之间的差异，将被感知为比价值无关系列中客观上相同的差异更大，因为在价值无关系列中，价值和量级之间并没有这样的联系。

"相关"实验组中的结果支持这一论点。在这里，采用受试者判断表现出的两个极端之间的量差，来粗略衡量对差异的强调程度。

布鲁纳和古德曼（1947）的早期研究表明，感知到最小和最大硬币之间的差异（判断尺度的扩展）要比圆盘的相应扩展大得多。将卡特和斯库勒的实验数据转换为所有受试者的类似扩展，表明：（1）在所有刺激物系列（硬币、铝盘和纸制圆盘）中，感知到的尺度扩展都比实际的大；（2）实际扩展和感知扩展之间的相对差异，在硬币系列中大约是两个圆盘系列中的两倍。

卡特和斯库勒暗示了这一点，他们指出"在进行这些大小判断时，经常会出现误差，使得小硬币被低估，大硬币被高估"（1949：205）；但他们似乎没有得出任何进一步的结论。

布鲁纳和罗德里格斯（Bruner & Rodrigues，1953）在他们精心设计的实验中引入"高估的相对增加"这一概念，其中已经隐含了本书提出的一些观点。他们将一半受试者分配到一个"价值组"，在该组中，对受试者的指导强调了货币的购买力。另一半受试者被分配到一个"准确组"，在该组中，实验人员强调的是对大小的准确判断。对他们的数据进行类似于卡特和斯库勒数据的转换，得到了相似的结果。价值相关系列中的相对扩展显著大于两个价值无关的系列。（参见本章第七节的表格，其中展示了这些转换，并讨论了系列内部差异强调的其他一些方面。）

再举一个例子：杜克斯和贝文（Dukes & Bevan，1952）发现，对于他们的相关系列（装有"糖果"的罐子）来说，受试者判断的极差比无关系列（装有沙子的罐子）要小。这与相关系列中可察觉的差异比无关系列更精细有关。换言之，相关系列中刺激物之间的差异，比无关系列中客观上相同的差异被更加清晰和一致地感知到，而且相关系列判断尺度的扩展比无关系列更大。

这些证据的总结表明，高估的"相关"实验的结果不能仅仅归因于某些简单且神秘的过程。正如之前所指出的，实验者的兴趣主要局限于比较同价值相关的一系列刺激物的感知判断，与同价值无关的、在物理上相同的一系列刺激物的判断。受试者被要求在同价值相关的刺激物与同价值无关的或标准的一组元素之间进行比较。然而，同价值相关的刺激物实际上形成了一个系列，这一事实的含义不容忽视；在实验过程中，受试者反复接触到这个系列中的不同元素，特别是在硬币的情况下，"归属感"会因熟悉程度而得到加强。

有证据表明，一个系列中的所有元素（包括过去的和现在的），都会对该系列个体成员的定量判断产生影响（例如：Helson，1948）。我们可以合理地推断，在高估的"相关"实验中，受试者对量级的判断不仅取决于判断时所感知到的价值相关系列中刺激物与标准刺激物之间的关系。它们肯定也受到了当时感知到的这一特定刺激物与同一系列中所有其他刺激物之间关系背景的影响。这一假设得到了进一步的支持，因为有证据显示，一个特定的刺激物对于判断一系列刺激物产生的影响，随着这一刺激物被认为是正在被判断的系列刺激物的一部分的程度升高而增加（Brown, 1953）。

换句话说，在高估的"相关"实验中，我们必须同时考虑两个方面的影响：系列之间和系列内部。前者包括感知到的价值相关系列中的任何刺激物与同价值无关的刺激物之间的量级关系；后者涉及对价值相关系列内部刺激物之间关系的感知，并与客观上相同但同价值无关系列中的相应关系进行比较。

当满足以下两个条件时，就可以分离出"纯粹"的价值相关系列中对刺激物之间的差异强调现象：受试者的判断必须基于该系列内各种刺激物之间的比较，而非这些刺激物与其他无关刺激物的比较；价值相关系列和无关系列在客观上必须完全相同，价值是它们之间唯一不同的实验变量。本书作者进行的一些实验，满足了这些条件。

实验使用了一个由 10 个砝码组成的有序系列，要求受试者根据 7 个类别的数字来判断它们的重量。在"价值"和"价值无关"条件下，每位受试者进行了相同次数的测试。一次测试由两部分组成：第一部分中，所有砝码以随机顺序多次呈现，但受试者不用报告任何判断。第二部分在第一部分之后大约 3 分钟开始，所有砝码再次多次呈现，每次呈现都要求受试者判断它们的重量。在"价值"条件下的第一部分，每当呈现最重的两个（或最轻的两个）砝码之一时，会附带一份"小纸片奖励"（礼品券，可兑换一本书）。在"价值无关"条件下的第一部分，没有给予任何奖励。这样，就可以评估在第一部分引入的两种实验条件对第二部分重量判断的影响。4 个实验共有 60 名成年受试者参与。作为实验指导的一部分，他们被告知实验的目的是研究单调性对完成一项简单任务速度的影响，该任务包括区分不同的重量。他们时不时收到的"小纸片奖励"是为了"改变单调的程度"。

数据用途包括判断两种条件下尺度扩展的差异。结果可以简要概括如下：在前两个实验中，奖励与系列中最重的两个或最轻的两个砝码相关联，这时，"价值"条件下判断尺度的扩展显著大于"价值无关"条件下的扩展。在第三个实验中，奖励与系列中的所有砝码无差别地相关联，并没有出现这种效果。在第四个实验中，程序与前两个实验相同，只是在每次呈现最重的两个或最轻的两个砝码之一时，实验者传递给受试者的纸片"奖励"没有任何价值。再一次，人们没有观察到对判断尺度扩展的显著影响（详见：Tajfel，1959）。

这些证据至少是非常有启发性的。将差异强调作为解释高估现象的一种手段具有以下优点：（1）它解释了看似矛盾的结果，比如一些研究中报告的价值相关系列中低价值的一端被低估（Bruner & Rodrigues，1953；Carter & Schooler，1949）；同样也解释了布鲁纳和罗德里格斯（1953）提出的"相对高估"现象。（2）它不需要引入任何天外救星（deus ex machina）般的神秘原则来解释"相关"类别中的高估现象。

上述第一点无须进一步解释。第二点可以通过一些相互独立的论证来支持。

这种关于硬币或任何系列刺激物的经验，即需要在系列内部的元素之间进行明确的区分，其性质是什么？在这类系列中，对刺激物的区别反应通常并不表现为附加在个体刺激物之上的精确的量化标签。它们是以"大于"或"小于"系列中相邻元素的方式给出的。尽量缩小差异会带来混淆的风险，强调差异则是成功作答的额外保障。然而，在大多数关于高估的实验中，以"更大"或"更小"为基础的常规反应被打破了。例如，通常处理硬币的正确技巧，主要是基于对特定硬币与系列中其他硬币之间相关差异（无论是否存在）的认识，这种技巧在实验中并不足够，因为实验要求提供关于个体的异常精确的量化标签。这些绝对标签，无论是通过匹配还是通过某种文字分类获得的，都可能揭示对刺激物之间差异的强调，因为它们会反映出原本隐含在系列内部相对比较判断中的内容，并可能对其进行夸大。

只有在这种意义上，关于高估研究结果才能被视为实验假象。在这种情况下，弄清楚刺激物是否真的被"看得"更大或更小并不重要。它们就是这样再现的：要求受试者将一个可变的标准与刺激物相匹配，或者给刺激物贴上一个量化的文字标签，实质上是要求他再现刺激物的大小。这种再现所涉及的活动与含糊地说一个物体比另一个物体大或小非常不同,它很容易导致相关区别特征的加强;在这个例子中,这个区别特征就是它与系列中下一个物体的大小差异。这种现象并不陌生:吉布森(Gibson,1953)曾经报告说,在飞机识别训练的早期阶段,当他的受试者被要求画出各种飞机的轮廓时,就会出现差异加强的现象。

这里可以预测,如果对一系列元素进行区分(这种区分对受试者来说是重要的)的训练是针对个体量化标签的准确性,而不是针对元素之间相对明确的区分,那么对于量级的估计偏差要么不会出现,要么会很快消失。这正是史密斯、帕克和鲁宾逊(Smith, Parker & Robinson, 1951)的一项实验中发生的情况;在该实验中,报告的准确性是获得奖励的条件。受试者如果能够正确报告屏幕上依次闪现的点阵(cluster)中最大点阵所包含的点(dot)数,就可以获得奖品。在对照组中,奖品则给了那些在点阵数量最多的情况下准确报告每个点阵中的点数的受试者。在实验过程中,受试者没有获得关于他们估计准确性的任何信息。第一组受试者在实验的早期阶段表现出高估,但经过一定次数的实验后,两组受试者的表现趋于一致。

这些关于差异强调背后的"功能性"机制的假设,可以通过一些来自不同领域的证据得到补充。这些证据包括多维性对系列内部区分准确性的影响研究发现。埃里克森和黑克(Eriksen & Hake, 1955)报告说,在使用绝对判断方法时,当刺激物在两个或更多维度上同时变化时,可以对一系列刺激物进行区分的手段比它们仅在一个维度上变化时更多。更具体地说,他们发现当"刺激物在大小和色调、大小和亮度、色调和亮度,以及大小、色调和亮度上变化"(1955:159)时的可区分性,比它们仅在其中一个维度上变化时要强得多。埃里克森和黑克认为他们的结果是由于一种叠加效应,是由于"受试者能够在每个维度上对刺激物的数值进行相当独立的判断"(1955:158)。然而,他们又补充说:

> 我们不能假设混合刺激总是如此。对于一些刺激物来说,各个独立维度上的数值评估可能是相互联系的。也就是说,混合刺激的一个组成部分引发的特定反应倾向,可能会改变其他组成部分引发其他反

应倾向的可能性。当受试者通过长期的体验，学会了将一个维度上的某些数值的出现与另一个维度上特定值的出现联系起来时，我们就可以预计这种情况的发生。

从上述讨论中可以得出两个结论：第一，根据埃里克森和黑克的研究结果，我们可以推断，在某些判断条件下，以及在对受试者而言的新情境中，同时变化的维度将导致对一系列刺激物之间的差异感知更加清晰。第二个结论与第一个相关，在上面引用的埃里克森和黑克的话中已经有所概述：当维度之间的关联已经长期存在时，新的训练可能无法引起可区分性的变化。在这种情况下，受试者对某一维度的判断，在实验之前就已经受到其他维度相应变化的影响。换句话说，埃里克森和黑克所描述的情况可能代表了一个发展过程的初期阶段，当环境中有不止一个维度的变化持续匹配时，这个过程就会发展。

根据定义，这种匹配也存在于量级和价值同时变化的系列中。问题在于，价值并不是物理意义上的"维度"。然而，它在这些系列中是刺激物的一个重要属性，这仅仅是因为在大多数情况下，根据价值差异进行的有效区分比根据物理维度进行的区分更为关键。

在之前描述的关于重量的实验中，价值是两个系列之间唯一的"差异维度"。如果这两个系列不仅在价值上有所差异，在其他一些维度上也有所不同，那么价值也会成为两个系列之间的一种补充性的重要差异。在第一种情况下，价值差异是唯一的因素，导致差异强调在价值相关系列中比在价值无关系列中更加明显；在第二种情况下，它是因素之一。再次申明，这并不一定意味着受试者"看到"价值相关系列中的刺激物彼此之间有更大的差异，如看起来更大或更小。他们以一种好像他们是这样感知的方式做出反应，这就是现象学目前所能达到的程度。

❖ 社会感知

当前讨论的某些意义远远超出了高估现象所提出的问题。可以说，本章讨论的"高估"在某种意义上是一个特例，也是社会感知的一个更普遍方面的有说服力的实验范例。许多社会对象和事件都根据它们的价值或重要性被明确分类。当需要对归入不同范畴的刺激物的某些可量化或可评定的方面进行判断时,价值或重要性的差异不可避免地会影响到量化判断,使得刺激物之间客观存在的差异更加明显。

这种范畴化对判断的影响可能是相当普遍的;然而,当判断同时涉及物理量级和价值维度的变化时,这种影响可能尤为显著。例如,两幅画作,一幅受人喜爱,一幅是人们无感的或不受欢迎的,强调二者在大小上的差异几乎不可能发生。但是,当涉及肤色、身高或具有社会"价值"的面部特征时,人们往往会更加明显地感知到被归入不同范畴的个体在这些特征上的程度差异。西科德、贝文和卡茨(Secord, Bevan & Katz, 1956)进行的一项关于"感知强调和黑人刻板印象"的研究提供了一些证据。他们的研究结果表明,一组持有偏见的受试者与一组没有偏见的受试者相比,更加强调黑人和白人在相貌特征上的差异。同样的情况也可能发生在更抽象的社会判断中,这些判断隐含着某些定量比较,比如那些对某一群体持有偏见的人,他们对不同社会群体犯罪的相对频率进行的判断,可能会出现同样的情况。

❖ 实验说明:价值与判断中的差异强调[1]

如本章前面所述,与由动机或价值变量引起的感知高估现象相关的大量实验,可以分为两类。在第一类实验中,受试者所判断的刺激物的物理量级与这些刺激物对受试者而言的价值之间没有任何联系;而在第二类实验中,物理量级和价值之间存在着持续的联系。例如,较大的硬币通常比较小的硬币价值更高;然而,纳粹标志的大小并不影响它和受试者之间的情感关联(Klein et al., 1951)。

---

[1] 这一节的大部分内容摘自:H. Tajfel and S. D. Cawasjee: Value and the accentuation of judged differences: A confirmation. *Journal of Abnormal and Social Psychology*, 1959, 59, 436 – 439。

硬币在该领域的实验中得到非常多的重视；由于它们在本实验中再次作为刺激物出现，因此值得指出的是，研究者并没有将判断硬币的大小视为一个具有内在重要性和趣味性的问题。然而，实验结果对于更普遍的现象有一些有趣的启示，即刺激物的抽象属性如何影响对其物理特性的判断。正如第五节将讨论的，价值不过是抽象属性的一个案例，而硬币只是这种属性影响下的一个例子。

在"自然"条件下，一枚硬币的面额是通过与该系列中其他硬币进行快速且不经意的比较来判断的。判断决策可能基于硬币在颜色、设计上的差异，或者简单地基于硬币价值的明确标识。当这些线索都不存在，而大小成为主要的区分特征时，基于大小线索的加权必然成为判断过程中的显著特点。此外，在许多自然情境中，人们不能根据同时出现的两个系列成员之间的比较来做出判断；当一枚硬币单独出现时，它也必须能够被迅速且准确地识别出来。关键不在于用绝对的计量单位来表示硬币的大小，而在于这枚硬币与它相邻的硬币之间在大小上的差异。

前面已经给出了理论原因，解释了为什么这种情况会导致判断中对差异的强调。当保留自然情境的所有元素，并要求受试者用定量的语言说出他们对硬币大小的估计时，这种"隐含的"强调应该会明确地显现出来。根据目前的理论假设，受试者在面对这种要求时，应该会做出这样的判断，即认为硬币之间的差异显著大于控制组刺激物之间的相应差异。

1. 方法

英国价值两先令的硬币和价值两先令六便士的硬币（2s 和 2s 6d）的优势在于，就所有实际用途而言，它们除了尺寸之外几乎没有差别。在本研究进行时，这两种硬币的背面设计均由徽章组成，虽不完全相同，但非常相似；此外，不同时间铸造的相同面额的硬币在徽章设计上也存在差异。硬币的面额并未以数字形式标明；两先令的硬币上标有"一弗罗林"的字样，而两先令六便士的硬币上标有"半克朗"的字样，两者均位于相同的拉丁铭文中间，这些铭文以小字体环绕硬币一周。两种硬币的正面完全相同，展示了当时在位君主的侧面像。

选择控制组刺激物时遇到了一些困难，它们需要与硬币尽可能相似，同时又不能与之混淆。两先令硬币的控制组刺激物是一枚1896年的南非硬币，一面是克鲁格（Kruger）的侧面像，另一面是带有铭文的徽章。这枚硬币最初略大于两先令硬币，后来被锉至适当大小。两先令六便士硬币的控制组刺激物是一枚1834年的两先令六便士硬币（尽管它仍然具有官方货币价值，但它极为罕见且几乎不为人知），一面是威廉三世的侧面像，另一面是徽章。现行硬币和控制组硬币的质地以及亮度完全相同。为了尽可能地接近克鲁格和威廉三世之间明显缺乏的相似性，两种现行硬币的侧面像也不相同。较小的硬币直径为2.858厘米，较大的为3.175厘米。

共有200位受试者对实验组或控制组的两枚硬币进行了一次判断，这些硬币是先后呈现的。实验者将硬币平放在手掌中，距离受试者眼睛约40厘米，要求他们以1/10英寸①为单位估计硬币的直径。那些担心任务难度的受试者被告知不要再担心，尽其所能去尝试。受试者是在几周的时间内通过偶遇（au hazard des rencontres）招募的：在餐馆、酒店、食堂、图书馆、学院、咖啡（不含酒精）派对、火车等地方。受试者没有机会听到别人的估计。200位受试者被随机分为8组，每组25人：一半判断现行硬币，一半判断控制组硬币；一半判断硬币正面，一半判断硬币反面；一半先判断较大的硬币，一半先判断较小的硬币。

2. 结果

表4-1展示了平均估计值的结果。表4-2展示了对两枚硬币大小关系的判断。对每位受试者来说，表中的分数依据是他/她对较小硬币直径的估计，他/她对较大硬币和较小硬币直径的估计差异用其占较小硬币估计直径的百分比来表示。两枚硬币之间的实际差异是较小硬币直径的11.1%。

正如表4-3所示，对这些分数进行的方差分析显示，对两枚现行硬币大小的判断与对两枚控制组硬币的大小判断在预期方向上存在非常显著的差异。其他变量的差异均未达到显著性水平。

---

① 1英寸=2.54厘米。——译者注

表 4-1　硬币直径长度的平均估计值　　　　　　　　　　　单位：英寸

	现行硬币					控制组硬币				
	正面		反面		均值	正面		反面		均值
	A	B	A	B		A	B	A	B	
较大硬币	1.42	1.45	1.53	1.57	1.49	1.36	1.47	1.26	1.30	1.35
较小硬币	1.15	1.18	1.21	1.26	1.20	1.16	1.23	1.08	1.12	1.15
差异	0.27	0.27	0.32	0.31	0.29	0.20	0.24	0.18	0.18	0.20

说明：A 为先判断较大的硬币；B 为先判断较小的硬币。

表 4-2　较大硬币和较小硬币估计直径之间的平均百分比差异

	现行硬币		控制组硬币	
	正面	反面	正面	反面
先判断较大的硬币	23.5	26.4	17.6	17.5
先判断较小的硬币	22.9	23.5	18.7	15.8
总均值	24.2		17.4	

表 4-3　较大硬币和较小硬币估计直径之间百分比差异的方差分析

分组来源	离差平方和（SS）	自由度（df）	均方（MS）	F 值
价值 （现行硬币-控制组硬币）	2 231.12	1	2 231.12	19.55*
硬币面向 （正面展示-反面展示）	1.25	1	1.25	—
呈现顺序 （大币在前-小币在前）	53.46	1	53.46	—
价值×面向	127.68	1	127.68	—
价值×顺序	25.78	1	25.78	—
面向×顺序	79.38	1	79.38	—
价值×面向×顺序	0.67	1	0.67	—
误差	21 913.22	192	114.13	

* $p < 0.001$。

接着，分别对较大和较小硬币的实际估计值进行方差分析。对于较小的硬币来说，没有任何变量达到显著性水平。对于较大的硬币来说，与控制组相比，存在对现行硬币直径的显著高估（见表4-4）。

表4-4 较大硬币估计直径的方差分析

分组来源	离差平方和（SS）	自由度（df）	均方（MS）	F 值
价值 （现行硬币-控制组硬币）	102.39	1	102.39	4.57*
硬币面向 （正面展示-反面展示）	0.86	1	0.86	—
呈现顺序 （大币在前-小币在前）	14.31	1	14.31	—
价值×面向	79.51	1	79.51	3.55
价值×顺序	2.02	1	2.02	—
面向×顺序	0.86	1	0.86	—
价值×面向×顺序	2.18	1	2.18	—
误差	4 301.16	192	22.40	

* $p<0.05$。

在对大小和价值同时变化的一系列刺激物进行判断时，强调刺激物之间的差异，这一假设在数据中得到了明显的支持。鉴于这一现象在硬币的正反两面同样明显，现行硬币和控制组硬币之间在设计上的微小差异对结果产生影响的可能性非常小。

高估本身（per se）随价值变化的证据则不那么明确。对于较大的硬币来说，证据是相对符合的；而对于较小的硬币来说，则几乎不存在这种现象。我们的预期是对较大的硬币会有一定程度的高估，而对较小的硬币会有一定程度的低估。后一种预测并未得到证实。然而，可能因为较小的硬币不是它所属系列中最小的成员，所以其没有被低估。这个系列包括四种硬币（六便士、一先令、两先令和两先令六便士），它们主要在大小和价值上有所区别。

然而，正如艾泽和施特勒贝（Eiser & Stroebe，1972）后来基于后续证据所指出的：

> 强调理论并不必然要求……强调或极化效应必须在受试者反应连续体的任何一端都产生系统性的作用。一位受试者的一组评分可能在其分散程度或极端程度上与另一位受试者不同，也可能在整体系列的中心或平均评分方面与另一位受试者不同。强调理论只关注这两个参数中第一个参数的差异。无论是理论原则还是实证结果……都没有表明价值和大小之间关联的方向应该影响受试者判断的极化程度。不过，可以想象的是，关联的方向可能对受试者的参照尺度产生影响，也就是说，整体上刺激物是倾向于被高估还是被低估。当这两种效应叠加时，结果就会显示，相对于在价值无关情况下做出的判断，受试者的判断范围会出现不对称的扩展，正如在硬币研究中所观察到的那样（1972：82）。

3. 后记

上述研究的数据是在牛津等地的街头收集的，大约在这些数据发表在《异常与社会心理学杂志》（*Journal of Abnormal and Social Psychology*）上的时候，我在哈佛大学度过了一年（1958—1959）。实验的四种刺激物（两枚英国硬币和两枚控制硬币）被小心翼翼地运到大西洋彼岸。一些参加了我在哈佛大学主持的研讨会的学生，自愿在马萨诸塞州剑桥市的街头和其他类似地点进行了一项对照研究。实验设计和受试者数量与本章前文所述相同，但有一个例外。每位受试者在给出大小估计之前，都会被询问是否去过英国。那些去过英国的受试者被排除在研究之外。研究的假设［也是Tajfel & Cawasjee（1959）研究的对照］是，由于这两枚英国硬币过去对受试者来说没有任何"价值"，他们也没有习惯性地体验到两枚硬币之间的价值差异，因此他们对两组刺激物的判断应该是几乎相同的。特别是，我们有兴趣比较两组刺激物之间的判断差异。数据显示，没有任何强调效应或任何其他"价值"效应存在的迹象。因此，这种相对自然控制条件下的结果，为原始研究的数据及其研究假设提供了相当有说服力的支持。

❖ 价值、分类和刻板印象

本章前几节讨论了对价值相关系列中个体刺激物之间差异的强调现象。在本节中，我们扩展了讨论范围，探讨了当个体根据一系列物理或社会刺激物的相对量级对其进行主观分类时，预期会出现的判断变化。使用"主观分类"一词，并不是说我们在这里讨论的是个体对其物理或社会环境的某种"自闭"看法。它仅仅是承认了一个事实：无论对周围世界进行何种类型的范畴化，它们都是从外部获取的信息与人类对其进行积极的内部组织之间相互作用的结果。

将价值上的差异归因于环境中刺激物（或对象、或人）的不同类别，在这里被视为内部组织的一项基本原则。毫无疑问，这里提出的简单模型是对人类个体以某种方式组织环境特别是社会环境时所发生的实际情况的极度简化。然而，这种过度简化的有用性只能通过观察它们能在多大程度上帮助我们部分理解更复杂的现象来进行评估。正如本章余下部分和后续章节将展示的，这里提出的简单原则已经显示出某种连贯的有用性，从对线条长度的受限判断（以某种方式对其进行分类），到我们对他人作为个体的某些方面的判断，特别是对他们作为社会群体成员进行的判断。

正如我们之前所见，对一系列刺激物之间差异的强调可能解释了感知高估领域中的许多现象。① 值得注意的是，在大多数关于高估的实验中，以及那些关注偏见对物理特征判断影响的实验中，数据的收集是通过单个呈现刺激物来完成的。这通常是通过要求受试者给逐一呈现的刺激物贴上量化语言的标签，或者要求他们将一种可变的标准与每个刺激物依次进行匹配来实现的。正如布鲁纳（1957）所指出的，大多数感知活动可能"都取决于构建一个适当的分类系统，以便将刺激输入与之匹配"（1957：127）。他接着写道：

---

① 本章其余部分主要摘自：H. Tajfel, Quantitative judgement in social perception. *British Journal of Psychology*, 1959, 50, 16 – 29。

可能存在一种情况，在这种情况下，感知行为相对不受这些影响，那就是在辨别同时出现的刺激物是相同还是不同的任务中，当要求一个人一次只处理一个刺激物，并根据某种量级尺度对其进行排列时，我们立即回到了熟悉的推理分类领域。普伦蒂斯（Prentice）在为感知研究中的唯形式主义辩护时似乎假设，感知研究具有一种特殊地位，它将观察者限定在简单的二元决策上，例如"相似"与"不同"或"存在"与"不存在"，并且这类研究也提供了最佳的刺激条件。格雷厄姆（Graham）最近表达了一种信念，即除非我们将感知实验简化为恒定刺激方法中使用的操作类型，否则我们无法得到真正或纯粹的感知法则……［但是］必须强调的是，许多最有趣的感知现象正是因为偏离了恒定刺激方法的严格纯粹主义才被发现（1957：127-128）。

在先前的章节中讨论的主要假设是，在一系列刺激中，"当价值与被研究的维度同时变化时，该系列内部刺激物之间的差异，将被感知为比价值无关系列中客观上相同的差异更大，因为在价值无关系列中，价值和量级之间并没有这样的联系"（第2节）。

前面提到的西科德等人（1956）的实验可以作为进一步讨论的起点。他们发现，一组有偏见的受试者在强调黑人和白人之间肤色（以及其他一些身体特征）的差异方面，比一组无偏见的受试者更加明显。这种情况可以这样描述：肤色这一体貌特征，是一个由浅到深连续变化的维度。在这种连续变化的基础上，我们叠加了一个分类：白人和黑人的区分。肤色是这种分类的一种决定因素；换句话说，不连续的分类与连续的体貌特征之间存在相当一致的关系。对于有偏见和无偏见的受试者来说，情况到目前为止都是相同的。两组受试者之间的差异只能由分类与受试者的情感或价值（如果人们更喜欢这个术语）的相关性来界定。在有偏见的受试者中，肤色的连续性被不连续的分类打破，而这种不连续的分类在有偏见的受试者身上更为突出。正如在硬币研究中一样，在做出肤色判断之前，判断的对象首先被感知为它是什么，即"黑人"或"白人"。可以预测，对于属于不同类别的刺激物来说，任何与其价值类别相关的维度（通过提供价值分类的线索，其本身也获得了价值）判断都会显示对立方向上的偏移。原则上讲，这种情况与在一系列硬币中遇到的情况并无不同。在这里，我们面对的不是在物理属性和价值属性上同时存在差异的个体刺激物，而是以完全相同的方式存在差异的一群刺激物。

❖ 预测的提出

在刚刚讨论的例子中，价值差异、分类体系和物理维度形成了一种特定的关系。当然，这种特定的属性组合只是众多可能组合中的一种。在继续深入讨论这些组合之前，我们应该更正式地阐述我们的预测，即属性的组合如何影响不同系列元素之间的关系判断。

（1）当某一系列刺激物中价值（v）的变化与物理维度（p）的变化相关联时，该系列元素之间在这一物理维度上的差异，将被判断为比在物理维度上完全相同，但不具有价值属性的一系列元素之间的差异更大。

（2）当某一系列刺激物中存在价值差异，但这些差异与物理维度的变化并无关联时，这些价值差异不会影响对该系列中刺激物在物理量级上的关系判断。

（3）如果在一系列刺激物上叠加与正在判断的物理维度不同的属性分类，使得物理系列中的一部分始终倾向于属于一个类别，另一部分则属于另一个类别（c_1），那么与在物理维度上完全相同，但没有叠加这种分类的系列刺激物相比，对属于不同类别的刺激物的物理量级的判断就会根据刺激物所属的类别出现不同方向上的偏移。

（4）如果在一系列刺激物上叠加与正在判断的物理维度不同的属性分类，但刺激物在物理量级上的变化与其所属类别之间没有一致的关联，那么这种分类（c_2）不会影响对该系列中刺激物在物理量级上的关系判断。

（5）如果在一系列刺激物上叠加与正在判断的物理维度不同的属性分类，使得物理系列中的一部分始终倾向于属于一个类别，另一部分则属于另一个类别，并且这种分类对受试者来说具有内在价值或情感关联（c_1v），那么与在物理维度上完全相同，但没有叠加这种分类的系列刺激物相比，对属于不同类别的刺激物的物理量级的判断，就会根据刺激物所属的类别出现不同方向上的偏移；这种偏移将比上述第（3）种情况下的偏移更为明显。

（6）如果在一系列刺激物上叠加与正在判断的物理维度不同的属性分类，这种分类对受试者来说具有内在价值或情感关联，但刺激物在物理量级上的变化与其所属类别之间没有一致的关联，那么这种分类（c_2v）不会影响对该系列中刺激物在物理量级上的关系判断。

❖ 预测在不同系列中的应用

表4-5列出了各种可能的系列，并简要说明了它们的特征。现在，可以对它们进行更详细的研究。

表4-5 各种可能系列的列表

	系列	系列特征
1	p	物理维度的有序变化
2	pv	物理维度的有序变化与价值变化相关联
3	pc_1	物理维度的有序变化，与另一属性的分类相关
4	pc_2	物理维度的有序变化，与另一属性的分类无关
5	$(pv)c_1$	物理维度的有序变化，与价值相关联，与另一属性的分类相关
6	$(pv)c_2$	物理维度的有序变化，与价值相关联，与另一属性的分类无关
7	$p(c_1v)$	物理维度的有序变化，与另一属性的分类相关；这种分类对受试者来说具有内在价值或情感关联
8	$p(c_2v)$	物理维度的有序变化，与另一属性的分类无关；这种分类对受试者来说具有内在价值或情感关联
9	$(pv)(c_1v)$	物理维度的有序变化，与价值相关联，与另一属性的分类相关；这种分类对受试者来说具有内在价值或情感关联
10	$(pv)(c_2v)$	物理维度的有序变化，与价值相关联，与另一属性的分类无关；这种分类对受试者来说具有内在价值或情感关联

1. pv 系列

这个系列在前几节中已有讨论。在 pv 系列中，不仅刺激物之间的差异判断比 p 系列中的更大，还有一些迹象表明，当刺激物之间的价值差异可以定量评估时，刺激物之间的价值差异越大，它们之间的大小差异就越明显。通过对布鲁纳和古德曼（1947）、卡特和斯库勒（1949），以及布鲁纳和罗德里格斯（1953）的实验数据进行转换，发现：从硬币大小的实际差异到感知差异的百分比增加来看，"便士"和"镍币"之间的差异要比"镍币"和"四分之一美元"之间的差异小得多（见表 4-6。"便士"是 1 美分，"镍币"是 5 美分，"四分之一美元"是 25 美分）。从表 4-6 可以看出，在所有三项实验中，越接近系列中较大的一端，所有控制组刺激物从实际差异到感知差异增加的百分比越趋于减小。在硬币的情况下，它们会显著增加。三项实验中百分比的总体差异可能是由于实验程序不同；但总体趋势出现在所有三项研究中，即硬币之间的感知差异随着它们之间价值差异的增大而相对增大。这可能是由于价值之外的其他因素，如硬币设计上的差异，但考虑到弗罗姆（Vroom，1957）报告的发现，这种可能性不大，即对磨损硬币（即其设计因使用而几乎被去除）的大小判断与对设计完整的硬币的大小判断没有差异。此外，如第四节所述，两个硬币之间的差异强调与它们的设计差异无关：无论呈现的是"正面"还是"反面"都出现了差异强调，但在二者的控制条件下都没有出现差异强调。可能还有其他因素在起作用，但这些证据非常有说服力。

表 4-6　刺激物之间从实际差异到感知差异增加的百分比

数据转换自	刺激物	1~5 美分	5~25 美分
布鲁纳和古德曼	硬币	86.3	131.0
	圆盘	36.3	20.7
卡特和斯库勒	硬币	36.4	53.4
	铝制圆盘	22.5	19.3
	纸质圆盘	24.0	12.1
布鲁纳和罗德里格斯	硬币（在桌上）	55.5	83.4
	金属圆盘	52.7	40.0
	纸质圆盘	50.0	16.9

2. pc₁ 系列

在前一个系列中，价值和物理维度——这里考虑的三个变量中的两个——被看作处于一种特定的关系中。在本系列中，处于这种特定关系中的是物理维度和分类。在用于判断的物理维度上，刺激物之间的差异与分类相关，因为它们为将刺激物归入一个类别或另一个类别提供了线索；但它们并不是分类的主要依据。这种分类本身可能基于另一种物理属性、一种抽象属性，或者几种属性的组合。当刺激物在进行物理量级的判断之前被识别为属于某个类别时，这种类别的识别反过来作为物理量级判断的线索，并导致判断朝着与物理量级和分类之间的一般关系相一致的方向移动。根据目前的论证，对一个被标记为"白人"的人的肤色判断，应该与同一个被标记为"黑人"的人的肤色判断存在一致的差异。这是在社会环境中对刺激物的物理特征进行判断时经常出现的情况的一个例子。将人们划分为不同的种族群体，有时是其他群体，往往意味着这些群体之间在某些身体特征方面存在一致的差异。此外，众所周知的是，不同来源的工业或农业产品，可能在大小、颜色、质地、重量等方面存在一致的差异。可以通过将这些系列的判断与其他系列的判断进行比较，来证明判断的偏移。其他系列在物理维度上与 pc₁ 系列相同，并且没有被不连续的分类打断（p 系列）。

可以就 pc₁ 系列中刺激物两个类别之间的"不确定的区域"提出进一步的假设。在该系列中，当刺激物的类别识别先于对物理量级的绝对判断时，其到目前为止一直被认为能够对这种判断产生影响，因为它作为一种线索，有助于将判断对象定性为在更高或更低的程度上具有这一物理属性。然而，这种效应不可能在整个刺激范围内都是相同的。一个黑人的皮肤越黑，或者一个白人的皮肤越白，预先存在的分类所提供的信息就越是多余，判断就越是基于刺激物的实际物理特征。然而，在比较模糊的情况下，比如相对浅色皮肤的黑人和相对深色皮肤的白人，这些信息的重要性将增大。正是在这里，可以预期会出现与分类一致的最大偏移（见第五章）。

3. pc_2 系列

在这一系列中,被判断的物理维度与分类之间没有明确的关系:一个刺激物的物理量级并不有助于将其归入不同的类别,而识别一个刺激物属于某个类别也不提供任何关于其物理量级的线索。在这种情况下,我们不期望分类对物理量级的判断产生任何影响。书籍的大小与它们所涉及的学科分类可以作为一个例子,这两者之间没有一致的关系;我们不会因为一本书与物理学、生物学或心理学相关,而对其大小做出判断。因此,对属于 pc_2 系列的刺激物物理量级的判断,应该与对简单的 p 系列的判断没有区别,并且它们与 pv 和 pc_1 系列的差异应该和 p 系列与后者的差异相同;也就是说,pv 系列中刺激物之间的差异应该比 pc_2 系列中相应的差异更加明显;而且,在 pc_1 系列中预测的对属于不同类别的刺激物的判断发生相反方向的偏移,在 pc_2 系列中不应该发生。

显然,上述 pc_1 和 pc_2 系列不过是一个连续体的两端,即从物理维度和分类之间的一致相关(如 pc_1 系列的情况),到完全无关(如 pc_2 系列的情况)。如果假设物理量级的判断偏移是由物理维度和分类之间长期存在的关系决定的,那么可以进一步提出一个假设,即这些偏移的程度将随着过去经验中这种关系的一致性程度的变化而变化。如果是这样的话,肤色与白人和黑人分类之间的相关性可能非常强,因此可以预期在肤色判断中会出现明显的偏移;另外,斯堪的纳维亚人的平均身高可能确实比意大利人高,但由于两个类别之间的重叠可能非常大,因此对身高的判断偏移可能根本不存在或几乎不明显。

这一假设与刻板印象的一般问题直接相关,因为它提出了一种可检验的关系,即刻板印象的强度与支持它的过去经验的性质之间的关系。刻板印象本质上是突出或强调某种分类的结果,这一点在研究中还没有得到充分利用。几乎所有对被刻板印象化的对象的判断都不是在真空中进行的,它们总是隐含着某种比较。① 说意大利人"活泼",意思是他们比其他一些

---

① 正如本书第四部分将展示的,群际关系中固有的比较性质体现在社会比较过程中,这在后来关于群际行为的理论发展中占据了核心地位。另见:Tajfel, 1974, 1978a; Tajfel & Turner, 1979; Turner, 1975。

人更活泼。问题在于，要弄清楚在多大程度上，一个意大利人被判断为"活泼"（即比其他人更活泼），不是因为他很活泼，而是因为他被"判断者"知道是意大利人。对这个问题的研究必须沿着两个方向进行：首先，可以创造实验条件，其中不连续的分类和连续的维度（做出判断的维度）之间的相关程度可以变化；其次，可以通过向受试者呈现相同的刺激物，但在不同时间将其描述为属于或不属于某一特定类别，来研究这种关系的不同程度的一致性导致的判断偏移（见第五章）。

4. $(pv)c_1$、$p(c_1v)$ 和 $(pv)(c_1v)$ 系列

在这些系列中，物理维度的变化、分类和价值之间存在相互作用。由于在实证上很难区分它们，因此尽管它们可能在起源上有所不同，我们还是将这三个系列放在一起讨论。在 $(pv)c_1$ 系列中，价值与物理维度之间存在相关性，就像之前讨论的 pv 系列一样。物理维度又与分类一致相关，就像 p 系列的情况一样。当产品的质量变化与物理维度的变化（如大小、颜色或质地）相关时，上面用于 pc_1 系列的不同来源的工业或农业产品的例子在这里也适用。当一个来源的产品始终处于物理维度上的有利一端时，就会出现 $(pv)c_1$ 系列。可以通过比较在物品来源不明的情况下给出的判断，与每个物品都标明其来源的情况下给出的判断，评估其对物理维度判断的影响。

$p(c_1v)$ 系列则是另一种情况。这里的分类是价值分类，而物理维度的变化本身与价值无关，但却与分类相关，其方式如前述 pc_1 系列。在 $(pv)c_1$ 系列中，与物理维度变化相关的分类已经与价值关联起来，因为物理维度的变化在过去就有这种关联。在 $p(c_1v)$ 系列中，物理维度的变化将通过一个类似的过程与价值关联起来，在其中，分类与价值的初始关联将发挥中介作用。

因此，这两个系列在经验上会汇聚成一个 $(pv)(c_1v)$ 系列，其中价值既与分类相关，也与物理维度的变化相关。西科德等（1956）的实验中，有偏见的受试者群体对肤色和其他面部特征的判断就是这种系列的例子；如果在多大程度上具有这些特征并没有与黑人和白人的分类建立一致

的关联，或这种分类对他们来说不具有内在价值，那么对这些受试者来说，肤色的深浅或鼻子的扁平程度可能就不会具有价值内涵。正如上文所述，这种关联往往会造成对属于不同类别的刺激物的"相关"物理特征的判断朝相反的方向偏移。在 pc_1 系列的相应分类中，这些偏移归因于这样一个事实，即含有特定期望的分类提供了有关物理量级的信息，尤其是对处于中间部分的刺激物来说。在这里，分类是一样的，应该会产生类似的效果；但这些效果应该会更加显著，因为分类（或将个体识别为黑人或白人）对有偏见的受试者比对无偏见的受试者来说更重要。有偏见的个体对物理线索的这种特别关注，其目的是有效地识别他们对其有偏见的群体成员，这一点在其他情境中也得到了奥尔波特和克雷默（Allport & Kramer, 1946）以及林哲和罗戈尔斯基（Lindzey & Rogolsky, 1950）①的证实。在判断的背景下，史蒂文斯和加兰特（Stevens & Galanter, 1956）认为，"当观察者在 N 点量表上就一个明显的量级进行评级时，所发生的情况是三种重要'力量'再加上若干次要力量相互作用的结果。这三种重要的相互作用的力量是：意图、辨别力和期望"（1956：7）。史蒂文斯和加兰特所说的"意图"是指"一位接受了正确指导的观察者会试图使他的分类量表上的间隔宽度相等，从而产生一个线性量表"（1956：7）。辨别力是受试者"区分一个量级与另一个量级"的能力（1956：7）。期望起到一定的作用，因为受试者"不可避免地对实验者如何分配刺激物产生期望，因此对于他应该使用各种类别的相对频率也有所期望"（1956：7）。有偏见的受试者对肤色的判断和与"价值无关"的心理物理实验中对量级的判断之间的差异在于，在这两种情况下，意图和期望因素以不同的方式影响判断。在前一种情况下，期望不是由受试者对实验者会如何分配刺激物所属类别的猜测决定的；它基于过去的长期经验，即分类与据以做出判断的不同范畴线索之间的一致关系。受试者的意图并不是形成一个线性量表；可以用另一种"意图"来代替，即形成一个与分类紧密对应的量表，这代表了一种感

---

① 另见泰弗尔（1969a），他更详细地讨论了对某些群体的偏见与这些群体成员被有偏见的个体识别之间的关系。

知上的"既得利益"。

因此,在(pv)(c_1v)系列中,对于归入不同类别的刺激物的判断朝相反方向的偏移应该比相应的pc_1系列更大。上文提到的事实提供了这方面的一些证据,即有偏见的受试者相较于无偏见的受试者,认为黑人具有更多黑人的相貌特征。在这种情况下,照片首先被受试者识别为属于"黑人"或"白人"类别,而对"黑人特征"的判断是在这种识别之后进行的。佩蒂格鲁、奥尔波特和巴尼特(Pettigrew, Allport & Barnett, 1958)的一项研究提供了一些关于相反的现象的有趣指示:根据与价值分类相关的物理维度上的模糊线索,将刺激物归入不同类别。实验在南非进行。来自南非五个种族群体(讲南非荷兰语的欧洲人种、讲英语的欧洲人种、混血人种、印度裔南非人和非洲人种)的受试者被要求在"对两张配对的种族照片进行简短的立体展示"后,识别人脸的"种族"。这些配对有两种类型:要么看到的是同一张脸,要么是所有可能的种族组合。这里关注的是荷兰裔南非人与其他群体之间的差异。(1)对于"单一种族的配对",这个群体做出"欧洲人种"和"非洲人种"的判断占比最大,做出"混血人种"和"印度裔南非人"的判断占比最小;当然,欧洲人种和非洲人种代表了种族范围的两个极端。(2)对"单一种族的配对"识别错误的分布情况的分析显示,荷兰裔南非人对"混血人种"和"印度裔南非人"的错误识别少于其他所有群体,而对"非洲人种"的错误判断是其他所有群体总和的两倍。(3)对于"两个种族的配对",当回答的族群组合与所展示的两张照片中的任何一张都不相符时,荷兰裔南非人回答"混血人种"的百分比最小,回答"非洲人种"的比例最大。佩蒂格鲁等得出结论:"在所有结果中,荷兰裔南非人的判断与其他四个群体的判断偏差最大。他们倾向于以一种非此即彼、二分的方式做出反应。"如果假设"白人"和"非白人"的种族分类对荷兰裔南非人群体来说比其他群体(包括讲英语的欧洲人种)有更明显的内涵,那么这些结果与上述关于(pv)(c_1v)系列的讨论完全一致。几年后,伦特(Lent, 1970)在得克萨斯州的一个不同背景下也获得了类似的结果。

关于(pv)(c_1v)系列与p和pc_2系列之间差异的预测在这里不需要

详细说明，因为这些预测与上文概述的这两个系列和 pc_1 系列之间的比较相似。

关于（pv）（c_1v）系列与 pv 系列之间的直接比较，我们无法做出预测，因为这引发了一个系列内部价值（v）与分类（c_1）变量之间交互的问题。这种性质的分类（c_1）可能会导致在每个类别内（within）刺激物之间区分效率的降低；另外，价值（v）应该会导致整个范围内刺激物之间判断差异的增加。这种复杂交互的结果可能相互抵消，或者在 pv 与（pv）（c_1v）之间产生类似于 p 与（pv）（c_1v）比较时的预期差异。

5.（pv）c_2 系列

前文讨论的主要含义之一是，这种分类（c_2）如果与物理维度的变化无关，通常不会影响对属于不同类别的物体在物理量级上的关系判断。因此，（pv）c_2 系列在这一点上应该与 pv 系列没有区别；例如，无论受试者在做出大小判断之前是否知道每枚硬币的铸造日期，根据硬币铸造日期进行的分类都不会影响对硬币之间大小差异的判断。

6. p（c_2v）系列

关于这种分类（c_2）的前述含义同样适用于此系列。在一些结果并不显著的感知高估实验中，可以找到一些支持性证据。克莱因等（1951）的实验就是一个例子，他们比较了对带有纳粹标志的圆盘的大小判断与对带有无关价值标志的圆盘的大小判断。他们没有发现对纳粹标志圆盘的高估现象，作者的结论是，这在一定程度上质疑了该领域的其他结果。根据这里的假设，这个实验的结果肯定是不显著的。很难想象纳粹标志的大小和它与受试者之间的情感关联程度存在一致的关系。因此，用这里的术语来说，一系列带有纳粹标志的不同大小的圆盘，是一个 p 系列而不是一个 pv 系列，所以不能期望出现与硬币实验中类似的结果。在克莱因等（1951）的实验中，受试者以随机的顺序看到带有纳粹标志的圆盘和其他圆盘。这导致两个 p 系列的组合，合在一起构成了一个 p（c_2v）系列。在这个系列中，大小和价值之间没有关联，只存在价值和分类之间的关联，即刺激物被分为情感相关的和情感无关的；但属于这两个类别的刺激物，就其大小而言，在系列中是随机分布的。

7. (pv) (c_2v) 系列

这是前面两个系列的组合。这里介绍它只是出于完整性的考虑，因为很难找到具体的例子；然而，在实验室中可以相对容易地产生这种情况。在当前的论证中，很难对这种系列进行预测，也可能没有什么意义，因为它们既不是讨论的关键，也不容易在"现实生活"情境中应用。预测的困难在于，如果价值分类与物理量级的递增没有任何关系，那么在物理维度上随机分布的具有和不具有价值属性的刺激物，必然会破坏系列的 pv 方面，即价值与物理维度之间的相关性。

❖ 抽象连续体

到目前为止所概述的模式可能不仅适用于各种分类对物理量级判断的影响，还适用于它们对"抽象"判断的影响，因为抽象判断意味着连续属性的存在。这类判断很难被认为是"感知"的；但我们没有先验的理由认为，那些有助于在特定条件下对刺激物的物理方面进行判断的原则，不应该应用于在类似条件下进行的抽象属性判断。我们环境中的许多对象，尤其是在社会环境中，通常都是按照一些可量化的指标，或者说在比较性的抽象连续体上来评定的，如美丽、愉悦、智力等。这些"维度"就其本质而言，往往具有价值或与价值相关，从这个意义上讲，它们可以与之前讨论的 pv 系列相比较。在这个抽象领域的 pv 系列上，可以叠加其他属性的不连续分类，其方式和普通 pv 系列类似。这些分类可能对受试者来说具有内在价值，也可能没有。例如，如果有一系列的绘画作品，一半是荷兰画作，一半是意大利画作，让一位在此之前对两类画作没有特殊偏好的人对这些作品的美丽程度进行评分，那么受试者知道哪些画作是荷兰的、哪些是意大利的这一事实不应该影响评分结果。这在很大程度上类似于之前讨论的那种分类（c_2），因为在这种情况下，美丽程度是一个连续体，就像之前的物理维度一样，人们可以沿着这个连续体做出判断。另外，如果基于其他属性的分类本身具有价值，那么判断结果应该类似于上文在 c_1 和 c_1v 分类标题下所讨论的结果。在一项关于刻板印象的实验中，拉兹兰（Razran，1950）要求受试者根据面孔的愉悦程度和其他类似属性对照片进行评分。随后，实验人员又展示了同样的照片和一些新的面部照片，并在每张照片上附上了族群标签。与原始判断相比，新的判断往往会出现偏移，这种偏移可能是在源于偏见的价值分类的基础上产生的。当然，这是一个大家都熟悉的现象的例子，它发生在各种各样的社会情境中。这里介绍它，是因为它在理论上与前面的论点相关，并且在能够确定决定价值分类的属性的每种情况下，都可以根据这个论点做出影响预测。

第五章
差异与相似：判断的一些背景

❖ 引言

本章的目标是对一些实例进行整合，说明前一章中概述的一般原则的作用。收集这些实例并不是要为前文讨论的内容提供明确的"证据"。所选的研究实例涵盖了多种不同的情境；然而，它们在经验的多样性上展示了前一章讨论的原则。在 20 世纪 60 年代及之后，我和我的同事们以及其他研究者进行了与相同（或经过修改的）原则相关的其他研究。可以在艾泽和施特勒贝（1972）、伊尔勒（1975）、德尚（1977）、杜瓦斯（1978b）及艾泽（1980）等的著作以及一些期刊论文中，找到理论综述以及各种形式的理论分析。本章总结的研究[①]提供了以下方面的实例：

（1）分类对沿物理维度（长度）变化的刺激物的判断的影响。这对应于前一章中描述的 pc_1 和 pc_2 系列。

（2）价值差异在对人的个体特征进行判断中的极化（或"拉伸"）效

---

① 完整版本如下：[1] H. Tajfel and A. L. Wilkes, Classification and quantitative judgement, *British Journal of Psychology*, 1963, 54: 101–114. [2] H. Tajfel and A. L. Wilkes, Salience of attributes and commitment to extreme judgements in the perception of people, *British Journal of Social and Clinical Psychology*, 1964, 2: 40–49. [3] H. Tajfel, A. A. Sheikh and R. C. Gardner, Content of stereotypes and the inference of similarity between members of sterotyped groups, *Acta Psychologica*, 1964, 22: 191–201. [4] H. Tajfel, A note on Lambert's 'Evaluation reactions to spoken languages', *Canadian Journal of Psychology*, 1959, 13: 86–92。

应。这是从先前讨论的 pv 系列"转移"到"人的感知"中的等效现象，即我们对他人各种特征的判断。

（3）范畴化在强调属于同一社会范畴的人之间的相似性方面所起的作用。这也是将 pc_1 系列的一个方面转移到社会刻板印象功能的一个等效方面。

（4）对一个看似例外的情况的讨论，它实际上归结为相同的基本过程：强调不同社会群体的某些特征之间的差异，这与做出判断的群体进行积极的自我评价相悖。这是前一章描述的 $p(c_1v)$ 系列在社会情境中的等效现象之一。

这四项研究在它们与"自然"情境的接近程度上也有所差异。第一项研究是一项简单的受控实验室实验；第二项研究在某种程度上放宽了"控制"，因为它是基于受试者自由选择的对他人的描述性范畴，而对他人进行的判断；第三项研究部分基于在相当"自然"的情境中对他人的判断；第四项研究是对早期研究的重新分析，它与两个社会群体之间的相互感知直接相关，这两个社会群体在当时（20 年前）以及现在仍然处于传统的竞争关系中。

❖ 分类和长度判断

1. 引言

这里报告的实验关注的是作为自变量的分类。一系列刺激物可以通过多种方式进行分类，而分类与需要判断的物理量级之间可能存在多种关系。一系列刺激物可以根据一种不连续的属性进行分类（例如，将一群人分为瑞典人和意大利人），而进行判断的维度（例如，身高）可能是连续的。如果在我们的人群当中，所有的（all）瑞典人都比所有的意大利人高，那么分类与需要判断的物理属性之间就会存在完美的相关性，尽管这个系列并不是基于该属性进行分类的。如果我们的人群由法国人和意大利人组成，并且两个群体中个体身高的平均值和分布没有差异，那么我们的分类就与需要判断的物理属性无关。

当前实验关注的问题可以这样表述：当受试者知道刺激物属于不同的类别时，当这一分类与需要进行判断的维度之间存在特定的关系时，受试者对刺激物物理维度的判断会受到怎样的影响？

前一章中提出的两个预测如下：

（1）"如果在一系列刺激物上叠加与正在判断的物理维度不同的属性分类，使得物理系列中的一部分始终倾向于属于一个类别，另一部分则属于另一个类别，那么与在物理维度上完全相同，但没有叠加这种分类的系列刺激物相比，对属于不同类别的刺激物的物理量级的判断，就会根据刺激物所属的类别出现不同方向上的偏移。"

（2）"如果在一系列刺激物上叠加与正在判断的物理维度不同的属性分类，但刺激物在物理量级上的变化与其所属类别之间没有一致的关联，那么这种分类不会影响对该系列中刺激物在物理量级上的关系判断。"

这种情况对判断的影响可以借用锚定（anchoring）实验文献（例如，Sherif & Hovland，1961）中的术语来表述。一个放置在一系列刺激物之外的锚定刺激物，可能会对该系列内刺激物的判断产生对比效应或同化效应。在对比的情况下，对刺激物的判断会远离锚定刺激物的值；在同化的情况下，对刺激物的判断会向那个值靠近。有大量证据表明，当锚定刺激物处于相对远离原系列的位置时，它们产生对比效应；当它们离原系列非常近或在其某个端点时，它们往往会产生同化效应。

一个合理的假设是，对比和同化效应背后的判断过程本身，可以归结为对锚定刺激物与系列刺激物之间相似和差异的感知程度。当锚定刺激物被感知为与原系列中最接近它的刺激物有明显差异时，对这些刺激物的判断就会远离锚定刺激物的值，从而反映出这种差异；当锚定刺激物被感知为与系列刺激物非常相似时，相反的情况发生了：对最接近锚定值的刺激物的判断会向它靠近，以此反映出二者在主观上的等价性。① 这与锚定实

---

① 威尔克斯和泰弗尔（Wilkes & Tajfel，1966）的研究证实了这一预测，即锚点和一系列刺激物之间的距离与其被归类为"相同"或"不同"系列刺激物之间的关系。

验的一般结果一致，即当锚定刺激的值逐渐接近原系列末端刺激的值时，对比效应的程度会降低（例如：Heintz，1950），直到最终被同化效应取而代之（Sherif et al.，1958）。

叠加在一系列刺激物上的分类可以被视为决定了各种刺激物之间相似和差异程度判断的同类偏移。这些偏移的性质将取决于刺激物如何被分类，以及这些类别与受试者需要判断的刺激物物理量级的变化模式之间的关系。

在一个系列中，如果分类与所判断的物理维度直接且一致相关，那么刺激物的类别识别就提供了额外信息，说明其量级与其他刺激物量级（无论它们属于同一类别还是不同类别）的关系。因此，在对一系列以连续随机顺序呈现的刺激物的绝对判断中，标签的同一性会导致评估的同化或趋同，而差异性会导致对比或偏离。因此，在这样的系列中，对不同类别刺激物之间的量级判断差异，应该大于没有叠加分类的相同系列。同时，同一类别刺激物之间的量级判断差异，应该也会小于未叠加分类系列中的相应差异。

我们没有理由认为，当叠加在一系列刺激物上的分类，与刺激物的量级之间没有一致的关系时，不同类别刺激物之间的量级判断差异会出现任何一致的偏移。在这种情况下，"一个刺激物的物理量级并不有助于将其归入某一类别，将一个刺激物识别为属于某个类别也不会提供任何关于其物理量级的线索"。

在判断叠加分类的系列刺激物时，这些效应随着过去的经验增加而增强。

2. 方法

实验的目的是评估分类对简单定量判断的影响。对线条长度的判断被作为实验任务。选择长度判断是因为其相对简单；如果在这种情境下发现分类产生了预期效果，即可以形成关于线条长度的"刻板印象"，那么当判断任务的复杂性增加时，这些效果可能更加显著，因为受试者越来越依赖于关于刺激物的所有可用信息来源。

所有实验使用了 8 条长度不同的线条作为刺激物，它们彼此之间的长度差异恒定在5%左右。最短的线条为16.2厘米，最长的为22.9厘米。每条线都画在一张尺寸为63.5厘米×50.8厘米的白色纸板上。选择相对较大的纸板尺寸，是为了尽量减少通过与框架比较得到的关于线条长度差异的线索。每个线条长度被多次呈现（见下文），但每次呈现都使用了单独的纸板，以避免受试者基于无关线索识别刺激物的可能性。

61位受试者参加了前两个实验（实验1a和2a）。他们是来自牛津大学、威斯敏斯特培训学院和曼彻斯特大学的学生，包括男性和女性志愿者。在这61位受试者中，有54人参加了第二轮实验（实验1b和2b）。

所有实验情境的共同程序

这8条线按随机顺序逐一呈现6次。受试者被要求以厘米为单位判断每条线的长度。之所以使用厘米而非英寸或英寸的几分之一来判断，是因为这样可以使刺激物之间的长度差异较小，同时避免以最接近的英寸进行粗略判断的倾向。在判断开始之前，实验者展示了一把尺子，并给出了厘米与英寸之间关系的若干示例。受试者是单独接受测试的，他们坐在对面。实验者在大约2.5米处呈现刺激物。受试者大声报出他们的判断结果，由实验者记录下来。刺激物的呈现没有时间限制，直到受试者做出评估为止。刺激物逐一呈现之间的间隔为4秒。受试者没有被告知他们面对的是多少种不同长度的线条。每位受试者都被要求在第一轮实验一周后参加第二轮实验。

表5-1概括了四个实验中使用的程序。

表5-1 实验流程总结

实验编号	实验组别*	刺激物的呈现模式	系列刺激物的呈现次数
1a（第一轮）	C, R, U	连续	6
1b（第二轮）	C, R, U	同时	11
2a（第一轮）	C_1, U_1	同时	6
2b（第二轮）	C_1, U_1	同时	6

*C和C_1，有分类的系列；U和U_1，未分类的系列；R，随机分类的系列。

说明："连续"与"同时"呈现刺激物的实验设计，其目的是改变受试者对分类显著性的感知。由于这种显著性变化并未证明是成功的，并且这个问题在研究中的重要性较低，因此这里省略了与此变量影响相关的数据和讨论。

分类

在实验1a和1b中，有三组受试者参与；而在实验2a和2b中，有两组受试者。

实验1a：C组（有分类的）。在呈现给这一组受试者的系列刺激物上叠加了一个分类，使得线条长度和它们的标签之间存在一种稳定的、可预测的关系。4条较短的线条每次呈现时，上方都标记有一个大写字母A；4条较长的线条以相同的方式标记有字母B。该组由12位受试者组成。

实验1a：R组（随机分类的）。呈现给这一组受试者的刺激物，其上叠加的分类与线条的实际长度无关。虽然同样使用字母A和B作为标签，但每个刺激物在其一半的呈现次数中标记为A，在另一半次数中标记为B。标签A和B的出现顺序对每个刺激物都是随机的。该组由13位受试者组成。

实验1a：U组（未分类的）。这组刺激物的呈现条件与C组和R组完全相同，唯一的不同之处在于这些线条在呈现时没有附加任何标签。该组由12位受试者组成。

实验1b。一周后，C组、R组和U组的受试者再次接受测试。各组的刺激物呈现条件与实验1a中相同。在C组中，原来的12位受试者有10位再次参与；R组的13位受试者全部再次参与；U组的12位受试者有11位参与。

实验2a：C_1组（有分类的）。刺激物的呈现条件与实验1a中的C组相同。该组由12位受试者组成。

实验2a：U_1组（未分类的）。刺激物的呈现条件与实验1a中的U组相同。该组由12位受试者组成。

实验2b。一周后，同一批受试者再次接受测试。刺激物的呈现条件对每个组来说，与实验2a都相同。在C_1组中，12位受试者中有11位再次参与。而在U_1组中，12位中有9位再次参与。

过去的经验

连续两轮实验中以往经验的影响：由于每组受试者都在间隔一周的两

轮实验中进行了测试，因此可以通过数据评估分类对长度判断的累积效应。

一轮实验中以往经验的影响：这在实验1b中进行了研究。如前所述，该实验是C、R和U组的第二轮测试。在这三组受试者完成了对系列刺激物（都呈现了6次）的判断后，该系列刺激物又以不间断的随机顺序连续呈现了5次，这5次呈现对所有组别都是相同的，并且与每个组别在各自条件下的前6次呈现相同。因此，通过比较该实验中前6次与后5次对系列刺激物的判断，可以评估一轮实验中以往经验的影响。

3. 结果

对总体结果模式的描述

表5-2展示了总体结果：控制组（随机分类和未分类）的平均值被合并在一起，因为它们的结果模式非常相似。表格列出了对每个刺激物判断的平均值。刺激物按照长度递增的顺序被编号为1~8。在有分类的系列（C组和C_1组）中，刺激物1~4属于A类，刺激物5~8属于B类。因此，刺激物4和5之间的差异是类间（inter）差异。所有其他相邻刺激物之间的差异都是类内（intra）差异。实验1b的数据只包括系列的前6次呈现。

表5-2 不同实验条件下对刺激物的平均判断

刺激物	A类				B类			
	1	2	3	4	5	6	7	8
实际值	16.2	17.0	17.9	18.8	19.7	20.7	21.7	22.8
实验1a和2a（第一轮实验）								
C和C_1组	16.0	17.3	18.1	19.3	21.1	22.3	23.6	25.3
R、U和U_1组	16.4	17.3	18.2	19.3	20.3	21.5	22.6	24.2
实验1b和2b（第二轮实验）								
C和C_1组	15.6	16.5	17.2	18.3	20.3	21.6	22.4	24.4
R、U和U_1组	16.6	17.4	17.9	19.0	20.3	21.3	22.8	24.6

在图 5-1 和图 5-2 中，我们以每两个相邻刺激之间的实际差异为基础，用占实际差异的百分比来表示判断差异与实际差异之间的偏差。当判断出的差异大于实际差异时，这些偏差被表示为正值；当它们小于实际差异时，则表示为负值。

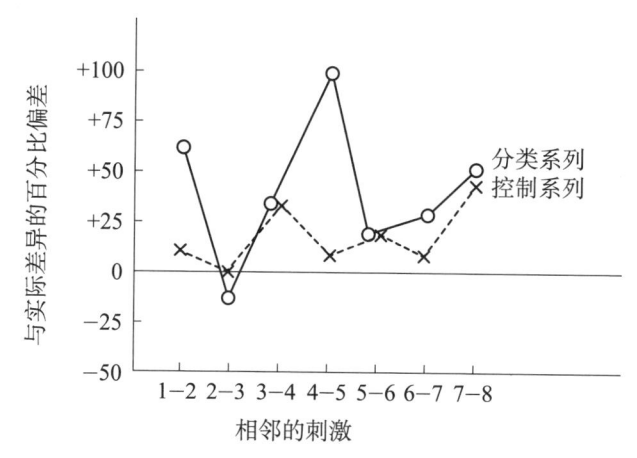

图 5-1 实验 1a 和 2a 中相邻刺激物之间的实际差异与感知差异比较

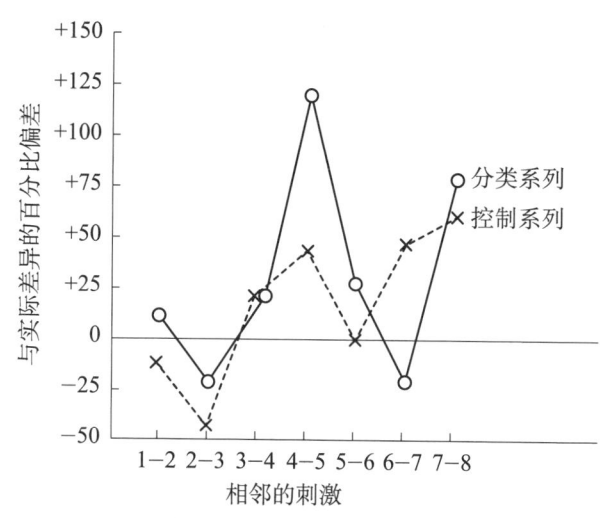

图 5-2 实验 1b 和 2b 中相邻刺激物之间的实际差异与感知差异比较

观察图 5-1 和图 5-2 可以发现，正如预测的那样，对于分类系列（C 组和 C_1 组），类间差异（刺激物 4 和 5 之间的差异）在第一轮和第二轮测试中都明显大于随机分类和未分类的系列。在第一轮测试中，相关百分比数据如下：分类系列的判断差异比实际差异高出 100%，随机分类和未分类系列的判断差异比实际差异高出 11%。在第二轮测试中：分类系列的判断差异比实际差异高出 122%，未分类系列高出 44%。

结果分析

本节的引言部分提出，分类与物理量级变化之间稳定的、可预测的关系会导致类别之间的感知差异增大，以及类别内部感知差异减小。因此，对结果的分析需要考虑这两种预测现象对判断的综合影响。为此，我们分别处理了对每个类别刺激物的判断，并为每个类别的刺激物判断分别拟合了一个线性函数。所有组别中每位受试者的判断都参与了拟合。采用的是平均法。计算结果得出以下指标：m_s，较短类别刺激物判断的斜率；m_l，较长类别刺激物判断的相应斜率；Y_4，较短类别中最长刺激物的计算值；Y_5，较长类别中最短刺激物的计算值。

斜率 m_s 和 m_l 直接度量了同一类别内刺激物之间的感知差异，即类内差异。计算值 Y_4 和 Y_5 之间的差异则度量了类别之间的感知差异。这个度量受到类别之间的断点，即刺激物 4 和刺激物 5 的判断值之差的影响，以及类内斜率的影响。随着刺激物 4 和 5 之间判断差异的增加，以及一个或两个类内斜率的降低，这个度量会增加；反之，则会减少。因此，它满足了检验我们预测的分类的综合效应的条件。同时，可以通过对斜率指标进行统计分析来评估类内差异对结果的独立贡献。

表 5-3 提供了与分析相关的指标分组别的平均值，包括：平均类内斜率 $(m_s + m_l)/2$ 和平均类间差异 $(Y_5 - Y_4)$。

表 5-3 平均类间差异和类内斜率

组别	类间差异 $(Y_5 - Y_4)$	类内斜率
实验 1a 和 2a（第一轮测试）		
C 和 C_1	1.9	1.22
U 和 U_1	1.1	1.18
R	1.1	1.06

续表

组别	类间差异（$Y_5 - Y_4$）	类内斜率
实验1b和2b（第二轮测试）		
C 和 C_1	2.1	1.08
U 和 U_1	1.4	1.17
R	1.1	1.01

统计分析结果如下：

（1）在实验1a和2a中，类间差异（$Y_5 - Y_4$）的方差分析显示，分类如预测般增加了感知到的类间差异（分类的 F 统计量为 6.12；$p < 0.025$）。

（2）平均类内斜率（$m_s + m_l$）/2 的方差分析表明，分类并未导致感知到的类内差异出现任何一致变化。这并没有证实之前关于引入分类会导致对同一类别内部刺激物之间相似性的判断增加的预测。

（3）实验1b和2b的方差分析结果与之前的分析相似。预测的分类对类间差异的效应是显著的（F 统计量为 4.40；$p < 0.05$）。没有发现组别之间有其他显著差异。

（4）在第一轮测试（实验1a）中，比较 C 组（有分类的组）和 R 组（随机分类的组）之间感知到的类间差异，发现 C 组的类间差异有明显增大的趋势，这与预测相符；但这一趋势没有达到统计学上的显著性。在第二轮测试（实验1b）中，两组之间的这种差异在预测的方向上显著，$p < 0.01$。如果以每位受试者在第一轮和第二轮测试中的判断均值为分数进行比较，结果表明 C 组的类间差异更大，显著水平为 $p < 0.025$。无论是在第一轮测试还是第二轮测试中，类内斜率都没有差异。

4. 过去经验的影响

实验人员通过比较实验1a、2a与实验1b、2b中的相关分数，评估了分类作为以往经验（从第一轮测试到第二轮测试）可能产生的累积效应；通过比较实验1b中系列刺激物前6次呈现的得分与后5次呈现的得分，评估了在一轮测试中关于分类的累积经验效应。

第一轮和第二轮测试之间的比较：实验人员对 C、C_1、U 和 U_1 几个组从实验 1a 到 1b 以及 2a 到 2b 的类间差异变化进行了 2×2 方差分析,涉及 C、C1、U 和 U1 组。过去经验(实验 1a 到 1b,以及 2a 到 2b)的影响并不显著。类内斜率的分析也不显著,对 C 组和 R 组从第一轮测试到第二轮测试(实验 1a 到 1b)在类间和类内差异上的单独比较结果也是如此。

一轮测试中以往经验的影响:需要回顾的是,在实验 1b 中,有 3 组受试者(C、R 和 U),他们在完成了 6 次对一系列线条的判断后,又对该系列线条进行了 5 次额外的长度判断。表 5-4 列出了这 5 次额外判断的分组别平均值。图 5-3 展示了每两个相邻刺激物判断中实际差异与感知差异之间的百分比偏差。当感知差异超过实际差异时,这些百分比被表示为正值;当感知差异小于实际差异时,则表示为负值。

表 5-4 实验 1b 中对系列刺激物后 5 次长度判断的均值

刺激物	A 类				B 类			
	1	2	3	4	5	6	7	8
实际值	16.2	17.0	17.9	18.8	19.7	20.7	21.7	22.8
C 组	17.1	17.9	18.6	19.1	21.4	22.0	22.8	24.2
R 和 U 组	16.9	18.1	18.6	19.8	20.4	21.2	22.2	23.8

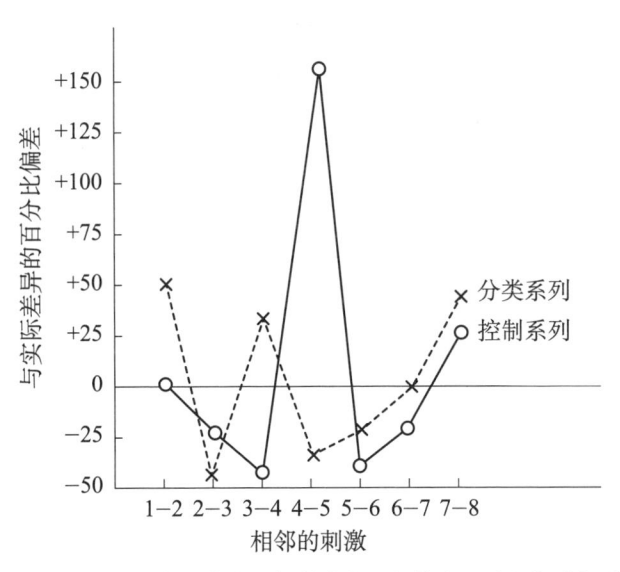

图 5-3 实验 1b 第二个环节中相邻刺激物之间的实际差异与感知差异比较

从表 5-4 和图 5-3 中可以看出，只有在预测的类别之间的断点上（刺激物 4 和 5 之间），C 组的感知差异才显著超过实际差异，以及两个对照组的相应差异。

按照之前描述的方法，对这些数据进行了线性函数拟合。然后将 C 组分别与 R 组和 U 组进行比较，比较它们类间差异的计算值（$Y_5 - Y_4$）和类内斜率均值（$m_s + m_l$）/2。两个对照组 R 和 U 之间没有显著差异（见表 5-5）；C 组的类间差异在统计上显著大于 U 组（$p < 0.01$），以及 R 组（$p < 0.001$）。

表 5-5 实验 1b 中对系列刺激物后 5 次长度判断的平均类间差异和类内斜率

组别	类间差异（$Y_5 - Y_4$）	类内斜率
C	2.0	0.83
R	0.7	0.99
U	0.09	1.02

同时，C 组的类内斜率显示出比另外两组更平缓的趋势；但当 C 组与两个对照组分别进行比较时，这种趋势没有呈现统计显著性。

这些结果的检查间接表明，分类效应会随着同一轮测试中重复试验次数的增加而得到加强。通过计算每位受试者从前 6 次判断到后 5 次判断中类间差异和类内斜率的数值变化，可以直接评估分类的累积效应。实验人员分别评估了 C 组与每个对照组之间这些数值变化的统计显著性。查看表 5-2 的第二部分和表 5-4 的数据可以发现，随着一轮测试中练习次数的增加，感知差异趋于减小，唯一的明显例外是 C 组的类间差异。与对照组的相应减小相比，C 组的类间差异在同一轮测试中保持稳定，但并没有达到统计学意义（$p = 0.05$）。与两个对照组中的相应减小分别相比，C 组类内差异的减小（即类内斜率趋于平缓）在两种情况下都显著（$p < 0.01$）。

5. 结果讨论和总结

在总结结果并得出结论之前，必须先简要讨论由数据和实验程序引出的一些控制问题。

关于分类对判断的影响的结果，不能归因于与实验变量无关的外部因素：

（1）比较了分类组（C 和 C_1）和对照组（U、U_1 和 R）的平均判断值，实验组与任何对照组之间没有显著差异。

（2）计算了所有组别中每位受试者对每个刺激物长度判断的变异性分数，并对平均得分进行了比较。实验组与对照组之间没有显著差异。

（3）查看图 5-1 可以发现，C 组和 C_1 组与其他三组不但在预测的类别之间的断点（即刺激物 4 至刺激物 5）上存在显著差异，而且在刺激物 1 和刺激物 2 之间也存在差异（程度较低）。对这些数据进行了方差分析，与对类间差异的分析相同，结果表明，实验组与对照组之间的差异并不具有统计学意义（分类变量的 F 统计量为 0.47）。因此，似乎可以有把握地得出结论：实验组与对照组之间唯一一致的差异出现在预测的类别之间的断点上。

（4）存在一种可能性，即在所有实验中，C 组和 C_1 组发现较大的类间差异可能不是由于分类的影响，而是由于使用字母 A 和 B 作为标签时，在某一方向上存在固有的不同程度的高估或低估。通过检查 R 组的数据可以验证这一点，其中，A 和 B 两个标签对每个刺激物来说是随机交替使用的。分别计算每个刺激物被标记为 A 或 B 时的平均判断值。它们实际上是相同的；标签 A 的平均判断值为 19.5，标签 B 为 19.6。同样，当相邻的刺激物贴上同样的标签（都是 A 或都是 B），以及一个标记为 A，另一个标记为 B 时，它们之间判断值的平均差异几乎相同，分别为 1.07 和 1.12。这排除了实验结果可能不是由于预测的分类效应，而是由于标记为 A 或 B 时对同一刺激物的判断存在固有差异的可能性。

因此，基于实验结果，我们可以得出以下结论：

（1）在一系列刺激物上叠加一个分类，使刺激物的量级与类别之间存在一致的直接关联，这就决定了在从一个类别过渡到另一个类别时，对刺激物之间差异的感知会显著增加。如果叠加在系列上的分类与物理维度之间的关系并不一致，就不会出现这种情况。

（2）没有直接证据表明，分类与正在判断的物理维度之间的这种关系，会导致对同一类别内刺激物之间相似性的判断增加。

（3）没有证据表明，经过一周的间隔后，重复体验同一分类会增强其对判断的影响。

（4）然而，有非常清晰的证据表明，在一轮实验中随着重复体验的增加，分类对判断的预期影响也在增强。这似乎是由于同时出现了两种判断趋势：在分类系列中，对类间差异的感知并没有像对照组那样随着时间的推移而减少；同时，对同一类别内刺激物相似性的判断有明显增加。因此，尽管上文（3）中报告了不显著的结果，但重复和频繁地体验相同类型的分类，可能导致其对判断的影响加强，这包括类间差异和类内相似性在主观上的增加。

这些发现对于多种判断情境都有相当广泛的启示。在某种意义上，它们代表了简化的刻板印象形成过程。刻板印象的一个关键特征是夸大以特定方式分类的群体之间的某些差异，同时尽量缩小这些群体内部在该方面的差异。值得注意的是，在本实验中，尽管判断任务相对简单，受试者关于分类的经验很少，且分类对受试者的意义不大，但这些效应仍然存在。当我们考虑到其中一项实验的额外测试结果时，就会发现关于分类的经验即使是以小幅度，但一致且直接地增加时，也可能带来巨大的影响。

❖ 对人的感知判断极化

1. 引言

在前几章和本章中反复出现的一个主题是，当判断的有序运作从对物体简单物理特征的判断，转移到对人的特征的判断时，判断的偏移获得了特殊的重要性。本章的这一节以及接下来的两节提供了三个从"物理"到"社会"转变的例子。在本节中，我们处理的是对其他个体属性的感知；在接下来的两节中，我们处理的是被视为社会群体成员的个体。这里介绍的三项研究都是实验性的，因为它们得到了相当严格的控制，而且或多或少是在实验室条件下进行的。但它们也有一个共同点，即试图安排尽可能自然的情境，允许我们得出容易应用于"现实生活中"对他人判断的结论。本节主要关注价值属性的影响，这在本书第四章中已有论述；接下来的两节直接来源于本章和前一章中描述的理论阐述和经验发现。

对人的感知的实验研究一直受到所研究问题性质固有的困难困扰。这些研究试图扩展人们如何感知、评估或判断他人的方式的概括范围。当然，在适当控制的实验中最容易形成可靠的概括，但是，对人们产生印象的转瞬即逝、丰富多变的背景进行适当的控制，得出的预测往往似乎主要适用于其他同样严格控制的情况。这种恶性循环，即"从实验到实验的预测，而不是从实验到自然现象的预测"之所以存在，主要原因可能是在"真实"情况下难以（有时是不可能）确定相关决定变量。

本节介绍的实验就是朝这个方向进行的一种尝试。实验假设基于定量判断领域内一系列相当有据可查的研究结果；这些结果似乎可以毫无问题地适用于人们对他人进行评估的各种情境，而不会受到不必要的限制。

研究的目的是探讨是否有可能将在其他定量判断领域中报告的一组趋于一致的结果，扩展到对人类属性的判断上。这些发现的共同点是，当做出判断的维度与受试者高度相关时，会发生判断的"极化"。描述这种现象的另一种方式是说，当受试者所判断的刺激物之间的差异在过去对他来说具有某种形式的情感或"价值"意义时，他将倾向于在他的量级估计中进行比例相对较高的极端判断，这些判断位于其量表的一端或两端。霍夫兰和谢里夫（1952）以及谢里夫和霍夫兰（1961）报告了关于有争议的社会问题的一系列陈述的类似结果。他们发现，高度关注美国种族隔离问题的受试者群体与不太关注的受试者相比，倾向于将更多的陈述置于规定类别量表的极端。这种现象在受试者相反观点的陈述中尤为明显。马尼斯（Manis，1960）描述了美国大学生群体在兄弟会问题上同样的现象。强烈支持或强烈反对兄弟会的学生所做判断的平均标准差，大于不太关注这个问题的学生所做的判断。

所有这些发现的决定性条件似乎是受试者对其特定维度判断的参与程度。这种参与的不同程度在对人的感知中有着明显的相似之处。我们根据非常多的属性来评估他人；每个属性都可以被视为从"更多"到"更少"变化的一个"维度"，例如从"聪明"或"善良"或"诚实"到它们的对立面。不同属性的相对重要性必然会因人而异；例如，对一个人来说，

"聪明"可能比"善良"更重要,对另一个人来说,"诚实"可能比"性格坚强"更重要。从前面讨论的各种发现中可以得出的简单推断是,对主观上重要属性的判断应该比对个体来说不那么重要的属性判断更多地集中在极端反应的区域。

然而,如果我们考虑到对这一推断进行某种有效的实证检验的两个绊脚石,那么这一推断就失去了其简单性。首先,确定各种属性对个体的相对重要性绝非易事。其次,一个人使用的"聪明"或"善良"或"诚实"等术语不一定与另一个人使用的相同术语在内涵上等价。根据定义,"聪明"或其他这样的属性不能以先验的客观术语来描述,因为我们关注的是其使用的主观方面,是决定其对个人的显著程度的私人内涵。

这里描述的研究试图绕过在检验上述预测时遇到的困难。设计和进行实验的主要目的是分离出相关变量,同时又不会因为实验控制的僵化而使其扭曲得面目全非。为此,我们分以下几个阶段进行了尝试:

(1)为每位受试者确定并分离出相同数量的显著和非显著属性,这些属性是以他自己的方式定义的。

(2)设计一个评分情境,使每位受试者都能够使用他先前确定的显著和非显著属性。

(3)采用一个假设,即受试者在自由使用对其重要程度不同的属性方面存在差异。

(4)验证上述假设。

上述第一个假设与哈斯托夫、理查森和多恩布施(Hastorf, Richardson & Dornbusch, 1958)的讨论密切相关。哈斯托夫等提出的主要观点之一是,"根据一个人在报告关于他人的经历时使用的语言范畴,来研究他关于他人经历的质量"是至关重要的(1958:56)。他们假设,在这样一项研究中,受试者使用范畴的频率和顺序可能会成为他感知他人方式的重要指标。为了本研究的目的,我们提出了一个与当前问题相关的更具体的假设:当受试者自由使用描述他人的范畴时,那些与主观上的重要属性相关的范畴,往往比与不太重要的属性相关的范畴使用得更早、更频繁。

因此,研究的假设可以这样表述:在自由描述他人时,最频繁且首先使用的范畴往往会比出现频率较低且较晚出现的描述范畴，在随后的评分任务中与更极端的判断相关联。实验的双重任务是检验这一假设，以及验证将其与主观重要性问题联系起来的假设的有效性。

2. 方法

范畴的自由使用

第一阶段实验的目的是引发对他人较为自由的描述。实验者从不同来源选取了 10 张年轻男性（仅头部）的照片——这些男性年龄在 20~30 岁之间——并将这些照片复制到幻灯片上。受试者群体由 17 名年轻男性（牛津大学拉斯金学院的学生）组成。实验者向每位受试者提供了 10 张纸。这些纸张从 1 到 10 编号，每张对应一张照片；并且每张纸被划分为 10 个空间，也从 1 到 10 编号。受试者被告知，他们的任务是描述屏幕上出现的每张照片中男性的个人特征；他们应尽可能地为每张照片找出 10 个描述项，按照想到的顺序写在相应的纸张上；他们应使用自己的语言描述每个特征，可以使用形容词、简短的句子或任何其他形式的简短描述。

遵循这些指示，照片依次出现在屏幕上。每张照片在屏幕上保持显示，直到所有受试者完成对应纸张上的任务。

属性显著性的确定

并非所有受试者都能为每张照片找出多达 10 个特征。然而，每位受试者的回答都产生了 50~100 个不同的描述项。这些描述项既有单个形容词或名词，也有简短的句子。

然后由两位评委共同对每位受试者提供的描述进行编码。这种编码的目的是为每位受试者确定几组表述，每组表述内：（1）是相同的、同义的或密切相关的；（2）尽可能减少与其他表述群组之间的重叠。通过这种方式，每位受试者提供的原始描述项的数量减少到 10~15 个群组。

然后，根据原始作答纸上描述每张照片时的优先级及其出现的整体频率，对每个表述群组进行评估。在描述照片时首先出现的项被赋予 10 分，第二项 9 分，以此类推，直到表上的最后一项。因此，每个表述群组的最终得分为属于它的各个项每次出现时所获得的分数之和。因此，最终得分是由各组描述项的优先级和出现频率共同决定的。高分代表属性显著，低分代表属性不显著。每位受试者使用的属性根据其显著性被从高到低排序。

为每位受试者准备个人评分量表

从每位受试者的属性排序中挑选出前 4 种和后 4 种属性。然后，这些属性以两极方式进行排列（例如，聪明-不聪明）。在这个过程中，受试者描述每种属性时采用自己的方式（比如，一位受试者可能使用了"强壮"和"软弱"等描述方式，另一位受试者可能使用了"强势个性"和"软弱个性"等描述方式）。

然后，为每位受试者准备 10 本小册子，每本小册子包含 8 页。每一页上，一种两极属性以非语言的 7 点量表形式呈现，两种对立描述之间有 7 个清晰分隔的位置。这样，每位受试者都得到了 10 本小册子，每本小册子包含 8 个评分量表，其中 4 个是显著属性的评分量表，4 个是非显著属性的评分量表。每本小册子中属性的顺序以及正反对立面的位置都是随机的。

属性的评分

在第一次实验大约 4 周后，受试者参与了第二次实验，17 位原始受试者中有 16 位参加了第二次实验。刺激材料包括 10 张新的年轻男性的照片，这些照片的获取方式与第一次实验相同。受试者被要求使用每本小册子中的 8 个评分量表对每张新照片进行评分。评分通过在适当的位置打钩完成。10 张照片在屏幕上逐一展示，每张照片在屏幕上持续停留，直到所有受试者在相应的小册子中完成了所有评分。

程序总结如下：第一次实验是根据照片描述个性特征。根据这些描述，确定了每位受试者使用属性的显著性。为每位受试者分别准备了 4 种最显著属性和 4 种最不显著属性的评分量表。在第二次实验中，受试者对 10 张新的照片进行评分，每张照片都有 8 个评分量表，分别代表每位受试者自己的显著和非显著属性。

3. 结果

评分量表上的 7 个点被赋予了数值，从 −3（最不利的评价）到 0（中性评价），再到 +3（最有利的评价）。因此，可以通过比较每位受试者对两组各四种属性给出 −3、−2、+2 和 +3 评分的频率，来检验受试者是否倾向于对显著属性给出更极端的评分。

表 5−6 展示了结果的总体模式。查看该表格，可以发现数据中的两种趋势。

表 5−6 评分量表中每个评分的总体频率均值

	−3	−2	−1	0	1	2	3	总分
显著属性	2.6	5.7	5.5	4.7	8.9	9.3	3.3	40.0
非显著属性	1.9	4.9	6.3	5.8	9.6	8.0	3.5	40.0
合计	4.5	10.6	11.8	10.5	18.5	17.3	6.8	80.0

（1）显著属性中极端评分（+3、+2、−2、−3）的频率始终高于非显著属性（只有一个小例外，即 +3）。这些极端评分占显著属性评分的 52.3%，占非显著属性评分的 45.8%。

（2）无论是显著属性还是非显著属性，有利（正面）评分的频率始终高于不利（负面）评分的频率。有利评分的百分比为 53.3%，不利评分为 33.6%，中性评分（0）为 13.1%。

数据中这两个趋势的统计显著性在结果分析中进行了评估。

显著和非显著属性的极端评分

为了验证显著属性的极端评分频率高于非显著属性这一预测，我们采用了威尔科克森（Wilcoxon）配对符号秩检验（Siegel, 1956）。每位受试者对显著和非显著属性进行 −3、−2、+2 和 +3 评分的频率被当作分数，评估了这些配对分数之间差异的显著性。显著属性上的极端评分频率更高，这一预测得到证实，p 值接近 0.01（$T = 21$，$N = 15$，单尾检验；其中一位受试者的两组分数之间没有差异）。

将同样的分析分别应用于负面和正面评分。在负面评分中，显著属性上极端评分的频率更高，具有统计显著性（$T = 14.5$，$N = 13$，$p < 0.025$）；而在正面评分中，这种趋势没有达到统计显著性。

有利评分的普遍性

每位受试者正面和负面评分的频率作为分数，采用威尔科克森检验来评估每对分数之间差异的显著性。有利评分频率更高的现象在统计上显著，$p < 0.01$（$T = 5$，$N = 16$，双尾检验）。然后，分别对显著属性和非显著属性的分数进行了相同的分析。在这两种情况下，有利评分频率更高的现象在统计上都显著，$p < 0.01$（显著属性的 $T = 9.5$；非显著属性的 $T = 12.0$）。

4. 验证关于优先级和频率的假设

上一小节报告的结果表明，属性显著（在描述他人时往往较早出现并频繁重复的属性）与频繁使用判断量表中的极端范畴有关。在引言部分，我们假设属性出现的优先级和频率是其对个体重要性的指标。因此，能否证实最初的预测，即属性的重要性与更频繁的极端判断有关，取决于能否验证这一假设。

方法

为此目的进行了一项独立实验。该实验的第一阶段与前述实验的第一阶段相同：21 位男性受试者（拉斯金学院的学生），他们没有参与第一次实验，对之前实验中使用的 10 张照片中的年轻男性的个人特征进行了描述，这些照片以相同的方式投影在屏幕上。一位评委独自审阅了每位受试者的描述，并将它们简化为数量较少的近似同义且互不重叠的群组。然后，为每位受试者选出 8 种属性，其中 4 种是综合频率和优先级最高的，4 种是最低的。

然后为每位受试者准备了一份包含 11 种属性名称的清单：其中 4 种是他使用过的排名最靠前的属性，4 种是排名最靠后的属性，另外还添加了 3 种"缓冲"属性，通常取自另一位受试者的清单。这 11 种属性被排列成所有可能的配对组合（共 55 对），将每一对写在为每位受试者单独准备的小册子的一页上。使用了罗斯（Ross，1939）设计的方法，这55对属性的排列方式为：（1）每个项目与其他每一项配对；（2）每个项目在页面顶部和底部出现的频率相等；（3）同一项目不会在相邻的配对中出现；（4）一个项目连续出现时，尽可能在页面的顶部和底部交替出现。

在55对中，只有16对涉及在4种排名最靠前的属性和4种排名最靠后的属性之间做出选择；也就是说，只有16项选择与验证频率和优先级的假设直接相关。

实验的第二阶段在第一阶段的3周后进行。有15位受试者再次参加——一些受试者没有再次出现，还有一些原始描述由于其主要包含展示面孔的物理特征细节而无法使用。小册子被分发给了受试者。而且实验者给出了以下指导：

"你面前的小册子中包含了一系列关于人的配对特征。我希望你仔细观察每一对特征，并在你认为一个人身上更重要的那一项下面画线。有时做出选择可能会很困难，但请为每一对给定的选项做出选择。"

我们的假设是，如果属性的主观重要性与其出现的优先级和频率相关的假设成立，那么从统计学的角度看，选择4种排名最靠前的属性作为"在个人身上更重要"的属性应该具有显著的优势。

结果

表5-7列出了相关选择的频率分布。可以注意到，没有一位受试者选择排名靠前的属性的次数少于7次，而且他们中的大多数人选择排名靠前属性的次数都要多得多。在16种可能的属性组合中，平均有10次选择了排名靠前的属性。

为了评估结果的统计显著性，实验采用了单样本的卡方检验。在零假设条件下，选择更多排名靠前属性的人数和选择更多排名靠后属性的人数相同。从表5-7中可以看到，观察到的分布如下：12位受试者选择了更多排名靠前的属性；一位受试者从两个类别中各选择了相同数量的属性；两位受试者选择了更多排名靠后的属性。对于这种分布，卡方值为7.14。因此，可以得出结论：选择排名靠前的属性作为"更重要"属性的频率更高，在$p<0.01$的统计水平上显著。

表 5-7　选择排名靠前的属性作为"更重要"属性的频率分布

受试者的数量（$N=15$）	16 种组合中选择排名更靠前的属性的次数
3	13
2	11
4	10
3	9
1	8
2	7

5. 结论与讨论

结论可以概括为以下几点：

（1）在自由描述他人时，出现得较早且重复频率较高的属性，往往会比那些重复频率和优先级较低的属性更容易获得极端化的评分。

（2）这是一个总体性的发现。它掩盖了一个事实，即只有在不利评价的分布中，才发现这种极端评分的频率显著更高。有利评价呈现相同的趋势，但这种趋势并未达到统计显著性。

（3）在频率和优先级上排名靠前的属性，往往被判断为"在个人身上更为重要"。排名靠后的属性则不然。

（4）我们受试者的评分表明，他们对他人的判断始终以有利评价为主。

最后一项发现在数量上比其他发现更具说服力。然而，在将其解释为一种普遍现象时，存在几个需要注意的问题。首先，我们的受试者和照片中的年轻男性在年龄、国籍以及可能的大部分背景上有很多共同之处。其次，受试者知道他们的评分最终将被实验者看到：很可能许多人会犹豫，不愿无缘无故地对不认识的人做出一连串恶意评价。

这些顾虑似乎都不适用于第一项发现。没有任何明显的理由可以说明为何对某一类属性而不是另一类属性更频繁地进行极端化的评分。我们必须记住，这些类别的内容因受试者而异；一位受试者认为显著的属性在另一位受试者看来可能不显著，或者在其他人的清单中可能根本不存在。属性划分的唯一共同点是事先确定的：以优先级和频率为标准。尽管在内容上有所不同，结果却显示出明显的一致性，虽然在数量上并不引人注目。

这种一致性在不利评价中比在有利评价中更为明显，但这一发现可能并不像初看时那样神秘。这与根据数据考虑的初始预测完全一致。这一预测是指在显著属性上更频繁地进行极端化的判断。我们事先将极端化的判断定义为评分量表上有利和不利两端的两对外围评分点；但是，鉴于判断的有偏分布，对我们的受试者群体来说，不利端比有利端的评价更为极端。整体评分的中位数并不在 0 这一中性点上，而是在 0 和 +1 之间。

这种极端选择的有偏现象也与霍夫兰和谢里夫（1952）的研究结果相一致，他们的受试者面对与自己的立场相去甚远的陈述，倾向于将自己的评分集中在量表的一端，面对与自己立场相近的陈述，这种集中倾向就不那么明显了。如果我们将实验中的"立场"定义为受试者普遍倾向于非常积极地看待他们被要求评估的人的特征，那么我们的发现与霍夫兰和谢里夫报告的发现非常相似。①

关于优先级和频率的研究发现——与其他发现一起——证实了最初提出的假设的有效性：在评价他人特征时，存在一种倾向，即在对评价者来说更重要的属性上，进行更极端化的判断。

还有最后两点需要说明，它们与本节引言中提出的观点相关。首先，这里报告的发现与相关领域已经确定并在前文讨论过的一般判断现象相一致，并扩展了其范围。其次，从本研究中得出的概括性结论可以作为预测加以应用，并在各种"真实"的、实验室之外的情境中进行验证，这不会有太大困难。了解什么对评价者来说是重要的，可以让我们预测他会如何以及在何时倾向于进行较为极端的判断。这种关于显著性的信息通常是可以获得的：例如，当我们相当了解某人时，或者当我们面临的情境中，判断的目标和功能已经明确界定时，就像在各种选拔面试中那样。

---

① 这种在不同判断背景下观察到的极化的不对称现象，后来由艾泽和他的合作者们进行了深入研究和探讨。最近的回顾和分析见 Eiser（1980）。

❖ 强调社会相似性和差异性：族群刻板印象的两个案例

1. 引言

如果我们回到第四章中概述的理论框架，那么在本章前一节中描述的某些个人属性的判断极化，就相当于 pv 系列的"抽象"等价物（见第四章表 4-5）；也就是说，在那些进行判断的人眼中，该系列刺激物之间的差异具有价值含义。本节中描述的两项研究同时在两个不同的方向上发生了转变：从对个体的判断转向对群体的判断；相应地，从对单一刺激物的判断转为根据刺激物所属类别进行判断。按照第四章中使用的符号，我们在这里关注的是叠加了 c_1 分类的系列。

然而，这两项研究并不探讨 c_1 分类的相同方面。我们还记得，在对线条长度进行判断的实验中，对 c_1 分类的影响提出了两个预测，c_1 分类与正在评估的维度变化是点二列相关的。第一个预测是，与未按这种方式分类的相同刺激物之间的差异相比，属于两个不同类别刺激物之间的差异会更加明显。这个预测在数据中得到了明确的支持（例如，见本章图 5-1）。第二个预测是，c_1 分类的相应效果将是主观上减小属于同一类别的刺激物之间的差异。在长度判断的实验中，在三个相关条件中的两个控制条件下，类内差异的缩小既不明显又不一致。然而，在第三个条件下，c_1 分类非常显著地减小了主观上的类内差异。这是在同一次实验过程中，整个刺激物系列被多次判断的情况下发生的，即受试者对分类有了更多连续经验时。因此，与两个对照组中的相应减小分别相比，实验组类内差异的减小在两种情况下都显著（$p < 0.01$）。本章前面讨论了在前两个条件下没有得到证实的假设在第三个条件下得到清楚证实的一些可能原因。

本节将在完全不同的背景下探讨类内差异相对减小的现象，这与之前描述的简单长度判断的简单条件非常不同。我们直接转向了对他人的刻板印象判断的一个基本方面。社会刻板印象包括将某些共同特征分配给一个群体的成员，并赋予他们与其他群体成员的某些共同差异。从我们之前对

c_1 分类的讨论中可以直接推断出，由于刻板印象的作用，作为（被刻板印象化的）社会群体成员的个体，应该只在某些属性上被判断为比较相似，即在那些文化上假定为构成他们群体刻板印象的特征属性上。

在"相似性"研究之后，兰伯特等（1960）对加拿大研究的讨论探索了 c_1 分类的另一个主要效应：当分类与价值差异结合时，会加剧对社会群体之间差异的强调，这与之前对 $c_1 v$ 系列所描述的方式相同。

在本节的引言中还需要阐明两点。首先，这里描述的两项研究都源自加拿大，这纯属巧合。其中一项研究源于 1964 年初对西安大略大学的访问，另一项研究则源于 1958 年秋天对麦吉尔大学的华莱士·兰伯特（Wallace Lambert）的短暂访问。其次，无论是关于刻板印象相似性的研究，还是对兰伯特等人数据的重新解释，之所以在这里选择介绍它们，并不是因为它们本身就能为前几章讨论的社会范畴化的一般原则提供充分的验证。选择它们的原因是，尽管它们都源于实验，但恰好它们都相当接近"社会现实"。在西安大略大学的研究中，这一点成立，因为获得对刻板印象群体成员判断的条件相对"自然"；在蒙特利尔的研究中，是因为自该研究进行以来的 20 年里，其所涉及的问题在加拿大已被证明具有越来越重要的社会和政治意义。正如刚刚所说，这些研究并没有证明任何事情；但它们提供了有用的指示，表明引入某些实验"控制"并不一定会在这些控制研究和"真实"社会情境之间造成不可逾越的鸿沟。

2. 刻板印象的内容及对刻板印象化群体成员之间相似性的推断

本研究的目的是检验在进行刻板印象判断的情境下，类内差异最小化的假设。该假设可以表述如下：一个族群中的个体，在构成该群体刻板印象的特征方面，比在不被认为是该群体的特征方面，被感知为更相似。此外，研究还旨在检验这一假设，使其尽可能接近受试者在自然情境中做出的判断。

对一个族群的刻板印象通常是指对该群体特征的一致看法。如果向受试者展示一系列属性，并要求他们指出其认为适用于某个特定群体的属性，那么可以假定那些被选中次数最多的属性属于文化上的刻板印象，而那些被选中次数最少的属性则不属于文化上的刻板印象。许多研究（例如：Gilbert, 1951；Katz & Braly, 1933）都采用了这种方法来激发刻板印象。研究表明，这种刻板印象在很长一段时间内都保持相对稳定（例如：Child & Doob, 1943；Gilbert, 1951；Katz & Braly, 1933；Meenes, 1943）。

大多数关于刻板印象影响的研究通常都是在这样一种条件下进行的，即受试者只能获得关于他们被要求描述的群体中的个体成员最低限度的信息。通常使用照片、录音和书面描述作为刺激材料。在这种情况下，刻板印象的影响可能比在"现实生活"中更为显著：缺乏个体的具体信息，导致受试者依赖他们所知道的或认为自己知道的关于个体所属族群的信息。此外，很少有研究试图证明一个族群的特定个体实际上被赋予了该族群的典型特征。谢赫（Sheikh, 1963）在他的研究中尝试了这样做。他的受试者首先对两个印度人（来自印度）和两个加拿大人的 25 项特征进行了评分，他们是在相当自由和非结构化的情况下接受访谈的。一段时间后，同样的受试者对"来自印度的人"和"加拿大人"进行了同样的 25 项特征评分。如后文所述，研究发现，相比加拿大人，对印度人的总体刻板印象与对其民族群体中个体成员的评价之间存在更紧密的关联。这些结果提出了关于两组判断之间可能存在的交互作用的问题；然而，它们与我们目前的目的无关。

本研究的部分数据来自谢赫的研究，但由于该研究并非旨在检验当前的假设，因此需要收集额外的数据以进行检验。

方法

两组修读本科心理学课程的学生作为受试者参与了本研究。其中一组（谢赫的研究）在 1962 年 4 月参与测试，另一组则在 1964 年 1 月参与测试。

1962 年，共有 25 位受试者参与了两个阶段的测试。在第一阶段，受试者被要求仔细聆听 4 次在全班面前进行的访谈，并在每次访谈后使用一系列 7 点评分量表对受访者进行评分。每次访谈持续时间大约为 8 分钟。在前两次访谈中，一位加拿大男性和一位印度男性（来自印度）分别讨论了他们对电影的看法。随后，另外两位男性——一位加拿大人和一位印度人，分别就他们最喜欢的书籍接受了访谈。

每位受访者的访谈都经过了部分排练，即事先已与受访者联系并告知他们可能被问到的问题类型。尽管事先准备好了问题模式，但在访谈中可以根据情况自由变化，以保持访谈的相对自发性，并在一定程度上反映对问题未经排练的反应。受试者在每次访谈结束后立即对受访者进行评分，使用的是25个语义差异量表（semantic differential scales）（Osgood et al.，1957）。

一周后，这25位受试者使用相同的语义差异量表，对"印度人"和"加拿大人"这两个概念进行评分。

1964年1月，第二组共有37位受试者接受了测试。他们被提供了25个形容词，每个形容词对应上述量表中的一个，他们被要求从中选择他们认为最能代表大多数印度人和加拿大人的形容词。如果他们认为列表中未包含的形容词对描述这两个群体的成员有用，也可以添加。用于代表每个量表的形容词是根据1962年受试者对"印度人"或"加拿大人"概念的评分确定的。对于每个量表，计算平均评分，并选择最接近该平均评分一端的形容词纳入最终的列表中。

关于在构成刻板印象的特征上比在构成非刻板印象的特征上差异缩小更为明显的假设，现在可以这样表述：1964年，对印度人和加拿大人进行描述的受试者，他们最经常赋予这两个群体的特征，相比最不经常赋予的特征，可以被认为更接近对两个群体的刻板印象。因此，假设的推断是，在1962年独立测试的另一组可比受试者的评价中，对每个民族群体的两个"真实"成员之间在第一类特征上的差异判断，应该小于在第二类特征上的差异判断。

结果

由于首先需要确定对印度人和加拿大人的刻板印象中包含哪些形容词，因此首先列出1964年测试的一组受试者的结果。表5-8展示了25个形容词中每个形容词被选择用于描述印度人和加拿大人的次数。每对形容词中的第一个（见表5-8）是呈现在形容词列表中的；第二个形容词（括号内）是其在语义差异量表中的反义词，并没有呈现在形容词列表中。因此，对印度人和加拿大人的这些形容词描述不能被明确地假定为代表了对这两个群体的刻板印象。如果加入其他形容词，很可能其中有些会被更频繁地选择。表5-8中显示的顺序位置体现了选择频率越高的形容词，越接近印度人和加拿大人的刻板印象。

表5-8 形容词被选择用来描述两个族群特征的频次

印度人	频次	加拿大人	频次
精神的（物质的）	26	保守的（进步的）	28
宗教的（非宗教的）	24	善于交际的（不善交际的）	27
家庭导向的（自我导向的）	20	友好的（不友好的）	25
顺从的（主导的）	20	爱好和平的（好争吵的）	21
放松的（紧张的）	19	灵活的（僵化的）	20
爱好和平的（好争吵的）	13	乐观的（悲观的）	16
艺术的（非艺术的）	12	追随者（领导者）	15
追随者（领导者）	12	健谈的（沉默寡言的）	14
谦逊的（自夸的）	10	整洁的（邋遢的）	12
友好的（不友好的）	8	爱表扬的（爱挑剔的）	12
体贴的（不体贴的）	7	自信的（缺乏自信的）	9
复杂的（简单的）	7	家庭导向的（自我导向的）	8
情绪化的（非情绪化的）	7	体贴的（不体贴的）	8
含蓄的（直白的）	6	复杂的（简单的）	8
浪漫的（不浪漫的）	5	理想主义的（实际的）	6
保守的（进步的）	5	情绪化的（非情绪化的）	6
富有想象力（缺乏想象力）	4	放松的（紧张的）	6
理想主义的（实际的）	4	顺从的（主导的）	6
整洁的（邋遢的）	4	谦逊的（自夸的）	5
灵活的（僵化的）	4	富有想象力（缺乏想象力）	4
乐观的（悲观的）	3	浪漫的（不浪漫的）	3
自信的（缺乏自信的）	3	艺术的（非艺术的）	2

续表

印度人	频次	加拿大人	频次
健谈的（沉默寡言的）	3	宗教的（非宗教的）	2
爱表扬的（爱挑剔的）	2	精神的（物质的）	2
善于交际的（不善交际的）	1	含蓄的（直白的）	1

说明：每对形容词中的第一个都包含在列表中；括号中的形容词是其在语义差异量表中的反义词。

选择9个最常用于描述印度人的形容词代表对印度人的刻板印象（在所呈现形容词的限制范围内）。选择最不常用的9个形容词来表示那些绝对不属于该刻板印象的特征。

因为某些形容词被选中的频率相同，所以加拿大人的刻板印象被定义为由7个选中频率最高的形容词组成；7个选中频率最低的形容词作为不属于加拿大人刻板印象的特征。

先前提出的主要假设是，属于同一族群的个体，在属于他们群体刻板印象的特征上，会比在不属于他们群体刻板印象的特征上，被判断为更相似。因此，对于两位印度受访者，将每位受试者对其在属于印度人刻板印象的9个特征上的评分差异均值，与未包含在刻板印象中的9个特征上的相应分数进行了比较。非参数符号检验表明，两名印度人在刻板印象包含的特征上的评分，比那些未包含的特征评分更为相似（$p < 0.011$，单尾检验）。

对于两位加拿大受访者进行了类似的分析，比较了在刻板印象包含的7个特征上与未包含的7个特征上的评分差异均值。非参数符号检验是显著的（$p < 0.039$，单尾检验）。

如方法部分所述，1962年测试的一组受试者对每位受访者以及他们所代表的两个族群都进行了评分。因此，可以根据受试者对每位受访者及其族群评分的相似性，为每位受试者确定一个分数。刻板印象感知指数的计算方法，是根据每位受试者对受访者某一特征的评分与其对受访者所属族群的评分之间的差方来确定的。测试者计算了一个族群的两位受访者在刻板印象中包含和不包含的特征上（由第二组受试者的数据确定）的差方之和。非参数符号检验表明，对印度受访者的刻板印象感知指数，在刻板印象包含的特征上与在那些不包含的特征上存在显著差异（$p < 0.014$，单尾检验）。也就是说，在刻板印象包含的特征上，印度受访者被评定为与印度人更相似，而不是在那些刻板印象不包含的特征上。对加拿大受访者进行的类似分析表明，结果与预测方向一致（即两位加拿大受访者的评分与加拿大人的评分在刻板印象包含的特征上更为相似，在刻板印象不包含的特征上则不然），但这种差异并不显著（$p < 0.115$，单尾检验）。

讨论

鉴于许多研究已经证明，如果没有发生任何事件来改变族群刻板印象，那么它们在很长一段时间内是相对稳定的，因此，将1964年获得的数据结果作为1962年存在的刻板印象的指标似乎是合理的。即使这样的假设不可行，我们也有理由假定，使用这些数据至少会削弱而不是加强关于刻板印象的数据与来自对族群个体成员判断的数据之间的关联。尽管如此，从获得的结果来看，判断的刻板印象确实发生了。无论是印度受访者还是加拿大受访者，在刻板印象中包含的特征上，都被判断为与同一族群的其他受访者更相似，而不是在那些刻板印象不包含的特征上。也就是说，有证据表明，一个族群成员之间的差异，在针对该群体的主观描述特征上最小。对于印度人来说，这种效应比对于加拿大人更强。这样的结果是可以预期的，因为受试者在判断自己群体的成员时，更有可能对个体差异做出反应，而在判断外群体成员时则不然。尽管如此，显然在这两种情况下，刻板印象都在减少对族群内个体之间的差异判断。

尽管在判断族群成员时，差异的最小化表明刻板印象在起作用，但它并没有证明是哪种刻板印象。例如，有可能受试者大学生对印度大学生有一种刻板印象，这与对"大多数印度人"的刻板印象不同。这样的可能性将导致被视为印度大学生的个体之间的差异最小化，但无法得出这些个体是否被认定为代表整个族群的结论。

由于本研究的判断对象是在相对自然的情境中，或多或少自发地做出反应的真实个体，因此很明显，刻板印象确实在"真实世界"中发挥作用。这个世界中，除了有关族群成员资格的信息之外，还有其他信息传递给观察者。在本研究中，受访者被告知不要向受试者提供有助于评分的明确信息，但被要求尽可能自发地对问题做出反应。访谈中讨论的内容相对中性，几乎没有为受试者提供直接有用的信息，但个体通常就是在这样自由的情境下做出反应的。即使在这种自由的情境下，也很明显，族群刻板印象以符合假设的方式影响了受试者对个体的判断。

3. 20年前：蒙特利尔的法国认同问题

兰伯特等（1960）进行了一项研究，对我们理解刻板印象的运作具有不同寻常的意义。研究的某些方面似乎具有特别重要的理论意义，而且结果虽然在某些方面看似出人意料，却与关于判断偏移本质的一般观点相一致。

兰伯特的受试者是讲法语和讲英语的蒙特利尔学生。他们被要求评估四位双语者的人格特质，这些双语者分别用法语和英语录制了一段两分半钟的散文。受试者不知道每位演讲者都用两种语言朗读了这段文字，"如此，就可以将对每位演讲者用两种语言朗读时的评估进行匹配"。所有演讲者的综合结果显示，在14个特征中的7个特征上，英语受试者对英语演讲者的评价更有利；在14个特征中的10个特征上，法语受试者对英语演讲者的评价更有利。仅在这种总体水平上，这一发现就很有趣：它与一种过于简化的观点相矛盾，即民族刻板印象是由对自己群体的自我封闭的、不加批判的和一厢情愿的印象决定的，尤其是当这个群体与另一个群体在潜在或明确的紧张或冲突背景下进行对比时。

兰伯特等人研究并排除了一些可能解释法语受试者偏好英语演讲者的原因：

（1）法语受试者对法语演讲者的评价较低，这可能是因为实验者选择的特征对讲法语的加拿大人来说没有"价值"。这与事实不符，因为所使用的一些特征被法语受试者群体评为非常理想的特征。

（2）这种研究结果可能是由于"在蒙特利尔社区中，讲英语的人更有可能占据更具权势的社会和经济地位"，因此在社区的两部分人中存在着共同的、强大的刻板印象。但这无法解释数据所显示的一个事实，即讲法语的受试群体比讲英语的受试群体更多地使用这些刻板印象。

（3）存在一种可能性，即通过旨在揭示受试者对自己群体和对比群体态度的各种问卷调查所得到的数据，可能与对声音的评分产生一些有说服力的相关性。兰伯特等人得出结论："相对而言，受试者对法语演讲者的不利感知基本上独立于他关于讲法语和讲英语群体的态度。"

我们的主要兴趣在于兰伯特等人的研究中，法语和英语演讲者在各种特征上的判断差异。这些差异为研究发现提供了线索，即在某些特征上，与英语受试者相比，法语受试者低估了法语演讲者，或高估了英语演讲者。在蒙特利尔社区中，存在有利于英语群体的社会经济地位差异。两组受试者都意识到了这一点：在估计演讲者可能的职业时，他们认为英语演讲者的地位明显高于法语演讲者。

这本身并不能解释研究结果，原因已经在前面讨论过。然而，一个确定的事实是，讲法语还是讲英语的分类与社会经济地位有客观和主观上的联系。受试者根据许多特征对演讲者进行了判断：其中一些特征与社会经济地位或成就有关，另一些则无关。到目前为止，法语和英语受试者的情况是相同的。两组之间的唯一区别在于法英差异与他们的相关性。可以合理假设，这种差异在某种程度上更让法语受试者担忧，对法语受试者比对英语受试者更相关，尤其是因为法语受试者都是大学生，是英语群体在未来的直接竞争者。如果真是这样，讲法语和讲英语之间的某些差异对他们的影响比对英语受试者更大。因此，可以预测，讲法语和讲英语的分类将决定在与这种分类的"价值"或相关方面（即社会经济地位）相关的维度上，法语受试者会产生更大的双向偏移。

比较法语和英语受试者的判断，应该能发现：（1）相比英语受试者，法语受试者更倾向于强调讲英语的人在与社会经济成就相关的特征方面的优势；（2）与英语受试者相比，法语受试者在与社会经济成就无关的特征上不应该表现出这种趋势。

在法语受试者群体内，通过对与社会经济成就相关特征的判断与对无关特征的判断进行比较，应该会发现他们在前者上比在后者上更强调对讲英语群体的有利差异。

兰伯特等人报告说，四位演讲者的英语是"无懈可击"的。至于他们的法语，其中两位（Cou 和 Bla）带有法裔加拿大人的口音，一位（Leo）"带有明显的法裔加拿大人的口音，这是那些在'灌木丛'（bush）工作的人的特点"（他们后来描述为"漫画式的法裔加拿大人的口音"），第四位（Tri）的"法语口音被判断为与法国口音无异"。如果法语受试者以这种方式识别出法语演讲者的法语，那么根据刚刚所述的预测，法语受试者在对前两位演讲者的判断中，会强调法语和英语演讲者之间相关特征的差异；他们可能仍然关注"灌木丛"口音，但可能不会那么关心；而对"巴黎"（Parisian）口音则完全不关心。

兰伯特等人研究中的表 1 提供了评估这些推断所需的所有数据。它包含了每位演讲者在使用法语和英语进行朗读的情况下，两组受试者对其每个特征的评价差异的统计显著性说明。

这些数据已经被重新分类（见表 5-9）为 8 个类别。前 6 列包含对同一位演讲者在朗读英语和朗读法语的情况下存在显著判断差异的特征，最后两列为不显著的特征。

表格中的列包含了以下特征：

A. 两组受试者对演讲者用英语朗读时的评价都高于其用法语朗读时。
B. 两组受试者对演讲者用法语朗读时的评价都更高。
C. 英语受试者对演讲者用英语朗读时的评价更高。
D. 法语受试者对演讲者用英语朗读时的评价更高。
E. 英语受试者对演讲者用法语朗读时的评价更高。
F. 法语受试者对演讲者用法语朗读时的评价更高。
G. 对英语受试者来说，演讲者用英语朗读和用法语朗读之间没有显著差异。
H. 对法语受试者来说，演讲者用英语朗读和用法语朗读之间没有显著差异。

正如表 5-9 所示，对 Bla 和 Cou 这两位有法裔加拿大人口音的演讲者的评价模式几乎相同。两组受试者一致认为他们朗读英语时长得更好看、个子更高。然而，法语受试者在一系列与社会经济成就密切相关的特征（如领导力、智力、自信心、可靠性、社交能力）上，对演讲者用法语和

表 5-9 对兰伯特等人研究数据的重新分类

演讲者	A	B	C	D	E	F	G	H
COU	身高、相貌堂堂、性格		善良、讨喜	领导力、幽默感、智力、自信心、可靠性、抱负、社交能力			领导力、幽默感、智力、宗教性、自信心、可靠性、娱乐性、抱负、社交能力	宗教性、娱乐性、善良、讨喜
BLA	身高、相貌堂堂、抱负		善良	领导力、智力、自信心、可靠性、社交能力、性格		宗教性、善良	领导力、幽默感、智力、宗教性、自信心、可靠性、娱乐性、社交能力、性格、讨喜	幽默感、娱乐性、讨喜

续表

演讲者	A	B	C	D	E	F	G	H
LEO	身高		幽默感	领导力		善良	宗教性	幽默感
	相貌堂堂			自信心			自信心	宗教性
	智力			社交能力			娱乐性	娱乐性
	可靠性			讨喜			善良	
	抱负						社交能力	
	性格						讨喜	
							领导力	
TRI			身高		幽默感	自信心	相貌堂堂	身高
			智力		娱乐性		领导力	相貌堂堂
			可靠性		社交能力		宗教性	领导力
							自信心	幽默感
							善良	智力
							抱负	宗教性
							性格	可靠性
							讨喜	娱乐性
								善良
								抱负
								性格
								讨喜
								社交能力

英语朗读时的评价存在显著差异,即他们在朗读英语时在这组特征上的评价更高;对于英语受试者来说,所有这些特征都可以在无显著差异的列(G)中找到。

126　　此外,对法语受试者来说,Bla 在两种情况下的"性格"差异显著,但对英语受试者来说则差异不大;Cou 在"抱负"方面的判断差异也是如此。对 Bla 来说,法语受试者在其朗读法语的情况下,在宗教性和善良等特征上有更积极的评价,这些特征与社会经济成就没有直接关联。就 Cou 而言,这些特征都在无显著差异的列(H)中。

除了两点不同之外,"灌木丛"口音的 Leo 的情况也是相似的:法语受试者对他有显著的负面评价——或者对他的喜爱程度低于他用英语朗读时;英语受试者在评估他的智力和可靠性时与法语受试者一致,对他在这些特征上的评价显著低于他用英语朗读时的评价。

"巴黎"口音的 Tri 的情况则明显不同。法语受试者并不会在他朗读英语时对任何方面给出更高的评价。整个"成功"特征群从 D 列转移到了 H 列。法语和英语受试者之间的判断比较表明,法语受试者并没有以有利于英语的方式相对强调这些特征上的差异。

总结来看,强调与价值分类相关的判断维度上的差异,这一假设确实能够解释兰伯特等人的研究结果。对于法语受试者来说,在与社会经济地位相关的特征上,演讲者说英语和法语之间的差异比英语受试者更为明显;这些差异的方向与分类一致,表现为相对高估英语或低估法语。法语受试者在以下方面没有显示出这种趋势:(1)与社会经济地位无关的特征(善良、讨喜、宗教性、娱乐性);(2)与社会经济地位相关的特征,但这些特征是个体所固有的,他不是法英竞争中的"一员"——他是一个来自法国的说法语的人。

第六章
偏见的认知方面[*]

❖ 引言

关于我们世界中物理、生物和社会各方面的法则的公共知识传播，既不是我们这个大众传播时代特有的，也不是我们自己的文化特有的。这些公共形象和人类一样古老，并且似乎有一些相当普遍的特征。在社会人类学中，相信其他文化中存在"原始心智"的时代早已过去。例如，在世纪之交，里弗斯（Rivers，1905）仍然可以用"低等种族有缺陷的颜色命名法"（1905：392）来描述托达人和欧洲人之间在颜色命名上的差异。今天，列维-斯特劳斯（Lévi-Strauss，1966）的许多工作都以证据为基础，显示了原始文化中对世界的复杂理解，这种理解根植于"具体科学"及其背后的魔法。正如他所写：

> 将杂草转变为栽培植物，将野生动物驯化为家畜，或者在这两种情况下产生原本完全不存在或只能猜测的营养或技术上有用的过程；将易碎且不稳定、容易粉碎或裂开的黏土制成结实且防水的陶器；发

---

[*] 转载自 *Journal of Biosocial Science*，1969，Supplement No.1，173-191（略有改动）。这篇文章获得了社会问题心理学研究协会（the Society for the Psychological Study of Social Issues，SPSSI）颁发的第一届年度戈登·奥尔波特群际关系奖。它被收录在这本书中，目的是在前面主要涉及判断过程研究的章节与后面采取更明确的"社会"立场的章节之间建立联系。这也是为了表达我对已故的戈登·奥尔波特的感激和钦佩之情，他是我的良师益友。

展出通常漫长而复杂的技术，允许在没有土壤或没有水的情况下进行耕作；将有毒的根或种子转变为食品，或者再次使用它们的毒素用于狩猎、战争或仪式——毫无疑问，所有这些成就都需要一种真正的科学态度、持续而警觉的兴趣，以及为了知识本身而渴望知识。这是因为，只有一小部分观察和实验（这些必须首先被假设为主要受到对知识渴望的启发），才能产生实际和立即有用的结果（1966：14-15）。

同时，新兴的人类学学科——民族植物学和民族动物学，关注的是原始社会中发展的生物分类，以及这些分类背后的原则。我们确实已经远远超越了里弗斯"有缺陷的命名法"。

从这些考虑中，以及其他许多考虑中，浮现出一个人类形象。当我们想到人类试图理解物理或生物环境时，人类基本上是作为一种探索和理性的动物出现的，在前进的道路上步履蹒跚，被自己的不足和愚蠢拖累，但仍然是不完全理性的，仍然致力于多年前弗雷德里克·巴特利特（Frederick Bartlett）爵士（1932）所称的"寻求意义的努力"。这种努力并没有转化为某种神秘的"群体心智"概念。它在人类个体心智能力所施加的限制内运作，并在社会决定的知识传播过程中运作。它本质上是一个理性模型，尽管探索的理性常常显得不完美。但似乎有一个例外，在考虑这一系列问题时，我们似乎采用了一套非常不同的思路。就好像我们突然在对付一种不同且陌生的动物，它运用一些能力来适应其环境的某些方面，却完全无法运用它们来适应环境的其他方面。人是一种试图在社会环境中寻找自己方向的生物，这种关于人的普遍模型似乎与探索、意义、理解、理性一致的想法没有任何共同之处。我们对自然现象有理性模型；对社会现象，我们似乎只有一种野蛮模型（blood-and-guts model）。在目前一些科学和半科学中流行的这种新的野蛮浪漫主义中，人类对社会环境的态度和信仰主要被视为深深植根于其进化历史中或同样深藏于其潜意识中的倾向的副产品。

在当前我们面临的诸多紧迫和不祥的任务中，获取关于人类行为动机的知识可能是最为迫切的。这涉及大型人类群体之间的关系领域，自然包括族群关系和国际关系。群际关系的心理层面包括对群际情境中的行为、与这些情境相关的行为，以及对个体自身所在群体和与他们相关的其他群体的信念和态度的研究。群际竞争或合作、敌对或友好的关系，在很大程度上是由它们所处的情境逻辑决定的。一旦这一点被视为理所当然，同样正确的是，这些情境会对数百万个体的动机和态度产生影响，这些动机和态度反过来又决定了行为，而这种行为又部分决定了群体之间随后的关系。

群际关系的心理学理论必须在情境和行为之间提供一种双向联系，它可以通过分析介于两者之间的动机和认知结构来实现这一点。但在这种分析中，人们似乎常常忘记了人类理解环境的探索，而建立了一种奇特的单向因果关系。在这里，观念和信念似乎被视为仅仅是强大动机力量的投射和合理化，而且不知为何，人们默认可以直接从动机和物种的进化史推断复杂的群际行为，而不太关注那些由情感和"本能"的潜在源泉随意涌出的脆弱的认知衍生物。我们眼中的社会人的形象是一个失去了理性的人的形象。否则，通常会遇到这样的论点，即我们如何解释人与人之间永恒的敌意？人们很少注意到群体之间的合作也需要被解释；或者说，敌意不必基于无意识的动机因素，它也可以作为试图以最简单和最方便的方式解释群体之间关系因果序列的结果出现。

两种知识传统构成了否认认知功能自主性的背景。一种传统是将动物行为的背景外推到人类在复杂社会情境中的行为，另一种传统则是假定无意识动机的理论为理解社会态度提供了必要且充分的基础。在这两种思想趋势中，都不乏经过深思熟虑、全方位考虑后再下结论的尝试。但同样真实的是，普遍的舆论氛围倾向于支持当前流行的野蛮模型。这种模型已经得到了一些书籍的推崇和加速，其中一些书籍迅速成为畅销书。这种推崇行为不仅在学术讨论的温和庇护下发生，还一再地突破界限，通过报纸连载、电视露面和其他公开声明进入公共论坛。于是，突然之间，关于我们知之甚少的复杂问题的一些初步观点变成了公共财产，并已经被用来在某些地方支持和证明某些政治观点和行动。

洛伦茨（Lorenz，1964）在讨论中简洁地总结了生物学和心理分析观点的相关性，他写道：

> 对于任何具有生物学思维的科学家来说，毫无疑问，人类的种内

攻击行为与大多数其他高等脊椎动物一样，同样是一种自发的本能驱动力。从生态学和精神分析学研究发现的初步综合来看，也毫无疑问，西格蒙德·弗洛伊德（Sigmund Freud）所称的"死亡驱动力"无非是这种本能的误用，而这种本能本身和其他任何本能一样，是不可或缺的（1964：49）。

在此，我不希望对这一陈述的全部内容进行讨论，也不想讨论它的若干模糊之处。从当前讨论的角度来看，其主要困难在于，当对人类复杂的社会行为进行常规推断时，仍然存在一些持续的空白。毫无疑问，在某些条件下，所有人都能够并且确实表现出对除自己群体之外的其他群体的敌意，无论是社会、民族、种族、宗教还是其他任何群体。然而，同样毫无疑问的是，在其他条件下，这种敌意要么不会出现，要么可以改变。具有科学头脑的生物学家（与洛伦茨所指的具有生物学思维的科学家不同）必须为我们指明人类行为的情况，正如他经常并且成功地对动物行为所做的那样，说明攻击性驱动力增减的不变性。在他做到这一点之前，像洛伦茨这样的陈述，其有用性几乎等同于将丰富多样的美食传统的发展与我们不可否认的对食物和饮料的天生需求联系起来的陈述，或者像利用一些基本的条件反射法则来解释语言使用的复杂形式的尝试一样。

要预测一个人是否会对某个特定群体持有敌对态度以及这些态度的内容，最好的方法是了解他如何理解群际情况，这并不令人惊讶。同样，这种理解反过来会影响他的行为，这也不足为奇。这当然并不意味着情感和动机因素不重要。但同样真实的是，人类物种最大的适应优势，是其根据个体对情境的感知和理解来改变行为的能力。很难理解为什么会假定，当他们面对除自己群体之外的人类群体时，他们会失去这种能力，以及在这些情境中，他们大部分的概念、态度、信仰和思维方式不过是本能或无意识驱动力的无力和苍白的投射。

131 然而，本章的目的并不是从生态学和精神分析学的一些极端立场出发，对关于复杂社会行为的推断进行详细的方法论分析。无论如何，它们当前的重要性可能更多地体现在对公众舆论的影响上，而不是它们可能对群际关系研究做出的持久的科学贡献。

我们非常清楚，偏见是群际关系的重要组成部分，尤其是种族关系。例如，克兰伯格（Klineberg，1968）提出了以下一般性定义：

> 英语中的"偏见"一词及其在其他许多欧洲语言中的对应词主要指的是在收集或审查相关信息之前就形成的预先判断或预设概念，因此是基于不充分甚至虚构的证据。在当代社会科学中，这一概念得以保留，但通常被看作构成偏见这一复杂现象的一个方面，即概念性或认知性方面——我们对那些成为这种预先判断对象的个人或群体的看法或观点。（通常将"刻板印象"一词应用于这一方面。）偏见还涉及对某一对象的赞成或反对态度，赋予其正面或负面的价值，这是一种情感性或感情性的成分。通常除此之外，还有一种准备将我们所体验的判断和情感表达为行动，以一种反映我们对他人的接受或拒绝的方式行事：这是偏见的意向性或行为方面。（由此产生的行为也被称为不同程度的歧视。）因此，偏见可以被定义为对个人或群体特征有利或不利的无根据的预先判断，并倾向于朝着一致的方向采取行动（1968：439）。

在克兰伯格定义的背景下，本章的目的是概述偏见的认知病因，且主要是关于偏见的不利方面。主要论点将从前述的一般考虑中清楚地显现出来：没有对其认知方面的分析，就无法正确理解群际关系的病因，而且这种分析也不能从关于动机和本能行为的陈述中推导出来。我们生活在一个不断变化的社会环境中。我们所经历的许多事情与我们所属或不所属的群体的活动有关；这些群体之间不断变化的关系要求我们不断调整对所发生事情的理解，并不断对我们生活中条件变化的原因和方式进行因果归因。这些归因基于三个过程，我们将依次讨论。它们分别是范畴化、同化和寻求连贯性。

❈ 范畴化

在社会心理学中，所谓的刻板印象已经被大量研究，这些刻板印象可以定义为将一般的心理特征归为大型人类群体的属性。毫无疑问，各种刻板印象的内容源于文化传统，这些传统可能与过度概括的共同经验有关，无论是过去的还是现在的。但或许更重要的是它们的一般结构和功能。正如已故的戈登·奥尔波特（1954）和其他许多人所指出的，刻板印象源于范畴化过程。它们在复杂和几乎随机的变化中引入简单和秩序。只有当模糊的群际差异被转化为清晰的，或者在不存在差异的地方创造出新的差异时，它们才能帮助我们应对问题。当然，它们代表了简化的倾向，而不是尖锐的二元分类；换句话说，在每个相关情境中，我们将尽可能多地实现刻板印象的简化，而又不对事实造成不必要的破坏。但有充分的证据表明，即使事实与我们背道而驰，破坏了有用和舒适的区分，我们也会想方设法保留我们分类的一般内容。

从相当正式的角度看，刻板印象的问题是连续变化的属性集与不连续的分类之间的关系（见第四章）。例如，民族或种族群体的分类在总体上是不连续的；大多数人明显是 X 或 Y，很少有人是介于两者之间、难以界定的。人的身高或肤色是连续的维度。如果所有斯堪的纳维亚人都比所有意大利人高，我们将有一个完美点二列相关的序列；一个人可以根据某个维度上的值来预测其所属类别，反之亦然，尽管这些值不是最初分类所依据的标准。显然，从理论上讲，这种性质的可能的点二列相关，从完全可预测到完全不存在的情况不等；在人类群体的世界中，将有很多没有关系的情况，几乎没有"完美"相关的情况，还有一些显示出强烈正相关关系的情况，例如，与种族相关的某些身体特征。

在这一点上，有必要插入三个经验性的陈述，这些陈述都基于常识和大量来自社会心理学实验研究的证据。第一个陈述是，个人特质或特征可以被经验性地视为维度，就像身高和体重一样，如果我们只能以"更多"与"更少"、"更短"与"更长"、"更重"与"更轻"来比较的话。这一陈述也适用于我说某人"聪明"、"诚实"或"懒惰"的情况；这些基本上都是比较性的判断，几乎不可能在绝对断言的真空中做出（见第五章）。

第二个陈述是，通过个人和文化经验，像"聪明"、"懒惰"或"诚实"这样的维度在主观上与人们的群体分类联系在一起。只要我们对个体的具体情况了解甚少，我们就倾向于赋予他一些特征，这些特征来自我们对他所属类别的了解，无论他是工会会员、大学生、动物爱好者，还是巴塔哥尼亚人。由此直接得出两个推论。第一个推论是，在许多社会情境中，解释的模糊性是众所周知的，为假定的个体所属类别的特征找到支持性证据总是比找到矛盾性证据要容易得多。第二个推论可能在社会上更为重要：每当我们需要解释特定群体成员的整体行为时，将这种行为归因于假定的类别特征后，几乎不会有明确的负面反馈。

第三个陈述是关于为了应对问题而进行简化的倾向的两个后果。它们其实是同一现象的两个方面，可以描述如下：当我们把一种分类和连续的维度联系起来时，我们往往会夸大不同类别之间在该维度上的差异，并尽量缩小每个类别内部的差异（见第四章和第五章）。

第五章讨论的实验中，对线条的判断与人们在偏见影响下对他人的刻板判断之间存在一个明显且基本的区别。对于线条来说，我们只需要在参与者判断准确时给予某种形式的奖励，在判断不准确时给予惩罚，就能很快消除偏差。但当使用带有敌意的刻板印象时，情况绝非如此。它们的固执僵化和对矛盾信息的抵制无疑是它们最显著的特征之一。然而，这并没有太多神秘之处。首先，在复杂的社会情境中对人类特征的判断，要比在实验室环境中对线条的判断更加不确定和模糊。因此，矛盾信息的负面反馈就不那么清晰，也更容易被忽视。其次，可能更为重要的是，两种情境中判断错误的结果截然不同。如果一个人有偏见，他就会在保持自己群体与"其他人"之间的差异上投入情感。这时，判断不准确不会像对环境的物理属性判断不准确那样，带来明显严重的后果。相反，保持这些判断本身就是一种自我奖励，尤其是当偏见判断是在强烈支持对特定群体抱有敌对态度的社会背景下做出时。这样，我们就面临一种螺旋效应，其中普遍存在的偏见不仅为敌对判断提供了额外的支持和奖励，还消除了对这些判断进行"现实检验"的可能性，这些判断随后相互促进，变得越来越根深蒂固，形成了强有力的社会神话。

❖ 同化

人们因其社会认同而被归入的范畴内容，是在文化中经过长时间形成的；这些观念的起源和发展是社会历史学家而非心理学家的研究课题。社会心理学家的任务是发现这些印象是如何传递给社会的个体成员的，这里就涉及前面提到的三个过程中的第二个过程，即同化过程。

作为社会学习的一种形式，社会信息的同化问题远远超出了本章的讨论范围。我想集中讨论两个与对待其他群体的态度中认知功能自主性最相关的观点。一个涉及评价（或偏好）的学习；另一个涉及儿童在其生命早期，对自己群体的认同与来自社会普遍接受的关于各种群体的观念（包括自己群体在内）的压力之间的平衡。

皮亚杰（1932）在他对儿童道德判断发展的研究中，描述了儿童从根据信息来源而非信息内容判断其价值的阶段，过渡到开始与同伴互动和合作的阶段。此时，儿童开始学习在概念上扮演他人的角色。这种"从不止一个视角看待相同数据"的能力（Holmes，1965：134）不仅是智力运行发展的基础，也是"新道德出现"的基础，是从约束到合作的进步的基础。根据皮亚杰的观点，如果儿童只接触到一个信息来源，并且"对这个真理来源保持敬畏"（Holmes，1965：135），这种进步就无法发生。儿童正是在这些条件下学习社会认可的关于除自己群体之外的各种人类群体的真理的。因此，在以后的生活中，由概念性互惠支配的普通道德判断的范畴，很难适用于这些群体的个体成员或整个群体，这不足为奇。于是，"坏"和"好"，甚至"喜欢"或"不喜欢"变成了不容置疑的事实陈述，其同化方式与"大"或"小"无异（见第九章和第十章）。

世界上有许多少数群体，它们在每个社会为自己构建的人类群体评价体系中处于较低的位置。如果对自身群体的认同是基于某种普遍的自发过程，那么一个群体在社会秩序中被认为是劣等群体的事实，就不应该显著影响该群体自己的幼儿对它的归属感。另外，如果社会普遍的偏好体系确实影响其所有成员，那么被认为是劣等群体的幼儿应该面临一种冲突：他们逐步获得的对自己群体的认同,以及随之而来形成的社会自我,应该与普遍接受和社会传播的秩序相冲突。

有许多相关的研究。例如,玛丽·古德曼(Mary Goodman,1964)于20世纪40年代末在新英格兰进行了一项研究,通过各种方式调查了三岁半到五岁半的幼儿园儿童对黑人和白人的偏好:92%的白人儿童表达了对自己群体的偏好;黑人儿童的相应数字是26%。还有一项更早且著名的研究,由克拉克夫妇(Clark & Clark,1947)进行,他们向黑人幼儿园儿童展示了一个棕色玩偶和一个白色玩偶,并询问他们更喜欢哪一个,哪一个更像他们自己:66%的儿童认为自己是棕色玩偶,相同比例的儿童表达了对白色玩偶的偏好;在回答另一个问题时,59%的儿童宣称棕色玩偶"看起来不好看"。

儿童对社会环境的敏感性在莫兰(Morland,1966)进行的研究中得到了很好的体现。他对弗吉尼亚州林奇堡和波士顿的幼儿园儿童群体进行了研究:在波士顿,46%的黑人儿童表达了对自己群体的偏好;在林奇堡,这一比例仅为22%。白人儿童对自己群体的偏好趋势则相反:波士顿为68%,林奇堡为80%。在种族关系不像美国那样紧张的情境中,也得到了类似的结果。沃恩(Vaughan,1964)发现,在新西兰,4~8岁的毛利儿童偏好自己群体的比例大约是白人儿童的一半。①

所有这些证据都指向儿童对社会影响环境的高度敏感性——即使这些影响与推动儿童对自己种族或族群产生认同的强大力量背道而驰。童年时期最为关键地奠定了未来偏见和冲突的持久基础。而且正如人们所料,对社会环境的敏感性会持续一生。这在佩蒂格鲁(1958)在南非和美国进行的研究中得到了很好的体现。

在南非,他对受试者应用了三种态度量表:一种大致类似于阿多诺、弗伦克尔-布伦斯维克、莱文森和桑福德(Adorno, Frenkel-Brunswik, Levinson & Sanford,1950)使用的F量表,还有一种C量表(从众)和一

---

① 更多证据见第九章和第十五章。米尔纳(Milner,1975)在其著作中总结了这个领域的许多工作,并介绍了更近期的研究。

种 A 量表（反非洲）。C 量表几乎和 F 量表一样能预测对非洲人的态度；与不在非洲出生的学生相比，非洲出生的学生更有偏见，但并不会更独裁；与其他学生相比，属于南非国民党（the Nationalist party）的学生也是如此；荷兰裔南非人"不仅更反非洲，更独裁，而且在 F 量表差异校正后，他们对非洲人的敌意仍然显著更强"（1958：35）。佩蒂格鲁（1958）在比较佐治亚州和北卡罗来纳州的四个小镇与新英格兰的四个类似地点时，得到了指向同一方向的结果。他得出结论："在种族不容忍的历史传统根深蒂固的地区，外化的人格因素在偏见中仍然很重要，但社会文化因素异常关键，是种族敌意加剧的原因"（1958：40）。此外，在表现出高度集权意识形态的社会中，旨在测量偏见相关的人格因素的 F 量表得分本身，也会受到从众的影响。因此，佩蒂格鲁的结论可以被视为对偏见中"社会文化因素"心理重要性的相当保守的估计。

❖ 寻求连贯性

范畴化过程为塑造群际态度提供了模子，社会价值和规则的同化则提供了它们的内容。但这并没有告诉我们太多个体如何应对他们所面临的特定群际情境，以及他们如何处理这些情境中不断发生的变化。在这里，考虑之前提到的第三个过程——寻求连贯性——可能有所帮助。我不想笼统地介绍寻求连贯性的概念，而是想用一个例子来说明它。我们曾在维也纳郊区的一所小学对儿童的国家态度进行研究试点（见第九章和第十章）。一个大约 11 岁的男孩接受了采访，像其他许多人一样，他表示他不喜欢俄罗斯人。然后，他被问到为什么不喜欢俄罗斯人。他的答案是："因为他们占领了我们的国家，希特勒是他们的首领。"

如果个体要适应社会变迁的波动，他必须试图理解它；换句话说，为了应对变化，个体必须不断地对导致变化的过程进行因果归因，并且这些归因至少要满足两个标准：它们必须使他能够以对他来说看似一致的方式应对新情境，并且它们必须以尽可能保持他的自我形象或完整性的方式做到这一点。这种保持完整性或自我形象的需求，是我们理解寻求连贯性的方向所需的唯一动机假设。

在不断的社会变迁中，有一类最重要的事件，其直接原因是个体是许多社会群体的成员，而这些群体又与其他群体相互作用。从理论上讲，可以区分两种类型的变化（以及对变化的认知调整需求）：群内和群际。前者包括个体在其所属群体中的情况变化，后者包括他的群体与其他群体之间的关系变化，这些变化直接影响到他生活中的一些重要方面。在这两种情况下，他都需要构建一种认知结构，为他提供对变化原因的满意解释。一个"满意"的解释将设法在保持个人完整性的同时——出于认知节俭的考虑——在情况允许的范围内尽可能简化。

无论是群内的还是群际的变化，对个体与自己群体关联方式的影响只有两种：一是与内群体的联系强度上升；二是与内群体的联系强度降低，即与内群体疏远。在这两种情况下，对群体态度的改变都需要进行因果归因。在这种归因仅限于社会行为主体（有别于自然灾害等物理原因）的所有情况下，它只能朝着两个方向发展：变化的决定因素可以归因于个体自己和/或其他个体的一些特征和行为；或者，它们可以归因于他自己所属群体和/或其他群体的特征和行为。

这里令人感兴趣的是第二类因果归因。我们对社会事件因果归因所知的一切表明，除非很容易找到情境解释（而且即使很容易找到），否则人们倾向于从个体和相当持久的特征角度来解释他人的行为。在个体归因的情况下，这种类型的解释在简化和预测未来事件方面具有明显的优势。我们没有理由假设，在群体的因果归因中，这种简化和可预测性的需求有任何不同。

然而，有一些重要的区别：首先，基于群体特征的解释显然比基于个体特征的解释进行了更高程度的概括和简化；其次，正如之前提到的，就未来事件的可预测性而言，基于群体特征的因果归因带来的反馈，要比基于个体特征时更加复杂、不明确，并且更难以理解。因此，在基于群体进行因果归因时，内在需求可能会起到更加显著的作用。出于同样的原因，这些归因将比个体归因更难以改变。然而，群体归因必然难以改变的事实，并不意味着它们永远不会改变。如果考虑一系列事件，它们在一种情况下会导致个体归因，在另一种情况下会导致群体归因，那么可以预测，后者的改变会比前者的改变更滞后于事件。本章的目的不是提出实验设计，但我们肯定可以想到一些可以操纵相关变量的实验情境。

简化的要求本身（ipso facto）就意味着个性化的需求。如果要从群体特征的角度进行解释，那么这些特征必须是与情境相关的且整个群体共有的，并相应地忽略群体成员之间的个体差异。心理学文献和常识经验中都有大量证据表明，即使是非常大规模的人类群体中也存在这种个性化。

基于此，我们可以提出一些相当笼统的陈述：

（1）社会群体之间现状的任何变化都需要构建一种因果解释，以说明有关个体的变化。这种解释可以有两种类型：（a）情境性的，或（b）涉及群体特征的。

（2）情境解释是根据之前的事件进行解释而不涉及相关群体（例如自然灾害）。当这类事件不具体、不明确且不易察觉时，我们就会倾向于以群体特征为依据进行因果归因。

（3）群体特征的因果归因有两种类型：要么指涉群体的非心理特征（例如其财富或权力、生活的生态条件、肤色等），要么是以群体的心理特征为依据。然而，这是一种不稳定的区分，因为非心理特征通常被假定与各种心理特征相关，或为其原因，或为其结果。

（4）鉴于此，一种更恰当的二分法似乎是将基于群体属性的解释分为两种，一种属性被假定为情境性的、过渡性的和灵活的，一种属性被假定为固有的和不可改变的。

（5）复杂社会事件的群体归因必须趋于认知的简单性。以群体"固有"特征为依据的归因满足了这一要求。

（6）在归因于群体的固有特征时，这些"意识形态"也最适合将变化的责任从个体本身转移到群体，或从内群体转移到外群体。因此，当其他类型的因果归因与主流价值观和信仰相冲突，或对个体的自我形象构成威胁时，它们就更有可能出现。

因此，并非任何类型的群际冲突或竞争都应导致这些归因的产生和传播。寻找那些没有以这种方式结束的例子，并在实验中加以重现，将是有趣的。同样有趣的是重现这样的过程，即尽管群际竞争或冲突依然存在，但最初的"固有"归因随着价值冲突或对自我形象威胁的消失而减弱。这并不容易，因为这种类型的社会工程很少有人尝试过，尽管在劳资纠纷的管理中可以找到一些实例。

大多数群际关系结构的变化确实往往会涉及固有意识形态的产生，而很少看到有计划或无计划的社会疗法来处理这些意识形态。有趣的是，无论一个群体的状况是恶化还是改善；无论该群体是变得更适合满足其个体成员的需求，还是越来越不能有效地做到这一点，这种情况都会发生。造成固有群体意识形态的决定性条件的共同特征在于，它们与价值观的冲突或对个体自我形象的威胁有关。

与前一种情况不同，这里的例子太容易找到了。然而，为了说明相关条件的多样性以及假定过程的潜在一致性，提及一两个例子仍然是有意思的。

一个群体地位的提升以及随之而来的其成员更强的归属感，往往是以利用群体能力使另一个群体处于不利地位为代价的。这当然是殖民主义和相关形式的成功扩张历史的一个缩影。维多利亚时代英国的鼎盛时期可以找到一个很好的例子；殖民主义成功扩张的主要受益者是一个社会阶层，这个阶层充满了相当明确的价值和道德准则。从殖民地获得的优势必须以不与准则冲突的术语来解释——因此，"白人的负担"及其固有的关于优等和劣等地位的概念很快形成。这些意识形态本身的内容可能会因其产生的文化背景而异——例如，早期携带《圣经》的南非布尔人建立的人类群体等级制度中的宗教元素，纳粹德国的血统神话中其他民族的"退化"，其背景可以追溯到18世纪和19世纪为奴隶制的"道德"辩护——但它们的形式特征保持不变。

今天，我们目睹了这一普遍过程的一个有趣特例。只有当一个群体能够为个体的社会认同做出一些令人满意的贡献时，才有可能加强对该群体的归属感。① 这可以定义为个体赋予内群体某些特征，并通过共享这些特征获得一些满足感；即群体是一个适当的参照群体。以美国黑人为例，人们普遍认同的对该群体的唯一明确定义是肤色，这几乎不是一个令人满意的参照点。许多（或大多数）其他假定为黑人群体所属的特征，都源自外群体对该群体的看法。随着紧张局势的升级，迫切需要找到一个令人满意且独特的对内群体的定义，这种需求可能再次表现为创造内群体或外群体的固有属性。这时，这些意识形态再次发挥了维护个体完整性的功能，并且由于前述原因，它们比那些将群体差异视为更加模糊和易变的意识形态更有效地实现了这一功能。这并不是说人们没有找到和使用其他解决方案，而是要重申一点，即这里提出的过程为正在采用的一种解决方案提供了解释。

❖ 总结和结论

本章的目的是强调人类适应性认知功能在偏见形成中的重要性。我认为，与那些在物种的进化历史或无意识动机中寻找群际紧张关系的心理原因的观点相比，这种方法具有经济、可信和可检验等优点。从与个体偏见产生的相关性的角度出发，这种方法考虑了三个认知过程：范畴化、同化和寻求概念连贯性。

虽然本章并不涉及讨论减少偏见的方法，也不涉及详细描述未来研究的设计，但我相信，这里采用的总体方法对于社会行动和研究都有其意义，这些意义尚未得到一致和充分的考虑。

要对付形形色色的群际偏见，没有什么简单的办法，人们只能寄希望于：迟早有一天，这些更恶毒、更不人道的偏见会变得不那么尖锐。显而易见的是，大众所持有的关于社会事件原因的信念和观点比他们的动机更容易改变；并且，信念和观点的转变至少有可能反过来影响冲突的处理，

---

① 本书第四部分（第十一至十五章）专门描述了一个理论框架。该框架关注"社会认同"这一问题，以及它对群际行为和社会冲突的各种影响。

无论冲突是实际存在的还是想象的。如果这些变化是在防范对少数群体的公开歧视的强有力的立法背景下发生的,这一点尤其正确。因此,为了科学的目的以及社会整体的进步,将偏见视为心理现象而非本能反应,这一点非常重要和有用。这种观点应当优先于那些总的来说不但无法经受科学检验,而且对规划任何形式的相关社会变革都毫无用处的观点。

第七章
社会刻板印象和社会群体*

❖ 引言：刻板印象和社会刻板印象

《牛津英语词典》对"刻板印象"一词的定义相当狭窄，仅仅认为它是"使［事物］变得固定不变，带来单一的规律性……在所有细节上加以固定和形式化"。这种半官方认可的对该术语用法的静态描述，与已故的奥利弗·斯塔利布拉斯（Oliver Stallybrass）对其社会意义的认识形成了鲜明的对比，他是《枫丹娜现代思潮辞典》（1977）的联合编辑。他在辞典中写道，刻板印象是"一个过度简化的（通常是）关于某一范畴的人、机构或事件的心理形象，这些形象的基本特征为大多数人所*共有*。这些范畴可能是广泛的（犹太人、非犹太人、白人、黑人）或狭窄的（妇女解放运动者、美国革命女儿会）……刻板印象通常但不一定伴随着偏见，即对任何该范畴成员的有利或不利的预设倾向"（1977：601，斜体是我标记的）。

这个定义对我们的目的来说已经足够。通过使用"共有"作为他陈述的核心部分，斯塔利布拉斯在涵盖刻板印象的社会心理意义以及刻板印象赖以发挥作用的过程方面，比许多社会心理学家走得更远。他并不是唯一这样做的人。在1978年8月爱丁堡国际电视节上，不利刻板印象的重要社会功能成为讨论的重点。《泰晤士报》（1978年8月30日）报道了电视节

---

* 来自：J. C. Turner and H. Giles (eds.), *Intergroup behaviour*. Oxford：Blackwell, 1981。

上各种剧作家、制片人和高管的一些发言摘录，值得在此引述：

> 我们应该将刻板印象视为喜剧方法的一部分，我们试图通过这种方法来减少我们所恐惧的事物：就当代英国而言，不仅指爱尔兰人，还有非裔亚洲人和阿拉伯人（John Bowen）。

> 令人震惊的是……在一个紧张的多种族社会中播出《黑白滑稽秀》(Black and White Minstrel Show) 或《请讲普通话》(Mind Your Language) 这样的节目，它们所做的是加强了对黑人和棕色人种的刻板印象，认为他们可爱但可笑（Brian Winston）。

> 一幅损害社会利益的漫画变成了一种刻板印象（Fay Weldon）。

> 需要区分戏剧性"类型"的创造和刻板印象的创造，前者指的是实现对另一个人或群体的主体性的理解，后者本质上是社会上不断进行的权力斗争的武器（John McGrath）。①

从所有这些可以看出，有些人的工作使他们每天接触到社会刻板印象的创造和传播，他们敏锐地意识到这些刻板印象所发挥的各种社会功能。在相对忽视了几年之后，我们最近也看到社会心理学家对研究刻板印象重新产生了兴趣。然而，他们的方法与媒体从业者所表现出的对该问题的社会维度的意识形成了鲜明对比。从我们的第二组引述中将清楚地看出这一点：

> 错觉相关是对两类事件之间关系的错误推断。[这一假设] 表明，对多数群体和少数群体的不同感知完全源自处理相关刺激事件的信息时所涉及的认知机制，而这些刺激事件共同出现的频率是不同的（Hamilton & Gifford，1976：392，斜体是我标记的）。

> 没有理论或实证的依据来假定，对不同族群的概括与对其他范畴对象的概括在本质上存在显著差异（Taylor et al.，1978：778）。

> 本文作者认为，刻板印象不是一种独特的结构或过程，它的存在

---

① 这些发言并非电视节目上所说内容的逐字转录。它们引自《泰晤士报》发表的会议记录。

和运作方式与一般认知过程在个体应对他的环境的任何方面时影响他的方式相同（Taylor & Aboud，1973：330）。

群体的印象可能取决于个体数据在记忆中的组织方式……具体来说，极端个体在群体中的比例在事后会被高估；这对于物理刺激（身高）和社会刺激（犯罪行为）来说都是如此（Rothbart et al.，1978：237）。

所有这些都是对早期观点的一致呼应：

这些［对实物］进行分类的判断效应可能是相当普遍的……同样的情况很可能也发生在进行更抽象的社会判断时，这些判断隐含着量化判断，例如，那些关于不同社会群体犯罪的相对频率的判断（Tajfel，1957：202-203，见第四章）。

或者：

本研究的一个目的是表明，可以逐步积累证据以证明判断现象（无论是社会的还是物理的）的基本统一性，并且……我们可以尝试用相同的一般判断原则来理解那些*表面上看似不同的各种现象*（Tajfel & Wilkes，1963：114，斜体是我标记的，见第五章）。

在这一点上，必须着重强调一个要点。本章绝非主张在研究社会刻板印象的形成、传播和作用时可以忽略一般认知过程。相反，正如稍后将看到的，我完全赞同上述引述中的观点，即理解刻板印象的认知"机制"对于全面和适当地分析刻板印象至关重要。所提出的问题是，我们是否只需要这样的研究——正如我们所见，最近（以及早期）的一些有关该主题的研究似乎都采用了这一观点。

本章开头提供了两个关于刻板印象的定义，一个是来自《牛津英语词典》的"正式"定义，另一个是由斯塔利布拉斯（1977）提出的更"社会"的定义。两者之间的差异（虽然相当粗略）说明了如果研究方法仅局限于或主要基于认知方法，就必然会遇到困难。刻板印象是个体形成的某些概括，它们在很大程度上源自范畴化的一般认知过程，或者说是这种认知过程的一个实例。这一过程的主要功能是为了认知和行为适应的目的，简化或系统化人类有机体从环境中接收到的大量复杂信息（参见：Bruner, 1957; Bruner & Klein, 1960; Bruner & Potter, 1964; Tajfel, 1972a, 1978b；另见第六章）。但这样的刻板印象只有当它们被社会群体或实体中的大量人"共享"时，才能成为社会的——共享意味着有效的传播过程。如果我们仅关注认知功能，至少有两个重要问题是无法回答的。第一个问题涉及分析刻板印象在其广泛传播的社会群体中发挥的功能。第二个问题涉及刻板印象的这些社会或群体功能，与大量具有相同社会群属关系的人共同采用刻板印象之间的联系性质。正是对这两个问题的追问决定了一概而论的刻板印象研究与社会刻板印象研究之间的区别。

❖ 社会刻板印象的四个功能

146

在最近重新兴起的对刻板印象研究的兴趣中，刚刚讨论的对认知的重视，仅仅是社会心理学中更广泛工作和思考趋势的一个例子。这一趋势基于两个假设，这些假设在该领域的一些极具影响力的传统文本中被隐含地采用或明确提出（例如：Berkowitz, 1962; Jones & Gerard, 1967; Kelley & Thibaut, 1969；见第二章）。第一个假设是，个体过程的分析，无论是认知还是动机，对于理解大多数社会行为和互动是必要的且（通常）也是足够的。第二个假设源于第一个：这种分析不必在理论上考虑社会行为与其社会环境之间的相互作用。社会环境被视为提供情境类别，在这些情境中展示一般个体规律。或者，社会环境被视为提供刺激类别，这些刺激"冲击"社会互动，即它们有选择地激活已经完全存在的某些个体"机制"或功能模式。这些"个体主义"观点在最近的一些出版物中受到了质疑（例如：Doise, 1978b; Moscovici, 1972; Perret-Clermont, 1980; Stroebe, 1979; Tajfel, 1978a；见第二章和第三章），因此，这里不再重述争论的细节。只需指出，在社会刻板印象的情况下，"社会情境"指的是大量人共同持有的刻板印象来源于大规模社会群体或实体之间的关系，并由这种关系构建。刻板印象的功能和使用源于一种密切的相互作用，即这种情境构建与刻板印象在个体适应其社会环境中的作用之间的相互作用。

本章的其余部分将概述刻板印象的个体和社会功能，以及它们之间相互作用的性质。就个体功能而言，将首先讨论刻板印象（正如前一节提到的早期和近期工作中所做的那样）的认知方面；随后将考虑刻板印象作为一种工具，帮助个体维护或捍卫他们的价值体系。然后，将考虑刻板印象的两种社会功能：第一，是它们在创造和维持群体意识形态中的作用，这些意识形态可以为各种社会行动进行解释和辩护；第二，是它们在帮助保持或创造一个群体与其他社会群体之间有积极价值的差异中的作用。最后，我们将尝试具体说明刻板印象的两种社会功能与其个体功能之间可能存在的联系。

❖ 刻板印象的认知功能

奥尔波特在其关于偏见的经典著作（1954：20-22）中讨论"范畴化过程"时，为其总结了以下"五个重要特征"：

（1）"它形成了大类和集群，用于指导我们的日常调整。"
（2）"范畴化尽可能地在集群中进行同化。"
（3）"范畴使我们能够迅速识别相关对象。"
（4）"范畴使其所包含的一切带有相同的想法和情感色彩。"
（5）"范畴可能是理性的，也可能不那么理性。"

后来，在同一本书中讨论偏见的"认知过程"时，奥尔波特指出偏见的特征是对从环境中获取的信息进行选择、强调和解释。然而，他区分了范畴和刻板印象，认为刻板印象是"一种与范畴相关联的夸张信念，其功能是证明我们与该范畴相关的行为是正当的（合理的）"（1954：191）。这样，奥尔波特将刻板印象的认知功能和"价值"功能结合起来。但他对刻板印象的定义将这种现象视为范畴化过程的第四个"重要特征"（见前文）的附属物，即其本身"不是一个范畴"，而是一种"形象"，"通常作为范畴上的一个固定标记存在"（1954：192）。自那以后，我们对刻板印象的理解已经超越了奥尔波特"固定标记"或形象的静态概念。

本节关注范畴功能的细节，正如奥尔波特所言，这些范畴指导着"我们的日常调整"。由于篇幅限制，无法回顾这一主题的广泛文献（见第四至六章），我们将通过几句话来概述"调整"这一问题。对环境的任何范畴化，无论是物理的还是社会的，其基础都是采用某些标准，将一些项目划分为或多或少具有包容性的独立群体，这些群体在这些（和相关）标准上有所不同，并在每个群体内根据相同（或相关）标准彼此相似。"差异"和"相似"不一定基于任何容易识别的具体的差异或相似之处。正如维特根斯坦（Wittgenstein, 1953）关于游戏的例子，一个共同的语言标签可能就足够了。正如他所写，"因为如果你观察它们，你不会看到一个所有成员（all）都具有的共同特征，相反……我们看到了一种复杂的相似性网络，相互重叠，纵横交错"（对这一问题在社会范畴化中的适用性的广泛讨论参见：Billig, 1976, 以及第九章）。例如，可以说"民族"这一社会范畴代表了维特根斯坦赋予"游戏"范畴的一些特征。

无论这些分类标准可能是什么，被划分进两个范畴的项目的某些属性都可能展现出与范畴划分在不同程度上的点二列相关（或主观体验上的点二列相关）。反过来，这些与范畴划分有序关联的相关属性，也不必是范畴化的原始标准。

第四章讨论了主要假设及随后的其他许多假设，并将其扩展到以下社会现象中：在与范畴划分在主观上相关的个人属性上，强调属于不同社会范畴的人之间的差异，以及强调每个范畴内相应的相似性。次要假设涉及过去经验的多少、相关性的强弱，以及在任何特定社会情境中的显著性的影响。这些假设中的大多数在随后的实验中得到了证实，这些实验使用了物理刺激和将人们归为不同社会群体的范畴化（对早期工作的总体回顾参见：Billig, 1976；Doise, 1978b；Irle, 1975；Eiser, 1980；Eiser & Stroebe, 1972；Lilli, 1975；Tajfel, 1969a, 1972a）。一些相同的假设在最近的实验中被重新发现并再次验证（参见：Taylor et al., 1978: 779-780）。

从某种意义上说，最近的一些重新表述代表了来自早期工作中的理论倒退。这有两个原因。第一个原因是，与社会范畴化相关的价值差异在刻板印象中扮演了关键角色。范畴化的这一"价值"方面是早期理论的基石之一（见第四章和第五章，以及上文提到的大多数参考文献）。最近的工作强调"纯粹"认知过程在刻板印象的运作中几乎占据垄断地位，这使得它失去了明确性。理论倒退的第二个原因是，最近的一些研究没有具体说明，社会群体和范畴之间的差异或这些群体内部的相似性在何种性质的维度上会或不会被强调。如上所述，这类明确的说明是早期假设的主要目的之一。理解范畴化在简化和整理社会环境方面的应用，显然取决于这些具体说明。它们帮助我们预测这些范畴化的各个方面，何时以及如何，符合或不符合，个体从环境中接收或选择的信息的系统化需求。同样重要的是，它们还能预测各种社会分化或强调何时以及如何发生或不发生。

鉴于自50年代末以来对刻板印象的认知研究已经被广泛地进行和描述，最近一份关于刻板印象形成的研究报告（Rothbart et al.，1978）以这样的声明开头似乎有些奇怪："关于群体刻板印象性质的研究，更多地集中在描述社会刻板印象，而不是关注它们形成的机制或过程"（1978：237）。同样，在同一份报告的结论中，又说："传统上，关于刻板印象的研究和理论强调了群体刻板印象的动机功能，特别关注这类判断的不准确、非理性和僵化"（1978：254）。人们经常抱怨许多社会心理学研究缺乏积累性，但在这里，这些抱怨再次得到了不受欢迎的回应。我们有时似乎是通过一系列断断续续的开始或突变来开展工作的，这些开始或突变之间相隔数年，在这段时间里，某个话题或多或少地淡出视线；然后，每一个新的开始又声称带来了一种全新的、以前被忽视的"方法"。

无论如何，罗特巴特（Rothbart）及其同事的研究成果，以及汉密尔顿（Hamilton，1976；Hamilton & Gifford，1976）的研究成果，再次引起我们对社会刻板印象功能中另一个认知方面的注意。这与主观上夸张或夸大社会环境中很少发生或很少共同发生的社会事件的重要性有关。罗特巴特的研究关注的是，人们对群体的印象受到"有关［这些群体中的一些个体成员］的数据在记忆中的组织方式"的影响（Rothbart et al.，1978：237）。极端事件或极端个体比一般例子更容易被记忆检索到。反过来，罗特巴特等人根据特沃斯基和卡尼曼（Tversky & Kahnemann，1973）的观点认为这会影响到判断，因为那些最容易被检索到的事例可以作为判断其在整个类别中发生频率的线索。通过这种方式，少数群体成员的负面行为可能在记忆和判断中过多地出现。① 艾泽等（1979）研究了社会范畴化与记忆之间相互作用的态度方面。

其中一部分研究与汉密尔顿（1976）、汉密尔顿和吉福德（Hamilton & Gifford, 1976）报告的"错觉相关"研究有异曲同工之妙。正如后者所写，查普曼（Chapman, 1967）引入"错觉相关"的概念，他将其定义为"观察者报告两类事件之间存在相关性，实际上（1）这两类事件并不相关，或（2）相关程度低于报告的程度"（1967:151）。汉密尔顿和吉福德进行的实验表明，这种信息处理方式（如罗特巴特所认为的，将"不经常发生"的事件与"不经常出现"的人联系起来）与少数群体刻板印象的形成直接有关。我们在前面写道，罗特巴特、汉密尔顿及其合作者的研究再次引起了对这类现象的关注。实际上，仔细阅读布伦斯维克（Brunswik, 1947）关于"代表性设计"在感知研究中的应用的经典著作，以及他在同一本书中将这些理念应用于对人的感知的研究报告，很容易让我们再次呼吁在社会刻板印象的理论和研究上实现更多的连续性累积。30多年前，布伦斯维克就能够展示"错觉相关"是如何运作的，以及如何在特定条件下使它们消失。

总之，有一种历史悠久且备受尊崇的传统观点认为，若不进行深入且细致的认知功能分析，就无法正确理解社会刻板印象的形成和作用。现在，我们应该关注刻板印象的另一项主要功能：它们在维护个体价值体系方面所起的作用。

❖ 社会刻板印象和个体价值

前一节提出的许多论点和所提及的研究都涉及一个一般性的认知过程，可以简要地重新表述如下：一旦环境中的一系列刺激物通过基于某些标准的范畴化被系统化或有序化，这种有序化就会对这些刺激物的判断产

---

① 这是对罗特巴特等人提出的更复杂论证的简短总结。

生一些可预测的影响。这些影响包括感知到的刺激物之间关系的偏移，这些偏移取决于刺激物在整体系列中的类别归属和相对显著性。由此产生的判断极化现象以及对某些刺激物的特别重视，可以作为指导方针，为原本相当混乱的环境引入主观秩序和可预测性。

然而，如果人们关注的是社会范畴化和刻板印象的问题，这还远远不够。物理环境中物体的许多范畴化都是无关价值的，也就是说，它们并不涉及对一个范畴相较于另一个范畴的偏好，一个范畴是"坏"的而另一个是"好"的，或者一个比另一个"更好"。但是，当这种情况真的在物理环境中发生时，就会出现一些明显的效果，将"无关价值"的分类和"有价值"的分类区分开来（详细讨论见第四章）。

如第四章所见，由此产生了三个后果。第一，没有理由认为，适用于对单个刺激物在物理量级上的判断的规则，不适用于对作为个体的人在各种"维度"上的差异判断。第二，与单个刺激物之间的价值差异相关的判断，其极化程度上升的模型，也应该适用于对做出判断的人而言各自价值不同的刺激物类别。第三个后果是前两个的结合：由于价值差异，判断中强调刺激物类别之间的差异，以及每个类别内的相似性，这不但再次适用于物理环境中的价值差异，而且（更重要的是）适用于将人们划分为不同群体的社会范畴化（近期综述见第五章以及 Doise，1978b；Eiser & Stroebe，1972）。

在这里，我们需要明确区分在前一节中讨论的、适用于价值无关范畴的判断偏移所体现出的"纯粹"认知过程，与我们现在所关注的社会价值差异之间存在的明显功能差异。其中两个差异与当前讨论尤为相关。

第一个差异涉及当范畴化作为判断的指导工具，导致的偏移或偏见与不同类别刺激物的假定特征一致时，从环境中获得的反馈的性质。在物理环境的判断中，可以预期，那些导致错误反应的不适应的偏移可以迅速被消除。例如，只要夸大两枚不同价值硬币之间的差异能够额外保证不会混淆它们，这样的夸大就是一个"好错误"。然而，任何错误或判断偏移，如果导致错误识别或混淆本应明确区分的物品，其直接后果就是纠正错误。这些纠正的速度和准确性将取决于做出反应后收到的信息的清晰度。

但在社会环境中，收到的信息（例如，关于人的个人特征）通常更加模糊，而且缺乏明确的有效性标准。如果我们现在回到本章第一节讨论的社会刻板印象的共享性质，对属于某个社会群体或范畴（以某种方式被刻板化地划分）的人的判断，根据定义，很可能会收到普遍社会共识的正面反馈。与物理范畴相比，确认这些判断所需的信息将更少；而面对似乎符合普遍接受的社会"现实"的判断，要反驳它们则需要更多的信息。

第二个差异可能更为关键。它再次关注社会范畴化在价值无关与价值有关情况下的差异。一种价值无关的社会范畴化意味着某些刻板特征可能被用于某些社会群体（如"瑞典人很高"），而不具有正面或负面的价值内涵。并不是说"高"这一特征必然没有价值，而是说"瑞典人"这一范畴可能既不是正面的又不是负面的，因此遇到一个不高的瑞典人不会引起太大的冲突——如果周围有很多不高的瑞典人，这甚至可能改变一般的刻板印象。但是，当社会范畴化被赋予了强烈的价值差异时，情况就完全不同了。在这些情况下，遇到负面或不符合的案例，不仅需要改变对假定为一种社会范畴特征的属性的解释，更为重要的是，接受这些不符合的案例，可能会威胁或破坏基于群体之间差异的价值体系。正如我们所见，奥尔波特（1954）认为，偏见中的认知过程包括"选择、强调和解释"从环境中获取的信息。正是这个过程保护了价值体系，而这一价值体系是将周围的社会世界划分为"绵羊"和"山羊"的基础。有许多不同的日常社会情境使我们能够根据我们的价值差异选择、强调和解释有关不同"类型"的人的信息；但在这里，我们只选择两个实例进行讨论，因为这两个实例都已经被社会心理学家进行了相当系统的研究。

第一个例子可以简单带过，因为它不过是本章和前几章中关于价值差异讨论的简单延伸，进一步强调了类别之间的差异和类别内部的相似性，这是价值无关的范畴化的特征。正如对一系列硬币中单个硬币之间大小差异的判断，往往比一系列价值无关的刺激物中的相应差异要大（见第四章），在与价值差异相关的社会范畴化中，与分类相关的某些维度上的判断差异，往往也比在价值无关的范畴化中要大。检验这一假设的一种方法是比较两组受试者对属于（或被分配为）两个不同社会范畴的人的个人属性的评分；已知其中一组受试者对这两个范畴中的一个持有偏见，而另一组受试者没有。背后的假设是，对于前一组受试者而言，范畴化呈现的价值差异比后一组受试者要大。结果通常表明，有偏见的群体在某些维度上判断两个范畴成员之间的差异，要比无偏见的群体更大（对一些早期研究的最新回顾参见：Doise，1978b）。稍后当我们讨论刻板印象的群体功能时，将回到群际分化这一问题上来。目前，指出这种分化或差异化对价值维持的功能就足够了。个体根据社会群体对他们的社会环境进行有序化，其中一些群体被认为处于有利地位，一些被认为处于不利地位；如果这些群体之间的相关差异（以及它们内部的相似性）能够被理解为尽可能恒定和清晰，那么这种有序化就会变得更加高效和稳定。

第二类社会心理学证据关注的是在模糊条件下识别不喜欢的社会范畴成员。布鲁纳等（1956，第7章）在早期详细分析了在什么条件下，个体在将模糊不清的项目归入两个范畴中的一个时，会犯过度包含或过度排除的错误。第一种错误是将根据某些既定标准实际上不属于该范畴的项目纳入其中。第二种错误是将实际上属于该范畴的项目排除在外。

在他们的分析中，布鲁纳等人将错误类型的发生频率与其感知后果联系起来，即权衡犯一种错误或另一种错误存在的潜在风险。当个体所属的社会范畴对进行划分的人来说具有强烈的价值差异时，这种风险分析可以扩展到错误识别群体成员资格的主观后果。风险可能是将一个"坏"人归类到一个"好"的范畴中，或者将一个"好"人归类到一个"坏"的范畴中。如果这种情况经常发生，可能会威胁到价值差异甚至使价值差异失效。根据我们现有的经验证据，第一种错误似乎比第二种错误被更持久地避免。换句话说，人们似乎更倾向于不让错误的人进入一个专属俱乐部，而不会冒着让正确的人被排除在外的风险。这一结论可以从50年代在美国进行的一系列研究中得出，这些研究比较了反犹主义者和非反犹主义者在准确识别犹太人方面的差异。有偏见的受试者在识别犹太人方面表现出更高的准确性。这是由反应偏差造成的：他们将更多的照片标记为犹太人（例如：Scodel & Austrin，1957）。"（这个）群体所犯的错误……倾向于假定一些非犹太人是犹太人，而不是相反"（Tajfel，1969a：331）。

在这里，价值差异再次指导了对模糊信息的使用。与前面讨论的强调差异和相似性的情况一样，维持社会范畴体系的重要性远远超出了使环境有序化和系统化的简单功能。它代表了对现有社会价值体系强有力的保护，任何"错误"只要危及这一体系，就是错误。在不同的历史时期（包括我们自己的时期），猎巫运动的范围、频率和庞大的多样性都证明了这一现象的社会重要性，也证明了确保维持现有价值体系或差异的心理过程的重要性，因为其基本原则是不要错过可能归入负面范畴的任何人。在这一节中，我们讨论了这个过程的几个并不引人注目的例子。但不要认为在高度压力、社会关系紧张和群际冲突尖锐的时期，社会刻板印象在"价值"方面的作用仍然这样不引人注目。

❖ 集体行动的"意识形态化"

刚刚提到的猎巫运动让我们开始讨论集体行动在社会刻板印象功能中的作用。在 16 和 17 世纪的欧洲，成千上万的"女巫"遭受了折磨和处决。正如托马斯（Thomas, 1971）所写：

> 女巫审判背后的主要推动力是对邪恶巫术（maleficium）的普遍恐惧，而不是任何由上层律师领导的运动……即使法院停止审理女巫案件，民众对女巫的反感情绪也在持续，正如定期发生的乡村私刑事件所证明的……民众对女巫审判的新需求，不能在立法机构和司法机构态度的变化中找到原因。它必须追溯到人们自己观点的变化（1973 年版的第 548、550、551 页）。①

托马斯指出，猎巫运动在人口稠密地区是一种大规模的普遍现象，这一点很重要，因为它很可能适用于许多社会情境，在这些情境中，令人不安的社会事件被归咎于外群体的特征、意图或行为。克拉克洪（Kluck-

---

① 埃德加·莫兰（Edgar Morin, 1969）的《奥尔良的谣言》（*La rumeur d'Orléans*）描述了一个引人入胜的现代例子，即首先发明出了一种巫术，然后在"外来"的少数群体中寻找和发现对其负责的人。

hohn，1944）在其早期对巫术的功能主义分析中，将女巫描述为一般性的"外来者"。有趣的是，与社会人类学中备受争议的功能主义观点相对应的社会心理学理论，主要强调了个体的动机过程，而不是其社会等价物。它们主要涉及大规模暴力或大规模仇恨，由个体攻击的替代或转移推断出大规模的社会攻击或暴力事件（关于这一问题以及这种推断所带来的理论困难的讨论见第二章和第三章）。

与此相反，据我所知，对外群体的敌意或其贬损性社会"形象"的大规模传播尚未成为社会心理学中认知理论明确应用的主题，尽管这些理论可能对我们理解社会刻板印象的广泛接受和持久性做出了有益的贡献。这些理论包括认知失调论中的"行为合理化"部分、归因理论中关于责任和意图性的研究、内部与外部控制源的研究等。社会心理学对刻板印象的研究传统主要来自两个方面：一是描述性的，包括对刻板印象内容的详细分析；二是认知性的，正如我们所见，它强调个体的认知过程。

然而，这两种传统并没有汇聚起来，共同致力于构建关于社会群体共有的刻板印象内容的理论。社会心理学家的兴趣局限在操纵"自然"或实验室条件下社会范畴化的显著性，结果发现群际刻板印象变得更加"活跃"、强烈或极端（见第三章）。

然而，我们拥有适度构建这种社会刻板印象内容理论所需的所有要素，我们可以确定一些可能的发展方向。这将分两个步骤进行。第一步是对刻板印象可以为社会群体发挥的心理功能进行初步分类；第二步是指出一些可能的发展，为这些功能提供理论和研究的结合。

这里提出的功能分类并不是先验的或演绎的。它是一次粗略的尝试，目的是汇集来自社会心理学、社会历史学、社会人类学和常识的一般知识。从所有这些来源来看，外群体社会刻板印象的创造和广泛传播往往需要以下条件：（1）寻求对复杂的且通常令人不安的大规模社会事件的理解（见第六章）。（2）合理化对外群体已实施的或计划中的行动。（3）当内群体和选定的外群体之间的积极分化被认为变得不安全和受到侵蚀时；或者当这种分化不是积极的，而存在的社会条件被认为提供了改变现状的可能性时。我们将这三种功能分别称为社会因果关系、合理化和分化。

在这里，我们只能简要地提供一些例子来阐释或澄清这些功能的性质。首先从因果关系说起：在 17 世纪，人们"需要"某种东西来解释瘟疫，但正如托马斯（1971）所写，瘟疫的发作"太过随机，无法用个人化的理由来合理解释"。1639 年，苏格兰人被控告在纽卡斯尔（Newcastle）的井水中投毒；1577 年，牛津暴发的斑疹伤寒被归咎于天主教的巫术；1644 年，巴恩斯特珀尔（Barnstaple）暴发的鼠疫被归咎于当地的独立派教会（Thomas，1973：667-668）。在反犹主义中可以找到一个更明显的例子。诺曼·科恩（Norman Cohn，1967）在描述有关《锡安长老会纪要》（*Protocols of the Elders of Zion*）的神话持久存在时，对此进行了细致且精彩的追踪。正如毕利希（1978）所写：

> 最粗暴的反犹主义在情感上的凶残，很容易让人忘记反犹主义可以为世界提供一种广泛的认知解释。最重要的是，粗暴的反犹主义基于一种信念，即犹太人在世界上拥有巨大的邪恶力量。现代反犹主义信条宣称犹太人控制了共产主义和资本主义，他们的目的是建立政权，摧毁西方文明，进而统治世界。所有的事实都是根据这种普遍而扭曲的信念来解释的（1978：132）。

"合理化"原则在基尔南（V. G. Kiernan，1972）的著作《人类的领主：帝国时期欧洲对外部世界的态度》（*The lords of human kind: European attitudes towards the outside world in the imperial age*）中有充分的记录。两个几乎随机选取的例子可以说明这一原则。

欧洲的"使命"观念很早就出现了，但在 19 世纪才被认真对待。最富有同情心的西方人之一温伍德·里德（Winwood Reade）写道："土耳其和其他国家终有一天会繁荣起来，但那些人永远不会开始进步……除非他们享有人的权利；而除非通过欧洲的征服，否则他们永远不会获得这些权利"（1972：24）。

一位来自东京地区（Tonking）的前士兵在巴黎与布伦特（W. S. Blunt）谈话时，对他的政府派遣书斋里的哲学家去管理殖民地的愚蠢行为表示反对——这些哲学家认为所有人都是兄弟。殖民印度的英国人才是现实的——"在与野蛮人打交道时,必须残忍"(1972:97)。

"分化"原则可以被视为萨姆纳(Sumner, 1906)意义上的我群中心主义综合征的一部分,但这过于简化了。这是一个"动态"过程,只有在社会群体之间的关系以及他们在这些关系情境下进行的社会比较的背景下才能理解。根据社会人类学家的研究,制造或维持分化,或者使自己群体与其他群体(和该群体的自我形象相关)区别开来的"积极特异性",似乎是许多文化中普遍存在的现象。由于群际分化将在本书的第四部分进行广泛讨论,我在这里只简单指出,这是刻板印象三种主要的群体功能之一。

❖ 集体与个体之间的联系

还有两点需要说明——它们会将这次讨论与刻板印象的适当社会心理学理论的潜在发展联系起来。第一点涉及刻板印象的社会功能——社会因果关系、合理化和分化,或它们的某种结合——因为它们与刻板印象的内容相关。这种关系分析不能仅通过心理学术语完成。群体之间的竞争和权力关系将在很大程度上决定群体的相互形象所需要实现的心理功能的性质。但是,当这一点被视为任何社会心理学分析不可或缺的背景时,这样的分析应该能够对内群体和外群体刻板印象的内容做出理论上的解释。这可以通过识别刻板印象可能发挥的一种或多种主要的群体功能来完成。这种视角无疑将是在以往"描述性"研究方法基础上的重大进步,后者往往仅限于揭示赋予某些群体特定"特征"的文化共识,有时还会追踪这些集体描述的稳定性或随时间的变化情况。

第二点,也是最后一点,涉及本章上一节讨论的刻板印象的群体功能与前面章节讨论的个体功能之间的联系。如果我们想要理解所发生的事情,分析顺序应该从群体功能开始,然后将个体功能与之关联。正如我们在本章第三节和第四节中所论证的,个体使用刻板印象作为对其社会环境的认知结构的辅助(因此也是在适当情境下的行动指南),并用以保护他的价值体系。在某种意义上,这些构成了社会心理学情境的结构性因素,它们是社会影响和信息输入的框架，必须在这个框架内进行适应、修改和再创造。毫无疑问，个性、动机、以往经验等方面的个体差异将在这些适应、修改和再创造的各种方式中发挥重要作用。然而，同样正确的是——正如我们在本章开头论述的——除非一个刻板印象在社会实体内部得到广泛认可，否则它不会成为一个社会刻板印象。只要个体有一种对他们来说很重要的共同的社会归属（并且认为自己有这样的社会归属），那么在划分内群体和外群体时，选择什么样的标准，以及赋予每个群体什么类型的特征，就会直接取决于那些被认为是整个群体共有的文化传统、群体利益、社会动荡和社会分化。正如伯格和卢克曼（Berger & Luckmann, 1967）几年前进行的有力论证，社会现实不是"摆在那里"，让人们以某种方式去理解或吸收同化——这种方式接近于其在个体态度和信念中的忠实反映。社会现实是由个体根据他们所处的社会环境提供的原材料构建而成的。如果不是这样，社会范畴化和社会刻板印象的选择和内容将不得不被视为任意和随机事件，在不同的社会、不同的历史时期变化无常。事实上，社会范畴化和社会刻板印象共同元素的组合和重新组合的类型有限，因为它们通常所发挥的主要群体功能的数量有限；它们的共同结构则可以归因于它们所发挥的两种主要的个体心理功能。

正如前面提到的，过去关于刻板印象的社会心理学理论并没有太多关注建立集体功能和个体功能之间的联系。这就是为什么在本章中无法提供一种宏大的理论——或者说，建立一种包罗万象的理论是不可能的，甚至不是人们所期望的。社会心理学理论的特点往往是，其雄心壮志的范围与其预测或解释的生硬程度之间存在很强的正相关关系。正如欣德（Hinde, 1979）最近在谈到社会心理学的另一个领域时所指出的，我们仍然处于这样一个阶段，其中强烈折中主义的理论不仅是不可避免的，或许还是最有用的前进方式。

这里提出的建议是，社会心理学的未来研究可以通过使用两项近期的理论研究倡议，将社会因果关系、合理化和分化等群体功能（见前一节），与认知结构化和价值维护的个体功能联系起来。这些研究倡议关注被视为社会范畴的社会群体，每个社会群体都沉浸在由许多社会范畴组成的复杂且更广泛的结构中,这些社会范畴是由相关个体定义(defined as such)的,并以各种可定义的模式相互关联(例如,权力、地位、声望、多数-少数、感知到的稳定性或感知到变化的可能性、群体边界的灵活性或刻板性等)。这两项研究倡议中的第一项将个体的自尊或自我概念(或他的"社会认同")——通过群际社会比较的过程——与他的群体在多群体社会体系中多个维度上的相对位置联系起来。这将有助于解释个体对先前讨论过的分化和合理化的群体功能的许多方面的重塑(见本书第四部分)。

这里有一种明显的理论延续性,即当某些分类标准与范畴之间对个人来说的价值差异结合在一起时,就会出现一些差异强调的过程,而这些范畴是在对社会环境进行系统化的过程中被选定为重要的(见本章第二节和第三节)。这与本章的总体论点一致,也与关于社会范畴化在构建我们对社会环境看法中的作用的广泛研究相符(参见:Tajfel, 1978b)。价值和适应环境要求的社会背景有助于个体找出、选择需要着重关注、夸大甚至在必要时创造那些符合普遍共识的相似性和差异性,这些普遍共识即在潜在无限多的社会划分和社会等价结构中,什么重要,什么不重要。

上面提到的两项倡议中的第二项主要涉及社会因果关系的社会或群体功能,但它对合理化和分化这两项功能也有重要的意义。它包括一些最近的尝试,旨在提请人们注意这样一个事实:传统的归因理论在很大程度上仍然是个体主义的,并且忽视了归因过程的社会决定因素和社会功能(参见:Apfelbaum & Herzlich, 1971;Deschamps, 1977, 1978;Duncan, 1976;Hamilton, 1978;Hewstone & Jaspars, 1981;Mann & Taylor, 1974;Stephan, 1977;Taylor & Jaggi, 1974)。①

这次对"社会"归因简短论述的其余部分是对休斯通和贾斯帕斯(Hewstone & Jaspars, 1981)提出的一些论点的转述。正如他们所写:

> 主要观点是,传统归因理论未能考虑到个体可能属于不同的社会群体(group)……在这种替代视角中……观察者对一名行动者的行为

---

① 我很感谢迈尔斯·休斯通(Miles Hewstone)和乔斯·贾斯帕斯,因为他们首次向我指出了可以将本章中概述的一些观点与他们对传统归因理论进行"社会化"的尝试相结合。

进行归因，不仅仅基于个体特征，而且是基于行动者所属的群体或社会范畴，以及观察者所属的群体或社会范畴。

休斯通和贾斯帕斯提供了这种社会归因的一些最新实证案例，不过最早的案例可以在奥尔波特和波兹曼（1947）关于谣言的著名研究中找到。正如休斯通和贾斯帕斯所主张的，这是一种动态的互动，因为内群和外群成员对行为的"原因"和"理由"的看法是由群体之间现有的关系决定的，它们相互依存，并且反过来又影响了群际关系的未来走向。休斯通和贾斯帕斯遵循巴斯（Buss，1978）的定义，将原因定义为"引起变化的因素"，将理由定义为"为什么引起变化的因素"。他们也预期"理由"往往用来解释内群成员的行为，而"原因"将适用于外群成员。同时，这种假设性的二分法会受到所解释行为的积极或消极评价的强烈影响。例如，泰勒和贾吉（Taylor & Jaggi，1974）的研究表明，对内群成员的社会赞许性行为进行内部归因，对他们的非社会赞许性行为进行外部归因（对外群成员的模式恰恰相反），这与"理由-原因"的二分法相去不远。显然，这种模型可以对社会因果关系的感知或归因中许多复杂的相互作用做出有用的预测。

回到本节的核心论点，很明显，内部（即意向性的）解释是社会刻板印象发挥作用的一个例子。然而，旧式刻板印象的描述性研究所隐含的静态、稳定的共识在这里被不断变化的视角取代，这些视角与个体对同样不断变化的社会情境的评价密切相关，而这些评价是根据相关群体之间关系的性质来感知的。正是通过这种方式，社会归因理论的潜在发展为我们提供了群体和个体刻板印象功能之间的第二个联系点。正如前面提到的社会认同视角有助于将刻板印象的分化和合理化的群体功能转换到个体功能层面，社会归因视角似乎是一种有前景的工具，将群体的合理化和社会因果关系功能进行类似联系。

❖ 结语

在本章中，我们从刻板印象的个体功能转向了社会功能，并在随后调整了分析顺序，从社会功能出发来探讨个体功能。这与社会心理学文本中的惯用顺序不同。然而，这样做至少有两个正当的理由。首先，通过这种方式，我们的工作更接近于对群际关系（包括社会冲突）的社会现实的明智尊重，而不是像通常的刻板印象研究那样，只关注或主要专注个体"固有"的认知或动机过程。其次，由此产生的刻板印象的个体过程并不是某种神秘的"群体意识"的产物——从一个可研究的视角转移到另一个视角，并明确地将它们联系起来，这既保证了理论的全面性，也保证了实证的完整性。这里提出的许多内容不过是未来研究的初步蓝图。但是，如果我们希望我们的学科能够更直接、更深入地参与到对我们社会功能的严峻现实的研究中，我们就需要开始，即使目前仅仅是一种推测和蓝图。引用本书第三章中的一段话："关键在于，如果我们局限于构建一套被视为在某种特定的社会环境中发挥作用的独立变量，我们将永远无法为集体社会行为研究制定适当的指导方针；这种社会环境在心理上被假定为非结构化的，其中'人际关系'是同质的、无所不包的。"

第三部分
内群成员与外群成员

引 言

　　第三部分共包含三个章节，其主题是群体认同的获得。第二部分中以各种方式讨论的社会刻板印象，将以"成品"的形式在这里呈现。第四部分则清楚说明，支配第二部分的关于社会判断的"相对主义"视角，在某一方面，也是理解群体归属、群际态度和群际冲突的基础。这是因为，在一个复杂社会中，没有任何一个社会群体是独立存在的。因此，一个群体与其他群体进行比较的方式和过程，对群体成员如何界定它至关重要。个人围绕其所属群体构建的这些"比较"概念，反过来又有助于他们界定自己及其社会认同的某些重要方面。

　　这些问题将在本书的第四部分详细讨论。第三部分则起到背景介绍的作用，因为它提供了在各种社会和文化背景下，对群体成员身份（或者更确切地说，社会范畴的成员身份）的意识发展的例子。这些例子涉及三个不同的问题。

　　第一个问题关注作为一个社会实体的成员形成的态度，且在某些方面，这个社会实体是处于不利地位的少数群体。第十五章将全面讨论在这种情况下使用"群体"（group）一词所具有的心理意义，以及这样一种群体成员资格所产生的心理效应。第三部分将举例说明其中一些效应的作用过程。第八章基于英联邦有色人种学生的叙述，他们在 20 世纪 60 年代初来到英国。人们会记得，这是在移民人数迅速增长，这个国家的"种族关系"问题意识相应增强之前。大多数学生来的时候并不知道会发生什么，或者更准确地说，他们的预期与他们到达之后所必须面对的东西相去甚远。结果之一就是他们越来越意识到自己的"少数群体成员资格",并逐渐形成对自己和东道国的新态度。

第九章第二节以不同的方式和情境回应了类似的问题,即少数群体态度的形成和发展过程。但这些"少数群体"并非数字意义上的少数,而是更加符合社会层面对少数群体的定义。第十五章将会讨论这一点。第九章结论部分介绍了关于"内群贬抑"(ingroup devaluation)的两个案例研究,探讨了在与某些方面被认为地位更高的群体成员进行直接比较的情境下,儿童对自己族群成员身份的某些简单价值判断的发展。如上所述,这些儿童并非来自数字意义上的少数群体:作为来自格拉斯哥的苏格兰儿童,他们需要针对被自己归类为苏格兰人或英格兰人的照片,表达自己的"喜好"或"厌恶";而来自海法的西班牙裔的以色列犹太儿童(主要来自阿拉伯国家),需要对自身血统的人和欧洲裔的阿什肯纳兹(Ashkenazi)犹太人进行内隐(implicit)的好恶比较。人们应该记得,前一类人现在占据了以色列犹太人口的大多数,在研究时也是如此。

这两项 60 年代进行的案例研究,并不代表已经发现了某些永恒的现象。今天的类似研究,完全有可能(或者更准确地说,有很大概率,特别是在苏格兰的案例中)得出截然不同的结论。第九章将讨论这个问题。就目前而言,只能说这些研究的目的是展现儿童对其所处社会中关于群体差异的氛围的敏感程度。这些研究就像是很久以前为某人拍摄的快照,多年之后,这个人的照片看起来会有很多不同。这些差异并不是否认,而是证实了随着年龄增长变化的过程。同样地,今天进行的类似研究可能得出不同的结果,将会证实儿童所属群体的形象变化可以归因于他们对不断变化的社会局势和情形的敏感性。也就是说,这种证实依赖于对社会变化仔细的预备研究;在这些社会变化的基础上,可以预测或清楚理解族群形象的相应变化。沃恩(1978a & b)关于新西兰毛利儿童态度的研究报告,是使用这种时间视角的极佳例子,其时间跨度长达 15 年甚或更久。

上述两项研究是我负责的更大规模的研究项目的一部分,该项目关注一些欧洲国家儿童的民族态度的形成发展。正如将在第九章中看见的,进行这些研究是因为格拉斯哥的初始结果,与在莱顿、鲁汶、那不勒斯、牛津和维也纳获得的结果大相径庭。这些更为普遍的数据趋势构成了引言开头提到的三个问题中的第二个。这在第九章中有更详细的讨论,在这里可以简单陈述为:我们怀疑幼儿的我群中心主义在生命早期已经形成,表现为他们对自己民族而非"外来人"的偏好,这远在"民族"(nation)概念(不但对"普通"公民来说,而且对历史学家和政治学家来说,经常在定义方面遇到严重困难)被理解(即使是以其最基本的形式被理解)以前就已经形成了。第九章第一节将介绍这些研究结论及讨论。

在同一研究项目中,民族偏好的早期发展以及其中"情感"因素相较于"认知"因素的优先性,推动了进一步的研究,旨在更详细地阐明关于外国的"知识"与"偏好"之间的关系。这就是本部分的第三个问题。儿童对社会主流的关于外来民族等级秩序的吸收和同化,也与第六章中讨论的一些问题相呼应。第十章介绍的研究以获取有关外国的事实知识为背景,阐述了这种由社会产生的偏好体系。

第八章
偏见的经历

❖ 引言

本章转载了大约 15 年前西印度（West Indian）群岛、亚洲和非洲学生在英国撰写的论文集①的部分后记。现任香港大学心理学教授的约翰·道森是这篇后记的合著者，也是本书的合编者。该书的出版过程是这样的：1963 年夏天，种族关系研究所（Institute of Race Relations）同意为非洲、亚洲和西印度群岛学生举办一次征文比赛。全国高校都在学年初张贴了比赛的宣传海报，其内容如下：

> 欢迎正在英国大学、技术学院、师范学院和类似机构攻读学士及以上学位或文凭的非洲、亚洲和西印度群岛学生参加征文比赛。论文的主题应该是作者在来英国之前有关肤色问题的态度，以及作者在英国生活一段时间后这些态度可能发生的变化（如果有的话）。参赛者可以根据个人经历撰写论文，也可以进行笼统的讨论，或将两种方法结合起来。

我们收到了 73 篇论文，其中有 68 篇为男性所写，5 篇为女性所著；23 篇来自尼日利亚学生，20 篇来自其他非洲国家学生，10 篇来自西印度

---

① Henri Tajfel and John L. Dawson (eds.): *Disappointed Guests*. Oxford University Press, 1965.

群岛学生，9篇来自印度学生，9篇来自其他亚洲国家学生，1篇来自圭亚那学生，1篇来自古巴学生。其中10篇论文被选中出版成书。我们在书的序言中写道：

> 这些论文并非向在英国的海外学生代表发放问卷的结果，书中发表的内容也不是根据作者表达的观点、描述的经历、来源国家、所在大学或研究主题的代表性选择的。我们采用的是原创性、内在趣味性、生动性或可读性等一般标准。
>
> 尽管如此，我们相信这些论文呈现了某种连贯的形象。背景如此不同的人们，其作品主题和核心结论却出乎意料地一致，这不能不令人印象深刻。所有作者都有两个共同特征：他们从国外来到英国学习；他们都是有色人种。这两个特征似乎决定了他们共同的痛苦和失望经历。这些经历有多少是由于肤色的不同，又有多少是由于文化背景的冲突？不同的论文有不同的观点，但似乎多数意见都倾向于第一种回答。
>
> 一名尼日利亚学生的话或许最能说明这种情况的可能后果。他在论文中写道："古往今来，旅行者一直在帮助传播知识，并充当自己国家的非官方大使。但当这位和平使者本身是学生或学习者时，问题就变得更具威胁性，因为学生时代的印象很难抹去，而今天的学生大多是各自国家未来的领导者。"

该书后记是在对所有男性的参赛论文（女性所写论文数量太少，很难得出任何即使是初步的结论）进行非正式内容分析的基础上撰写的。内容分析主要按照比赛说明中隐含的线索：

（1）抵达英国之前有关肤色问题的经历：本意是在这部分纳入有关欧洲人和英国形象的观点、态度和个人经历。然而，由于这些论文的内容，分析不得不扩展到作者来源国家的群际关系方面，如部落主义、种族主义、社会阶层之间的关系等。

（2）在英国的经历：这涉及作者的第一印象和即时反应，在人际关系中经历的偏见和歧视，以及在社会阶层、宗教、教育、住宿、工作、组织、其他民族群体等方面的问题。

(3) 在英国访学期间发生的态度变化。

❖ 过去的经历

政治和经济计划（Political and Economic Planning，1955）和凯里（Carey，1956）进行的调查表明，学生对英国社会及其教育机构的适应，很大程度上受到其来源国家、语言、文化、社会结构、以往有关欧洲人的经历，以及肤色的影响。例如，政治和经济计划报告显示，浅肤色西印度群岛学生在英国受到歧视的人数不到一半，相比之下，深肤色西印度群岛学生的这一比例达到80%，非洲学生这一比例为72%。在来自亚洲和地中海国家的学生中，只有约1/3的人报告了受到歧视的经历。但肤色并不是影响学生适应情况的唯一变量，这一点仍然正确。例如，辛格（Singh，1963）在一本关于在英国的印度学生的书中，描述了学生们在对这个国家的反应，以及与其社会背景有关的适应模式等方面存在的一些惊人差异。

这些不同的背景因素相当清楚地反映在论文之中。作者来源国内对英国看法的形成和发展是复杂的，往往会产生矛盾心理。但这种矛盾心理的性质随着国内遇到的问题性质的变化而变化。因此，许多西印度群岛人来到英国后，对当地人无法区分肤色的深浅感到十分困惑。在他们看来，"白种人"、"黑种人"或"有色人种"的粗略分类似乎忽略了西印度群岛上普遍而细微的差别。一名学生写道："在西印度群岛，我们发现了一种惊人的双重视觉。因为在对人类群体的考察中，没有任何社会发展出比这更微妙的感知工具。来到英国，就像踏上一片当地人都患有特殊色盲症的土地……"

也许值得补充的是，在一些非西印度群岛的文章中，也出现了相信浅肤色具有内在优越性的主题。例如，一名来自印度的女学生得出这样一个概括性结论："我明白，欣赏白皙的肤色是人类的天性，因此每个种族都试图从这个角度证明自己优于其他种族。而当一个人不得不承认自己低人一等时，他会试图通过表现出对特权方的敌意来克服这种自卑感。"

但这并不是印度人对肤色的典型态度。而且正如印度与西印度群岛学生的背景相去甚远，西非人在肤色问题上的经历，也与东非、中非和南非人不尽相同。大量欧洲人和亚洲人的出现，使东非和中非的种族问题复杂化，也让其独立之路变得艰难。例如，一名来自乌干达的学生认为："对欧洲人来说，非洲人是无知的，只是为了成为听话的仆人才配接受教育；印度人则是另一种原始的野蛮人。对印度人来说，欧洲人是无法回避但可恨又自负的主人，而非洲人是只配被剥削的原始土著。对非洲人来说，欧洲人是无法回避的、傲慢的，有时甚至是残酷的主人，尽管这个主人很聪明，有时也很有用，但一有机会就必须把他赶出去。"

毋庸赘言，这些观点并不必然具有代表性。但事实是，西非并没有出现同样的种族问题；那里没有欧洲殖民者，也很少有亚洲人。因此，西非学生有关欧洲人的经历，主要局限于他们作为行政人员、教师、传教士、医务人员等情况下扮演的角色。需要立刻补充的是，这并不必然使西非学生更容易适应英国：在与英国的肤色问题达成一致方面，他们还有很长的路要走。

论文中报告有关欧洲人（非定居者）的过去经历更多是正向的。但其中近一半提到的是传教士和教师——只有一篇对教会学校的教师表达了强烈不满。对其他职业的欧洲人（如地区专员、公务员、医务人员等）的评价分布要均匀得多。这些相对正向的经历带来的结果之一，是他们对到达英国之后发生的事情更为敏感。正如一名尼日利亚学生所言："在英国遇到的人与以前的殖民者有很大不同。"在这篇论文的语境中，其意思是英国的偏见与歧视，比其根据在尼日利亚的经历所预期的要严重得多。另一篇论文也表示："西非人很难理解种族歧视的含义……与南非、东非和美国黑人不同，他们生活在一个同质的，即使不是完全平等的社会中。"

在论文提到的作者国内的各种群际冲突或困难中，肤色和种族问题占了很大比重。在明确提及各种冲突的33个案例中，有不少于19个与肤色或这一主题的变体相关。但是，对于超越肤色，以多种形式（宗教、阶层、种姓、部落）表现出来的群际偏见的普遍性质的思考也绝非没有。一名学生写道："很难想象在哪一个国家不会遇到这样或那样的种族主义……甚至在我还是个孩子的时候,我就在苏丹看到了一个部落对另一个部落、一个族群对另一个族群的反应,当然还有外来种族对我们种族的态度。"一个印度人写道:"重要的是明白,并非只有白人才会犯这种特殊类型的错误。"

然而,白人犯"这种特殊类型的错误"的倾向,才是作者们在征文比赛框架设定下关注的焦点。根据论文提供的回顾性证据,在离开祖国之前,作者已经敏锐地意识到了白人世界中的种族主义倾向。一名学生写道:"亚拉巴马州、诺丁山、索非亚和莫斯科发生的事件有力地证明了这一问题跨越意识形态和地域界限。"在这方面,南非比其他任何国家被提及的次数都多,但美国也紧随其后。

尽管在本节中,我们并不关注学生们到达英国后的经历,但也许需要在此指出,南非背景对学生关于这个国家的初步印象产生了一定的影响:"我意识到了[在南非]难以描述的对人类的侮辱……呼吸空气,能够去任何我想去的地方,与我选择的任何人交谈,找伦敦的警察做朋友……根据我的资历,获得了我应得的报酬,而不是白人工资很小的一部分……我对欧洲人有了新的评价。"

下面是像镜像一样的、另一篇来自南非的论文的开头(并未提交参赛):

> 在我思想生涯的大部分时间里,肤色问题一直困扰着我。它把道德问题强加给我,而我无法解决;它要求我做出牺牲,而我并未做好准备;它蚕食我的良知,侵蚀我的自尊;它扭曲我的社会价值观,使我与自己的社群疏远,最后将我驱逐出自己的国家。这是因为,我虽然是土生土长的非洲人——但却是一个来自南非的白人。

这篇论文的结尾与上述内容相呼应:

> 我没有在英国遇见多少有色人种者,事实上很少。但我觉得自己幼年得的病已经好了。我再也不会在聚会中刻意地寻找黑人,对他表示友好,并向他表明我一直支持他。不过,我偶尔也会旧病复发,不得不向那些我认为没有得这种病的人道歉:这就是一个执着于肤色的

人忏悔的起点。

美国的种族问题也是"白人的世界"图景中的突出点。在讨论种族主义时频繁地提及美国，就表明了这种普遍意识。一名尼日利亚学生在评论美国在当今世界中所扮演的角色时写道："英国的社会良知比美国发达得多，也持久得多。今天，没有什么比处理黑人问题时蠢笨而卑鄙的做法更能挑战美国的世界领导地位了。"这句话公正地反映了其他人对于此问题的观点。然而，人们也经常承认美国为解决这一问题所做的努力，并认识到美国正在不断改善这一问题，尽管这种趋势是缓慢的。

其他"白人"国家并不经常被提及；但少数提及澳大利亚的论文，都是关于限制移民法律、白人澳大利亚政策，以及澳大利亚原住民缺乏正式公民身份；少数提及葡萄牙的论文，则是关于殖民地的歧视的；少数提及俄罗斯的论文，是关于论文写作前不久发生的种族主义暴动的。斯堪的纳维亚国家和法国被提及，则是因为它们明确否认存在粗暴形式的肤色歧视。

英国的情况如何？为了回答这个问题，我们统计了作者们关于"到英国之前持有的对英国的看法"的评价性内容。在涉及"英国和英国人"的46条相关表述中，20条是完全正面的，21条不置可否，只有5条是明显负面的。这一分布与到达前对英国肤色问题的看法分布大致相同。在44条表述中，有16条认为这里不存在肤色问题，21条不太确定，还有7条预计抵达英国后会遇到严重的肤色问题。

一些学生抱怨说，他们在国内建构起的英国形象，并不能让他们对抵达后的发现有所准备。部分原因是已经回国的人过于乐观的描述："当那些去过英国、经验丰富的人回到西非时，他们只关心祖国的欢乐，而忽视了肤色问题"，来自塞拉利昂的一名学生抱怨道。此外，讲座和课程往往也表现出官方的乐观态度："在尼日利亚，文化组织通常会为出国留学的学生安排一系列讲座，让他们熟悉当地的生活方式——没有一位演讲者哪怕是顺带提及肤色问题"。

在某些情况下，这些理想化的描述似乎只是证实了之前收到的信息。一名来自坦桑尼亚的学生写道：

在学校里，我们一直在观看一些描述英国生活的电影。英国文化教育协会（The British Council）和美国新闻处（American Information Service）是这方面的主要机构。这些影片大多展现了西方生活最好的一面：模范学校，福利服务，新城镇，技术成就，科学和医学进步。所有这些都倾向于支持非洲学童对英国生活现有的看法。对欧洲人的无知、电影的宣传以及英国新闻办公室（British information office）的出版物，这些因素结合在一起，造成了这种虚幻的英国印象。这就是初到英国的学生所面临问题的根源。人们很快就会发现，想象中的概念与现实相去甚远。以前对英国抱有的大部分理想逐渐被放弃了。

在接下来的两节中，我们试图尽可能地总结这些"理想逐渐被放弃"的方式，以及导致态度变化和在英国学习若干年后新态度形成的经历。

❖ 在英国的经历

我经常说，西印度群岛黑人的民族主义大多产生于帕丁顿火车站——我第一次来英国时抵达的那个火车站。在海上漂泊了两个星期，再从普利茅斯坐五个小时的火车，醒来发现白人搬运工们来去匆匆，不仅急切热情地帮人搬运行李——而且是毕恭毕敬的。白人搬运工们还不知道他们对有色人种移民的影响有多大。普通的非学生移民也许一生中都不会被称呼几次"先生"，他以前肯定也没有见过这么多白人在从事这种工作。后一点适用于所有阶层的西印度群岛移民。受过教育的西印度群岛人，在被伦敦地铁这种令人印象深刻的新奇事物弄得不知所措的时候，也可能会被周围人的口音逗笑。他自然会惊讶地发现，自己的英语说得比大部分英国人都好。他突然对国内同胞产生了极大的怜悯之情，因为几个世纪以来，他们一直被灌输着理想的英国人形象，他迫切希望能够与他们分享自己的经历；如果他碰巧是白人至上神话的信徒，那他几乎一下子就解放了。当他驾车穿过帕丁顿的街道时，他想，如果他能直接降落在特拉法尔加广场，置身于新闻中经常出现的圆顶礼帽和雨伞之间,那他对英国人的刻板印象将会有多好。他第一次意识到选择性新闻报道的有效性。他开始怀疑自己是不是被误导了——以为非洲的黑人同胞除了在电影院里经常看见的棚屋和部落舞蹈表演之外,没有任何进步。当他后来遇到有文化和阅历的非洲人时,当他了解到阿克拉和拉各斯都有令人印象深刻但他在国内可能从未听说过的建筑时,他不禁要问,为什么这些信息以前没有告诉过他。他得出结论——也许是轻率地——整个世界总是有一些力量,竭尽全力地将黑人与贫穷、落后和野蛮联系在一起。他意识到自己被诱导着相信自己不如白人——尽管也许只是略逊一筹——只是因为有这样一种虚假的安慰,即在非洲的阴暗处,还有远远不如他的人。在他新的启蒙情绪中,他很可能变得过度敏感,寻找歧视,并且在存在和不存在歧视的地方都发现了歧视。他被告知,英国人与美国人不同,"不存在肤色偏见。他们与英联邦国家的长期交往,使他们的视野更加开阔,让他们富有与各种民族和肤色人群打交道的经验"。他很快就打破了这一幻想。他周围的英国人既没有广阔的胸襟,也没有处理其他民族事务的经验。虽然没有人对他动用私刑,但他确信,周围瞪大的眼睛表明他不应该待在英国,因为"他可能会降低他们的生活标准,使他们的股票贬值"。他觉得,这些英国人对肤色的偏见比(vis-à-vis)美国人更微妙,但他们表达不认可的方式——如果有的话——在心理上更具破坏性。当然,他无法区分那些有偏见的人以及那些因在银幕外第一次看到黑人而感到困惑的人。

这是关于抵达英国后第一印象的一段描述。有些令人震惊,另一些则令人欣慰。总体而言,人们的评价并非负面的,而是有选择的、复杂的各种图像组合。有些学生对移民官员给予他们的待遇感到满意,有人因为没有在机场巴士上受到歧视而高兴,有人对空姐的友好态度反应热烈;有一名学生清楚地记得出租车司机"叫我先生"给他留下的印象,还有人赞许性地提到街上有一些肤色混合的夫妻。

在另一端,英国的气候最开始造成了很多痛苦:"寒冷、悲惨和潮湿","英国是灰色的、不友好的"(这显然不仅指气候)。还有人抱怨刚到英国时的孤独感，抱怨一个向国外传扬基督教美德的国家却缺乏这些美德，还有人宽泛地说英国没有"达到预期"。鉴于人们经常抱有的那种期望（见上一节的描述），这就不足为奇了。

对相当多的学生来说，看到欧洲人从事体力劳动所产生的惊讶，立即激发了他们的斗志。这在前面引用的文章摘录中表达得很清楚。这也是对英国社会阶层结构现实的直接展示——在某些情况下是令人难忘的。许多人发现，将"白人"看作一个无差别的范畴，无法适应他们新面临的复杂环境现实。这是一种奇怪的反转：英国人在许多方面都彼此不同；然而根据肤色这一独特而笨拙的标准，他们却倾向于把许多彼此差异更大的人混为一谈。这导致许多学生发现了一种新的、更广泛的认同，这种认同是由周围社会强加的、最初不可接受的标准来定义的——这一发现产生了强大的影响。

不少论文都表达了对英国阶级差异的敏感认知。"看到英国人自己都并非平等，我是否还渴望与英国人平等？如果是，那是什么阶层的英国人？"一名尼日利亚学生问道。有些学生抱怨，社会经济地位较低的人往往比那些他们几乎没有任何接触的上层人士更友好。其中一位提到了"四类最真诚地与有色人种移民交朋友的英国人——他们来自社会底层，知道遭受各种形式的侮辱是什么感受；他们不怕地位的跌落，但面临一些智识上的限制"。同时，"英国社会中更为安全的中上阶层，"另一位作者写道，"一有时机就会谴责下层人士的种族偏见。为什么他们不能以身作则，向那些非白人的中上阶层敞开大门呢？"

这些引文很有趣，不仅因为它们表现出来的阶级意识，还因为它们表现出的一种渴望，这种渴望也许是这些文章最普遍的特征之一：被承认和当作一个独立的个体对待，被承认是不同于"黑人"或"有色人种"或任何其他范畴的存在。从部分论文中可以看出，许多善意的接纳姿态或者好意适得其反，因为这些姿态暗含着将所有有色人种学生划归一个统一范畴的意思。尼日利亚、印度、西印度群岛、加纳或其他任何地方的学生，都不希望别人对他好是因为他是"黑人"，所以需要支持他。他希望建立的是个人与个人的关系，其中每个人代表的都是他自己，无论他的标签是什么。

但事与愿违，大多数人发现的是有关偏见和歧视的证据。这些事件的性质各异，其范围通常包括：很难找到住房，旅馆不提供服务，人们在火车上甚至教堂里都拒绝坐在有色人种旁边，送牛奶的人拒绝送货，出租车司机多收费，被叫作"黑鬼杂种"，等等。内容分析中有关偏见和歧视的经历也提到了类似的事件，可以归类为不太极端的事件。部分论文中也有明确的表述，否认自己遇到过任何形式的敌意行为，其中一些特指在学院或大学里的经历。

在提交论文的68名男性中，有60名都报告了各种形式的敌意行为的具体案例。其中并没有特别一致的模式，也无法对非洲、亚洲和西印度群岛学生印象经历的强烈程度做出明确的区分（即便只是因为人数太少）。在阅读这些论文时，很难区分报告的敌意行为，是基于真正的敌意，还是由作者的敏感性造成的，是基于真正的歧视，还是来自作者的想象。一些作者很清楚地意识到这点。例如，一名尼日利亚学生在谈到他的一位同胞时说："他会痛心疾首地抱怨，英国女孩的态度一点也不令人鼓舞。但我知道，他在国内的命运也不会好到哪去。"对他人敌对态度的解释，不仅取决于客观情况和前面已经讨论过的背景经历，还取决于报告者的性格特征。一些作者也非常清楚地看到了这点，如一名来自塞拉利昂的学生直截了当地，也许有点教条地指出，"对偏见的反应取决于性格"。也有人指出了敌意印象和个体态度之间的一些微妙联系："在我的尼日利亚同事中，显然是那些受到肤色偏见伤害最深的人，对西印度群岛人发表了最恶毒和有害的言论。"

在简要回顾学生们认为生活中受到敌视态度影响的各个方面之前，也许有必要讨论一下他们关于这些态度成因的看法。许多论文表示偏见是一种普遍现象，今天白人对黑人的态度是由历史、政治、社会和经济等多种因素，再加上人类本性中固有的偏见造成的。也有更为具体的观点。一些作者认为，部分困难可以归因于学生们到达英国后双方都感受到的"文化冲击"（culture shock）。还有人提到了具体的经济和政治议题。例如，一名作者认为，住房难找至少部分是由对普遍性住房短缺的政治运作造成的："有色人种移民被当作政府未能解决住房问题的替罪羊，社会困境的受害者反而被当作问题的制造者。"或者在就业方面:"大多数工厂工人一看见有色人种工人,就变得充满敌意和厌恶,不是因为他们有肤色意识,而是因为这些人威胁到了他们的经济地位……如果他们后来意识到这个新员工只是来度假的学生,他们就会变得更加友好。"

大众传媒、广告和教育等方面普遍存在的刻板印象也受到广泛关注。论文引用了许多众所周知的例子,这里不再赘述,但也有一些不那么常见却略显辛酸的例子。一名来自尼日利亚的学生问道:为什么,这么多有关饥饿救济的运动"选择有色人种作为饥饿的象征……而大部分的资金却花在了白人难民身上"?至少3篇论文对特雷弗-罗珀(Trevor-Roper)教授关于非洲历史的著名论述做出了不敢恭维的评论。还值得一提的是,一名来自乌干达的学生试图改变孩子们通过看漫画形成的印象。爱丁堡的一些孩子坚定地认为,他长得这样,一定是个太空人。他说自己是非洲人,"但他们拒绝相信我。于是,我告诉他们我是英国人,但我是从烟囱里掉下来的——这个答案似乎令人满意"。

即使只是快速浏览一下这些论文,也会发现普遍存在的因为难以找到稳定的住处所产生的苦闷和失望。这一主题至少在52篇论文中出现,明确表示他们没有遇到任何困难的只有5位。对许多人来说,这是他们顺利适应英国生活的绊脚石,而且几乎并非夸大其词。房东太太对英国形象的巨大影响,将会被学生们带回去,还可能会与其他人分享。

3个作者群体都有遭受歧视和限制的经历,但就有限的案例而言,没有任何迹象表明哪个群体的情况比其他群体更好。23名学生报告了极端或相当大的困难,包括在寻求住宿时面临完全的肤色歧视,以及在找到住处后对房客施加的各种限制。还有29名学生报告了类似的困难,尽管程度更轻。

以上提到的一些事件可能会让人觉得,有时作者把一些房东对所有房客施加的限制(例如,不允许女朋友进入,有访客时不允许锁卧室门)归咎于肤色歧视。在许多情况下,这种过度敏感是完全可能的,但这几乎与问题无关。因此,一个人从这家到那家,从一个广告到另一个广告,在一个又一个地方发现确凿证据表明"黑人禁入""有色人种禁入",或是一些更令人反感的客套说法,产生怀疑并归咎于并不存在的歧视,也就不足为奇了。此外,还存在客观的"肤色税":为了获得住宿,学生必须经常支付高于正常水平的费用,或者接受低于标准水平的住宿。凯里(Carey)在1956 年写道:"肤色税是有色人种学生获得二流住宿、二流工作和二流女友的过程——'二流'的意思是指他们的标准通常不被英国学生接受。"他接着写道:"肤色税体现在有色人种人士处在相对折中的住房中。这种情况并非完全接纳,也不是彻底拒绝,而是有限制的社会参与:接纳是有代价的。"

这确实是贯穿这些论文的一个主题,涉及住宿、性和就业。至少有 8 位作者直接提到了"肤色税"。道森(1961)对亚洲和非洲学生在牛津的适应和融入程度进行了研究。作为研究的一部分,他对 160 名亚洲和非洲男女学生相较对照组 160 名英国学生的住宿费用进行了分析。研究发现,亚非男性每周的住宿费用比英国学生多出 16 先令,女性每周也比对照组多出 12 先令。研究还发现,亚非学生往往住在牛津市中心的半专业宿舍中,而对照组的学生往往住在偏远郊区的家庭里。两组之间的差异具有统计显著性,证实亚洲和非洲学生支付了更多的住宿费用,且往往大家彼此住得更近。然而,在从"肤色税"和歧视的角度进行解释之前,还必须考虑其他变量。例如,有证据表明,这些学生中的大多数更愿意住在一起,并倾向于选择能够住在一起,而非彼此孤立的住宿环境。另外,也有大量证据表明,亚非学生更容易获得这种类型的宿舍,而不是"家庭"类的住宿。

所有这些与住宿有关的困难造就了一种孤独感和挫败感。在与异性建立关系方面遇到的困难,无论是真实的还是想象的,都加剧了这种感觉。有 8 位作者似乎对他们生活的这一方面相当满意。其中 3 位已与英国女孩结婚,两位已订婚,一位有英国女友。有 17 名学生抱怨在寻找女伴时遇到了一些小困难(拒绝跳舞和其他类似的烦恼)。还有 30 名学生更进一步,抱怨了他们与当地女孩的整个关系模式。事件的类型和抱怨的具体性质各不相同:例如,只能与外国女孩、神经病患或兼职妓女交往;与有色人种学生约会的白人女孩会受到排挤;父母禁止与有色人种男子交朋友;一位教会牧师告诉白人女孩不要跟有色人种男子出去;一名学生在与白人女孩外出时遭到青少年的攻击。总的来说，我们的作者认为这是有色人种学生在英国生活的一个突出方面。"考虑到根植于性问题的强烈情感，"一名苏丹学生写道，"可以毫不夸张地说，种族主义在这里根深蒂固。"正如人们所预料的那样，有时候最痛苦或尴尬的经历，都与性有关。"和一个白人女孩一起走在街上，就得面对一张张审视的白人面孔——她不可能是正经人。"或者如另一位学生所写："一名女大学生与有色人种男子谈恋爱，就会被悄悄地排挤。"还有人提到了一名与有色人种男子结婚的英国女孩："她被整个社会孤立了……人们的目光盯着她，仿佛她犯了罪一样。"

即使是在性方面取得成功，也可能有其苦涩的成分。一些学生认为这种成功有时候并非建立在体面的人际关系之上，而是建立在黑人性优越的传说之上。"任何坦率的讨论都不能不提到这样一个事实：即使是在牛津，人们也坚信黑人在性方面更胜一筹。不管这是不是一种抱怨，都不是黑人能决定的。"一名西印度群岛人写道。另一个人也写道："如果一个女人只把他视为来自异域的性工具，那么这个来自西印度群岛的男人对她心生轻蔑，就无可厚非。"

凯里从"肤色税"的角度再次解释了这点。"因为他们的肤色，"他写道，"这些学生通常（只）可能接触社会地位和教育背景低于英国学生接受水平的女性。"这种说法可能过于笼统。可以说，任何男性群体，无论白人还是黑人，在短期访问另一个国家时，都可能难以与处于平均社会经济水平的女性建立正常的关系。论文中也有证据表明，困难程度与文化背景有关，而不仅仅是肤色。三组学生中，非洲学生显然遇到的困难最大，亚洲学生其次，西印度群岛学生遇到的困难往往是最少的——这些差异在统计意义上非常显著。只有在这里，来源国对经历和适应的影响才变得清楚可见。在偏见和歧视的一般模式方面，或在住宿和就业方面，差异并不那么明显。

由于许多学生的助学金并不充裕，他们的求职经历也引发了许多关于就业歧视的意见。贯穿这些意见的主题是，学生找不到与其资历相符的工作。在46名提到这一问题的学生中，只有3名说他们没有遇到任何就业困难。有报告称，当学生承担起工作角色，成为具有威胁性的经济竞争者时，工人表现出的友情往往会消失。一些学生指出，经济竞争方面的主要压力出现在伦敦和伯明翰等大都市，那里的非洲、亚洲和西印度群岛工人最多。一名学生写道："在大型工业城镇，半熟练工人的群体压力正在加剧。在半熟练劳动力供给充足的地方，经济不安全造就了对有色人种的敌意。"

论文很少提到学术歧视的例子——总共只有3个，而且都不严重。下面引用的西印度群岛学生的话比较能代表学生对其学术生涯起伏的反应："它经常以另一种方式出现：一名黑人学生如果展示出任何愿景，很可能比白人学生受到更高的评价。这可以被视作一种形式上的恩惠。"似乎正是这种被他们认为是自己的功劳的"表演者"特质——对黑人学生的赞美中暗含的欣喜惊讶——冒犯了我们论文作者中的一些成功学生。

❖ 英国的形象

论文中发现，关于英国和英国人的意见千差万别，很难用简单的方法概括。从前面几页可以清楚看出，总的来说，他们不太可能充满热情。我们得出的结论是，向读者传达这些意见总体风格最简单的方法，是以定量的形式进行总结，尽管我们非常清楚这种伪统计的缺陷：案例数量少，需要将有时模棱两可的意见解释为有利的或不利的评论，表述的强烈程度各不相同，等等。表8-1列出了所有表述的摘要。表格中出现的条目尽可能转录于作者使用的描述词。在有疑问的情况下，根据评价出现的语境，将其归入有利的或不利的类别。

表8-1 学生对英国人的评价

有利的	数量	不利的	数量
友好的	6	无知的（指缺乏关于有色人种学生及其国家的知识）	25
乐于助人的	4	矜持的	21
有合作精神的	3	施恩的	13
客气的	3	有优越感的	10

续表

有利的	数量	不利的	数量
彬彬有礼的	3	"保守的"	9
宽容的	2	伪善的	6
		害怕邻居的流言蜚语	6
		多疑的	4
		居高临下的	4
		性嫉妒	3
		孤僻的	3
		怜悯而非友情	3
		爱挑剔的	3
		仇外的	2
		高傲的	2
		自我崇拜	1
		有误解	1
		自我中心的	2
		冷漠	1
合计	21		119

不利与有利评价之间 5.3∶1 的总体比例令人不安，更糟的是，这一比例太过显著，以至于不能怪罪于产生它的蹩脚统计数据；这显然反映了意见天平的倾向。鉴于负面评价的出现频率如此之高，我们从两个角度进一步分析了这些表述：它们在三组学生中的分布情况，以及它们作为在英国停留时间长短的函数分布情况。

表 8-2 展现了按照来源地区分列的情况。这里的分布同样相当清楚。非洲的负面评价占比最高，亚洲次之，西印度群岛负面评论的相对频率远低于其他地区。这证实了文化背景的相似性对于适应这个国家的重要性。

表8-2 按来源地区和在英国时长划分的态度

来源地区	不利的	评论数量：1名学生	有利的	评论数量：1名学生	不利:有利
非洲（42）	75	1.79∶1	10	0.24∶1	7.5∶1
亚洲（16）	30	1.88∶1	5	0.31∶1	6.0∶1
西印度群岛（10）	14	1.40∶1	6	0.60∶1	2.3∶1
在英国年数					
0~1.9（25）	35	1.40∶1	6	0.24∶1	5.8∶1
3~3.9（25）	57	1.90∶1	10	0.33∶1	5.7∶1
4+（13）	27	2.08∶1	5	0.39∶1	5.4∶1

停留时间也被进行了同样的分析。从表8-2（下半部分）可以看出，唯一有一点的趋势似乎是，随着在这里停留时间的增加，发表评论的意愿也增加了，不管是正面的还是负面的。"反感占比"随着时间的推移有非常轻微的下降趋势，但如果从这些数字中得出这样令人振奋的结论，就太鲁莽了。不幸的是，反感占优势的总体结论是建立在更明确的证据基础上的。

❋ 态度的变化

从我们收到的这些论文中，无法就态度变化得出有效的一般性结论：形式和内容的多样性排除了系统分析的可能。从前面对英国经历的描述中，可以推断出许多与抵达英国前的期望有关的变化。

不过，对论文中的明确表述进行内容分析，可以得出这样一个结论：表达满意的人数少于在来之前就抱有很高期望的人数；而最终评价不佳的人数多于最初期望很低的人数。

但诸如此类的说法并不具有启发性。它们并没有对前几节已经介绍过的内容作任何补充。统计与在英国学习的具体利弊直接相关的表述，会提供更多的信息。学生们往往会意识到，他们所处的整体境况会引发过度敏感。政治和经济计划（1955）和凯里（1956）都曾指出这种对真实或想象的歧视的反应，这确实是一个真正的问题。从贯穿这些论文的主题来看，这种尖锐的敏感性会造成相当大的适应困难，有时还会在学生与周围社会之间形成难以逾越的鸿沟。下面是从一名印度学生的论文中摘录的这种性质的反应：

> 17岁时，我来到这里，相信自己的天赋，相信自己有能力吸收、建设和融入这里的社会……23岁时，我发现大多数英国人试图建立友谊的做法都是虚情假意的；我认为大多数涉及黑家伙和外国佬的笑话都是索然无味的；我感觉大多数订房失败都是故意的轻视；每当谈到英国的正义、法律和秩序，我都装作没有听见。

许多表述涉及对种族和肤色差异更敏锐的认识。 这往往是在对种族偏见有了新感悟的背景下做出的，尽管对许多学生来说，这种经历带来的对自己民族或种族群体的认同被认为是崭新和丰富的。这一点在西印度群岛学生身上尤为明显："在这种氛围下，许多西印度群岛人产生加勒比民族主义并不奇怪。"一些非洲学生也提到了有关"非洲性"（African-ness）或有时是黑人性（négritude）的同类反应。

肤色问题是这些论文的重要主题：不可能不是的，且不仅因为这是征文比赛的中心话题。这个话题之所以能引起共鸣，是因为它直接且紧密地关系到作者们在这个国家生活中最重要的一些东西。

这是真的当务之急的直接证据是，很多论述都包含关于"可以做些什么"的建议，包含关于可以减少偏见和歧视的方式方法的建议。我们至少发现了147项这样的建议。其中有些建议并没有超出一般性原则声明的范围：在群际关系中需要更多的包容、更多的同情，应该努力贯彻执行《联合国宪章》（United Nations Charter）等。

主流意见认为，英国公众需要接受教育。这必须是关于宽容的教育，也必须是预防性的：应该采取措施，制止传播关于外国的粗俗错误观念，特别是关于非洲和亚洲的观念。

学生们非常反感那些强调其故乡和人民原始性质的电影和电视节目。他们指出，这类节目没有展现出今天正在发生的进步，只会增加对他们国家的普遍无知。一名印度学生评论道："这似乎很可笑，东方人民、落后国家人民、小国人民培养了数百万年轻人去学习源自英国的科学技术，但年轻的英国人却对他们漠不关心。"

一些学生写道，在这个国家，中年人的刻板印象根深蒂固。与之相对的是，许多人强调了儿童的友好态度。有些人希望通过儿童找到解决问题的办法。一名尼日利亚学生写道：

> 普通的英国少年是最友好的，在与外国人打交道时几乎没有什么约束。当他在学校和操场上，与来自世界其他地方的孩子自由玩耍时，这一点体现得淋漓尽致。但在他上文法学校之前，他已经被灌输了各种关于"他人"的观念。

也有观点认为教会没有充分利用机会，在偏见和歧视问题上提供强有力的道德指导。这反映在一系列论述中，如"英国不是一个基督教国家"，"英国只是一个名义上的基督教国家"，或者"很遗憾……各种基督教会对信徒的巨大影响，没有得到充分发挥"。

这里还要提及，相当多的学生呼吁在抵达英国之前获得恰当的信息，这在前面已经讨论过。毫无疑问，这是这些论文中鲜明一致的主题之一。

我们必须呈现的情况并不令人鼓舞，而且它只是更大范围内的，甚至更不令人鼓舞的模式的一部分。世界各地都存在着这样或那样的种族偏见。歧视行为必须结合其偏见背景来考虑，但也必须结合经济、社会、政治和历史条件来看待；不可能有简单的"解决方案"，也没有简单的行动计划。这些问题十分棘手，它们深深植根于我们的社会结构，以及学生来源社会的结构。

但是，或多或少可以立即采取一些措施。论文中讨论的一些问题可以在机构层面得到一定程度的解决。有许多机构直接或间接地与这个国家中的英联邦及外国学生有关，采取行动的责任应该直接落在这些机构的头上。高等院校、学生团体、政府部门和机构、志愿组织等没有充分协调它们的努力，也没有制定连贯的方案计划。诚然，即使存在并实施了这样的计划，也不能指望会有特别明显的改善。但是，这个问题非常重要，值得一试，即使只能期待有限的成功。我们可以做出选择，是在有限的范围内采取某种形式的行动，还是等待偏见和歧视——奇迹般地——从我们的社会舞台上消失。

第九章
我群中心主义的形成*

❖ 儿童对自己民族偏好的发展

有普遍一致的证据表明,儿童在形成、理解和恰当使用国家或民族的相关概念之前,就已经开始偏爱自己的国家,而不是其他国家(证据综述见:Jahoda, 1963a & b; Davis, 1968)。概念形成与评价产生之间的错位,不仅存在于国家和民族层面,还存在于对其他大规模人类群体的态度方面——种族、族群、宗教和社会(Proshansky, 1966)。一些研究表明,无论相关群体是否有直接接触(例如,与民族或国家相比较,种族、族群或宗教群体通常比邻而居),也无论是否存在明确的助长歧视的体貌或行为线索(例如,种族群体的相互接触,与宗教群体等形成对比),评价都先于理解存在。霍罗威茨(Horowitz, 1936)早年的观点,即"现在,对待黑人的态度不是主要取决于与黑人的接触,而是取决于与对待黑人的普遍态度的接触",似乎有了更广泛的应用。

皮亚杰和韦尔(Piaget & Weil, 1951)以及亚霍达(Jahoda, 1962)

---

* 来自:H. Tajfel, C. Nemeth, G. Jahoda, J. D. Campbell and N. B. Johnson, The development of children's preference for their own country: A cross-national study, *International Journal of Psychology*, 1970, 5, 245–253; H. Tajfel, G. Jahoda, C. Nemeth, Y. Rim and N. B. Johnson, Devaluation by children of their own national or ethnic group: Two case studies. *British Journal of Social Clinical Psychology*, 1972, 11, 235–243。

等研究表明，大多数儿童在六七岁时，对民族的概念还是初步的和非常混乱的。我们的目的是证明，在同样的年龄，儿童对自己民族的偏好已经高度固化且形成共识，并跟踪这种偏好的发展过程，直到 12 岁左右。皮亚杰写过，"一个国家最先引起儿童兴趣的是它的名字"（1928：128）。正是这种偏好背后的"名义现实主义"（nominal realism），最有可能解释它们早期的存在以及上文提到的相对独立性，即它们与是否有直接接触和线索支持无关。在本研究中，我们希望只使用"单词"或者民族的名称标签来引出儿童的偏好。这样做的方式不会让幼儿陷入复杂的语言表达过程，这些表达理解起来通常也同样复杂，同时还能尽可能避免儿童的反应受到沉重的规则压力的影响——例如，在国旗偏好是一种要求时（Lawson，1963）。我们还试图通过使用非常模糊的刺激，以及在出示民族标签和进行相关评价之间引入相当大的时间差，来尽可能多地获得自由选择的反应。同时，我们试图开发一种方法，使其在跨民族和跨年龄组之间具有明确的可比性。

1. 程序

研究对象来自牛津（英格兰）、莱顿（荷兰）、维也纳（奥地利）、格拉斯哥（苏格兰）、鲁汶（比利时）和那不勒斯（意大利）的小学。① 在每个样本中，男孩女孩各占一半；其年龄范围为 6~12 岁。各样本的受试者人数如下：牛津 356 人，格拉斯哥 136 人，莱顿 120 人，维也纳 418 人，鲁汶（佛兰芒受试者）110 人，那不勒斯 118 人。

每个国家或地区都采用了相同的实验方法。为了研究目的，在牛津准备了 23 张相当标准的年轻男性照片，并在所有地区使用。每个儿童都要在

---

① 莱顿研究的详细描述见：J. Jaspars, J. P. van de Geer, H. Tajfel and N. B. Johnson, On the development of national attitudes, *European Journal of Social Psychology*, 1973, 3, 347–369; 维也纳研究见：M. D. Simon, H. Tajfel and N. B. Johnson, Wie erkennt man einen Österreicher?, *Kölner Zeitschrift für Soziologie und Sozialpsychologie*, 1967, 19, 511–537; 那不勒斯研究见：N. C. Barbiero: *Noi e gli altri*: *Attegiamenti e pregiudizi nel bambino*, Naples: Guida Editori, 1974; 以色列研究见：Y. Rim, The development of national stereotypes in children, *Megamot*, 1968, 45–50。

两个连续的实验环节中接受单独测试，两个环节之间相隔2~3周。在一个环节中，实验人员向儿童展示了20张照片，并要求他将每张照片分别放入标着"我非常喜欢他""我有点喜欢他""我有点不喜欢他"和"我非常不喜欢他"的4个盒子中的一个。在另一个环节中，儿童被告知有些照片是他同一民族的人的（如英格兰研究中的是英格兰人），有些不是。然后要求他判断每张照片中的人是否和他是同一民族的，并将该照片放入两个贴着对应标签（例如，英格兰人和非英格兰人）的盒子中的一个。在鲁汶的研究中，一半受试者根据比利时人-非比利时人对照片进行分类，另一半受试者则根据佛兰芒人-非佛兰芒人进行分类。在每个环节开始时，实验人员会向儿童展示3张试验照片，以确保他理解指示。例如，在英格兰儿童民族分配的环节中，实验人员首先要确保儿童能够读懂盒子上的标签（即英格兰人-非英格兰人）。在告知儿童一些照片中的人是英格兰人、一些不是之后，实验人员向他展示第一张试验照片，并询问他认为这个人是不是英格兰人。在儿童回答后，实验人员会让他把照片放到对应的盒子里。用3张试验照片重复这一过程；如果儿童遇到困难，则继续提示。在喜欢-不喜欢环节中，也用3张试验照片进行类似的引导。在这一环节，首先要求儿童决定他是否喜欢照片中的人。如果儿童回答说他喜欢，再指示他将照片放在两个为"喜欢"的人准备的盒子附近，然后问他是"非常"还是"有点"喜欢这个人。在儿童回答后，再告诉他这张照片对应的盒子。用至少3张试验照片重复这一过程；如果儿童还有其他困难，则继续提示。在每个民族样本中，有一半儿童先进行民族分配，再判断喜欢-不喜欢；另一半受试者的顺序则相反。这些照片按4种不同的随机顺序展示。

2. 结果

在所有样本中，儿童将照片归为"本"族或外族人的比例各占约50%。

对"本"族人的偏好

数据分析以两种方式进行：

第一，为每名儿童计算了一个称为"d分数"的指标。d分数表示儿童对其归为本族人和非本族人的照片喜欢程度（例如，英格兰人与非英格兰人相比）的差异均值。在喜欢-不喜欢环节，喜欢程度（从"我非常不喜欢他"到"我非常喜欢他"）依次赋 1~4 分；d 分数由对归为本族人和非本族人照片的平均喜欢程度之差组成。因此，如果 d 分数为正，则表示在喜欢-不喜欢环节中更偏好在民族分配环节中归为本族人的照片。

表 9-1 显示了各样本 d 分数的总体均值。除苏格兰外，所有样本中的 d 分数都非常显著（基于双尾独立样本 t 检验）。因此，儿童显然更喜欢那些他们归类为"本族人"的照片，而不是那些归类为"外族人"的照片。

表 9-1 d 分数的均值[1]

牛津	+0.30*	鲁汶	比利时人	+0.24*
格拉斯哥	+0.09		佛兰芒人	+0.19*
莱顿	+0.32*	那不勒斯		+0.17*
		维也纳		+0.32*

[1] 归类为"本族人"和"非本族人"的照片在喜欢程度上的平均差异。
* $p<0.01$。

第二，为了便于在不同民族和年龄组之间进行比较，第二种偏好指标是通过相关系数计算的。这一指标不以受试者的个人数据为基础，而是以照片为基础。在每个样本中，计算每张照片被归为"本族人"的比例与对它的平均"喜欢"程度之间的相关系数。表 9-2 列出了这些相关系数。除苏格兰和荷兰的数据是接近显著外，其他数据均为显著正相关。因此，一组儿童将一张照片归类为"本族人"的比例越高，这张照片就越受青睐。

表 9-2 喜欢程度和民族之间的相关系数（r）（所有样本）

牛津	0.82*	鲁汶	比利时人-非比利时人	0.66*
格拉斯哥	0.07		佛兰芒人-非佛兰芒人	0.54*
莱顿	0.31	那不勒斯		0.51*
维也纳	0.76*			

* $p<0.01$。$N=20$ 张照片。

年龄趋势

从表 9-3 中可以看出，如果将低龄儿童与大龄儿童的民族-喜欢程度的相关系数进行比较，就会发现一种相当清晰的模式。除了鲁汶的样本外，所有的相关系数都随着年龄的增长而显著下降。

表9-3 喜欢程度和归为自己民族之间的相关系数

		低龄组（6~8岁）	大龄组（9~12岁）
牛津		0.923*	0.726*
格拉斯哥		0.342*	0.032
莱顿		0.465*	0.174
鲁汶	比利时人	0.407	0.739*
	佛兰芒人	0.230	0.530*
那不勒斯		0.653*	0.099
维也纳		0.779*	0.657*

* $p < 0.05$。

跨民族比较

这些研究首先在牛津和格拉斯哥进行，随后在莱顿、鲁汶和维也纳进行。在这6个样本中（包括鲁汶的比利时人-非比利时人和佛兰芒人-非佛兰芒人两个版本），除格拉斯哥外，其他所有样本都表现出明显的倾向，更喜欢被归为本族人的照片。为了评估和比较不同年龄阶段和不同民族在偏好和民族分配方面的一致程度，接下来进行了6种相关分析。它们如下：

（1）在每个民族群体中，低龄儿童与大龄儿童之间，对20张照片的喜欢程度的相关系数。

（2）在每个民族群体中，低龄儿童与大龄儿童之间，将每张照片归为本族人的比例的相关系数。

（3）在低龄儿童中，所有民族群体两两之间，对20张照片的喜欢程度的相关系数。

（4）在大龄儿童中，所有民族群体两两之间，对20张照片的喜欢程度的相关系数。

（5）在低龄儿童中，所有民族群体两两之间，将每张照片归为本族人的比例的相关系数。

(6) 在大龄儿童中，所有民族群体两两之间，将每张照片归为本族人的比例的相关系数。

表9-4显示了根据上述（1）和（2）获得的相关系数。暂且不考虑那不勒斯的数据，可以看出，所有民族内部的相关系数都是正的，而且除了佛兰芒人的数据外，都是统计意义上显著的：也就是说，在每个民族群体中，低龄和大龄儿童对于他们喜欢谁，以及谁是他们的同胞，有相当一致的看法。

表9-4 低龄和大龄儿童之间在（a）喜欢程度和（b）民族分配上的相关系数

	牛津	格拉斯哥	莱顿	鲁汶		那不勒斯	维也纳
				比利时人	佛兰芒人		
(a)	0.949*	0.649*	0.844*	0.530*	0.335	0.846*	0.881*
(b)	0.804*	0.581*	0.680*	0.666*	0.383	0.183*	0.802*

* $p<0.05$。

（3）（4）（5）（6）所得的相关系数表现出意想不到的规律性，并因此决定在那不勒斯重复该研究。表9-5列出了这些相关性。

暂时再次忽略那不勒斯的数据，从表中可以看出：

（1）5个样本（格拉斯哥除外）中的偏好和民族分配均呈正相关关系，但在他们喜欢谁的问题上，从低龄组到大龄组并没有表现出明显的模式或趋势。从表9-5（a）中可以看出，在牛津、莱顿、两个鲁汶样本，以及维也纳样本两两之间10对组合中，有6对喜欢程度上的相关系数，从低龄到大龄儿童有所增加，4对下降。

（2）在民族分配上的相关系数方面，同样10对组合呈现出的总体模式则有很大不同。从表9-5（b）可以看出，在所有（all）任意两个民族群体组合的10种情况中，比起低龄儿童，大龄儿童在谁是他们的同胞这一问题上有更高的共识。这是一个耐人寻味的发现，特别是考虑到在喜欢程度上没有类似的模式，以及喜欢程度和民族分配之间的相关系数随着年龄的增加而下降（见表9-3）。

第九章 我群中心主义的形成

表 9–5 不同民族群体之间低龄（Y）和大龄（O）儿童在（a）喜欢程度和（b）民族分配上的相关系数

	荷兰		比利时		佛兰芒		奥地利		意大利		苏格兰	
	Y	O	Y	O	Y	O	Y	O	Y	O	Y	O
(a)												
英格兰	0.574	0.448	0.507	0.657	0.506	0.670	0.733	0.809	0.667	0.714	0.813	0.865
荷兰			0.595	0.332	0.100	0.104	0.839	0.616	0.579	0.579	0.482	0.505
比利时					0.282	0.599	0.652	0.357	0.790	0.391	0.369	0.544
佛兰芒							0.428	0.501	0.376	0.645	0.498	0.577
奥地利									0.803	0.779	0.682	0.786
意大利											0.579	0.754
(b)												
英格兰	0.711	0.782	0.233	0.493	0.527	0.574	0.690	0.715	0.662	0.551	0.520	0.450
荷兰			0.332	0.601	0.212	0.679	0.431	0.504	0.487	0.405	0.255	0.482
比利时					0.299	0.653	0.329	0.508	0.013	0.365	0.039	0.044
佛兰芒							0.526	0.765	0.343	0.230	0.368	0.025
奥地利									0.685	0.491	0.056	−0.013
意大利											0.306	0.463

对这种规律的可能解释之一是，随着年龄的增长，儿童往往会习得关于自己民族群体的某种体貌上的刻板印象，而且这种刻板印象在4个涉及的国家——英国、比利时、荷兰和奥地利——可能是相似的。为了验证这种可能性，必须在另一个同时满足以下两个标准的地方重复这项研究：（1）使用同样的照片进行同胞和外族的分配任务仍然是可信的选择；（2）该地区应该有可能找到与前4个国家不同的"相貌生态"（physiognomic ecology）。这样的话，如果儿童确实随着年龄增长，获得了某种形式的关于自己民族群体一致的体貌刻板印象，且这种刻板印象在某种程度上取决于他们在环境中习得的线索，那么新地点与其他国家之间在民族分配任务上的一致程度，应该随着年龄增长而有所下降。重复研究是在那不勒斯进行的。将在此获得的数据与其他数据进行比较发现，随着年龄的增长，体貌刻板印象可能会经历一定程度上的固化，且这种刻板印象与我们说的"相貌生态"不无关系。

（1）和其他地区一样，那不勒斯的低龄和大龄儿童，对于谁是他们喜欢的人有着强烈共识；然而，他们并未达成共识——在这方面他们是唯一的例外——谁是他们的同胞（见表9-4）。鉴于在总体趋势上，与大龄儿童相比，低龄儿童的分配与情感之间的关系更为密切（见表9-3），这一发现支持了这样一种可能性，即在大龄儿童群体中，体貌刻板印象固化了。

（2）如上所述，在牛津、莱顿、鲁汶和维也纳的10对组合中，随着年龄的增长，民族分配上的一致程度也在升高。而在其与那不勒斯的5对组合中，有4对的一致程度随着年龄的增长而降低［见表9-5（b）］。同样地，喜欢程度的相关系数没有明显的变化规律可循［见表9-5（a）］。

3. 结论和讨论

研究的主要发现如下：

（1）除格拉斯哥外，所有地区都有一种明显的倾向，即将更喜欢的照片归为自己的民族类别。

（2）这一倾向的强度随着年龄的增长而减弱，但鲁汶除外，在那里，无论分配的是比利时人还是佛兰芒人，这一倾向都随年龄增长而显著增强。对于英格兰、比利时和奥地利的受试儿童来说，这一倾向在大龄儿童中仍然很强烈和显著。

（3）在选择喜欢的照片方面，所有地区都有明显的一致性。

（4）除那不勒斯外，所有地区在民族分配上也有明显的一致性。

（5）除那不勒斯外，在所有喜欢程度与民族分配正向相关的情况下，各民族在民族分配上的一致性随年龄的增长而增强。但在喜欢程度的一致性上，没有发现这种年龄趋势。那不勒斯的数据为分配模式提供了一个重要的反例：那不勒斯与其他地区在民族分配上的一致程度，随着年龄增长而降低。

（6）在所有地区，低龄儿童和大龄儿童在喜欢程度上的一致性较强。这也适用于民族分配，但那不勒斯的数据除外。

在没有进一步数据支持可能提出的各种假设的情况下，对这些发现的讨论只可能是推测性的。这里的讨论必须主要关注数据中发现的一般趋势的各种例外情况。

总的发现如下：通过将民族的文字标签与对照片的偏好排序联系起来，可以从儿童那里获得一个明确的对自己民族群体的偏好指数。这一联系随着年龄的增长而减弱。如果认为这种减弱是由于民族主义的削弱，就显得太天真了。这似乎更有可能是因为低龄儿童在两组判断中往往更直接地基于同一种情感标准，这正是他们解决民族分配这一高度模糊的任务所带来的问题的方式。毫无疑问，对于大龄儿童来说，这也是一项模糊的任务——对于成年人来说也是如此。但有可能在大龄儿童群体中，喜欢和民族分配开始有不同的作用线索，儿童会努力用不同的标准来进行这两种判断。有数据表明，随着年龄的增长，儿童会形成一种体貌上的民族刻板印象。这种刻板印象的微妙线索可能与喜欢个体照片的线索并不完全重合，且两者之间的关系存在随机的变化。

此外，我们从以往研究，如皮亚杰和韦尔（1951）以及亚霍达（1963）的研究中知道，关于民族的概念"在几年的时间内跨越了漫长的智识距离"（Jahoda，1963）。一个相对成熟的民族概念可能与对自己国家或民族的积极态度紧密相连，而不必通过对看起来是——相当可疑的——自己同胞照片的初步"偏好"来表达。对低龄儿童而言，一种更原始的民族偏好可能还停留在前概念阶段，会利用它所能找到的任何简单的情感符号。

前四个地点在民族分配上的一致性随儿童年龄增长而增强的结果，导致那不勒斯的研究。将那不勒斯的数据与其他地区的数据进行跨国比较，进一步证实了随年龄的增长，存在对自己民族体貌的刻板印象。如果这一解释得到进一步研究的支持，就会产生一些有趣的问题。这是基于使用了某种特定体貌"类型"的大众传媒的"理想"刻板印象，如漫画、电影、电视、广告等，还是更直接地基于从"真实"社会环境中提炼出的线索？第二种选择似乎不太合理，除非假设我们前面提到的"相貌生态"具有相当强的统一性。这种性质的相貌问题一直给研究带来极大的困难（例如：Brunswik，1947；Tagiuri，1969）。另外，由于漫画、卡通片、电影等经常将"不受欢迎的外国人"表现为具有某种体貌特征，因此也存在形成"负面"刻板印象的可能性（例见：Johnson，1966）。那不勒斯和其他地区在体貌刻板印象上的差异只有在以下情况中才能得到解释，即：那不勒斯儿童在各种形式的视觉作品中接触到的英雄和反派，看起来与牛津、鲁汶、莱顿或维也纳的同类型人物并不相同。当然，也有可能是那不勒斯的总体相貌生态与我们研究的其他欧洲地区足够不同，从而产生了所发现的差异。

两个主要发现——低龄儿童的偏好与民族分配之间具有显著关联，以及其随年龄增长呈现的下降趋势——有两个例外：在格拉斯哥，这种关联几乎不存在；在鲁汶，无论是在佛兰芒人还是在比利时人的分配中，都显示出随年龄增长明显的上升趋势。格拉斯哥和鲁汶的共同特点是，与其他四个地区不同，民族分配在那里是一项更为复杂的任务。但这种复杂性在格拉斯哥和鲁汶的影响却截然不同。在鲁汶，对大龄儿童群体而言，早期的混淆（从低龄儿童的数据中可以看出，对佛兰芒人和比利时人的民族分配相关性较弱，且无论是在比利时还是在佛兰芒版本中，低龄和大龄儿童之间喜欢程度的相关性也都相对较弱）让位于对自己民族群体的坚定偏好——无论是比利时人还是佛兰芒人。人们可以推测，佛兰芒儿童缺乏简单而独特的民族标签，加上这个国家中双民族问题和佛兰芒自我意识［而且，这并非完全是非（un）比利时的］的高度突出，干扰了低龄儿童对"单词"或"标签"的简单情感反应。佛兰芒人可能意味着不是瓦隆人，但它也是比利时人的一个子类，瓦隆人则是另一个子类；非佛兰芒人可能意味着瓦隆人和/或比利时人；比利时人和非比利时人也可能有类似的复杂性。因此，可以合理地推断，只有在年龄更大一些的时候，当两种民族概念、分配以及偏好都更加牢固地建立起来时，这些族群和民族标签及关系方面的难题才会得到解决。

格拉斯哥儿童没有表现出对自己民族群体的偏好，这似乎是对另一种复杂性做出的反应。缺乏民族偏好的一个原因很可能是，众所周知的内群贬抑现象在这里以一种相当出乎意料的方式存在。许多关于少数或弱势群体儿童的研究都指出了这一现象（一些例子见：Vaughan，1964；Morland，1966；Jahoda & Thomson，1970）。由于苏格兰人绝不是苏格兰的少数民族，英格兰人和苏格兰人群际关系的紧张程度也无法与构成其他内群贬抑研究背景的紧张关系相提并论，我们获得的数据很可能构成一个重要例子，说明儿童对社会影响的某些方面非常敏感，这些方面的影响相当微妙，并不同于紧张的群际局势所带来的无所不在的后果（见第六章）。正是由于这种可能性，随后在苏格兰和英格兰进行了针对这一问题的进一步研究，也在以色列进行了研究，从当地欧洲裔和东方裔的儿童那里获得了数据。

❖ 儿童对自己民族或族群的贬抑：两个案例研究

上一节介绍了一项关于儿童对自己民族偏好发展的跨国研究报告。一般模式有两个例外。在鲁汶，两组不同的儿童（均为佛兰芒人）分别将照片归类为比利时人-非比利时人和佛兰芒人-非佛兰芒人。两组儿童都表现出对自己民族的整体偏好；但对这两组儿童来说，这种偏好在低龄组较弱，在大龄组则明显增强。对这些发现的解释是，在比利时，年幼的儿童在面对由双重和相互交叉的标准所形成的民族类别和标签时，可能会遇到相对的困难。第二个例外是格拉斯哥的儿童群体，这是唯一一个几乎没有表现出任何对他们自己群体偏好的受试者群体，归类为"苏格兰人"的照片并不比归类为"非苏格兰人"的照片更受欢迎。

对于格拉斯哥的不同结果，一种可能的解释是，苏格兰人-非苏格兰人二分法的含义，与其他地区等效的二分法含义不同。非英格兰人或非奥地利人可能只是简单地指一类无差别的外族人；与这些外族人相比，本族人更受喜欢。而在格拉斯哥，非苏格兰人则可能被理解为英格兰人。如果是这样的话，格拉斯哥的结果提供了一个相当出乎意料的案例，即儿童相对贬抑自己的民族群体。

文献中有大量证据表明，在某些条件下，儿童确实会对自己的民族、族群或种族群体进行持续的贬抑。从古德曼（1964）、克拉克夫妇（1947）的早期研究到沃恩（1964）、莫兰（1966）、亚霍达和汤姆森（Jahoda & Thomson, 1970）以及米尔纳（Milner, 1970）等的近期研究，数据趋势稳定可信：来自弱势群体的儿童表现出来的对自己群体的偏好往往比"正常"情况少得多，有时他们甚至直接表现出对优势群体的偏好。但是，所有这些研究都是在特定的社会情境中进行的，其中要么存在相当独特和明确的群体分化线索，要么存在相当紧张的群际关系，或者是这两种因素的结合。如果从"贬抑"的角度来解释格拉斯哥的反面结果是正确的，那么这些发现似乎具有一定的理论意义：苏格兰人在格拉斯哥并不是弱势的少数群体，苏格兰人与英格兰人之间的群际关系并没有表现出构成其他内群贬抑研究背景的紧张程度。因此，我们不得不假设：（1）社会情境的确提供了一些微妙的线索，暗示英格兰民族认同比苏格兰"优等"；（2）儿童对这种社会影响表现出意想不到的高度敏感性。本节将介绍另外三项研究，其中两项在格拉斯哥进行，一项在牛津进行，其目的是验证以下假设，即在最初的研究中，没有出现对苏格兰人的偏好，具体是由于比起英格兰，儿童对苏格兰人的身份认同进行了贬抑。

类似的推理导致在海法进行的另一项研究。以色列的犹太人部分来自欧洲，部分来自中东和北非。根据最近的数据，60%以上的人口属于后一类。二者之间的张力已经形成，其背景无疑是社会经济地位和出身之间的关联（例如：Shuval，1963）。与此同时，不能说以色列的环境提供了一套区分两个群体的明确线索，或者群际关系的紧张程度可以与美国或英国的"肤色"问题相提并论。出于这些原因，以色列欧洲裔-东方裔的二分法似乎为另一项案例研究提供了可能，即在没有尖锐的和"合法化的"群际紧张关系的情况下，儿童如何消化来自社会情境的相当微妙的影响。

研究 I （格拉斯哥和牛津）

流程

研究的总体方法与先前研究采用的方法相同，已在上文中说明。再次使用了同一组照片，分别进行了三项研究：

（1）在格拉斯哥，有 96 名苏格兰小学生参加了两次测试，年龄在 6~11 岁不等。其中一次，他们需要对照片进行分类，根据喜欢程度将每张照片放入 4 个盒子中对应的一个。另一次的任务是判断每张照片中的人是苏格兰人还是英格兰人，并相应地将其放入两个盒子中的一个。与先前的研究一样，一半儿童先进行喜欢-不喜欢测试，再进行民族分配，另一半儿童的顺序则相反；两次测试之间间隔 2~3 周；每个儿童都单独接受了测试。

（2）在牛津，有 96 名英格兰小学生经历了完全相同的流程，他们和格拉斯哥的儿童年龄相同。

（3）在格拉斯哥，有 140 名年龄相同的苏格兰小学生经历了同样的流程，只是民族分类用英国人-非英国人表示。

（4）所有学校的社会构成大体相似。

结果

为了确定对自己群体的偏好程度，该研究使用了与先前研究中相同的两种测量方法。在喜欢-不喜欢环节，喜欢程度（从"我非常不喜欢他"到"我非常喜欢他"）依次赋 1~4 分。为每个儿童计算一个得分（反映了对归为"本族人"和"非本族人"的照片喜欢程度之间的差异均值）。

表9-6列出了总体的平均差异（d）分数；它们是由儿童对归为"本族人"和"非本族人"（具体来说，在牛津是英格兰人与苏格兰人比较，在格拉斯哥则相反）的照片的平均喜欢程度之差组成的。因此，如果d分数为正，则表示在喜欢-不喜欢环节中更偏好在民族分配环节中归为"本族人"的照片。

表9-6　差异（d）分数以及喜欢程度和民族分配之间的相关系数‡

	d 分数均值（总体）	相关系数	
		低龄儿童（6~8岁）	大龄儿童（9~11岁）
英国人-非英国人（苏格兰受试者）	+0.177†	0.22	0.663*
苏格兰人-英格兰人（苏格兰受试者）	+0.042	0.44	-0.346
英格兰人-苏格兰人（英格兰受试者）	+0.233†	0.70*	0.564*

* 与0有显著区别，$p<0.05$。
† 与0有显著区别，$p<0.01$。
‡ 这些相关系数是基于照片的（$N=20$），每张照片使用了两个分数：(1) 受试者将这张照片归为本族人的比例；(2) 受试者对这张照片的平均喜欢程度。

该研究还计算了受试者将某张照片归为"本族人"的比例与整组儿童对这张照片的平均喜欢程度之间的相关系数。表9-6也列出了这些相关系数。从表9-6中可以看出，英格兰儿童无论年龄大小，相比归为苏格兰人的照片，都明显偏爱归为英格兰人的照片。然而，与英格兰人相比，苏格兰儿童并没有表现出对苏格兰人的偏好。有迹象表明，年龄较小的苏格兰儿童还有这种对本族人的偏好倾向，但年龄较大的儿童则相反，他们更喜欢英格兰人而非苏格兰人。同时，与非英国人相比，年龄较小的苏格兰儿童几乎没有对英国人的偏好；然而，这种偏好确实随着年龄的增长发展起来了（表9-6中提到的3个样本中，低龄组和大龄组儿童人数相等）。

讨论

格拉斯哥的研究结果明确地支持了前文给出的解释，说明为何在先前的研究中使用了苏格兰人-非苏格兰人的分类，但并没有发现对苏格兰人的偏好。使用苏格兰人-英格兰人这种更明确的二分法得出的结果非常相似，但在英格兰儿童中使用同样的二分法，得到的是非常明显的对英格兰人的偏好。此外，英格兰儿童对英格兰人的偏好会随着年龄的增长而持续，但苏格兰儿童的情况肯定不是这样；相反，有迹象表明，他们会发展出对外群体的相对偏好。这与切恩（Cheyne，1970）关于苏格兰成年受试者对苏格兰人和英格兰人刻板印象的研究结果相符。通过使用兰伯特等（1960）开发的技术，即从带有不同口音的录音带中对各种个人特征进行评分，切恩发现苏格兰受试者在一系列特征上（直接或间接地与生活中的成功和地位有关）赋予了英格兰口音"优越性"，如财富、声望、智力、职业地位、抱负、领导力以及洁净。苏格兰口音只在少数特征上（只有一项——幽默感——是苏格兰男性和女性受试者都同意的）得分高于英格兰口音，这些特征与"人际交往"而不是成功更相关，如友好、慷慨、心地善良、讨人喜欢（在苏格兰男性受试者的数据中）。这些都是成年人明确的刻板印象，具有一定的功能［对兰伯特等（1960）报告的关于蒙特利尔法国和英国人口的类似结果的解释，见第五章］。就本研究而言，切恩的数据提供了一些证据，表明在苏格兰成年人群中，确实存在可能会影响到儿童的自我贬低的想法。

对格拉斯哥儿童来说，英国人-非英国人的分类法并没有带来认同冲突的问题。这里的结果趋势与先前对鲁汶儿童的研究发现非常相似：对自己民族群体的偏好随年龄的增长而增加。和在鲁汶一样，在格拉斯哥没有简单而独特的民族标签，如其他地区那种能让低龄儿童群体明确表达出民族偏好的标签。对鲁汶的佛兰芒儿童来说，"佛兰芒人"和"比利时人"两个标签交错在一起，相互之间的关系相对复杂。在格拉斯哥，"苏格兰人"和"英国人"之间也存在类似的关系，且这似乎对儿童民族认同的发展过程产生了相似的影响：他们在相对较大的年龄才会发展出对上位标签的明显偏好。但在鲁汶，进行佛兰芒人-非佛兰芒人分类的儿童群体，对佛兰芒人标签的偏好也在增加。而格拉斯哥儿童的情况并非如此，无论是在先前的研究中以苏格兰人-非苏格兰人进行分类,还是在本研究中以苏格兰人-英格兰人进行分类。两地之间的这种差异,可以再次归因于社会环境对儿童态度的影响:毫无疑问,近年来佛兰德斯的民族问题比苏格兰更加激烈和突出。

研究 Ⅱ（海法）①

流程

研究对象是海法 400 名二到六年级（即 6~11 岁左右）的小学生。每个年级有 80 名儿童,其中男孩女孩各 40 名,每个年龄组一半是欧洲裔、一半是东方裔。（当然,这两个标签并不能充分说明人们的出身,只是对复杂多样背景的简略表达。）我们使用了 20 张以色列青年男性的照片,其中一半是欧洲裔、一半是东方裔。这些照片是相当标准化的（只有头部和颈部,没有特殊的标志,等等）；需要强调的是,东方裔的照片一般是在地中海欧洲任何地方都会遇到的体貌类型,欧洲裔的照片则是在更广泛的欧洲范围内可能遇到的。

研究流程与先前相同,当然,民族类别使用的是"以色列人-非以色列人"。

结果

从表 9-7 中可以看出,在其他国家得出的民族偏好结果,在以色列得到了有力的印证。以色列 d 分数的均值（归类为"以色列人"和"非以色列人"的照片之间平均喜欢程度之差）是我们发现的最高分数之一;对个体照片总的喜欢程度与其被归为"以色列人"类别的频率之间的相关系数,也是最高之一。与其他地区不同的是,海法的结果没有显示出年龄趋势:对以色列人的偏好从低龄儿童组开始就处于较高水平,大龄儿童组则保持住了这一水平。

---

① 以色列的数据是在 1967 年六日战争（Six-day War）爆发前收集的。

表 9-7 与"非以色列人"相比,对"以色列人"的偏好

	d 分数均值† (总体)	相关系数	
		低龄儿童 (6~8 岁)	大龄儿童 (9~11 岁)
欧洲裔受试儿童	+0.447*	0.72*	0.69*
东方裔受试儿童	+0.465*	0.91*	0.90*

* $p < 0.01$。
† 归类为"以色列人"和"非以色列人"的照片在喜欢程度上的均值差异。

不过,研究的主要目的是比较儿童对欧洲裔和东方裔照片的反应。有三种比较方式:(1)比较对两组照片的喜欢程度;(2)比较将两组照片归为"以色列人"类别的频率;(3)如果有的话,比较年龄趋势。

(1)从表 9-8 中可以看出,两组儿童都更喜欢欧洲裔的照片,两组照片平均喜欢程度的差异非常显著。这些差异的显著程度与在大多数其他地区发现的归为同胞和外族人照片之间的差异相同。

表 9-8 欧洲裔和东方裔照片在喜欢程度上的比较

	欧洲裔照片	东方裔照片	p
欧洲裔受试者	2.73	2.42	< 0.01
东方裔受试者	2.92	2.58	< 0.02
所有受试	2.83	2.50	< 0.001

说明:这些数字代表对照片的平均评分,其中 1 代表"非常不喜欢",4 代表"非常喜欢"。

(2)两组儿童将两组照片归为"以色列人"类别的频率差别也非常显著(见表 9-9)——欧洲裔的照片被当作"以色列人"的频率更高。

表 9-9 欧洲裔和东方裔照片在被归为"以色列人"上的比较

	欧洲裔照片	东方裔照片	p
欧洲裔受试者	62.7	50.6	<0.01
东方裔受试者	64.1	52.5	<0.02

说明:这些数字代表受试者将照片归为"以色列人"的平均比例。

(3)从表 9-10 中可以看出,两组照片被归为"以色列人"类别的频率差别随着年龄的增长逐渐上升。

表 9-10 欧洲裔和东方裔照片在被归为"非以色列人"上的比例差异

年级	欧洲裔受试者	东方裔受试者
2	9.5	7.2
3	11.9	11.3
4	12.9	14.1
5	13.0	14.7
6	17.0	13.6
年龄和差异值之间的相关系数	0.94*	0.84*

* $p < 0.01$。

讨论

两组儿童对欧洲裔照片更多的偏好,以及将其归为"以色列人"类别更高的比例,至少可以从两个方面来解释:

(1) 这组东方裔照片碰巧提供了一些线索,激起了人们的厌恶,或至少是导致了比欧洲裔照片更少的喜爱,而欧洲裔照片也碰巧更讨个体喜欢。鉴于偏好与民族分配之间高度相关,这也导致将东方裔照片归为"以色列人"的频率更低。随着年龄的增长,儿童对哪种面孔更讨人喜欢或更讨人厌的共识也在不断扩大;考虑到同样的机会分布仍在起作用,这越来越有利于欧洲裔照片,从而决定了这两组照片被归为自己民族类别的频率差异越来越大。

(2) 儿童并非偶然地识别出了东方裔和欧洲裔的照片,而是认为他们代表了该国人口中的两个主要群体。识别的准确率随着年龄增长而提高。两组儿童对东方裔群体的"贬抑"反映在将相对较少的东方裔照片归为"以色列人"类别,也反映在对这些照片的喜欢程度更低,或者二者兼而有之。鉴于这两项任务之间高度相关,这三种趋势都会导致目前获得的结果。

由于以色列儿童的族群认同、喜爱和民族分配之间可能密切相关,任何通过在以色列进行进一步测试来区分上述两种可能性的尝试,都不可能得出明确的结论。但是,如果能够证明,一组独立的受试者可以较为准确地辨认出东方裔和欧洲裔的照片,那么在"碰巧喜欢"和"族群认同"两种可能性之间做出选择就是可行的。因此，这些照片被展示给了布里斯托尔的一群成年英国人，他们从未去过以色列或中东地区。他们中有 10 名男性和 10 名女性，都是心理学教师或学生，都接受了单独测试。在向他们简单介绍以色列犹太公民的两种血统后，要求他们依次猜测每张照片上的人是东方血统还是欧洲血统。他们并不知道两类照片的数量是相同的。结果见表 9-11。可以看出，识别的准确率较为显著地超出了随机水平。因此，更有可能（a fortiori）得出的结论是，以色列儿童熟悉他们的"相貌生态"，往往能够正确识别出展示给他们的面孔的族群血统。这为"贬抑"假设解释数据提供了更有力的理由，也与两类照片被归为"以色列人"的频率差异随年龄增长而扩大的趋势相符。

表 9-11 成年英国人对东方裔和欧洲裔照片的识别

	正确识别均值			
	欧洲裔照片（共计 10）	东方裔照片（共计 10）	所有照片（共计 20）	
男性	7.3	7.5	14.8	
女性	8.3	7.7	16.0	
全部	7.8	7.6	15.4	
百分数正确率均值			77.0	$p < 0.001$ *
受试百分数准确率中位数			77.5	
照片百分数准确率中位数			80.0	

* 在 $p < 0.001$ 的水平上显著不同于 10.0。

结论

本节提到（鲁汶）或报告的（格拉斯哥、牛津、海法）所有结果都指向同一结论：儿童对社会流行的关于族群和民族群体的评价高度敏感。苏格兰人和以色列人研究特别有趣的地方在于其证明了，即使在照片中族群差异零"能见度"的条件下，如在格拉斯哥，或在区分度降低（与"种族"情境相比）的情况下，如在海法，儿童也会吸收同化对内群体的负面评价；而且，更重要的是，即使在群际紧张关系并不明显和强烈的情况下，社会评价体系也会产生显著影响。

这里报告的研究并不是为了"描述"苏格兰或以色列目前可能存在的特定社会状况。例如，鉴于政治和社会条件在不断变化，今天在格拉斯哥或海法进行的研究，完全有可能获得与之前不同的数据。这些结果在更普遍的意义上具有重要性，因为它们证明了年幼的儿童对其社会价值体系中较为原始的方面非常敏感。

第十章
儿童的国际视角*

❖ 一项探索性研究

本章的主要问题是人类如何被划分为不同的群体类别,以及这些分类背后的分化或差异化——认知上的和情感上的——是如何发展的。成熟期的"成品"是将人类划分为不同的大规模群体。这种划分基于抽象程度相当高的类别概念,是通过价值判断和认知分化的同时发展形成的。但是,对价值判断的早期干预可能会阻碍一个人对观点去中心化能力的发展,这些观点包括对事件,对他人行动和意图,以及对他们态度的看法;换言之,可能会阻碍对外群成员世界观的理解,即他们的看法可能与"内部"观点不一致,但其所基于的原则与指导自己观点的原则并无不同。尽管从不同视角应用规则可能会得出不同结果,但规则是不变的,不能掌握这一原则或许可以被称为"认知移情"(cognitive empathy)的失败。

简而言之,我们研究主要的理论关切是对大规模的内群和外群态度的情感和认知成分发展之间的关系。在介绍一些研究发现之前,有必要简单

---

* 来自:H. Tajfel and G. Jahoda, Development in children of concepts and attitudes about their own and other nations: A cross-national study. *Proceedings of the XVIIIth International Congress of Psychology*, Symposium 36, 17–33, Moscow: 1966; N. B. Johnson, M. R. Middleton and H. Tajfel, The relationship between children's preferences for and knowledge about other nations, *British Journal of Social and Clinical Psychology*, 1970, 9, 232–240。

讨论一下跨文化变量在此类调查中所起的作用。

很明显，对这些态度问题的研究如果局限在单一的社会或文化群体中，是无法得出任何一般性结论的。这种研究的结果可能是由该群体所处社会环境的某些具体特点造成的。例如，在处理有关外群的看法时缺乏概念上的灵活性，可能是因为强大的社会力量导致价值判断的早期固化，也可能是因为事实信息受到严重限制，或者是因为文化中关于内群和外群的神话根深蒂固，或者是因为要求态度一致的规则性压力强劲。然而，除非有来自多个群体的数据，否则不可能对任何一种可能性赋予经验主义上的意义。而且即使有了这些数据，也会出现更深层的方法论问题。例如，不同文化群体之间的结果差异可能意味着：（1）社会影响是不同的；（2）假定各种文化条件是一个普遍过程的特例未能得到证实；（3）研究设计未能实现分配给受试者的任务具有文化间的等价性。

正是由于这些原因，只能说本节所包含的研究发现仅仅呈现了故事的一半。对国家态度发展进行全面的跨文化调查，至少应分为两个连续的阶段。第一阶段是确定和引发那些在理论上看来重要的行为现象。这些跨文化的趋同和分歧现象必须为提出进一步假设奠定基础，这些假设完全可以根据前面提到的各种可能性来构思。例如，它们可以推动第二阶段关于社会影响确切性质的调查研究，对这一问题，历史学、社会学、经济学和人类学的思考将与更严格的心理学进路发挥同样重要的作用。

准确来说，到目前为止我们所开展的大部分研究，都在试图回答一系列关于国家态度发展的经验问题。其中一些问题如下：

（1）是否可以说，在 6~11 岁的阶段，儿童已经就外国偏好形成了明显共识？

（2）如果这种共识确实存在，它与对这些国家事实信息的吸收有什么关系？

（3）一个国家在偏好量表上的位置，与关于该国的事实知识之间有什么关系？

在我们的第一项探索性研究中，我们进行了几项测试，目的是评估儿童对有关外国的各项事实信息，以及对这些国家的偏好结构的共识发展情况。研究在英国（牛津和格拉斯哥）和比利时（鲁汶和安特卫普）进行。4 个外国作为刺激因素：美国、法国、德国和俄罗斯。给受试者的任务包括：国家偏好的配对比较；确定 5 个国家的相对面积。后一项任务是向受试儿童展示 17 个大小不同的黑色塑料方格；其中，位于中间的方格代表了儿童自己国家的大小。受试者被要求选出分别代表 4 个外国面积大小的方格。

在众多研究发现中，最重要的是那些关于偏好发展与事实信息吸收同化之间关系的发现。

正如所料，所有判断的极化随着年龄的增长而显著加剧。在两个年龄组中，英国人偏好的极化程度都高于比利时人；且总体而言，在比利时，事实信息的极化程度远高于偏好的极化程度，而英国受试者的情况正好相反。

这些数据可以用一种能更清楚地展示结果的形式呈现出来。对每个外国的偏好判断分为 4 个等级。对面积的判断也是如此。这些面积判断的正确性可以用最简单的方法来评分，即那些把美国和俄罗斯归为第 1 和 2 类（较大的国家）、把法国和德国归为第 3 和 4 类的回答，被视为正确。因此，只有那些认为法国或德国比美国或俄罗斯大的儿童才被视为判断错误。如果再把对每个国家的偏好判断分为两个较高的等级和两个较低的等级，就可以估计与正确判断面积的极化程度相比，偏好的极化程度是多少。这些数字见表 10-1。

表 10-1　英国和比利时的偏好和面积判断两极分化
（受试者占总样本的百分比）

	英国		比利时	
	6~7 岁	9~11 岁	6~7 岁	9~11 岁
美国				
偏好	63（归为 1，2）	85（归为 1，2）	54（归为 1，2）	69（归为 1，2）
面积	58（归为 1，2）	90（归为 1，2）	59（归为 1，2）	88（归为 1，2）
俄罗斯				
偏好	70（归为 3，4）	85（归为 3，4）	60（归为 3，4）	83（归为 3，4）
面积	52（归为 1，2）	70（归为 1，2）	58（归为 1，2）	78（归为 1，2）

续表

	英国		比利时	
	6~7岁	9~11岁	6~7岁	9~11岁
法国				
偏好	68（归为1,2）	88（归为1,2）	50（归为3,4）	71（归为1,2）
面积	59（归为3,4）	82（归为3,4）	70（归为3,4）	84（归为3,4）
德国				
偏好	58（归为3,4）	83（归为3,4）	68（归为1,2）	52（归为1,2）
面积	48（归为3,4）	78（归为3,4）	46（归为3,4）	83（归为3,4）

从表10-1中可以看出：(1) 在英国，对每个国家偏好的极化趋势早于对这些国家最基本事实信息的极化，而这一现象并没有在比利时的数据中出现；(2) 除一个例外，英国儿童偏好判断极化的总体水平在两个年龄阶段都高于比利时儿童（德国是一个例外情况，其趋势与其他大龄阶段的数据相反）。

从这些数据中得出的结论是，英国和比利时这两个国家中至少有一个国家的儿童，在实际了解有关外国的任何东西之前，就知道了哪个国家是"坏的"或"好的"；在另一个国家样本中，4个中有2个国家的偏好极化程度也相当高。在9~11岁的儿童中，对所有国家的偏好都高度极化，只有德国是例外，因为德国对比利时儿童来说显然是一种模糊不清的刺激。第二个结论关注两个样本之间的差异。从目前的数据中无法推断出比利时和英国数据模式差异的原因。在这一点上，可以从这些研究结论中提出我们之前提到的"社会学"性质的假设。对其的检验可以得出这样的结论，即选定的社会变量在塑造对外国民族群体的稳固偏好结构方面具有相对有效性。

❖ 知识和偏好[①]

大多数试图向儿童传授关于其他国家知识的教师，都希望借此为国际

---

① 这项实验是作者们在牛津大学工作期间进行的，当时他们参加了由本书作者指导的一个关于民族态度发展的国际项目。

关系中的宽容和理解奠定基础。这种希望可能基于一个常识性的假设：偏见和情感是建立在某些（可能是错误的）"事实"之上的，而儿童可能掌握了这些事实。因此，如果儿童相信一个国家的某些"好的"事情，他就会对这个国家产生好感；而如果他相信这个国家的"坏的"事情，他就会对这个国家抱有偏见。如果用更专业的术语来表达这一论点，可以说国家态度的认知成分先于——且往往会影响——情感成分的形成发展。

对成年人的心理学研究（例如：Carlson，1956；Rosenberg，1960）也表明，态度的认知成分和情感成分之间存在互为因果的关系。然而，不能假定在儿童中也存在这种关系，因为他们可能尚未完全形成态度一致性的"元价值"。我们也不知道态度发展的正常过程，主要是在信息基础上建立偏好，还是在评价背景下获取信息。虽然对儿童种族态度的研究表明，对人类群体态度中的情感成分，可能在儿童掌握其基本信息之前就已经形成（参见：Milner，1975），但在国家态度方面，类似的研究却很少。

有关儿童国家观念发展的研究（例如：Jahoda，1962，1963a & b；James & Tenen，1951；Johnson，1966；Lambert & Klineberg，1959，1967；Meltzer，1939，1941；Piaget & Weil，1951；见本章上一节）指出了认知和情感因素相互依存，但尚未厘清其中的因果关系。然而，本章上一节已经指出，英国儿童可能在掌握有关其他国家的任何信息之前，就对它们产生了评价性反应，Jahoda（1962）就苏格兰儿童对自己国家的观点提出了类似的看法，即"积极的自我刻板印象可能在他们理解所指的概念整体之前就形成了"。

在思考对一个国家的评价与对该国的了解之间是否存在关联时，我们也试图提供一些与上述因果问题相关的信息。格雷斯和诺伊豪斯（Grace & Neuhaus，1952；Grace，1954）对美国学生进行了类似的研究，他们把对国家的评价与受试者自我估计的对该国的了解程度联系起来。通过这种方法，他们得到了一些并不一致的结果。其中一项研究表明，知识和评价之间的关系最接近于一条斜率为负的直线，受试者对他们最不喜欢的国家"了解"最少。其他数据则呈现一条 U 形曲线，受试者对自己持中立态度的国家"了解"最少。他们的最终结论是，关系形式上的个体差异导致结果上的不一致。我们在此报告的研究中使用了一种客观的信息测量方法，来调查英国小学适龄儿童对其他国家喜欢程度和了解程度之间的关系。

1. 方法

受试者

研究者从牛津北部一所小学选取了 96 名儿童，进行 3×2×2 析因设计，因素包括年龄（3 组的平均年龄分别为 11.0 岁、9.0 岁和 7.3 岁）、性别，以及社会阶级（两组：工人阶级，由父亲是熟练或非熟练体力劳动者的儿童构成；中产阶级，包含父亲被归类为专业人员、管理人员、文员、商人或自营者的儿童）。没有进行智力测试。但是，由于学校是部分"分流"的，性别-阶级群体与学校层级相匹配，因此不太可能存在巨大的性别或社会阶级差异（详见：Middleton, Tajfel & Johnson, 1970）。

流程

虽然这些儿童一共接受了 3 个实验环节的测试，但这里只展示了第一个环节的第一部分和第三个环节的数据（其余的研究结果见：Middleton, Tajfel & Johnson, 1970）。

偏好的方向和强度是在对儿童进行单独测试的第一个环节测量的。

每个儿童都会得到一个盒子，里面装有 10 个高 6 厘米的木制玩偶，除国籍标签外完全相同。国籍标签印在一张 3 厘米×1 厘米的卡片上，再系在玩偶的脖子上。表示国籍的 10 个名字是澳大利亚、中国、英国、法国、德国、印度、意大利、日本、俄罗斯和美国。（向儿童解释了最后一个标签代表的是美利坚合众国。没有对其他任何标签做出解释。）要求儿童一边将玩偶立在桌子上，一边读出这些玩偶所代表的国家名字。对拼读有一定困难的 14 名 7 岁儿童和 4 名 9 岁儿童进行了标签拼读训练。第 3 次尝试仍未能正确读出国名的 8 名 7 岁儿童在之后的实验环节需要读出国名时得到了帮助。然后，要求儿童根据他对玩偶所代表的国家的感觉，将每个玩偶分别放在标着"喜欢""既不喜欢又不讨厌""不喜欢"字样的 3 个平台上。

最后，得出了主要分析所需的评分。要求儿童将玩偶放在一根长 40 英寸的棍子上，棍子的一端标有"非常喜欢"，另一端标有"非常不喜欢"，以此来对这些国家进行评分。棍子的背面标有 +20 到 -20 的刻度，朝向实验者，儿童看不见。实验中向儿童解释说，棍子面向他的一侧中间有一个铅笔标记，代表了既不喜欢又不讨厌的点，而且，为了让他明白棍子上的位置如何体现情感的方向和强度，先使用塑料制的食物如奶酪、香蕉和葡萄等进行了训练。此外，还向他解释了评分相同的可能性。几乎没有儿童在理解这项任务时遇到困难，他们明显有意识的摆放给实验者留下了深刻的印象。随机选取一半儿童，他们将喜欢的物品放在中点的左边，另一半儿童则将喜欢的物品放在右边。

根据这些评分，为每个儿童选择了 6 个国家。英国（E）始终包含在内；其余 9 个国家分别是受试者第一和第二喜欢的国家（称为 L_1 和 L_2），第一和第二不喜欢的国家（分别为 D_1 和 D_2），以及剩下 5 个中最接近中点的国家（N）。这 6 个国家只在第二个实验环节中使用。在选择 L、N 或 D 国家时，如果评分相同，则通过配对比较来确定喜欢的顺序。如果没有区别，则由实验者在评分相同的国家中随机选择一个。

在实验环节 1 结束后的两周半到四周内，通过小组测试对知识进行评估。这是一次纸笔测验，共有 7 个题目，考查的是儿童可能掌握的关于另一个国家的第一手事实。题目的呈现形式尽量不依赖于读写能力。由一名实验者负责组织测试，另外 3 名实验者负责观察儿童并记录他们的答案。测试小组的人数从 17 名 7 岁儿童到 25 名 11 岁儿童不等。实验者对每道题目及其作答要求进行了充分解释，并酌情在黑板上加以说明，且只有当所有人都完成了上一题时，才会开始下一题。有 3 道题中的国名是按照字母顺序排列的，其余 4 道题按照第 2 种顺序排列，与字母顺序无关。

题目内容、作答要求和评分方式如下：

（1）地图。要求儿童在一张富士纸大小的世界轮廓图上的适当位置，安上 10 个国家名字的首字母，以此来标明它们的地理位置。实验者会依次读出国家的名字，并在黑板上标出需要使用的字母。如果字母有任何部分在对应国家的边界线内，计 1 分；如果位于距边界线不超过 1 厘米处，计

0.5 分。

(2) 语言。将这些国家排列成 3 行，间距适中，要求受试儿童在他认为大多数人说的语言和他相同（即说英语）的国家下面画线。正确计 1 分，错误计 0 分。

(3) 肤色。在开始本题前，先简要介绍肤色和用来描述肤色的名称。受试者的任务是在每一句"……国中的大多数人皮肤是（白色或非白色）的"中，用下划线标出"白色"或"非白色"。

(4) 名人和 (5) 城市是更难的题目，要求写出答案。在第 4 题中，要求儿童写出每个国家的两个名人的名字，已故或在世的人都可以；第 5 题则要求他们写出两个城镇的名字。儿童被告知不必担心拼写问题，按照读音写出即可，如果太难，也可以请实验者代写。在第 4 题中，无法辨认的人名计 0.5 分，第 5 题中郊区或州名计 0.5 分。对于明显错误的答案，如将戴高乐归为德国人，或回答普通公民的姓名（如"我的母亲"），则不计分。

(6) 战争。要求儿童在每个国家名字所对应的栏目中打钩，3 个栏目分别标有"与英国为盟"（在第二次世界大战中）、"未参战"和"与英国为敌"。

(7) 人口。最后一题涉及与英国相比的人口相对规模，要求在"中国（法国等）的人口比英国（多或少）"等 9 个句子中，用下划线标出"多"或"少"。同样，如果选择了多于一个的选项或没有选择，计 0.5 分。

2. 结果

对国家的偏好

表 10-2 给出了 3 个年龄组对 10 个国家的平均评分。从表中可以看出，3 个年龄组之间的一致性很强。总的来说，年龄较大的两个组对国家的区分更明显。根据这些数据进行的方差分析显示，在偏好方面存在一些总体上的性别和阶级差异：女生比男生更喜欢日本（$F_{1,84}=10.93$；$p<0.01$）；女生也更喜欢法国（$F_{1,84}=10.71$；$p<0.01$）和中国（$F_{1,84}=6.00$；$p<0.025$）。中产阶级儿童对意大利的偏好明显高于工人阶级儿童（$F_{1,84}=5.88$；$p<0.025$）。

这里没有报告显著的年龄差异。

表 10 - 2　国家的平均评分

国家	年龄（岁）			所有样本
	11	9	7	
澳大利亚	11.0	9.8	6.7	9.2
中国	1.5	-0.3	3.3	1.5
英国	16.3	16.3	11.0	14.5
法国	10.5	7.8	4.7	7.7
德国	1.2	-2.3	1.1	0.0
印度	0.2	2.2	0.7	1.0
意大利	0.6	5.3	5.2	3.7
日本	0.1	-0.2	1.2	0.4
俄罗斯	3.0	-1.9	-2.3	-0.4
美国	8.3	6.8	4.5	6.5

10 个国家排名的一致性从 7 岁时的 $W = 0.075$（$p < 0.025$）上升到 9 岁时的 $W = 0.228$（$p < 0.001$），再上升到 11 岁时的 $W = 0.340$（$p < 0.001$）。因此，我们可以说，虽然个体间对于国家相对讨喜程度的意见一致性在这一年龄范围内有所增强，而且这些偏好存在一定的性别和阶级差异，但总体情况是，人们在很小的时候，就形成了一套相当稳定和一致的偏好。

关于国家的知识

表 10 - 3 给出了知识问卷中每道题的平均得分，这也反映了每道题的相对难度。在第 2 题和第 3 题中（语言和肤色），90% 以上的受试者都正确回答了关于英国的小问，表明此类强制选择题的效度较高。

表 10 - 3　9 个外国和英国在 7 道题上的平均知识得分

	题目	地图	语言	肤色	名人	城市	战争	人口	合计
		1	2	3	4	5	6	7	
9 个外国	11 岁	5.1	7.6	7.6	3.9	5.5	5.3	5.8	40.8
	9 岁	3.9	6.5	7.2	2.1	3.3	4.3	5.4	32.7
	7 岁	0.8	6.0	6.1	0.7	1.0	3.0	4.8	22.4

续表

题目	地图 1	语言 2	肤色 3	名人 4	城市 5	战争 6	人口 7	合计
外国合计	3.3	6.7	6.9	2.2	3.2	4.2	5.3	31.8
英国 11岁	0.8	1.0	1.0	1.9	1.9			6.6
英国 9岁	0.7	1.0	1.0	1.8	1.8			6.3
英国 7岁	0.3	0.9	0.8	0.8	1.3			4.1
英国合计	0.6	1.0	0.9	1.5	1.7			5.7
合计	3.9	7.7	7.8	3.7	4.9	4.2	5.3	37.5
最大可能	10.0	10.0	10.0	20.0	20.0	9.0	9.0	88.0
机会期望	≤00.0	5.0	5.0	00.0	00.0	3.0	4.5	≤18.5

9个外国在7道题上的平均知识得分如下：澳大利亚3.9分，中国2.7分，法国3.8分，德国3.8分，印度2.9分，意大利2.9分，日本3.2分，俄罗斯3.3分，美国5.2分。对每个外国而言，机会期望约为1.8分。英国的平均知识得分是5.7分，这是基于5道"非相对"的题目的得分。

通过对所有国家和题目进行汇总，得到每个儿童总的知识得分。知识不但随着年龄的增长而显著增加，而且男孩的得分明显高于女孩，中产阶级儿童的得分也远远高于工人阶级儿童。如表10-4中每个实验组的平均得分所示，社会阶级的差异大于性别差异，也大于9~11岁期间增长的知识差异。

表10-4 12组儿童（每组8名）的平均总知识得分

年龄（岁）	工人阶级男性	中产阶级男性	工人阶级女性	中产阶级女性
7	18.8	36.8	22.6	27.3
9	37.1	50.0	30.8	37.5
11	45.2	57.0	34.8	52.9

总体而言，受试儿童掌握的信息比人们预期的要少。例如，只有约60%的样本认为法国人和意大利人不说英语；超过30%的样本声称德国人不是白人；更多儿童认为印度在第二次世界大战中与英国为敌，而意大利是英国的盟友，而不是相反。

知识和偏好

如前所述，本研究的主要目的是考察对一个国家的喜爱程度与对它的了解程度之间的关系。因此，我们比较了每位受试者对其标定为 L_1、L_2、N、D_2、D_1 的 5 个国家的知识得分。然而，通过对儿童在每个国家相关题目上的得分进行加总得到的知识得分，只有在这些题目能够反映一个统一变量的情况下，才能与偏好有效地联系起来。有两个标准用来评估每道题在多大程度上符合这一要求：(1) 对所有国家来说，每个儿童在 7 道题上的总得分是相互关联的（$N=96$）；(2) 对所有儿童来说，每个国家在 7 道题上的总得分是相互关联的（$N=9$）。

两个积矩相关系数矩阵检验表明知识得分需要剔除第 7 题（人口）和第 3 题（肤色）。第 7 题被剔除是根据标准 (1)，因为其他 6 道题的平均相关系数在 +0.40 到 +0.68 之间，而该题的平均相关系数只有 +0.34；从表 10－3 中也可以看出，这是一道非常难的题，到 11 岁时，9 个国家中只有 3 个国家的得分出现了明显的两极分化。因此，省略这道题主要是因为，在其他题目上对外国了解较多的儿童，可能并未掌握人口方面的知识。第 3 题在计算得分时被剔除是根据标准 (2)，因为它与其他题目之间的平均相关系数是一个较小的负数，而其他题目之间的平均相关系数在 +0.11 到 +0.40 之间。因此，在其他题目上看起来众所周知的国家，在第 3 题上则不然。

根据第 1、2、4、5 和 6 题得出的更统一的得分，对知识和偏好之间的关系进行了分析研究。表 10－5 列出了每位受试者对其标定为 L_1、L_2、N、D_2 和 D_1 的 5 个国家的平均知识得分。

表 10－5 喜欢、中立和不喜欢的国家的平均知识得分

		L_1	L_2	N	D_2	D_1
年龄（岁）	11	4.06	3.78	2.47	2.53	2.80
	9	2.69	2.70	2.02	1.67	2.05
	7	1.50	1.34	1.11	1.22	1.38
阶级	工人阶级	2.17	1.78	1.39	1.49	1.68
	中产阶级	3.33	3.44	2.34	2.12	2.47

续表

		L_1	L_2	N	D_2	D_1
性别	男性	3.41	2.90	2.26	1.95	2.42
	女性	2.09	2.32	1.47	1.67	1.73
	合计	2.75	2.61	1.86	1.81	2.07

从表10-5中可以看出，对大多数分组来说，喜欢和知识之间的关系明显是曲线型的，对N或D_2国的了解最少。这些儿童对自己喜欢的国家了解得比自己不喜欢的国家更多，但对自己持中立态度的国家了解最少。在对知识得分的方差分析中，因为每位受试者（重复测量）有5个小分，所以误差项有两个。受试者内部误差项用于评估所有涉及喜欢程度（L）的效应显著性。由于没有理由假定L变量的所有配对组在知识得分上的相关性是相同的，因此只要使用了受试者内部误差项，就会进行保守检验（参见：Lubin，1965；Edwards，1968：301-303）。

第一次方差分析使用了根据所有题目和国家得到的分数，也发现了显著的年龄、阶级和性别差异。喜欢程度对知识的影响也是显而易见的，其线性的、二次项的以及较低程度的三次项的系数都具有显著意义。

虽然这种关系本身很有趣，但它告诉我们的更多是儿童所处的"宣传环境"，而不是个体内态度形成的过程。在儿童通过其学校、父母或大众媒体接触到的材料中，情感基调和信息数量之间也可能存在类似的曲线关系。也就是说，"空气中"可能有更多的信息是关于儿童应该强烈喜欢或不喜欢的国家的，所以呈现出的结果可能只是反映了这种社会层面的失衡。或者（或再加上）可能有一个活跃的个体过程在起作用，确保儿童对他最喜欢的国家了解最多，而对他持中立态度的国家了解最少。可以用我们的数据评估个体效应的证据强度（尽管阴性结果并不能证明个体效应没有发挥作用）。我们从每个儿童关于5个选定国家的知识得分中，减去了该儿童所在年龄组其他受试者关于该国的平均知识得分，作为一个校正项。整个样本在5个偏好类别上的平均校正得分为：

L_1	L_2	N	D_2	D_1
+0.13	—0.09	—0.24	—0.14	—0.03

因此，我们可以看到，与同一年龄组的人相比，平均而言，儿童仍然对他最喜欢的国家了解更多，而对他持中立态度的国家了解最少。对校正得分进行与前述完全相似的方差分析。保守检验（$F_{1,89} = 4.43$；$p < 0.05$）发现喜欢/知识关系的二次项系数仍然显著，但有两个显著的交互作用使其解释变得复杂：喜欢×性别（$F_{1,89} = 4.11$；$p < 0.05$）和喜欢×阶级（$F_{1,89} = 4.69$；$p < 0.05$）。对数据的进一步分析发现，校正得分的曲线关系在男性和中产阶级受试者的结果中更为明显。

3. 讨论

这项研究的结果清楚表明，接受测试的小学儿童对国家的偏好与对该国的了解之间存在某种关系，且这种关系的形式大致呈现 U 形。结果分析的最后一部分表明，这种影响是个体性的，而不仅仅是宣传环境属性的反映。这种情感-认知关联的因果关系尚不完全清楚，但未来研究有希望帮助回答这一问题。如果说民族或国家态度中的情感成分建立在儿童所掌握的知识基础上，人们就可以预期，虽然儿童可能对他们喜欢和不喜欢的国家了解得几乎一样多，但这些知识应该会产生不同的情感影响。因此，举例来说，与大多数不喜欢俄罗斯的儿童相比，喜欢俄罗斯的儿童应该掌握了不同的、更积极的信息。另外，如果首先习得的是态度中的评价成分，结果可能只是会让儿童对他有强烈感觉的国家的信息变得敏感；或者，选择性的注意或回忆过程可能会发挥作用，以确保早期习得的情感和所接收的信息之间保持一致。因此，情感以知识为基础的假设，要求不同评价的儿童掌握不同的信息；而假设知识是在早期习得情感的背景下获得的，可以包容这一发现，但并不要求如此。

约翰逊（Johnson，1966）的一项研究发现表明，情感成分更早出现。在研究各种类型漫画的读者群和国家偏好之间的关系时，他发现阅读包含大量战争故事的漫画的儿童，与不阅读这些漫画的儿童相比，其国家偏好模式更契合第二次世界大战中的同盟关系。特别是阅读战争漫画的儿童对德国的喜欢程度明显较低。如果这种更少的偏好是由于这些儿童获得了更多关于战争的信息，那么从所有儿童对这一问题，即告诉实验者"你所能想到的关于德国的一切"的回答中，就应该可以看出这一点。

然而，对这一问题的回答进行分析发现，战争漫画读者所掌握的关于战争的信息，似乎略少于其他儿童。因此，确有证据表明，知识并不是对其他国家产生情感反应的必要前提。正如霍罗威茨（1940）所说："在个体内部，常见的顺序是先形成偏见，再完善分化的技巧。"本研究的结果与这一观点相当一致。

本研究的另一个重要发现与社会阶级差异有关。一方面，工人阶级和中产阶级儿童的偏好非常相似。另一方面，中产阶级受试儿童对外国的了解领先了同龄的工人阶级儿童两年左右。由于工人阶级和中产阶级儿童来自相同形式的分流学校，因此似乎很明显，任何基于智力差异的论点都无法解释如此巨大的差异，这与其他地方报告的在实现情感互惠方面同样显著的阶级差异是一致的（Middleton，Tajfel & Johnson，1970）。

第四部分
群际冲突

引 言

我们生活在一个统一化和多样化进程比以往任何时候都更快速推进的世界。在某些方面，大规模人类群体之间的交流比任何时候都要多，人们比任何时候都更加相互了解，也变得越来越相互依存。与此同时，几乎在世界各地都可以看到一种强大的趋势，旨在保护或实现多样性，保护或实现自己的特点和认同。第四部分将讨论后一种趋势——社会群体之间的"分化"或差异化。这不但发生在国家、族群或语言层面追求更明确的群体"特异性"的运动中，而且已经成为许多国家劳资关系中最重要的特征之一。近年来，一些最尖锐的社会和劳资冲突的基本特征之一，就是差异的削弱、保留和产生。如果断言客观报酬（金钱、生活水平、商品和服务消费等方面）并不是这些冲突最重要的决定因素，那就太荒谬了。但是，本书第四部分的主要观点是，无论客观报酬有多么重要，它们都不能代表全部情况。仅从经济角度无法充分理解社会群体之间的差异化（以及作为差异化的特例的——关于差异的冲突）。要理解这一点，还需要其他形式的分析；它们不能取代经济和社会分析，但必须用来作为经济和社会分析的补充。

第四部分提出的理论框架的主要目的之一，是为研究群际关系开发一种社会心理学的替代路径。其中，不同的社会群体既相互独立又不可避免地捆绑在一起（从某种意义上说，每个群体的命运很大程度上都取决于它与其他群体关系的性质），它们之间的相互行为受到某些社会心理过程和群体之间的客观关系结构的共同影响。之所以说这些过程是社会心理过程,是因为正如下文所述,它们的起源和发展都无法脱离其发挥作用的社会环境。社会心理学(包括任何其他类型的心理学)由于其关注问题的性质,不会也不可能对社会群体之间的关系进行小部分以上的分析。讨论社会心理学分析路径与社会学、经济学或历史学等思考相比的相对重要性,是不会有什么成效的。我们所有人都在自己不同的学科领域,用不同的视角来看待和处理问题的共同症结,因此,声称其中任何一种视角垄断了某种"基本真理"的解释权或概念上的优先权都是徒劳无益的。然而,在群际关系中,因果关系错综复杂,呈现螺旋形态,即使只是用非常宽泛的术语来界定自己研究成果的着眼点,似乎也非常重要。

要说明这一点,或许可以用社会人类学家罗伯特·莱文(Robert LeVine)在一次关于族群和国家忠诚的会议上的发言作为例子。莱文断言:"向我描述群际经济状况,我就能预测出[群际]刻板印象的内容。"会议期间,有人就群体刻板印象的起源发表了一些评论,从而引发了莱文的断言,就在他的简短总结之前:

> 从耶泽尼克(Jezernik)的研究中可以看出,经济因素对刻板印象的内容有着压倒性的影响,而这些刻板印象是在群体之间新的或不断变化的互动条件下出现的。用来推测社会距离的表述,与一个群体对另一个群体的印象,永远不会相去甚远。每当规定的"距离"与道德或社会价值体系相冲突时,刻板印象就会为疏远他人提供合理的理由。我记得几年前向牛津的学生介绍了耶泽尼克当时和我提到的一组形容词,这些形容词是斯洛文尼亚的波斯尼亚移民的典型特征。当学生们被问及这些描述从何而来以及适用于哪些人时,他们一致猜测这些描述是对英国有色人种移民的刻板印象(Tajfel, 1970a:130)。

人们很容易同意莱文的观点,即不能将社会刻板印象视为群体之间关系发展的某种"主因"(见第六章和第七章)。然而,社会(或经济)和心理原因在这些关系进程中相互交织,在上述引文中得到了例证。一个公认粗略和过于简化的交互模型可能如下所示:导致群体之间为争夺各种客观利益而相互竞争的社会和经济环境,与某些贬低外群的观念的扩散相互关联。这些观念与在群体之间形成各种形式的社会距离的态度和行为有关（例见：Banton，1967），很难被视为直接产生于为资源分配而进行客观斗争的环境中，因为没有明确的"非心理学"原因可以解释为什么这种斗争会伴随着对外群体的贬低或诋毁。在某些冲突、竞争或斗争中，人们都可以很容易地想象出对手和自己是同样"优秀的"，即使他的目标和自己的目标相互矛盾。由我们的日常经验可知，对冲突的这种看法——认为自己面对的是一个与自己差别不大的人，只是他的目标恰好与自己的目标相左——在个体之间的冲突中并不罕见。但在社会群体之间的冲突中，这种情况少见得多。接下来的几章将会详细讨论各种群际冲突的存在与广泛传播的关于内群和外群的信念体系的构建之间的社会心理过程。但目前需要指出的一点是，这些观点、态度和信念体系已经成为群际社会环境的固有成分，而且在不同条件下，它们能够使相关群体之间的关系朝着这样或那样的方向发生偏转。总而言之，社会刻板印象的存在和作用，是社会心理过程影响客观群际社会环境的一个例子（但绝不是最重要的一个）。社会刻板印象并未造成这样的情况；相反，正如莱文所言，刻板印象的起源甚至内容都离不开事先存在的和各有侧重的利益冲突。然而，一旦它们已经存在，其本身就成为分析群际关系时需要考虑的前因之一。

现在已经清楚，尽管本书第四部分关注的是冲突中群体的社会心理学，但它并不试图将社会冲突的社会现实"还原"（reduce）为对其心理伴随现象的思考。本书要尝试的是描述在各种群际关系背景下的心理过程，并确定这些心理过程可能对这些关系的发展产生的影响。

杰罗姆·布鲁纳（1962：36）写道："人们可以说神话故事集为个体人格提供了一系列可能的身份认同。也许更恰当的说法是，受神话熏陶的社群为其成员提供了脚本库，个体可以据此来判断他所扮演的多重身份认同。"

本书第二部分介绍的研究深受布鲁纳对认知范畴的功能界定的影响（Bruner，1957）。如第四和五章所述，这一早期研究与第四部分涉及的关于群际分化的观点的某些方面存在明显的关联。正如本书前面章节中所提到的，为布鲁纳的纪念文集撰写其中一章是一个契机，让我找到了这些早期研究与后来发展出的,也是这里所提到的理论框架之间的交点。这一联系在纪念文集的章节中表述如下(Tajfel,1980a):

> [布鲁纳在他1962年的文章中提到的]社会认同的"脚本库"并不只是作为生活中不变的事实"存在"。它是从社会现实中创造出来的,它随着社会现实而变化,它总是包含对"他人"的看法;没有这些看法,脚本就失去了它的意义和功能。这些脚本与该群体和其他群体关系的社会现实持续地相互依存,它们包含比较的维度以及这些维度上的赋值。这些维度和价值的选择、增强、创造或保留,都是根据在构建神话和意象的过程中什么是可能的和有用的,以及开展社会行动的过程中什么是可行的来决定的……最终的结果往往是实现了与其他群体在某些方面的分化……这些关于社会分化的观点与一些关于判断中差异强调的早期研究一脉相承。对此,康明斯和洛克伍德(Commins & Lockwood,1979:281-282)最近用一句话恰当地做了总结:"社会群体被视为其成员积极社会认同的提供者,它通过将自己与其他群体进行比较,在有明显价值差异的突出维度上,将自己与其他比较群体区别开来。"

在"感知高估"不再被视为奇特现象,而是被重新看作更广泛的判断过程的一个例子之后(见第一部分),对范畴化和价值综合功能的研究结果与这一分化过程之间有许多共同之处……在一个复杂而交叠的社会范畴矩阵中,根据对重要和不重要的标准的选择,对社会世界进行系统化,并不像前面所说的,建立在一些预设好的、不可改变的数据基础之上。这种选择至少涉及三个阶段的社会建构。第一阶段是在整个社会中创造和发展一种共同的文化背景,包括有关社会体系及其组织的神话、意象、观点和解释。第二阶段关注在这一共同背景下,在社会体系中处于不同位置的子群体所采取的观点有哪些异同。第三阶段涉及个人在现有观点中做出的选择。这种"建构性"的观点并没有假设我们在这里应对的是一群远离"真实性"的自我封闭的患者。这种"建构"一方面是社会、社区、社群或个体生活中的社会现实与物质现实相互作用的结果,另一方面也是集体或个体的"价值和需求"与我们所拥有的认知工具的潜力和局限相互作用的结果。

在这篇引言中还有最后一点需要说明。第四部分概述的观点以及其中提到的实证研究,从本质上说,是一个团队共同努力的结果。理论观点的发展在很大程度上归功于我同事们的工作(例如:Turner,1975;另见 Billig,1976 以及 Tajfel,1978a 和 Turner & Giles,1981 中的多个章节)。这些工作导致了大量的实验研究。在第四部分的不同章节中,会提到其中一些研究或综述摘要。

然而,从长远来看,比实验室研究的积累更重要的可能是,在各种"现实生活"的具体环境中,对某些社会现象进行实地研究或解释时,发现本部分概述的观点仍是有用的。目前,这项工作仍在继续。最近的应用实例包括:族群认同的语言方面(例如:Bourhis et al.,1973;Bourhis & Giles,1979;Giles,1978,1979;Giles et al.,1977a & b;Taylor & Giles,1979);大众传媒对公众少数群体态度的影响(Husband,1977,1979);北爱尔兰、芬兰、意大利和印度尼西亚等不同背景下的族群之间的态度和冲突[Cairns,1981(出版中);Capozza et al.,1979;Jaspars,1981(出版中);Liebkind,1979];工业和医院背景下的差异和协商(Brown,1978;Louche,1976;Skevington,1980);学术机构中的社会地位[Bourhis & Hill,1981(出版中);van Knippenberg,1978];儿童的族群态度(Vaughan,1978a & b);大规模失业时期的青少年认同问题(Palmonari et al.,1979);女性在社会中的作用(Smith,1978;Williams & Giles,1978)。正是由于这些工作的存在,我才能够在本书第一章中颇有信心地写道,这些工作真正地与社会心理学的"社会维度"相关,并将其描述为欧洲社会心理学近期发展的趋势之一。

第十一章
群际行为的特征*

❖ 人际行为何时会变为群际行为？

这个问题不仅仅是出于"学术"兴趣。据《泰晤士报》（1975年12月2日）报道，在英国关于《种族关系法》（Race Relations Act）的辩论中，该法的反对者之一、一位保守党议员说："英国人对用立法来控制个人之间的日常交往深恶痛绝。"这一说法代表了群际关系研究中一种极端形式的"个体主义"进路（见第二章和第三章）。毋庸赘言，其政治含义与许多社会心理学家的观点和目标相去甚远，他们致力于将人际背景下的理论和发现转移至群际背景之下。但对这位议员的明确回答，也可以用于对其他将群际行为当作人际行为的"还原"论的回应。虽然他说归根到底，"个体"是在与"个体"打交道，这是对的，但他们并不一定是作为个体在打交道；很多时候，他们主要是作为边界清晰、区别明显的社会范畴成员采取行动的。在种族歧视的环境中，人们很难获得住宿或工作，并不是因为他们丑陋或英俊、矮小或高大、微笑或不笑，而是因为他们是黑人。但是，对于社会心理学家来说，这样的回答只不过是为提出更深入的

---

* 第十一、十二和十三章摘自 H. Tajfel, The psychological structure of intergroup behaviour. 这篇论文作为第一部分收录于 H. Tajfel（ed.），*Differentiation between social groups: Studies in the social psychology of intergroup relations*（European Monographs in Social Psychology, No. 14），London: Academic Press, 1978。

问题提供了机会。在什么样的条件下，个体之间的交往在很大程度上，不是由他们的个人关系和个体特征决定的，而是由他们作为不同社会群体的成员身份决定的？与人际行为相比，这种（群际）行为有哪些特征？

1. 群体资格的社会心理学定义

谢里夫对群际行为的定义与上面做出的区分相关，并引发了类似的问题。他写道："每当属于一个群体的个体，以集体或个体的方式，与另一个群体或其成员，就他们的群体认同进行互动时，我们就有了一个群际行为的实例。"（1966：12）根据这一定义，可以提出以下问题：什么是群体？什么不是群体？群体认同意味着什么？群际行为与其他社会行为有何不同？为尝试回答这些问题，我们将使用"矮胖子"（Humpty Dumpty）的定义原则，即根据我们的需要来设定；不过，尽管这些定义的含义是我们所选择的，但在论证的过程中，它们整体上会与论证保持一致。因此，出于在下一章讨论社会范畴化、社会比较和社会认同时将会明确的原因，我们采用了一个与历史学家埃默森（Emerson, 1960：102）提出的"民族"定义相同的"群体"概念。他写道："关于一个民族的最简单的说法是，它是由一群认为自己是一个民族的人组成的；也许当所有细致的分析结束时，这也会是最终的说法。"

这是对什么"是"一个群体的描述，可能包括 1~3 个组成部分：认知成分，即知道自己属于某个群体；评价成分，即群体概念和/或自己的群体资格可能具有某种积极或消极的价值内涵；情感成分，即对群体和自己群体资格的认知和评价，可能伴随着对自己群体或与之有关的其他群体的情感（如爱或恨、喜欢或不喜欢）。

谢里夫提出的"群体认同"方面的互动，更有可能是更强烈的，而且是一个人对内群体概念及自己群体资格的评价和情感成分。刚刚提出的宽泛定义有意忽略了一些常见的区分，如成员群体和参照群体，或面对面的群体和大规模的社会范畴。埃默森的关于民族的说法被他视为"最终的"，因为归根结底，当一个民族群体的成员以适当的方式，高度一致地对自己进行归类，并一致地被他人以同样的方式归类时，他们就被视为某个民族群体的成员。他的说法本质上是一种社会心理学的说法：它并不关心历史、政治、社会和经济事件，这些事件可能导致现在界定谁是"内"人、谁是"外"人的社会共识。毫无疑问的是，这些事件对确立这一共识的性质至关重要；但同样真实的是，共识一旦确立，就代表了社会现实的社会心理层面，这些社会心理层面与社会、政治和经济事件相互作用，决定了该群体现在和未来的命运，以及该群体与其他群体的关系。

社会心理学家对"群体"之间的冲突很感兴趣，社会冲突也包括在内，从这一角度来看，这个定义有意表现出的宽松和灵活是非常重要和有用的。定义社会冲突的一种方法，或者更确切地说，将社会冲突与其他类型的冲突区分开来的一种方法是说明，社会冲突是大规模社会经济或社会政治群体之间的冲突，有别于个体内部、个体之间或小群体之间的冲突。前面提到的群体成员资格的三个方面——认知、评价和情感成分——同样适用于小群体和大型社会范畴。当然，这些定义没有说明相关的社会和社会心理条件，这些条件决定了关于群体资格的社会认知共识的形成，对群体和个人群体资格积极或消极评价的发展，以及相应的情感投入。这些定义也没有说明，所有这些对关于内群体和相关外群体的社会行为的影响。不过，它们为提出关于这些条件及影响的恰当问题提供了一个有用的出发点。

从我们对群体的定义来看，提及群体成员资格对社会行为的影响，当然会引出同义反复的问题。如何在其行为影响之外，确定群体成员资格？以及因此在这些行为影响之前的群体资格的认知、评价和情感层面又意味着什么？无论是在"自然"情境下，还是在社会心理学实验中，这个方法论问题都并不像看起来那么难以解决。在前一种情况下，问题涉及外部观察者可能会使用的一个群体或社会范畴成员资格的客观标准，以及这种分类与那些从"外部"被划分为一个或另一个群体的人的心理现实之间的关联。人们不必等到荷兰的南马鲁古人（South Moluccans）劫持了一列火车及上面的所有乘客和大批学童，就可以知道他们中至少有一部分人——或许是大部分人（即那些根据某些标准被客观地定义为南马鲁古人的人）——认为自己是荷兰人口中一个独立和独特的群体。任何人想要知道这一点，只需要问几个问题，或使用现有的方法工具。确定对这种群体成员资格的意识程度（即认知成分），与之相关的评价程度和方向，以及情感参与的程度和性质，也都是有可能的。然而，必须在这一阶段指出的重要一点是：即使获得了这些知识，也无法预测荷兰南马鲁古人假定趋同的群体资格的三个组成部分对社会行为的影响，除非有某种理论结构可以作为这些预测的基础。从我们的观点来看，同样有趣的是，从报纸报道中可以看出，南马鲁古人对内群体的归属感非常强烈，但无论是在原则上还是在现实中，这种归属感都并不要求与群体中所有成员或大多数成员有面对面的互动。

因此，这似乎是群体成员资格的外部或客观标准与这里采用的群体定义之间存在某种一致关联的情况。不存在这种关联的情况同样重要，因为要打破同义反复的恶性循环，正面和反面的例子都是必要的。举例来说，如果一个人从一个"肤色"区别非常重要的国家，来到一个"肤色"与社会分层或社会行为无关的国家，那么他在各种社会情境中的反应所获得的持续反馈，迟早会改变他对社会范畴化的标准。这种方法论的转变与上述南马鲁古人的情况非常相似，但结果却截然相反。

然而，在这一点上，重要的是明确区分群体成员资格的两种外部标准，即那些并非源于群体成员自我认同的标准。天真的外部观察者，有时是对他所研究的文化缺乏充分了解的社会科学家，所使用的客观标准有时可能会出错——例如，一位火星的社会科学家来到欧洲，根据他过去的经验，他深信蓝色眼睛和棕色眼睛之间的明显区别具有深刻的社会意义。另一种外部标准是在任何多群体社会组织中，其他群体对某一特定群体一致使用的标准。从长远来看，这些标准极有可能与界定有关群体资格的内部标准相一致。

前面提到了群体成员资格的三个组成部分，其中第一个组成部分称为社会认知。它的社会性体现在对群体资格的共识上；如果要使这一群体资格成为与内外群体相关的社会行为的社会一致性（有别于个体差异性）有效的决定因素，这种共识就是必要的。关于"谁是谁"的共识，在很多情况下是由以某种方式被社会归类的群体，以及视其为不同的周围群体共同达成的。但可以做出一个更有力的陈述：共识可能往往来自其他群体，并反过来决定了该群体内各种内部成员资格标准的建立。例如，尽管在过去的一个世纪左右，一些国家在建立任何一套区分犹太人和非犹太人的一致客观标准上遇到了越来越多的困难，但犹太人群体认同的延续，很可能与外群体对存在一个被称为"犹太人"的独特群体的共识，以及相应的内群体共识都有很大的关系（参见：Herman, 1970）。

在对群际行为进行实验研究时，也必须考虑摆脱根据埃默森的方式对群体所做的社会心理学定义可能存在的同义反复。出发点仍然是群体资格的外部标准和内部标准之间存在或缺乏一致关联。在这种情况下，外部标准是那些假定存在和/或由实验者强加的标准，内部标准则是那些由受试者使用的并被认为指导了他们在实验中的行为的标准。

从这个角度看，原则上可以分为四种类型。在第一种类型中，实验人员使用"自然"群体（即假定在实验之前就存在的群体），并进行各种操纵，其性质取决于他提出的问题、假设和预测等。由于使用了"自然"群体，一致性的问题在原则上与刚才讨论的完全"自然"情境下的情况并无不同。第二种类型以谢里夫的系列研究（1951，1953，1961，1966）为代表，实验人员明确地强加了他认为有力的群体划分。强加这些划分是希望它们能反映在"主观"群体认同的认知、评价和情感的任意或所有方面。这里的一致性问题也与自然情境中的问题类似。例如，谢里夫的目的是确定各实验组之间某种形式的冲突对群际行为的影响。在明显的冲突发生之前，他对社会行为进行了多种方式的测量和非正式观察。因此，不难确定，在进行"操纵"（即引入明显的冲突）时，受试者认为自己是独立的和不同群体的成员。因此，他们在冲突期间（以及之后）的行为，可以被认为是那些先前存在的主观群体认同在新的条件下的反映。换句话说，这种行为是现象上"真实"的群体资格和实验人员预先设定的群体之间某些特定的新关系共同作用下的产物。

在我们的四种类型中，第三种没有那么简单，尽管它在某种程度上是刚才讨论过的第二种类型的变体。如前所述，实验人员强加了一种明确的群际划分，但这种划分的强度比谢里夫研究中的情况弱得多。当然，这种外部强加的划分可以有不同的"强度"。这取决于实验人员所使用变量的数量和性质；通过这些变量，受试者清楚地认识到他们的确是处于两个或更多独立和不同的群体之中。一个不争的事实是，这种划分的强度越高，就越有可能找到独立的证据来证明其在现象上的有效性。正因如此，我们将以最低强度的划分为例，如果我们对群体的主观定义在这种条件下也能被证明是有用的，那么在要求不那么严格的情况下，它更应该是有用的。

可以在最近的几个实验（例如：Rabbie & Wilkens，1971；Tajfel，1970b；Tajfel et al.，1971，以及随后的几个变化和调整）中找到这种对受试者施加最低强度的群际划分的例子。在毕利希和泰弗尔（1973）的一项实验中，它们可能已经达到了尽可能最简单的极限。这种最简划分的一般原则可以简单表述为：受试者被分为两个"群体"，所依据的标准被假定为对他们来说并不重要（例如，在他们以前从未听说过的两位画家中，选出他们更喜欢的一位——尽管实际上受试者是被随机分配到这一位或另一位画家的"偏好"群体中的，他们在幻灯片中看到的画作影像也是被随机指定为出自这一位或另一位画家之手的）。在实验过程中，受试者在"群体"内部和之间都没有互动。每位受试者都会被告知他自己基于偏好的群体资格，但其他所有受试者的群体资格，无论是他自己群体中的还是另一个群体中的，对他来说都是未知的。然后，每位受试者都会被隔离一小段时间，这期间他需要做出决定，将不同数额的钱分配给另外两位受试者，这两位受试者仅被标明了他们个人的代码编号和各自的群体资格。参与金钱分配的两个人有三种组合类型：第一种类型中，一个人来自受试者所属群体，另一个人来自另一群体；第二种类型中，参与分配的两个人都来自受试者的群体；第三种类型中，参与分配的两个人都来自另一个群体。在受试者做出决定之前，他们被告知，在实验结束时，他们每个人都会收到其他人匿名分配给他的金钱总额（在实验环节结束时确实会收到——非常接近地收到）。在毕利希和泰弗尔（1973）的实验中，将受试者划分为不同"群体"的方法达到了荒谬的顶峰。甚至都不用假装不同群体在审美偏好上存在差异，每位受试者根据随机抛硬币的结果，被清楚明确且显而易见地分配到这一群体或那一群体。

在接下来的讨论中，我们还会回到这些实验及其结果。但现在，我们关注的是，当我们试图将前面提出的群体定义应用于在这些条件下由实验人员强行实施"最简"分类而产生的"群体"时，可能存在的循环性。出现了三个问题：受试者是否接受了实验人员专断的群体分类标准，或者——用之前的术语来说——群体成员资格的外部（实验人员的）标准和内部（现象的）标准之间是否存在一致性？如果存在，这种现象上的接受会产生什么影响？如果有的话，如何在概念上将这些影响与其前因区分开来，即前面提到的，受试者群体资格的三个主观方面（认知的、评价的和情感的）中的一个或多个方面的现实？

关于影响的问题是最容易回答的：各种测量结果表明，在最初以及随后的所有其他实验中，大多数受试者的行为表现非常一致，即决定偏向自己群体中的匿名成员，代价是牺牲外群体中匿名成员的利益。因此也可以说，在某种程度上，实验人员的外部标准和受试者指导其行为的内部标准之间存在着一致性。但这种一致性是因为他们"感觉"自己是某个群体的成员，还是因为其他一些因素，比如有可能是实验设计给他们提供了一种"强制选择"的决定标准［如 Gerard & Hoyt（1974）所假设的］，或者至少是强烈地暗示鼓励他们使用外部强加的、在其他方面毫无意义的划分方式？

如果"强制选择"的主张是指除了偏袒自己群体的匿名成员之外，受试者没有机会选择其他策略，那么它很容易被驳倒。他们做出的决定"矩阵"允许采取其他许多策略，在部分情况下有部分受试者使用了其中一些策略，在许多情况下大量受试者使用了另一些策略。然而，没有一种策略（除了偶尔使用公平作为群体偏见的调节因素）能够达到这种策略的一致程度、水平和频率，即所采取的系列行动要么是分配给内群成员的钱比分配给外群成员的钱更多，要么是分配给任何接收者的钱都少于他们有可能得到的（这是让分配给内群成员的钱比分配给外群成员的钱相对更多的唯一办法）。

然而，"隐性鼓励"的主张更为严肃和难以处理，无论它出现的形式是与"实验者效应"（Rosenthal, 1966）相关还是与实验情境的"需求特征"（Orne，1962）相关。事实上，杰勒德和霍伊特（Gerard & Hoyt，1974）所考虑的正是这种困难，而不是简单的"强制选择"主张，尽管在他们的文章中，这两者的区别并不明显。简单扼要地说，这一主张如下：受试者根据实验提供或强加的群际分类采取行动，并不一定是因为这样做成功地诱导了任何真正的意识，让他们意识到自己是独立和不同群体的成员，而可能是因为他们觉得这种行为是实验人员所期望的——他们顺应了这一期望。

首先要问的问题是：为什么受试者会预期实验人员对他们的这种行为抱有期望？杰勒德和霍伊特的回答是，实验情境就是为了让受试者产生这种预期而设计的。然而，只有当我们假定实验人员仅仅是暗示其"群体"概念与受试者行为有关，就足以有力和一致地决定一种特定形式的群际行为时，这一回答才具有可信度。反过来，如果我们这样假设了（且这种假设绝非不合理），我们还必须假设，至少在我们的文化中，这种特定形式的群际行为能够比其他形式的（例如，群体之间相互合作，向实验人员索要最大总额的金钱，在群体之间公平地分配所得金钱，或者只是随机分配）更容易被实验人员诱导出来。而这后一个假设又必须得到另一个前提条件的支持，即：出于某些原因（无论是什么原因），至少在我们的文化中，群体之间的竞争行为是非常容易被激发的——这时我们又回到了起点。因此，必须再次重申这个问题，因为需要明确为什么特定形式的群际行为会比其他形式的更容易被激发出来；如果我们满足于将这种行为的发生解释为实验人员很容易就能使其发生，那么我们肯定不能做出说明。

除了这种陷入死胡同的解释，还有一种选择，那就是假定受试者将这种情境建构为一种涉及群际关系的情境，他们的行为举止与他们在这种情境中的惯常行为方式类似。当然，这种选择完全没有触及这一问题，即解释到底是什么让这种行为成为"惯常"；但由于这个问题将在本章稍后部分以及后面的章节中讨论，我们暂时搁置它，以便回到我们对群体资格的埃默森式的定义——在第三种类型的实验情境中的有用性上来。

在前两种类型的实验中，这个问题已经得到了解决，因为这些实验有内在的可能性，通过独立于任何特定实验操作的观察效果之外的指标，来交叉验证现象中的群体资格。而对于我们现在所关注的第三种"最简"类型，这就困难得多了。困难的原因在于，在这些实验中，主观群体资格的存在和强度稍纵即逝，可能并不亚于强加给受试者的群际分类标准的有效性。但即使在这里，困难也并不一定意味着不可能。在泰弗尔等（1971）最初的实验中，已经完成任务的受试者在一起等待其他人一个接一个地从隔间出来，他们半开玩笑但又热切地询问每一个到来的人"你是哪个"，并给予适当的欢呼和嘘声。然而，这并不能作为令人信服的证据。在这种情况下，如果它能赢得方法论上的认可，将现象上的群体资格视为一种相当重要和相当常见的干预变量似乎更有用。换句话说，如果它对社会行为的影响可以预测，并且取决于假定它在社会情境中存在或不存在，那么就没有理由不把它当作一种启发式工具，以充分实现其目的。

最近报告的许多研究（最近的综述见：Brewer, 1979; Tajfel, 1980b; Tajfel & Turner, 1979; Turner & Giles, 1981）都满足了上述要求，或满足了前两种类型的群际关系实验的相关要求。早期的一项实验（Billig & Tajfel, 1973）也属于这种情况。这项研究的目的很明确，就是要测试"群体"概念在随后给内群成员和外群成员分配金钱时，能否有效地诱导出所预测的对内群体的偏向。如上所述，在其中一种实验条件下，根据随机抛硬币的结果，受试者被明确地划分为两个群体。在另一种实验条件下，受试者是根据审美偏好划分的（如泰弗尔等人1971年的实验），但实验人员和受试者之间所有的交流都小心地避开了"群体"的概念。因此，在其中一种实验条件下，受试者被"纯粹"地划分为不同的群体，群体内部没有任何相似性的基础，这与早期的实验不同，其中共同的群体资格是由对同一位画家的共同偏好界定的。在另一种实验条件下，两类受试者各有其相似性，同样是以共同的审美偏好来界定的，但强调的是个体以及个体之间的异同，而不是群体资格。几项独立的测量结果清楚地表明，在金钱分配上，对"随机的"内群体的偏向一致且明显强于对"相似的"其他个体的偏向。在第三种实验条件下，将"群体性"（groupness）的标准和个体相似性的标准结合起来，偏向是最强烈的。

可能有意思的是，这些发现与本章前面提到的一个观点有关。这涉及那些即使是基于通常并不一致和不断变化的标准被其他人归为一个群体的人——他们关于外人的共识可能会对其"主观"群体资格的形成产生强大影响。在刚刚描述的实验中，"空洞的"群体条件说明了这一过程的简化和荒谬（reductio ad absurdum），同时也表明了这一过程是多么容易启动（见第十五章）。

如果人们假定（在上述第一种和第三种条件下）对主观群体资格的诱导是成功的，而在第二种条件下并不存在对它的诱导，那么三种实验条件对应的结果（第四种条件作为对照组）就可以得到合理的解释。简单的"强制选择"的主张无法解释不同条件下的结果差异。各种形式的"隐性鼓励"的解释都会陷入上述理论循环。

可以对第四种类型的群际实验情境进行非常简短的讨论，因为它所提出的问题和已经讨论过的问题并没有什么不同。在这种情境中，对内群体的偏好行为发生在实验人员并没有预测这种偏好，甚至极力阻止它发生的情况下。有几个例子可供参考，但只需一个就足以达到我们的目的。弗格森和凯利（Ferguson & Kelley, 1964）将受试者分为两个群体，每个群体共同参与完成各种任务。受试者被明确告知，他们的目的并不是要尽力比另一个群体做得更好，而是每个群体都尽可能地做到最好。每个群体的成果随后由群内的一些成员进行评分，这些成员本身并不参与工作，因此没有个人恩怨。尽管如此，他们始终高估了自己群体的成果相对于外群体成果的质量，即使这种固执的偏袒并没有任何客观依据。

可以根据第四种类型的实验与用现象术语界定群体资格之间的相关性，将其实例归入前三类实验之一。同前面一样，这种归类的性质将取决于强加的群体资格外部标准的来源和强度；这种标准是不同的，既可以使用先前存在的"自然"标准，也可以使用为达成实验人员的目的而特别（ad hoc）强调或简化的标准。在每种情况下，群体成员资格的社会心理学"现实"都可以通过经验进行交叉验证，或作为启发式工具使用，或二者兼而有之。

2. 人际-群际连续体

以上关于群体资格的社会心理学概念及其在各种群际关系的自然和实验情境中的应用，可能会导致严重的误解。前面所说的并不意味着个体或群体"拥有"某种稳定的群体认同；也不意味着这些主观成员资格的认知、评价和情感成分会通过行为，在任意甚或大多数社会情境中或社会背景下不加区分地表现出来。社会背景和情境与主观群体资格在其中的反映或表达存在着相互作用（或"辩证"）关系。需要简要说明这种关系的总体原则。

一个人认为在某些方面与他的群体资格相关的社会情境的数量和种类会随着以下因素的增加而增加：（1）他对自己是某一群体成员的认知清晰程度；（2）该群体资格相关评价的积极或消极程度；（3）对这一认知和评价的情感投入程度。或者，用谢里夫的话说，所有这些都会增加个体"以集体或个体的方式，就他们的群体认同，与另一个群体或其成员进行互动"的情境的数量和种类。反之，也会有一些社会情境，迫使其中的大部分个体以其群体成员的身份行事，无论他们最初的群体认同多么脆弱和无足轻重。当然，随着事态继续发展，这些情境很可能会增强许多人最初还很"脆弱"的群体资格对他们的重要性。因此，在前两条原则的基础上，还必须指出第三条原则：上述两条原则相互作用的一个重要方面是，它们之间存在正向反馈。社会情境迫使其中的个体以群体成员的身份行事，也增强了一些曾经对他们来说并不重要的群体认同，甚或可能创造或激活以前处于休眠或潜在状态的群体资格。因此，根据第一条原则，这些人中的许多人可能会共同（in common）认为，越来越多数量和种类的社会情境在某些方面与他们的群体资格相关联。

在此，我们无意详细讨论群际关系的社会心理学的各种"传统"研究进路。但可能值得顺便（en passant）一提的是，其中一些最有影响力的进路的特点在于其对社会心理现实的看法是奇怪断裂的，因为它实际反映了上述三个原则的相互作用。例如，从个体偏见模式的角度来研究群际关系——在社会心理学中有大量代表文献——往往考虑到并以各种方式展示了三项原则中的第一项原则，而没有过多地关注它与其他两项原则之间的相互作用。基于个体动机理论的研究也是如此，挫折-攻击假说及其各种进展就是最明显的代表（见第二章）。

在本章下一节中，我们将回过头来讨论一些有可能会增强个体社会群体资格重要性的社会情境。但在此之前，我们需要详细说明被视为个体之间的社会行为和被视为具有群际特征的行为之间的基本差异。

这些差异可以被视为一个连续体，其中一端可以被描述为"纯粹的"人际行为，另一端可以被描述为"纯粹的"群际行为。所谓"纯粹的"人际行为，是指两个或两个以上的人之间的任何社会交往，其中进行的所有互动都是由个体之间的人际关系和他们各自的个体特征决定的。而极端的群际行为指的是，两个或两个以上的个体相互之间的所有行为，都是由他们不同社会群体或范畴的成员身份决定的。

这些端点中至少有一个——人际行为的那一端——是荒谬的，因为在"现实生活"中不可能找到这种例子。不能想象两个人之间的社会交往——即使是在某种最低限度上——不会受到他们互相将对方归为各种社会范畴的影响。在他们的头脑中，存在着对这个范畴特征和行为的一些普遍预期。例如，即使是妻子和丈夫，或有着不同工作、年龄、性别、国籍、宗教信仰或其他任何不同群体资格的老友，也都是如此；职业"角色"之间的交往更是如此——如患者和医生、学生和老师、车主和修理工——无论这些人之间可能有多熟悉，也无论他们的个人关系可能有多亲密。

另一个端点——"纯粹的"群际行为——从经验上来说没那么荒谬，因为在现实情境中可以找到相当明显的例子。一名空军机组人员轰炸敌方目标人群就是一个例子，敌对的军队士兵在看不见对方的情况下进行的任何战斗也都是一个例子。然而，当士兵们能够从对手中辨认出某些个体时，他们对敌人的行为在某些方面就可能会受到部分个体特征的影响。然而，这与最为首要的"我们"和"他们"之间的分类并不一致。例如，个体攻击对方中的大个子的方式可能与他攻击小个子的方式不同；甚或在某些情况下，可能会在这种剑拔弩张的环境中建立起一种人际关系，进而对战斗双方中的两个或更多人之间发生的事情产生一些影响。但是，即使发生了这种情况，绝大多数个体之间的交往也都是在群体之间激烈交锋的背景下发生的，这种背景对他们的交往所起到的决定作用要比当事人之间可能建立的任何其他社会关系大得多。第二次世界大战期间，集中营里煤气炉的选择无疑在一定程度上，受到了被选择的人的个体特征的影响，受到了挑选者的个体奇想或"个性"的影响，或受到了一些可能在这或那建立的个人关系的影响。如果我们的目的是描述和了解所发生事情最重要的总体方面，那么所有这些都不过是一个小插曲而已。这样的例子不胜枚举，其中许多例子在"正常"生活中更为常见和熟悉，其悲剧意义也不那么极端。

从这个角度出发，简要地回到本章前面所描述的"最简"群体实验（Tajfel et al.，1971），可能值得注意的一点是，在自相矛盾的意义上，从不同的角度来看，这些实验很可能被认为是"最强"而非最简的。我们的目标之一是在实验室中模拟一种情况——即使是很粗略地——其中一个群体的成员对另一个群体的成员采取行动时，完全忽视了他们之间的个体差异。在实验中，对"外群成员"的（强加的）匿名确保了他们的待遇不会有任何变化；这种匿名并不妨碍（并且无疑会助长）他们受到比"内群成员"更差的待遇。所有这些例子的共同点——从实验中人为制造的荒谬，到战争中的悲惨现实——都是对外群成员的去个性化。下一阶段往往是他们的非人化。在实验中，实验人员以一种巧妙（deus ex machina）的方式实现了去个性化的匿名。而在现实生活中，这种匿名是由行动者自己造成的，是他们在群际背景下行动的结果；但除此之外，由此引发的社会行为在某些性质上惊人地相似。

因此，我们有了这样一个连续体，这一端可能是较为理想的"纯粹的"人际行为，另一端是很少遇见的"纯粹的"群际行为。所有"自然的"（也包括实验的）社会情境都介于这两个端点之间，而个体对被归类为内群或外群成员的人的行为，将受到他将情境感知（或者更确切地说是解释）为更接近这一端还是那一端的决定性影响。但这种说法有其自身局限性，需要尽可能明确地加以说明。有一些极端仇视外群成员的人，他们可能会认为所有（或大多数）涉及其仇视对象的社会情境，都与所涉群体之间的关系有关。但对大多数人来说，社会情境中简单地出现一个外群成员，并不一定会将该情境归为具有群际性质的情境，因此也不一定意味着他们会采取相应形式的社会行为。即使有关群体正陷在冲突之中，情况也可能如此，尽管冲突越激烈，可能被视为与之相关的情境范围就越广。

刚才提出的观点实际上不过是以不同的术语，从稍微不同的角度，重申了本节前面一点概述的"主观"群体资格显著性的三条相互作用的原则。以稍微不同的形式重述这些原则，是为了避免出现含糊不清的情况，否则很容易让人讨厌，而且在某些情况下已经这样了。本书第四部分提出的理论框架并非试图提出某种关于社会行为的一般或普遍理论。虽然每个人有时会是一个或另一个群体的忠实成员，虽然每个内群体都有其相应的外群体，但在许多情况下，我们很多（如果不是绝大多数）社会行为都与这种群体资格关系不大。因此，我们只关心一种类型的社会情境以及与之相关的社会行为形式，无论这种情境有多广泛、多样和重要。我们不关心这样或那样的个体或"个性"，他们被指责因为情感障碍而只能以"内群成员"的身份对待其他人，这些人在任何情况下都是他们选定的"外群成员"。绝大多数人在他们的各种社会交往中，可能参与的互动要么与他们各自的群体资格极为相关，要么几乎无关。本杰明·布里滕（Benjamin Britten）用来作为《战争安魂曲》结尾的威尔弗雷德·欧文（Wilferd Owen）的诗，最有力地说明了这一点。在这首诗中，一个死去的士兵对另一个士兵说："我是你杀死的敌人，我的朋友。"在同一句话中出现的"敌人"和"朋友"，在不同的时间都是非常真实的：前者是在刚刚结束的恐怖战斗中，后者则是在现在一切都结束时，过去的分歧都已经消失，唯一仍然重要的分歧存在于死者与生者之间，存在于那些白白牺牲的人和那些成功活下来的人之间。

在前面的讨论中已经提到，在接近我们连续体中群际行为一端的社会情境中，对外群成员行为的一些主要属性。这些属性可以简要地归纳如下：第一，这些社会行为在很大程度上与内群体或外群体中的个体差异无关。第二，它们在很大程度上与两个群体的成员在其他情境中可能存在的个人关系无关。第三，它们在很大程度上并不受个体在交往时、交往前或多次交往期间的短暂的动机状态影响。这些情境中的社会行为共同的主要决定性特征如下：相关个体共同享有的群属关系（在前面讨论过的群体资格的社会心理学定义的意义上）；当适用于特定社会情境或一系列此类情境时，对内群和外群关系的共同解释。因此，群际社会行为的例子可以被看作受到这些群属关系和解释的共同作用。

刚才的所有论述都可以用两个更广泛的概括来表述：

（1）社会情境（如一个群体的成员所理解的）越是接近人际-群际连续体中群际行为的一端，相关群体的个体成员对外群成员的行为就越一致。反之，情境越接近人际行为的一端，对外群成员的行为就越多变。

（2）社会情境越接近群际行为的一端，内群成员越倾向于将外群成员视为一个统一的社会范畴中无差别的一员，即不考虑他们之间的个体差异。这将同时反映在对内群-外群二分法的清楚认识上，反映在赋予外群成员某些假定整个群体共有的特质上，反映在对这些特质的价值判断上，反映在与这些评价相关的情感意义上，也反映在与内群-外群分类相关的其他行为形式中。

因此，这两个多变性-统一性的连续体可以被看作群体将一种社会情境解释为主要是群际性质的与这种解释对各种形式的社会行为的影响之间的过渡。本章的下一节将讨论一些主要的社会心理条件，这些条件被认为是一个群体的成员一致认为其与另一群体成员之间的关系主要是群际而非人际性质的原因。

❖ 从社会流动到社会运动

根据黑贝勒（Heberle，1968：438-439）的说法，"'社会运动'一词，或其他西方语言中的同义词，现在用来指各种旨在改变某些社会制度或建立全新秩序的集体尝试"。托克（Toch，1965：5）大致同意这一定义（尽管他对此进行了拓宽），他写道，"社会运动大多数定义的关键因素是，规定其必须旨在促进或抵制整个社会的变革"（斜体为原文所加）。为了将社会运动和其他形式的集体行为区别开来，托克还指出了社会运动的特征是由"大规模群体"组成,且"持续时间相对较长"。托克(1965:5)对这些定义的心理学表述如下:"一场社会运动代表了一大批人为了集体解决他们认为共同面临的问题而做出的努力。"反过来,在戈尔德哈默(Goldhamer, 1968:429)被广泛接受的定义中,社会流动是指个体、家庭和群体从一种社会地位向另一种社会地位的运动。

我们将稍微缩小这些定义的范围,以尽可能明确地适应当前讨论的目的,但并不偏离其一般意义。根据托克的说法,社会运动旨在促进或抵制的社会变革,在这里将被理解为大规模社会群体之间关系性质的变化,如社会经济、民族、宗教、种族或族群范畴;因此,再次套用托克的说法,社会运动将在社会心理学层面被理解为大批人为了集体解决他们认为共同面临的问题而做出的努力,这些人将自己定义为一个群体,也通常被其他人定义为一个群体,而这些问题被认为是由他们与其他群体的关系引起的。至于社会流动,我们将把这一术语限定为个体的社会流动,即个体和家庭(因此不包括戈尔德哈默定义中的群体)从一种社会地位向另一种社会地位的运动。反过来,这种从一种社会地位向另一种社会地位的个体流动,也指从一个社会群体向另一个社会群体的运动(无论是向上、向下还是横向地运动)。

之前区分人际行为和群际行为的依据是,在前一种情况下,个人作为个体进行互动,而在后一种情况下,他们根据各自的群体资格进行互动。从这种区分的角度来看,所涉及的"群体"是面对面的群体、大型的社会范畴、参照群体,甚至是社会共识创造的想象群体——如某些猎巫运动中的情况——并不十分重要。出现极端形式的群际行为(即如上一节所述,外群体中的个体差异对行为的影响很小或根本没有影响)的基本条件是,相信群体之间相关的社会边界是严格划定且不可改变的,也就是说,无论出于何种原因,个体都不可能或至少很难从一个群体移动到另一个群体。同样,在将自己归为不同群体的个体之间,人际行为占据主导地位的基本条件是,相信同样社会相关的群际边界是灵活的,不存在禁止个体从一个群体向另一个群体社会流动的特殊困难。

如果我们考虑两个取自"真实"社会情境的重要例子,这里假定这两种信念结构分别决定了群际和人际形式的社会行为的依据就会更加清楚。其中一个例子是社会中存在着相当严格的社会分层,以及/或者人们相信这种分层的存在。另一个例子是群体之间存在着激烈的利益冲突,这种冲突可能与某些持久的分层形式有关,也可能无关。社会分层可以是各种类型的:社会经济分层、族群分层、种族分层、宗教分层、民族分层、基于出身标准的分层等。这些分层严格的共同特征是,个体不可能或至少很难从一个群体移动到另一个群体,且这种困难是由法律、规则、制裁和社会规则造成的,其目的是防止地位较低的群体成员渗透到地位较高的群体中。与此同时,对于"更高的"群体成员来说,尝试加入"更低的"群体几乎没有什么吸引力,即使没有严重的社会制裁——且这种制裁是相当常见的。

我们可以先验地(a priori)区分这些分层的几类主要的社会心理属性,这些属性可能决定了与之相关的不同形式的社会行为。第一种情况是,所有相关群体形成共识,认为这种分层的标准既合法又稳定(即不能改变)。第二种情况是,在一个或多个群体中存在(或正在形成)共识,认为分层标准既不合法又不是不能改变。第三种情况是,有一个或多个群体认为分层标准不合法,但无法改变(例如,由于群体之间巨大的权力差异)。第四种情况——与之相反——则认为标准合法但不稳定(即可以改变)。在许多情况下,第三类和第四类属性很可能是相互作用的——从某种意义上说,感知到的非法性,或早或迟,可能会导致改变现状的努力;感知到的不稳定性(可以理解为一个群体意识到存在现状的认知替代方案),或早或迟,可能会与该群体感知的现状合法性的降低联系在一起。显而易见,非法性和不稳定性的结合将成为试图改变群际现状的一种强大动力,或促使那些认为自己因此受到威胁的群体努力抵制这种改变。换句话说,这种结合会将潜在的、有时是酝酿中的社会冲突,转换为相关群体明确承认的冲突。因此,从本节开头提出的定义来说,它将决定社会运动的发展,其目的是形成或阻止社会变革,而社会变革在这里被视为群体之间关系性质的改变。

通过将这些考虑转化为对与群际行为性质相关的另一个连续体的描

述，可以更系统地对其进行总结。它不同于之前描述的连续体（人际行为与群际行为，以及内群行为及其对待外群成员的多变性和统一性），因为它具有与这些其他区别相关的因果功能。它是关于群际关系性质的信念结构的连续体。我们将把它描述为从"社会流动"的一端到"社会变革"的另一端。前者在这里被定义为，一个个体认为（通常与其他许多人一样）他可以在一些重要方面提高他在社会情境中的地位，或者更笼统地说，作为一个个体，他可以从一种社会地位流动到另一种社会地位。这一定义的第一个直接含义是，个体关于其所处社会的信念体系中包含着这样一种期望，即原则上，他能够离开他目前所在的一个或多个社会群体，移动到其他更适合他的群体中。在这个意义上，"社会流动"包含对社会体系（无论这种体系可能有多大或多小）的一种主观建构，其基本假设是，该体系是灵活和可渗透的，它允许组成它的个体从一个群体相当自由地移动到另一个群体。从目前讨论的角度来看，个体的自由流动是依据运气、功绩、勤奋、天赋、能力还是个体的其他属性，并不十分重要。

这里所说的"社会变革"是指对个体所处社会体系的另一种极端的主观建构方式。它基本上指的是：个人认为自己被封闭在自己所属的社会群体的围墙内；他无法走出自己的群体，进入另一个群体，以改善或改变自己的地位或生活条件。因此，他改变这些条件（或者说，如果他对这些条件感到满意，则抵制改变这些条件）的唯一方式是与他的群体作为一个整体一起改变，作为群体的一员，而不是与离开群体的人一起改变；他不是可以独立于其群体资格，在各种相关社会情境中作为个体采取行动的人。

在此，个体（或更常见的情况是，大量个体同时）在信念结构的社会流动-社会变革连续体中的位置，被假定为在人际或群际基础上对外群成员采取行动的有力决定因素。但是，除非从不同形式的社会现实的角度来看待这种说法，否则很可能导致没有根据的过度简化。从某种意义上说，最简单的例子是一种严格的社会分层，无论基于何种标准，都反映在社会体系中不同群体的成员对该体系的结构和组织的印象中。当这种反映开始伴随着某些群体认为该体系缺乏合法性且能够改变时，这些群体所面临的新的心理"问题"，就有了数量有限（finite）的心理解决方案。这些问题和解决方案将在第十三章中讨论，同时也讨论了那些希望且需要抵制现状的威胁性变化的群体所面临的问题和解决方案。但是，决定"社会变革"信念结构的社会条件至少还有三种变体。此处将它们放在同一个理论框架下，因为它们对其后果，即对外群体社会行为的性质，做出了相似的预测。

这三种变体可简述如下：第一种变体涉及的社会条件是，现有的群体划分并没有形成一种分层结构，阻止个体按照自己的意愿，从一个群体移动到另一个群体。相应地，"社会变革"的信念结构，如果存在的话，也不是直接基于这种感知的个体流动的不可能性。目前一些正在壮大的民族主义运动就属于这种情况。第二种变体涉及社会中的某些个体——无论出于何种原因，他们都需要将自己的社会环境建构成关于某些社会群体之间明确而不可逾越的区别的信念形式。在一些社会条件下，这些个体可能会发起社会运动。关于偏见的传统社会心理学大多关注的是第二种变体，而忽略了它不过是几种情况中的一种——无论是从社会角度还是从理论角度来看，都绝不是最重要的一种。第三种变体涉及群体之间直接的利益冲突，这种冲突与群体之间任何持久的地位差异无关，也与是否相信存在这种差异无关。

这三种变体中的前两种有两个重要的共同特征。其中一个特征是现有的"社会变革"信念与社会情境中可确定的现实之间存在差异，其中个体确实可以在某些重要的方向上轻易地实现社会流动。这两种变体的第二个共同特征是，由于信念与社会现实之间的这种差异，"社会变革"信念结构的发展必须伴随着大量的社会创造活动，即它必须与新的意识形态、态度，以及与之相关的情感因素的发展相关联。这两个理论上的共同点在某种程度上是自相矛盾的——因为正如将要看到的那样——前两种变体的含义在伦理、社会和政治上存在着巨大的差异。

第一种变体的一个明显例子是最近一些民族运动的发展和加强。其中一些运动的社会背景与运动中发展起来的社会心理过程之间的关系，必须和社会分层现实与相应的"社会变革"信念体系之间存在密切关联的情形区分开来。例如在南非，黑人和白人在社会经济和其他重要客观地位上，以及生活方式上的差异是毋庸置疑的，一旦这些差异开始失去其被认为的合法性和稳定性，他们就可以很容易地适应"社会变革"的信念结构。在任何社会中，一个群体的出身、宗教、社会背景、种族、语言或其他文化和社会特征可能会成为他们在各种社会情境和社会地位中持续背负的沉重负担，情况往往如此，也许程度更低，但也相当明显。但是，许多情况并非如此，个体从一个群体到另一个群体的社会同化，并不存在特别的困难。一个在英国的威尔士人，无论他住在英国的什么地方，几乎都不需要单独作为一个威尔士人生活，他可以选择以各种方式记住和展示自己的威尔士身份。尽管如此，今天威尔士的民族群体意识正在迅速发展，这表现在许多新的语言、文化、教育、经济和政治举措中。威尔士现在有一个重要且活跃的群体，他们的目标是培养"社会变革"的信念结构，为此，他们采取了上述所有的举措。社会心理学家没有能力详细描述或分析这种社会运动发展的社会、经济和历史背景；但他们不难确定它的存在，并假定它的扩散可能与"少数群体社会影响"过程的运转有很大关系，如莫斯科维奇（1976）所描述的。

回到社会流动-社会变革这一信念结构的连续体，我们在这里面对的是一群人，他们正试图创造或增强我们在本章前面所说的"社会心理群体资格"，从而将心理状况从"社会流动"转变为"社会变革"。对后一种信念结构影响的一般预测仍然成立，因为所有采取的举措都试图扩大和增强威尔士人与相关英国人外群体根据各自群体资格，而不是在人际基础上进行互动的社会情境的范围和多样性。布兰斯韦特和琼斯（Branthwaite & Jones，1975）的一项研究表明（我们稍后还将回到该研究），即使在那些表面上看起来与任何政治和社会层面的威尔士民族主义没有多大关系的情境中，这些尝试也是成功的。

我们引发社会变革信念体系的第二种条件变体，尽管在客观上与其有所不同，但却源于一种完全不同的情况，或者更恰当地说，源于动荡不安的局势。有些人可能会对某些外来群体抱有偏见和歧视，因为他们觉得这些外来群体威胁到他们的利益或生活方式；有些人则是因为某些形式的社会比较，这将在下一章中讨论；还有些人是因为他们"需要"偏见来处理他们个人的情感问题或攻击行为。最后这类人倾向于以特定的方式来构建他们的社会世界：他们"需要"一个明确的、独立的和不同的外群体，这个外群体可以与他们自认为自己所代表的"群体"截然分开。而内群体是外群体认知存在的认知必要条件（sine qua non），且在各种条件下，内群体和外群体都可以是真实的或虚构的，或介于二者之间。一个人需要有对"这个岛屿上的种族"及其专有特点的概念，以便能够概念化与其截然不同的有色人种移民的"入侵"对其造成的有害影响。这句话中没有任何内容不是众所周知的，有句老话证明了这一点：如果犹太人不存在，希特勒就不得不把他们作为一个社会实体来发明——而且，在很多方面，他就是这样做的。但是，与刚才讨论的一些发展中的民族运动的情况相比较，有两个有趣的共同点——这里讨论这些共同点绝不意味着它们在其他任何方面也可以被视为相似的，如道德、社会或政治。

与前一种情况一样，这种情况在理论上相关的两个方面——从它们导致对某种形式的群际行为的相似预测这个意义上说——是其并不一定从一开始就（ab initio）与不可能从一个群体"转移"到另一个群体的明确信念有关。因此，需要"社会创造活动"来推动那些发起运动的人对情境的主观建构朝着这个方向发展，并希望他们能影响其他人。这一结果是显而易见的，在许多关于偏见的书籍中都有描述。除了形成刻板印象，将两个群体中与群际范畴化直接相关的特征截然对立起来之外（见本书第二部分），还有一种趋势，就像发展中的民族主义的情况一样，有一种社会交往的数量和种类将会增加，在这种社会交往中，行为不再是人际层面的，而是呈现前面所描述的，根据参与者各自的群体资格采取行动表现出的特征。还有一点需要指出：在许多跨种族或跨族群的情境中，这种将信念结构从"社会流动"极端转向"社会变革"极端的艰苦工作几乎是没有必要的，因为现有的严格的社会分层已经完成了这项工作——在这种情况下，我们又回到了最初对心理连续体中社会变革一端的社会背景的一般性描述。在其他情况下，当初始的情境比较模糊时，带有偏见和歧视性的"创造活动"，包括新发展的意识形态，以及赋予内群体和外群体"相关"的特征——在许多社会条件下——都可能有助于最初的虚构成为严酷的现实。因此，我们又一次回到了最初的一般情况，其中"社会变革"的信念结构与严格和客观的社会分层正在形成的具体现实相关联。

如果分层意味着各群体之间公认的地位差异，那么导致"社会变革"信念结构的社会条件的第三种变体，根本不需要与社会体系的分层有关。只需将其明确划分为两个或两个以上的群体即可达到目的。一个明显的例子是，两个群体发生直接冲突，但并不存在普遍的地位、权力、支配或任何其他社会差异——至少在他们互动的最初阶段是这样，但在后来的阶段也往往如此。两支足球队每个赛季都在竞争，机遇结果各不相同，就是一个典型的例子。在谢里夫实地研究的竞争团队中，在其他许多运用了群体竞争的社会心理学研究中，以及在类似的"自然"情境中，都可以找到其他例子。关键在于，在大多数情况下，任何人都很难——甚至不可能——想象自己可以单独地从一个群体转移到另一个群体。在这种激烈的群际冲突中，对个体社会流动可行性的信念实际上是不存在的，而"社会变革"的信念体系——一个人的命运完全取决于他所在群体的命运，也与其他群体的命运相关——则达到了极致。在一场有数万名球迷观看的足球比赛中，如果其中一名球员突然决定更换球队，其后果不堪设想；同样，如果谢里夫实地研究中的一名参与者决定离开他落败的队伍，加入获胜的一方，他的生活也不会太舒适。尽管"背叛"和决定成为"叛徒"的事例偶有发生，但在我们的文化中，对这种行为的社会制裁——无论是外部的还是内部的——都是非常严厉的。处于这种"客观"竞争或尖锐利益冲突中的群体之间互动产生的社会心理后果，可以再一次简单地用以前使用过的概念来描述：鲜明的社会对立反映在"社会变革"信念体系的主导地位上，这反过来又导致在各种情况下，参与者根据各自的群体资格采取行为（以及相应的最低限度的人际行为），其性质由群体之间冲突的性质决定。但必须立即补充的是，这种说法过于谦虚和保守：众所周知，无论是从日常经验还是从社会心理学的许多研究来看，这种"群际"形式的行为都往往会远远超出对群际冲突或竞争的客观结果有重要影响（instrumentally）的情境和行动范围。下一章将在群际社会比较的背景下讨论这种心理"溢出"（spilling over）的原因。

总之，我们区分了四种有助于决定"社会变革"信念结构发展的条件和变体。第一种条件与这些信念对现有严格的社会分层体系的反映有关——由于前面提到的原因，是在人们认为该体系的稳定性开始瓦解的时候。第二种条件是在并不一定会阻止个体从一个群体转移到另一个群体的社会条件下，创立一种"社会变革"的信念体系。第三种条件源自某些个体需要建立明确而不可逾越的社会二分体系。这是大多数关于群际偏见的社会心理学研究的传统领域。第四种条件是群体之间激烈且明确的利益冲突的结果，与稳定的社会分层无关。

在本章的最后，有必要尝试进一步澄清本章及后续章节展现的关于群际行为的社会心理学研究进路与其他许多研究进路之间的差异。即使在最近出版的有关偏见和歧视的书籍中，例如埃利希（Ehrlich，1973）以及基德尔和斯图尔特（Kidder & Stewart，1975）的著作，以及这些书籍所描述和综合的大多数实证研究中，对造成偏见和歧视的心理过程的强调也都占据主导地位，这导致本章所讨论的群际行为的多重面向和决定因素中只有一个方面得到重视。更具体地说，这只限于刚才讨论的四种变体中的一种：有偏见的个体。但即使是这种变体，在某种程度上也是被删节的，因为通常人们很少关注到带有偏见的个体不同形式和条件的内群归属与随之而来的群际行为之间的相互作用。在本章提出的框架中，偏见和歧视本质上是群际关系中某些社会心理结构在社会中的共同症状，而不被视为群际行为的原因；这些群际行为通常被视为源于某些认知和情感过程，在很大程度上独立于其社会背景（见第二、三和七章）。

这种个体主义的强调可能与政治经济学家赫希曼（Hirschman，1970）对所谓"退出"（exit）和"呼吁"（voice）的区分有关。在赫希曼看来，"退出"是指"一些顾客停止购买该企业的产品，或一些成员离开该组织"（1970：4）的情境——换句话说，它非常接近于我们的"社会流动"信念体系在其他理论背景下的行为译词。当"该企业的顾客或者该组织的成员直接向管理层或其隶属的其他权威机构表达他们的不满，或者向任何愿意倾听的人提出一般性的抗议"时，人们就会听到"呼吁"（1970：4）。相比"退出"和社会流动，这似乎与我们社会变革的概念相去甚远，但仔细分析确实可以发现一些有趣的相似和差异之处（更详细的讨论见第十四章）。在讨论"退出"时，赫希曼将这一概念直接运用于社会流动问题：

> 美国传统的成功观念证实了退出对民族想象力的影响。成功——或者所指相同的，向上的社会流动——长期以来都被认为是进化的个体主义（evolutionary individualism）。成功的个体从社会阶梯的低层开始，在向上爬升的过程中，必然会离开他自己的群体；他会"进入"下一个更高的群体，或者说被该群体"接受"。他会带着他的直系亲属一起，但几乎没有其他任何人一起。(1970：108 - 109)

相比之下，赫希曼（1970：112）补充道："黑人权力主义代表了一种全新的向上流动的方式，因为它公开倡导群体过程。它具有强大的震撼力，因为它摒弃并抨击了美国社会中的最高价值——通过退出自己的群体获得成功。"赫希曼关于"退出"在美国社会和文化传统中的作用的观点由来已久，早在霍夫施塔特（Hofstadter，1945）的《美国思想中的社会达尔文主义》（Social Darwinism in American thought）中就有表述。这种文化传统似乎很有可能——至少是部分地——导致社会心理学强调关于个体与其他个体互动的群际理论在解释上的必要性和充分性。对个体主要作为各自社会群体的成员与他人互动的行为的理解，也相应地与某些社会、历史和政治传统的强大影响相矛盾，而这种"个体"强调的思想文化正是源于这些社会、历史和政治传统。

第十二章
社会范畴化、社会认同和社会比较

❖ 社会范畴化和社会认同

个体在社会背景下的自我定义问题可以用社会认同的概念来重新表述。我们需要假定，至少在我们这样的社会中，个体会努力获得一个令人满意的自我概念或形象。这也是利昂·费斯廷格（1954）早期社会比较论的基础之一。然而，费斯廷格几乎只关注个体之间的社会比较，以及通过这些人际比较对自己和他人做出的评价。这种对人际的强调忽略了影响个体自我定义的一个重要方面：事实上，他是众多社会群体的一员，且这种群体资格或积极或消极地影响了他对自己的印象。

为了展开讨论，将使用四个相互关联的概念。它们是：社会范畴化（social categorization）、社会认同（social identity）、社会比较（social comparison），以及心理群体特异性（psychological group distinctiveness）。

本书前面的几章详细讨论了范畴化的过程。根据这些讨论和上一章中对"群体"的定义，"群体"一词表示在特定的时间点上对个体来说有意义的认知实体，且必须与"群体"一词表示若干人之间面对面的关系时的使用方式区别开来。换句话说，社会范畴化是一个将社会对象或事件组合到群体中的过程，这些对象或事件在个体的行动、意图和信念体系方面是等同的。

在"我们"和"他们"之间的所有社会划分中，即在个体自己的群体与用于比较或对比的外群体之间进行区分的所有社会范畴化中，社会衍生的价值差异与范畴化的认知"机制"之间的相互作用尤为重要。这就成为我群中心主义的认知和行为支持之一（参见：LeVine & Campbell, 1972）。在个体自己的群体（或多个群体）与其他群体之间形成价值差异，是社会化总体过程的重要组成部分。将价值引入个体自身群体与其他群体之间一般分化体系的一个重要方面，与当前的论点直接相关。这与群体成员资格的某些后果相关，我们称之为"社会认同"。

在这里的讨论中，社会认同将被理解为个体自我概念的一部分，这一部分来自他对自己作为一个社会群体（或多个群体）成员的认识，以及这种成员资格所具有的价值和情感意义。显然，这只是对"认同"或"社会认同"的一个有限定义。这种限制是有意为之的，其目的有两个。第一是不要陷入对什么"是"认同的无休止的且通常毫无结果的讨论中。第二是让我们能够在接下来的讨论中使用这个有限的概念。毫无疑问，个体对他或她自己的印象或概念，无论是在其内容还是衍生上，都要比这里界定和限制的"社会认同"复杂得多。然而，在这一章中，我们并不关心个体认同或自我意识的起源和发展。我们的目的要保守得多：假定无论个体对自己与周围社会和物质世界的关系的看法多么丰富和复杂，这种看法的某些方面都是由某些社会群体或范畴的成员资格促成的。其中一些群体资格比其他群体资格更为突出，有些群体资格的突出程度可能随着时间的推移和各种社会情境的变化而有所不同（见第十一章）。我们明确关注的是这些群体资格的性质和主观重要性对个体行为中与群际关系相关的那些方面的影响——但毫不否认的是，这并不能使我们对一般意义上的"自我"，或其他背景下的社会行为做出任何说明。因此，这里定义的"社会认同"最好被视为一种简略表达，用来描述（1）自我概念的有限方面，这些方面（2）与社会行为的某些有限方面相关。

因此，从社会认同这一群际视角来看，社会范畴化可以被认为是一种定位系统，它有助于创造和界定个体在社会中的位置（参见：Berger & Luckmann, 1967; Schutz, 1932）。正如伯格（1966：106 – 107）所写："每个社会都包含一套认同，这是社会成员'客观知识'的一部分……社会不但界定而且创造了心理现实。个体在社会中实现他自己——也就是说，他以社会定义的术语建构认同，当他生活在社会中时，这些定义就变成了现实。"

这种"以社会定义的术语建构认同"会带来一些与群体资格相关的后果。这些后果可以描述如下：

（1）可以假定，个体往往会保持一个群体的成员资格，并寻求新群体的成员资格，如果这些群体对其社会认同中的积极方面有所贡献，也即他可以从中获得某种满足感的那些方面。

（2）如果一个群体不能满足这一要求，个体往往就会离开该群体，除非(i) 由于一些"客观"原因，离开该群体是不可能的，或者（ii）这样做与一些重要的价值观念相冲突，而这些价值观念本身是他可接受的自我形象的一部分。

（3）如果离开该群体会遇到上述困难，那么至少有两种解决办法：(i) 改变自己对该群体属性的解释，通过重新解释，使其不受欢迎的特征（如地位低下）变得合理或可以接受；或者（ii）接受现状，并采取社会行动，使现状朝着理想变化。[当然，（i）和（ii）可以有各种组合。例如，在负面属性被"合理化"的同时，也要采取社会行动来改变它们。]

（4）任何群体都不是孤立存在的——社会中的所有群体都生活在其他群体之中。换句话说，"社会认同的积极方面"、对属性的重新解释，以及参与社会行动，只有在与其他群体的关系或比较中才有意义。

❖ 社会认同和社会比较

正是这种比较的视角将社会范畴化和社会认同联系在一起。费斯廷格（1954）在他的社会比较论中，假设"人类有机体中存在一种对自己的观点和能力进行评价的动机"。在同一篇论文中，他提出的第二个主要假设是"在客观的、非社会的方式不可用的情况下，人们分别通过与他人的观点和能力进行比较，来评价自己的观点和能力"。但是，只有"在客观的、非社会的方式不可用的情况下"才会进行社会比较，这一观点存在一些论证困难。费斯廷格的例子是说"当然，人们可以通过用锤子敲击一个物体来检验它是脆弱的这一观点"。我可以通过躺在床上来证明床是用来躺的这一观点，直到我发现城堡里的这个房间里的这张床属于乌尔比诺公爵，且它绝不是用来躺的。很多时候，在观察者看来可以用来检验观点的"客观的、非社会的方式"都没有多少有效性，除非与它们在社会环境中获得的意义结合起来使用。在分析社会行为时，超出这一范围的情况通常是微不足道的。此外，社会现实可以与非社会现实一样"客观"，反之，"客观性"也可以与它是"物理的"一样，是"社会的"。在某些文化中，雷鸣电闪是超自然力量愤怒的标志，与它们是声和光的爆发一样无可争议。

"客观性"的标准不能建立在将现象的性质划分为"社会的"或"非社会的"的基础上，并假定其附带结果是，关于这些现象的观点可以分别通过"社会的"或"非社会的"方式来检验。相反，它可以从意识到在个人所作判断之外还存在其他选择的程度（或主观上的可能程度）的角度来定义。认为个人观点存在替代方案的可能性很低（或为零），可能是因为在通过非社会方式对这些观点进行检验时具有跨时间的一致性，如费斯廷格举的脆弱和锤子的例子；但也可能是由于就某一现象的性质达成了非常高的社会共识，无论这一现象被认为是"物理的"、"自然的"还是"社会的"。毫无疑问，在很多情况下，物理检验方式比社会检验方式更容易得到确定的结果；但这并不是对什么表现为和什么不表现为"客观现实"的理论区分。不能说只有在非社会的方式不可用时，人类有机体才会转向用社会的方式来验证观点。在我们自己文化的科学历史以及其他文化的知识体系中，都有许多例子遵循着相反的程序，即它们并没有使用在原则上可用的"物理的"检验方式，因为围绕某一现象的性质达成了非常高的（或完全一致的）社会共识。

因此，"社会比较过程"有一个基本的和非常广泛的应用范围。这一应用范围既包括"非社会"检验的社会背景（或意义），也包括围绕某一现象的性质达成高度社会共识，足以赋予关于该现象的观点以"客观性"的情况。在他的理论中，费斯廷格主要关注的是有关个体特征的观点的社会检验，以及由此产生的"与这种关联相关的观点和能力的相对相似性"。

该理论主要针对的是社会比较过程中的群体内效应（如在群体内趋于一致的压力），而"与一个不同地位的群体中的成员进行比较，无论地位是更高还是更低，虽然有时可能在幻想的层面确有发生，但在现实中非常少见"。虽然费斯廷格对这一论述进行了修饰，补充说不同群体之间的比较并没有完全消失，但他讨论的重点仍然是个体将自己与其他个体进行的比较。

在上述讨论的基础上，现在可以对社会群体的范畴化及其功能做一个一般性的陈述，即它作为"一种定位系统，创造并界定了个体在社会中的位置"。这涉及比较的"客观现实"，包括侧重于个人作为一个个体的比较，以及基于个体在特定社会群体中的成员资格的比较。"没有一个社会群体是一座孤岛"和"没有一个人是一座孤岛"都是正确的。就群体特征而言，唯一重要的"现实"检验，是对社会现实的检验。一个群体的整体特征（如成员的地位，富裕或贫穷，肤色或实现目标的能力），其重要性主要体现在感知到与其他群体的差异，以及这些差异的价值内涵上。例如，经济剥夺主要是在成为"相对剥夺"时，才在社会态度、意图和行动中具有重要意义；获得生产资料与商品消费、福利和机会的难易程度，主要是在与其他群体的比较中才在心理上变得突出；除非周围有其他群体，否则一个群体（民族、种族或任何其他）的定义没有意义。一个群体之所以成为一个群体，被认为具有共同的特征或共同的命运，主要是因为环境中存在着其他群体。

因此，除了某些特殊情况，群体资格的心理方面及后果只有在其被纳入多群体结构后才有可能被定义。因此，个体的社会认同，即他对自己属于某些社会群体的认识，以及这种群体资格赋予他的某种情感和价值意义，只能通过将个体的社会环境划分为他自己的群体和其他群体的社会范畴化的效应来界定。

有鉴于此，什么样的条件才能使一个社会群体保持其对个体社会认同具有积极价值的贡献呢？在前一章所述"社会流动"的情境中，或有别于"社会变革"的情境中，问题不大。如果一个群体没有为保持积极的社会认同提供足够的条件，个体就会离开这个群体——从心理上、客观上或两者兼而有之。在以"社会变革"信念结构为特征的情境中，问题变得更加复杂。在某些情况下，我们稍后将会再谈到，一个社会群体只有设法保持其区别于其他群体的具有积极价值的特异性，才能发挥它保护其成员社会认同的功能。在其他条件下，这种特异性必须通过各种形式的相关社会行动来创造、获得，甚至为之奋斗。然而，在其他情况下，来自弱势群体的某些或大多数个体会或明或暗地，把赌注押在某些"客观的"社会变革进程上，他们希望这种变革最终会带来真正的社会流动结构；这可能意味着解散一个群体的长期目标，而这个群体目前主要是通过其与其他群体相比的负面属性来界定的。

❖ 社会比较和相对剥夺

当然，在各种社会科学中广泛使用的相对剥夺的概念，与此处讨论的许多方面密切相关。从某种意义上可以说，它的大部分内容都试图阐明与相对剥夺的起源和功能相关的一些社会心理过程。但仍然存有重要的难题。这些难题包括需要在社会比较和相对剥夺之间建立理论联系。在这里，我们发现了与第十一章中所讨论的类似的二分法：人际行为与社会心理学的群际行为之间的二分法，以及"社会流动"和"社会变革"之间的二分法。就相对剥夺而言，我们必须从个体社会比较与群体社会比较的角度重新思考社会比较的概念，以及——与之密切相关的——人际相对剥夺与群际相对剥夺的概念。

虽然相对剥夺的概念起源于社会心理学（Stouffer et al., 1949），但相比社会心理学，它在社会学和政治学中的应用更为广泛。例如，格尔（Gurr, 1970：24）在其重要著作《人们为何反叛》（*Why Men Rebel*）中将相对剥夺作为关键概念之一。他将相对剥夺定义为行动者对其价值期望和价值能力之间差异的感知。

> 价值期望是人们认为自己理应享有的生活物品和条件。价值能力是他们认为自己有能力获得和保持的物品和条件……这里强调的……是对剥夺的感知；即使客观的观察者可能不会将其判断为贫困，但根

据其期望，他们也可能在主观上感到了剥夺。同样，被观察者判断为赤贫或"完全剥夺"的情况，其经历者并不一定认为是不公正或无法弥补的。

从社会心理学的角度来看相对剥夺这一概念，与其他社会科学中使用的同一概念之间存在着一种有趣的关系。对政治学家、经济学家、社会人类学家或社会学家来说，相对剥夺是一个自变量，使他们能够对各种社会过程和社会运动提出假设。但是，正如格尔在上述定义中对认知的强调所表明的那样，他们必须借助社会心理学来理解相对剥夺的起源和功能。在我们的学科历史上，有两种智识传统为这一概念提供了社会心理学的内涵：社会比较理论和参照群体理论。

然而，我们并没有把我们的贡献推到可能对其他社会科学产生全面影响的程度。这可能是因为，与参照群体理论的某些含义相比，社会比较论对个体之间的强调，或——在这里使用的术语——对"社会流动"的强调，更符合该学科一般理论的发展方向。然而，很早以前，就有一些本可以继续研究的明确线索。例如，请看查普曼和福尔克曼（Volkmann）在 1939 年撰写的关于抱负水平的经典论文中的这段话："无论参照框架的改变会引起抱负水平的何种变化，都可能会产生巨大的*社会后果*：新的判断可能会成为重大社会变革的催化剂，在这种变革中，整个群体都会突然改变他们的志向，也许还会改变他们的地位。"（斜体是我标记的。）

根据格尔（1970：29）的说法：

> 相对剥夺的范围是指就每一类价值而言，它在一个集体的成员中的普遍程度。有些剥夺是所有群体中某些成员的特征。在某种程度上，剥夺与集体暴力倾向有关，因为许多人对同样的事情感到不满。意料之外的个人剥夺，如未能获得预期的晋升或配偶不忠，通常在任何给定的时间，都只会影响到很少的人，因此范围很窄。而像政党被打压、剧烈的通货膨胀或某一群体相对于其参照群体的地位下降这样的事件和情况模式，可能会在整个群体或各类人群中引发相对剥夺感，因此范围很广。阿伯利（Aberle）将这里所说的范围大体划分为

两类剥夺，一类是个人的经历，一类是群体的经历。范围最好被视为一个连续体，例如，通过调查技术，应该可以确定任何集体中，在任何特定的价值类别方面，感到被剥夺的人的比例。

在他的书中，格尔主要关注的是集体暴力和反叛现象。但从概念上讲，其中涉及的一些问题与人们在考虑更广泛的群际行为问题时所遇到的非常相似。我在前面已经详细地论证过，我们必须为群际行为广泛的社会一致性提供一种社会心理学理论，且这种理论除了使用人际层面的概念外，还应该使用社会认同和群际社会比较等相关概念。这与格尔所说的相对剥夺范围的连续体紧密契合。这个连续体与群际行为的社会心理学理论相关，它的三个节点界定了它的范围。

从心理学角度讲，格尔所说的相对剥夺是一种期望的落空，且因此成为社会行为的一个自变量。这种期望落空可以从两个可能的维度来理解：一个是个人的，一个是人际的。个人维度是指一个人过去的地位或期望与现在的地位或期望之间的不利比较。人际维度涉及与他人的比较，当然，它本身也包含一个时间维度；事实上，它可能几乎毫无例外地包含时间维度。

与群际行为过程更直接相关的是第二个维度，即人际维度。刚才提到的连续的三个节点可以为相对剥夺与群际行为之间的关系提供一种有用的分类。这种分类直接源于第十一章中讨论的社会行为的人际-群际连续体。在连续体中个体的一端，是可以被称为人际和群内的相对剥夺。这就是社会比较的人际理论直接相关的地方。在连续体的中间，有一个有趣的过渡。这可以被称为人际和群内的相对剥夺，但被假定为群际行为的一个自变量；正是在这一点上，出现了理论上的困难。

在这个过渡点上（从群内相对剥夺到群际行为），假定正在运转的理论顺序可以描述如下：个体将自己与其他个体进行比较；为比较目的而选择的个体必须与进行比较的个体没有太大区别；因此，在群体之间有深刻的心理裂痕的情况下，比较的目标更有可能来自个体自己的群体，而不是一个外群体。这时，问题就来了：这些群内的社会比较是如何转化为例如群际敌对行为的？对这个问题已经有了多种形式的回答，如：替代攻击理论；或将唤醒和愤怒作为一种驱动力，关注这种驱动力与诱发攻击的线索之间的联系的理论；等等。

在继续论证之前，必须在此重新阐述有关群际敌对行为的两种一般性论述。第一种论述是：在各种不同的条件下，一些人会表现出有敌意的群际行为。第二种论述是：在一些条件下，大部分人（或者至少是很多人）会表现出有敌意的群际行为（见第十一章）。这两种形式的敌对群际行为之间的区别，涉及刚才描述的过渡阶段的理论序列：人际和群内的社会比较。通过假定存在的个体动机状态，导致特定形式的群际行为。这个序列可以用来为群际行为现象提供理论依据，而且已经取得了一定的成功。这些现象符合上述两种一般性论述中的第一种，即有一些人在各种不同的条件下表现出群际敌意。但它也被用来解释第二种现象，即大量人的群际行为，有时在很长一段时间内表现出一致性。这种形式的应用导致与社会心理学理论以及关于群际行为和社会变革等大规模社会问题的心理学方面相关的关注重点和范围被危险地缩小了。

除了关注重点的缩小之外，该理论在经验上也是不充分的，因为它所依据的一些假设是未经检验的，一些是无法检验的。第一个未经检验的假设是，在群体之间存在心理裂痕，或者不可能或很难从一个群体"转移"到另一个群体的情况下，相关的社会比较仅限于个体在群内的视野。第二个假设既未经检验又无法检验，涉及大规模群际行为的转变。这一假设认为，在某些情况下——有时会持续很长时间——大群人都有一种类似的内部动机状态，无论是作为一种驱动力的唤醒或愤怒，还是被压抑的攻击性。

莱昂纳德·伯科威茨（Leonard Berkowitz）1972年在《社会议题杂志》（*Journal of Social Issues*）一期专刊上发表的论文专门讨论了集体暴力和国内冲突，是将这种理论具体运用于大规模群际现象的一个很好的例子。伯科威茨的论文题为《挫折、比较以及其他情绪唤醒源作为社会动荡的促成因素》（Frustration, comparisons and other sources of emotion arousal as contributors to social unrest），对20世纪60年代末在美国多个城市中发生的黑人暴乱的某些方面进行了研究。他对城市暴乱的一些原因的解释大致如下：这些暴乱更有可能发生在"期望上升"时期，此时相对富裕的程度较高；相比普遍穷困的时期，在这种情况下，相对贫穷的黑人有更多的机会与富裕的黑人进行比较；这些比较产生的挫折感促成了暴乱。为什么是这种特殊的社会比较呢？正如伯科威茨（1972：86）写道的：

> 贫穷的黑人通常会拿自己与贫穷的白人相比较吗？他们的经济地位可能相似，但在其他方面却大相径庭。我想指出的是这样一种可能性，即工薪阶层的黑人可能会在某种程度上倾向于由工薪阶层的白人来评价自己，因为他们的职业条件相同。但是，黑人也很容易将其他黑人当作一个参照群体。他们与其他黑人的交往更为频繁和亲密；对他们来说，其他黑人更有吸引力，也在一些重要方面与其类似。虽然这似乎是显而易见的，但它意味着与其他黑人的不利比较会导致社会动荡，即使只是在很小的程度上。

也许值得指出的是，在同一篇论文的前两页中提出了恰恰相反的观点，其依据仍然是同样的人际社会比较理论。在这里，我们被告知，社会经济地位最低的阶层成员，即"下层无产者"黑人，是最不激进的。积极参与暴乱的人"通常比这些城市中不参加暴乱或不那么激进的黑人，受过更好的教育"。正如伯科威茨（1972：83）写道的：

> 客观上遭受剥夺最严重的人，即那些处于经济阶梯底层的人，与经济条件较好的人相比，大概不那么充满希望，在得不到生活中的美好事物时，也不那么具有攻击性。他们被剥夺，但并不沮丧。显然，教育激发了我们对社会乐趣的渴望，并增强了人们对获得这些乐趣的期望。这些期望的落空令人沮丧。

之所以对这个例子进行较为详细的讨论，是因为它表明，即使是"社会流动"传统最杰出的代表人物，在研究中也会得出关于社会运动的社会心理学结论。除了已经讨论过的困难和矛盾之外，还有一个对理论失败的小声明。莱昂纳德·伯科威茨是一位优秀的科学家，他不会对一个可能在某种程度上是正确的，但其解释力显然非常有限的论点做太多论证。这就是为什么他写下并用斜体标出了"与其他黑人的不利比较会导致社会动荡，即使只是在很小的程度上"这句话。

作为社会心理学家，我们没有理由应当如此保守。对社会比较连续体中的第三个节点的思考（其中前两个节点已经讨论过了），为今后的工作提供了有希望的线索。刚才讨论的第二个"过渡性"节点，与假定的人际和群内的社会比较相关，且被认为会影响群际行为。连续体的第三个节点涉及群际社会比较与群际行为之间的关系。这可以通过两个例子来说明，它们来自社会和政治光谱的两个极端。第一个例子来自库尔特·丹齐格（Kurt Danziger, 1963）在南非进行的研究，其一般性结论得到了贝丽尔·热贝（Beryl Geber, 1972）的证实。这两项研究都使用了非洲中学生所写的"未来自传"作为数据来源。在热贝的研究中，由于必须消除所有可能识别出参与者的线索，因此在数据呈现方面存在不可避免的缺陷。但是，其一般性结论之一显然与丹齐格得出的结论相似：对由种族决定的共同体命运的意识，使学生们的抱负从获得比较而言的成功这样的个体目标，转向了以群体志向的形式表现出来的政治意识形态的发展。南非是一个极端例子，其群体成员无法作为个体行动。用费斯廷格的话来说，在那里，群际比较只能在"幻想层面"进行，而在自己群体之外的人际比较又几乎没什么意义。然而，一旦凝固的社会关系体系不再被视为唯一可能或可行的体系，人们就会和突出的相关外群体进行比较，从长远来看，这些比较的广泛传播立刻构成"社会变革"的社会心理过程，同时成为未来"客观"社会变革强有力的决定因素。

第二个例子在概念上类似，但在社会和政治层面却大相径庭。北爱尔兰的新教-天主教关系就是另一个例子，其中从一个群体到另一个群体的移动是不可能或极其困难的。20 世纪 60 年代，新教作为少数派在社会和经济方面的进步，日益威胁到有利于天主教作为多数派的现状。比勒尔（Birrell, 1972）将极端主义者和激进新教运动的迅速发展归因于这种威胁。但以我们的观点来看，其中有趣的一面是，在北爱尔兰城市街道游荡的年轻新教徒和年轻天主教徒的准军事组织，在很大程度上都是由双方的人组成的，他们在除了突出的二元对立的社会范畴化标准之外的各方面都非常相似。站在天主教一方的爱尔兰共和军（I. R. A.）的青年激进分子发现，支持新教的阿尔斯特防卫协会（U. D. A.）的青年激进分子，在街上列队反对他们。想以任何形式的人际社会比较或个体相对剥夺来解释这种突出的内群体归属,都是非常困难的。真正受到威胁的是对一个群体特定的比较认同,而这种认同恰好在其社会和传统背景下非常突出。群体"反向的"相对剥夺,直到最近还安全地建立在其独特优越性之上;对个体而言,它被转化为相对于"他们"的"我们",而不是相对于"他"或"她"的"我"。

但是,如果不假设一个将群际比较和群际不同联系起来的过程,对连续体中第三个节点——群际比较导致群际行为——的讨论就不可能完整。在人际比较和随之而来的人际相对剥夺的情况下,假定了比较的范围——因此也假定了相对剥夺的范围——限制在进行比较的人和比较对象之间的主观相似性上(没有非常明确的定义)。这在直觉上是正确的,也有一些证据支持这一观点。而我们的主张是,与相似性的观点相反,在群际比较的情况下,社会认同的要求推动了可能高度不同和二元分离的群体之间的比较。那么,为什么这些比较会远远超出"幻想层面",并往往成为群际行为和社会行动强大的决定因素呢?

答案并不难找。部分回答暗含在涂尔干(Durkheim)对维持社会秩序的论述中。"[他写道],如果要维持社会秩序,就需要大多数人对自己的命运感到满足。但要让他们感到满足,需要的不是让他们拥有更多或更少,而是他们确信自己没有权利拥有更多"(发表于1959年的译文)。差异可能很大的群体之间的社会比较,建立在对他们之间关系合法性的认知基础之上。本章所使用的社会认同的概念,与内群体对一个积极和独特形象的需要有关;这就是为什么感知到的群际关系的非法性,超越了相关社会比较中群际相似性的限制,并延伸到任何被认为存在导致非法性的因素的地方。这绝不是社会心理学中的新概念。对人际攻击实验研究的仔细回顾表明,在实验情境中,对攻击合法性的感知这一独立变量更能可靠地预测公开的攻击行为或对其的抑制,而不是唤醒、替代、诱发线索或先前的挫折等变量(参见:Billig, 1976)。

关于社会比较论中的相似性问题,认为感知到的群际关系的非法性提供了从不可比性到可比性的桥梁,是有可能的。即使所涉及的群体从表面上看非常不同,并且有非常明显的"不可逾越的"边界,情况也是如此。对基于相似性假设的社会比较论来说,感知到的群际关系的非法性不会带来任何问题,只要群体(至少潜在地)在任何突出的或与比较相关的维度上具有相似的地位——就像两支相互竞争的运动队命运各不相同,其中一支恰好目前处于领先地位。同样,在稳定和明确的地位差异被认为是合法的情况下,相似性假设似乎也是有效的,因为没有相似性意味着没有比较。但当这种稳定且合法的群际体系开始崩溃时,困难就出现了。换句话说,相似性版本的社会比较论可以解释非等级化的群际体系中关系的变化,也可以解释等级体系中关系的稳定。但它无法解释,当被视为合法的东西由于各种我们在此不必关心的历史和社会原因开始被视为不合法时,那些改变等级体系的尝试。从社会心理学理论的角度来看,重要的问题在于,在地位、权力、支配或其他任何差异中,现有关系被认为是不合法的,这意味着在以前不存在可比性的地方,发展出了某些维度的可比性(即潜在的相似性)。这无非就是"人人平等"或"人人享有平等权利"的观念,尽管在群体意识形态中,新的可比性维度往往会有更详细的定义。反常的是,这意味着感知到的非常不同的群体之间关系的非法性,导致了对新的相似性的承认或发现,无论是实际的还是潜在的。因此,我们的主张和社会比较的"相似性"理论之间没有内在的矛盾。二者之间的区别也许就是相似性的"动态"观点和"静态"观点之间的差异。在前一种情况下,相似性——也就是可比性——并不仅仅被视为一种"存在"或"不存在"的东西,而是一种取决于在不断变化的社会环境中,社会条件、背景、影响、意识形态、信仰以及态度变化模式的东西。

因此,感知到的群际关系的非法性,是让社会行动以及群际行为的社会变革在社会和心理上被接受和可以被接受的杠杆。它通常是对现实或潜在的社会世界的共同看法。因此,它为唤醒、不满或沮丧的共同且持久的意识形态化提供了基础;它还为将其转化为广泛传播的群际行为形式提供了基础,这些行为与实现或保持适当形式的心理群体特异性有关。在"劣等"群体的情况下,这种杠杆作用是通过感知到群际比较结果的非法性来实现的;就已经在变革之路上的"劣等"群体而言,杠杆作用是使其新的比较形象合法化;在"优等"群体的情况下,这种杠杆作用是每当有价值的特异性被认为受到威胁时,对试图保持现状的努力的合法化。

第十三章
群体分化的实现

❖ "最简"群体实验和"真实"社会情境

我们对"最简群体"最初的研究在第十一章已经提到,它们充其量只是提供了一些暗示性的证据,表明在群际情境中,有一些过程在起作用,虽然这些过程通过参与者的行为造成了明显的群际分化,但这些过程既不能被归因于先前的敌意,也不能被归因于"客观的"当前群体之间的利益冲突,或者被归因于简单的参与者的自身利益。这些研究绝不是最为关键的实验;相反,它们是进一步思考相关问题的支柱。

这些研究的目的是找出最低限度的条件,其中个体会在自己的行为中区分内群体和外群体。为了创造这种最简条件,我们试图从实验情境中排除所有通常会导致内群偏好和外群歧视的变量。这些变量包括:面对面的互动,利益冲突,群体之间先前存在敌意的任何可能性,参与者的回答和他们自身利益之间任何"功利"或工具性的联系。此外,我们让参与者可以在他们的回答中选择各种策略,其中一些策略比起在群体之间制造差异更"理性"或"有用"。正如第十一章中提到的,参与者首先要完成一项相当琐碎的任务〔如猜测快速投射的点阵中有多少点,或者表达对一两位风格相当抽象的画家如克利(Klee)和康定斯基(Kandinsky)画作的偏好〕。然后,他们在隔间中单独完成任务。他们的任务是(在一些报酬矩阵上)决定如何在其他两位参与者之间分配有金钱价值的点数。他们知道自己的群体资格是什么（低估或高估了点的数量，或者偏好某位或另一位画家），也知道他们要分钱的那些人的群体资格是什么（但那些人是由代码编号指定的，他们的个体身份是未知的）。结果非常显著，"群体内"成员获得了更多的奖金。在第二组实验中，矩阵的构造使我们可以分别评估几种决策策略的"拉力"。这些策略分别是：共同利益最大化（即在每个矩阵上，使合计金额最大化的策略，这样所有参与者加在一起——他们在实验之前就彼此了解——就可以从实验者那里得到尽可能多的钱）；内群成员的利益最大化；有利于内群体的差异最大化，以牺牲上述两种优势为代价；选择的公平性（见表 13-1 和表 13-2）。在这些策略中，第一种策略——共同利益最大化——对决策几乎没有施加任何影响；内群体利益最大化很重要，但有时不如实现有利于内群体的差异最大化重要。公平也是一个显著的变量，有助于缓冲对内群体的过度偏好。

表 13-1 实验中使用的矩阵

	A											
矩阵 1	$\frac{19}{1}$	$\frac{18}{3}$	$\frac{17}{5}$	$\frac{16}{7}$	$\frac{15}{9}$	$\frac{14}{11}$	$\frac{13}{13}$	$\frac{12}{15}$	$\frac{11}{17}$	$\frac{10}{19}$	$\frac{9}{21}$	$\frac{8}{23}$	$\frac{7}{25}$
矩阵 2	$\frac{23}{5}$	$\frac{22}{7}$	$\frac{21}{9}$	$\frac{20}{11}$	$\frac{19}{13}$	$\frac{18}{15}$	$\frac{17}{17}$	$\frac{16}{19}$	$\frac{15}{21}$	$\frac{14}{23}$	$\frac{13}{25}$	$\frac{12}{27}$	$\frac{11}{29}$
	B											
矩阵 3	$\frac{7}{1}$	$\frac{8}{3}$	$\frac{9}{5}$	$\frac{10}{7}$	$\frac{11}{9}$	$\frac{12}{11}$	$\frac{13}{13}$	$\frac{14}{15}$	$\frac{15}{17}$	$\frac{16}{19}$	$\frac{17}{21}$	$\frac{18}{23}$	$\frac{19}{25}$
矩阵 4	$\frac{11}{5}$	$\frac{12}{7}$	$\frac{13}{9}$	$\frac{14}{11}$	$\frac{15}{13}$	$\frac{16}{15}$	$\frac{17}{17}$	$\frac{18}{19}$	$\frac{19}{21}$	$\frac{20}{23}$	$\frac{21}{25}$	$\frac{22}{27}$	$\frac{23}{29}$

参与者必须在上面的每一个矩阵中选择一项（例如矩阵 1 中的 $\frac{15}{9}$）。

在矩阵 1 和 2 中，当最上面一行数字代表分配给外群成员的点数时，共同利益最大值，内群体利益最大值，以及有利于内群体的差异最大值，在矩阵的最右端重合。当最上面一行数字代表分配给内群成员的点数时，内群体利益最大值和有利于内群体的差异最大值在矩阵的最左端，共同利益最大值仍然在最右端。所有参与者都多次完成了两个版本的矩阵。

在矩阵 3 和 4 中，当外群体在上面一行时，所有最大值都在矩阵的最右端。当内群体在上面一行时，共同利益最大值以及内群体利益最大值在最右端，而有利于内群体的差异最大值在最左端。

每种选择策略的"拉力"（M. J. P. —— 共同利益最大化；M. I. P. —— 内群体利益最大化；M. D. —— 有利于内群体的差异最大化；F—公平）的衡量标准是同一矩阵的两个版本中选择的差异：一个版本中代表给外群成员的点数在上面一行，另一个版本中的则在下面一行。详细分析见 Tajfel et al.（1971）。

表 13 - 2　给偏好克利的群体的小册子

这些数字是奖励给：											
克利群体 74 号成员	25	23	21	19	17	15	13	11	9	7	5	3	1
康定斯基群体 44 号成员	19	18	17	16	15	14	13	12	11	10	9	8	7
请在下面填写您刚刚选择的方框里的详细信息：											
											金额
给克利群体 74 号成员的奖励											21
给康定斯基群体 44 号成员的奖励											17

小册子的一页展示了一个单一的矩阵，并再现了参与者可能做的标记。参与者除了选择一个方框外，还需要在下面的空白处填写方框中的内容，以确认自己的选择。这一页的标题会提醒他自己所在的群体。只能通过编号和群体识别获得奖励的人；参与者不知道他们是谁，除了他们的群体认同。

有两种简单且重合的解释可以说明这些结果：一种是"规范的"，一种是"学习的"。第一种解释是，我们的受试者是 15~16 岁的学生，他们把这种情境看作"团队竞争",其中个人应该不惜一切代价使自己的团队获胜。第二种解释是——在一个新的情境中——他们采取了在过去无数场合中得到强化的内群体行为。这两种解释都是合理的,但也相当"无趣"——无趣是因为它们并非真正启发式的解释。如果我们的参与者选择了能使共同利益最大化的选择策略,仍然可以使用同样的解释——以这样或那样的形式。如果他们只选择了公平策略,而没有选择内群体偏好策略,他们仍然可以从规范和先前的强化角度来"解释"他们的回答。这里要提出的观点并不是说这些解释是无效的,而是说,在它们可以解释各种结果的能力之外,它们所处的普遍性水平使其无法成为对群际过程提出新的和更透彻的见解的出发点。

参与者可能正是基于这些特定的强化,选择了特定的规范,从而界定了这一问题,并为提出一些关于群际关系心理学的新问题提供了出发点,特别是考虑到在英国和其他地方的许多实验都重复了这一结果。(最近的一些综述列表见上一章。)

这些结果中有两项是我们特别感兴趣的,二者都在一种较高的统计显著性水平上得到了多次重复。第一项结果涉及有利于内群体的差异最大化策略相对于内群体利益最大化和共同利益最大化组合策略的强大吸引力(见表13-1中的矩阵3和4)。这意味着,当有利于内群体的相对差异与可分配给内群成员(内群体利益最大化策略)或所有参与者(共同利益最大化策略)的奖励的绝对值发生冲突时,往往是实现这种相对差异引导了参与者的选择。第二项结果涉及在两名其他内群成员之间和在两名外群成员之间分配奖励时所做选择的比较。这两种类型的选择是在不同的矩阵上进行的,且分别进行了多次选择。结果发现,两名内群成员获得的奖励金额比两名外群成员获得的奖励金额,始终显著地更接近矩阵中共同利益最大化的点。在这里,我们再一次遇到了有利于内群体的"无理由的"歧视,这种情况甚至比在有利于内群体的差异最大化策略的"拉力"中更严重:因为这些内群体和外群体的选择是在不同的矩阵上进行的,给予外群体更多并不意味着给予内群体更少。再一次地,看起来最简单的解释似乎是假设参与者试图实现有利于内群体的积极分化,甚至不惜给予外群成员更少的钱,而这些外群成员虽然是匿名的,但在学校是同班同学,可能和参与者非常熟悉。

然而,在把参与者的行为看作社会群体范畴化的结果,而不是这些实验中与这种范畴化相关的人际相似性的结果之前,必须解决一个重要的方法论问题,即当前群体资格的标准是参与者在实验第一部分表现的相似性。有大量证据表明[如 Byrne(1971)的总结],人际相似性,即使是相当微不足道的相似性,也会使参与者在受限的实验情境中"偏爱"那些更"像"他们的人。

出于这一原因,参与者进行了进一步的实验,试图将人际相似性变量和"纯粹"范畴化作为二元对立群体区分开来。一项 2×2 实验设计对参与者在被明确划分为不同群体时和没有被明确划分为不同群体时,对他人的行为进行了比较(Billig, 1972; Billig & Tajfel, 1973)。为此,实验者调整了早期实验中使用的流程。在实验的第一部分,参与者被要求根据屏幕上显示的一些画作复制品,表达他们对两位画家(克利和康定斯基)中的一位或另一位的偏好。在第二部分,在保证刚才表达的偏好是匿名的情况下,每位参与者被要求在两位匿名的其他参与者之间分配点数(有货币价值的),这两位参与者是通过代码编号指定的。一共有四种实验条件。在第一种条件(有范畴化,有相似性—CS)下,每位参与者给另外两位分配点数,其中一位和他自己在同一个群体中,群体资格是基于刚才表达的偏好("克利群体"或者"康定斯基群体"),另一位则属于另一群体。在第二种条件(有范畴化,无相似性—C$\tilde{\text{S}}$)下,参与者给另外两个人分配点数,这两个人同样分属两个群体(其中一位和参与者自己在同一个群体中),但这种分配是明确随机的,与刚才表达的画作偏好无关。在第三种条件(无范畴化,有相似性—$\tilde{\text{C}}$S)下,参与者给另外两个人分配点数,这两个人的代码编号表明了他们对一位或另一位画家的偏好,但在整个实验过程中都没有引入或提到"群体"的概念。在第四种条件(无范畴化,无相似性—$\tilde{\text{C}}\tilde{\text{S}}$)下,给另外两位参与者分配点数,既没有参考群体资格,也没有提到画作偏好。实验结果如下:在"有范畴化,有相似性"和"有范畴化,无相似性"的条件下,参与者在分配奖金时,对自己同一群体内的其他人表现出数额明显的偏爱；在"无范畴化，有相似性"的条件下，参与者有一些倾向，偏爱那些与自己喜好相同的人，但这种倾向没有达到统计上的显著性水平；在"无范畴化，无相似性"的条件下，参与者对分配对象没有任何偏爱。"有范畴化，有相似性"条件下高度显著的结果重复了我们在最初实验中获得的结果（Tajfel et al.，1971）。但我们在此主要关注的是"有范畴化，无相似性"和"无范畴化，有相似性"两种条件之间的比较。（"有范畴化，无相似性"条件下）参与者对和自己属于同一群体，但不涉及喜好相似性的人表现出的偏爱，相当明显和显著地强于在"无范畴化，有相似性"条件下，参与者对那些没有提及他们所属群体，但在喜好上与自己类似的人的并不显著的偏好倾向。

当然，也不能说在"无范畴化，有相似性"的条件下，参与者并没有基于其喜好相似性被范畴化为不同的"群体"。但实验的关键在于，这并不是一种明确的（explicit）范畴化。因此，在"有范畴化，无相似性"条件下引入一种明确的社会范畴化——这种范畴化不是基于相关个体先前的任何相似性——比在"无范畴化，有相似性"条件下引入与明确的社会范畴化无关的个体间的相似性，更有效地产生了偏爱。这些结论在蔡斯（Chase，1971；另见 Hornstein，1972）的一项研究中得到证实，他对最初实验（Tajfel，1970b）中使用的流程进行了修改，并在纽约的参与者群体中进行了实验。与我们的实验一样，他没有引入明确的范畴化群体，因此，几乎没有发现歧视现象。

在进一步讨论之前，不妨先看看我们得到的结果与前人研究获得的结果之间的差异，后者之中概念和方法与这里描述的研究相对最为接近的是谢里夫关于群际冲突的研究（例如：Sherif，1966）。他的目的是研究明确和清楚引入的群体之间的零和冲突，对外群体态度以及参与者随后行为的影响。此外，通过参与者之间长时间的群内互动，群体归属和外群敌意都得到了加强。在我们的实验中，不存在外部定义的冲突；如果存在竞争（即旨在区分群体，以有利于自己群体的行动），那么一旦实验者引入群体的概念，参与者自己就会完全和积极地将其带入情境中。参与者从未作为一个"群体"聚集在一起；他们既没有互动，也不知道谁在自己的群体中、谁在另一个群体中；他们没有明确的社会压力迫使他们采取有利于自己群体的行动；他们自己的个人利益也与把更多的钱分配给自己群体中的某个成员毫无关系。恰恰相反，如果坚持使用共同利益最大化策略，他们所有人都会从实验者那里得到更多的钱。

在某些条件下，似乎正是这种假定的分化需求（或者建立群体之间的心理特异性），提供了社会范畴化-社会认同-社会比较这一序列的主要结果。可以证明相关现象存在于各种各样的社会环境中。一个重要的例子就是在更广的社会背景下，"种族"概念被用作社会范畴化的标准。由于种种原因，"种族"已经成了一个承载价值的术语、一个具有"剩余"价值内涵的概念。因此，确定使用这一概念的社会情境，或者如约翰·雷克斯（John Rex）所写，确定"形成主观社会差异的社会分化的类型"（Rex，1969），可能会有所启发。根据雷克斯的观点，具体如下：

（1）工业和军事技术发达的民族，与发展水平较低的狩猎、游牧和农耕者之间的文化接触情况。

（2）奴隶种植园的情况。

（3）古典马克思主义或韦伯意义上的阶级情况，即同一社会中的人们拥有不同程度的市场权力的情况。

（4）有高低之分的地位情况。

（5）族群多元化情况，即具有不同文化和/或身体特征的群体在同一经济体中工作，但保留其社会和文化认同的情况。

（6）少数群体扮演贱民或替罪羊角色的情况。（Rex，1969：147）

在这六种情况中，有三种情况明确提出了群体或个体之间的价值差异（"更低的发展水平""尊重标准""贱民"）。其他三种情况也离直说不远。无论"种族"概念的其他用途如何，它在一般性的社会使用中已经成为一种简略表达，帮助创造、反映、加强和延续人类群体或个体之间感知到的"价值"上的差异。它有助于使这些差异尽可能明确和不可改变。因此，它在雷克斯所列举的各种社会背景中的应用，见证了在任何有可能的情况下引入价值方面的差异，从而增强社会范畴之间对立的特异性，进而有助于发挥其作为社会行动指南的功能。

然而，这种特异性的确立绝不仅限于与种族概念相关的情境。例如，文化和社会关系对互动群体相互理解和接受他们的语言与方言所产生的复杂影响也是如此。菲什曼（Fishman，1968：45）根据西非、中非和东非的斯瓦希里地区、新几内亚、斯堪的纳维亚和东南亚的语言证据写道：

> 分裂（divisiveness）是一种意识形态化的立场，它可以放大细微的差异；事实上，它可以轻易地制造语言以及其他问题上的差异，就像它可以利用更明显的差异一样。同样，统一（unification）也是一种意识形态化的立场，它可以尽量缩小或完全忽视那些看似重大的差异，无论是在语言、宗教、文化、种族领域，还是在任何其他分化的基础上。

菲什曼的"意识形态化的立场"是指原则上可以完全"中立的"相似性或差异性（例如语言、风景、旗帜、国歌、邮票、足球队和几乎任何其他事物之间的相似性或差异性）被赋予了情感意义，因为它们与一种高于一切的价值相关联，例如菲什曼自己讨论的民族主义。

民族主义过去常常是维护社会体系的力量之一，但今天在许多情况下，它已经成为变革的力量之一。这是因为世界各地较小的族群都在努力更明确地建立一种独立的社会认同。这方面的例子不胜枚举：法裔加拿大人、美洲印第安人、英国的威尔士人和苏格兰人、法国的布列塔尼人、法国和西班牙的巴斯克人、瑞士汝拉州讲法语的少数群体，等等。一个更详细的描述性例子很有趣，因为它来自一个相当封闭的社会，直到最近，这个社会与外部世界的接触还很少；然而，推动心理群体特异性的认知和行为结构，似乎与在其他地方发现的情况非常相似。

这里所说的社会位于卢旺达，自4个世纪前图西人（Tutsi）征服卢旺达以来，作为两个几乎无法渗透的族群之一的图西人，一直统治着另一个族群——胡图人（Hutu）。下面这段描述来自菲利普·梅森（Philip Mason，1970）的一本关于种族关系的书，其依据是社会人类学家马凯（Maquet，1961）在卢旺达所做的大量工作。

> 两个群体之间的分隔不是绝对严格的。一个贫穷的图西人可能会

与一个富有的胡图人的女儿结婚,但图西人不喜欢提及这种可能性,而且图西人和胡图人都会愤慨地否定与一个特瓦人(Twa)结婚的可能性。特瓦人是一个侏儒民族,只占总人口的1/100,他们甚至在胡图人之前就在那里了。这三个群体——图西人、胡图人和特瓦人——在体形上是不同的。与肤色更黑、更强壮的胡图人相比,图西人以高大、白皙和苗条著称。事实上,现代人的平均身高确实存在差异,尽管这种差异要比传说的更小。图西人和胡图人之间大约相差4英寸,胡图人和特瓦人之间也相差4英寸。但图西人竭力强调他们与胡图人之间的这种差异以及其他差异。

首先,他们通过培训来强调差异;一个图西青年将在姆瓦米(Mwami)的宫廷中度过一段时间,在那里,他将接受使用武器、运动狩猎和强身健体方面的训练,同时也要学习诗歌、传说和谈话艺术。他们被教导具备领导者所需的品质:坚定和正义,慷慨和勇气。表现出恐惧或流露情感是一种耻辱,发脾气是一种只适合胡图人的粗俗行为。马凯(最完整地记录了这一体系的人类学家)询问了图西人和胡图人各自对对方品质的看法,他发现胡图人认为图西人"聪明、有指挥能力、文雅、勇敢和残酷";但两个群体都认为胡图人"勤劳、不太聪明、外向、性急、顺从、身体强壮"——事实上,这与全世界对农民的刻板印象非常相似。当被问及这些特征是否可以通过培训和教养来改变时,两个群体都回答说,只能做出非常有限的改变——这些品质是与生俱来的。

还有一点本身微不足道,但对总体论证的意义重大。图西人自称几乎不吃任何固体食物——在旅途中,他们什么也不吃,只喝凝乳、香蕉啤酒和蜂蜜酒——从来不喝胡图人的饮料(玉米啤酒)。在家时,他们每天只在晚上吃一次固体食物,所有胡图仆人都被严格排除在外;即便在这种情况下,他们也不吃胡图人的标准食物,即用玉米或小米、甘薯或山药做成的粥。简而言之,他们仔细地坚持尽可能不同于胡图人的饮食,他们试图让这种饮食看起来比实际更加不同。他们是高高在上的存在,在任何事情上都不能强调共同的人性,这是至关重要的（Mason，1970：75-76）。

这里提出的观点假定，这种认知、行为和评价上的群际分化的原因在于个体需要通过社会认同，为实验性的或其他任何群际情境提供社会意义；在事实上不存在群际差异的情况下，这种需要是通过制造群际差异实现的，或通过赋予任何确实存在的差异以价值和加强这种差异来得到满足的。

❖ 群际分化的策略

如前所述，社会认同的概念，就像上一章中所使用的那样，并不试图描述静态意义上的"它是什么"——这是一项令人望而生畏的任务，它使许多不同派别的社会科学家感到困惑，为此人们需要极大的乐观和勇气。在这里，社会认同被理解为"客观"社会变革情境中的一种干预性的因果机制（参见：Tajfel，1972b）——由相关个体观察、预期、害怕、渴望或准备的社会变革。从这一观点出发，有三类情境显得至关重要：

（1）一个群体界定不清或处于社会边缘，使相关个体难以确定其在社会体系中的位置。

（2）在某些重要方面，被社会定义并一致公认为"优等"的群体，其地位因正在发生或即将发生的变革，或因"优等"所固有的价值冲突而受到威胁。

（3）在某些重要方面，被社会定义并一致公认为"劣等"的群体——无论出于何种原因——（a）群体成员共同意识（prise de conscience）到其劣等地位的非法性；或（b）他们意识到努力改变现状的可行性（feasibility）；或更常见的是（a）和（b）的组合，这可能意味着（a）导致（b），也可能意味着（b）导致（a）。

这里需要说明一下"劣等"（inferior）和"优等"（superior）这两个词在我们讨论中的含义。它们是粗略的（绝非最佳的）简略表达，指的是社会分化中一些相互作用的维度在心理层面的关联物，如群体之间在社会地位、权力和支配等方面的差异。当然，这些术语必须在其社会起源的背景下加以理解。在特定的社会背景之外，黑色皮肤既不是劣等属性，也不是优等属性；但在特定的社会心理条件下，它就有可能成为其中之一。原则上，任何群体特征都可以在这个意义上成为（而且大多数确实如此）带有价值的特征。例如，人们可以注意到，即使在今天，许多战争漫画中英勇无畏的英雄身上也仍然存有金色头发、白色皮肤和蓝色眼睛的特征；又如，几年前，长发在许多社会情境中都具有重要意义，无论是对那些将其作为特异性标志使用的人来说，还是对那些将其视为道德败坏识别标志使用的人来说，都是如此。

这里采取"动态"路径讨论社会认同问题，是基于以下几个考虑。首先，也是最重要的一点：群际情境中不可能存在许多静态的例子，这意味着它们是由一组群体之间不会变化的社会关系组成的。与这些群际社会关系对应的心理情况更不可能是一成不变的。当人们简要地重新思考这次讨论的焦点问题时，这一点就会变得相当清楚：社会认同是以比较和"关系"的方式，从个体的群体资格中衍生出来的。

为了继续论证，我们可以区分"安全的"和"不安全的"社会认同。一种完全安全的社会认同，意味着在两个（或更多）群体的关系中，无法想象他们之间心理特异性的结构会发生变化。对一个"劣等"群体来说，这意味着对其劣等性的本质和未来有着完全一致的共识。换句话说，回到我们在第十二章中关于"社会现实"的讨论：和费斯廷格（1954）的社会比较理论相关，社会现状必须在心理上完全"客观化"，没有任何认知上的替代方案来挑战现存的社会事实。历史学家和社会人类学家有可能从完全稳定和孤立的社会中提供一些相关的例子；然而，很难在当代世界中找到对应的例子。

对公认"优等"的群体来说，一种完全安全的社会认同几乎是不可能实现的。要确保他们的优等性不受挑战，不仅要获得这种心理上的特异性，还必须保持这种特异性。而要保持这种特异性，就必须小心翼翼地维持特异性产生的社会条件，以及特异地位的标志和象征，否则，对"优等"的特异性的完全一致的态度就面临瓦解的危险。从这个意义上说，即使在最严格的种姓制度中（无论是种族的还是任何其他），看似非常稳定的社会差异也与一种持续动态的心理状况相关，其中一个优等群体永远不会停止维持其特异性的努力。很难想象有什么群际关系的例子可以作为例外。

出于上述所有原因，我们在此将关注不安全的社会认同的情况。我们将用一个2×2的表格来讨论这些情况，其中两个分类标准是：一致同意的"优等"群体和"劣等"群体，以及个体对自己从一个群体"移动"到另一个群体的能力的看法。

这些标准中的第一条——"优等"与"劣等"，是合理的，因为正如将要证明的那样，这两类群体适用于不同的假设。第二条标准——"移动"或"不移动"，源自我们之前关于"社会变革"和"社会流动"信念结构的讨论。概括第十一章的结论：在每个个体的生活中都会有一些情境，其中他主要作为个体而不是一个群体的成员行事；也会有一些情境，其中他主要根据自己的群体资格采取行动。我们认为，决定个体选择以自我而非群体资格行事的一个重要因素是"社会流动"的信念结构，与其对应的是"社会变革"的信念结构。前一种情境的特征是认为个体从一个社会群体移动到另一个社会群体相对容易；因此，如果一个群体不能充分满足个体的社会认同标准，较为明显的解决方法之一就是移动或努力移动到另一个群体。而在后一种情境中，无论出于何种原因，从一个群体移动到另一个群体都被认为是非常困难或不可能的。可以预见的是，在这些情境中，会有许多场合（和限制）导致个体作为其群体的成员行事，或至少知道他被这样范畴化了。因此，"社会变革"（有别于"社会流动"）在这里的讨论中指的是对变革的看法，而这些变革是基于作为一个整体的群体之间的关系的；包括对这种变革的预期、恐惧和渴望，对旨在引起或阻止这些变革的行动的看法，或对参与这些行动的意图和计划的看法。因此，在个体的意识中，其生活的许多重要方面，包括获得或保持一种可接受的社会认同，只能建立在其整个群体形象、地位或环境的变革（或对变革的抵制）基础上。

据此形成的对情境的2×2分类以及预测结果如表13-3所示。

表 13-3 不安全的群际社会比较

	条件有利于离开自己的群体	条件有利于留在自己群体中
一致同意的优等群体	A	B
一致同意的劣等群体	C	D

1. 优等群体（方框 A 和 B）

在一个被一致定义为地位较高的群体中，产生不安全的社会比较可能是由两组条件造成的：

（a）该群体的优等地位受到另一群体的威胁（或被认为受到威胁）。

（b）优等地位与价值冲突相关联，即该群体的某些成员认为其优等地位是建立在不公平的优势、各种形式的不公正、剥削、非法使用武力等基础之上的。

在第一种情况下，只要威胁不是压倒性的，方框 A（条件有利于离开自己的群体）中就不可能包含许多例子。在"移动"非常困难的情境中（例如，种族隔离社会），它几乎不包含任何例子。在方框 B（条件有利于留在自己群体中）中，人们可以预见到旨在保持优等群体地位的行动和预防措施会加强。在群际社会比较的层面，人们可以预见现有的区别将会加剧，同时会创造和利用新的条件，使优等群体能够保持和加强其心理特异性。这可能有多种形式，如保持和加强各种社会和心理分隔、创造各种独特的符号等。前面提到的图西人和胡图人之间的关系，就是这种增强特异性的各种形式的一个很好的例子。其他例子也比比皆是。

在上述（b）情况下，即价值冲突的情况下，可以区分出三种子情况：

（1）价值冲突如此激烈，以至于削弱了该群体对社会认同的积极贡献。这是方框 A 的情况。上层阶级或中产阶级的革命者、各种各样的"变节者"等都是例子。这里不会有对外群体的歧视或敌意。但很难说这是一种有意思的群际预测，因为出于各种实际目的，群体资格往往被取消了，有时甚至完全反转了。

（2）价值冲突是存在的，但对内群体的归属感足够强大，仍然是态度和行为的决定因素。这是方框 B 的情况。价值冲突只能通过为维持现状寻找新的理由来解决。这就是群体成员创造并广泛采纳新的"意识形态"（如"白人的负担"、由无法弥合的先天差异产生的"固有的优等性"、"拯救灵魂"等）的条件。这些意识形态创造了新形式的心理特异性，也增强了旧的意识形态中仍然有用的那些特异性。阻碍一个人离开自己群体的"客观"条件（如自身利益、种族差异、强力约束的宗教差异）越明确，价值冲突就越有可能导致这些新的和增强过的心理特异性的产生以及广泛轻易的传播。

（3）第三种子情况是，优等群体中固有的价值冲突依然存在，但劣等群体追求新的社会认同的动力与优等群体的比较社会认同并不特别相关。造成这种情况的原因可能有几个：对优等群体的威胁相对而言仍然是不重要的；或者，劣等群体追求实现的特异性对其群体自身来说可能比对优等群体来说重要得多，因为在多群体比较结构中，优等群体重要的社会比较对象可能是该群体之外的其他群体。这是一种不对称情况，在这种情况下，由于优等群体中的价值冲突和/或特定认同比较对优等群体来说相对不重要，可以预测群际歧视在劣等群体中将比在优等群体中更强烈。

布兰斯韦特和琼斯（1975）的一项实验提供了一些与这一预测相吻合的证据。威尔士民族主义正在迅速崛起，并成为威尔士日益突出的社会和政治议题。这表现在各种形式的社会行动中，例如：为威尔士语的复兴和更广泛的使用做了大量工作，威尔士的象征物越来越多，要求更多地区自治权的呼声越来越高，等等。与此同时，这一切对英国人来说仍不是什么大问题。英国人对威尔士民族主义的态度似乎混有愧疚的同情，以及希望——直到现在都是合理的——事情不会发展成为近年来在北爱尔兰再次出现的尖锐形式，那代表了一系列非常不同的问题。

布兰斯韦特和琼斯以威尔士卡迪夫大学学院的本科生为研究对象，"询问他们更愿意被称为英国人还是威尔士人。只有立即回答'英国人'或'威尔士人'的学生才被列为参与者。如果有任何轻微的怀疑或犹豫，他们就都不会被列为参与者"。共 50 名参与者，两类各有 25 人。在实验过程中，他们从未见过面。每名参与者在一个小隔间里单独接受测试，填写一些从前面描述过的实验（Tajfel et al., 1971）中选择的报酬矩阵，通过他在这些矩阵上的选择，将有金钱价值的点数分配给另外两名参与者。与之前的实验一样，报酬条件有三种：给其他两名参与者，一名来自内群体，一名来自外群体；给其他两名参与者，两名都来自内群体；给其他两名参与者，两名都来自外群体；所有接受报酬的参与者都通过代码编号以及标为"英国人"或"威尔士人"被单独和匿名地识别出来。每名参与者填写了 40 个矩阵。

表 13-4（取自布兰斯韦特和琼斯的数据）列出了每类矩阵中四个极端选项的频率分布（以矩阵中选择该选项的平均百分比表示），其中两个选项有利于内群体，两个选项有利于外群体。这些分布显示出三种有趣的模式。表中（a）、（b）和（c）中的矩阵允许参与者直接做出有利于内群体而不利于外群体的选择，威尔士参与者做出这些选择的频率明显高于英国参与者。在（d）中，所有有利条件都集中在矩阵的一端，两个群体的参与者选择这一端的频率都远远高于另一端。（b）和（c）的策略与（d）之间的差异清楚地表明，在（d）中，当"理性的"策略与内群体偏好并不冲突时，两个群体都会广泛地采用这一策略。然而，当有利于内群体的差异［如（b）和（c）中的情况］与"理性的"收益［甚至是自己群体的收益，如（b）中的情况］明显冲突时，威尔士群体会选择前一种方案。（e）中显示了这些分布的第三个有趣的方面：两个群体都表现出明显的内群体偏好，内群体的两个成员比外群体的两个成员更经常获得最大合计金额。在这些内群体-内群体选择（ingroup-ingroup choices，I/I）矩阵和外群体-外群体选择（outgroup-outgroup choices，O/O）矩阵上，内群体偏好表现得不像在内群体-外群体选择（ingroup-outgroup choices，I/O）矩阵中那么明显（但同样有效），因为在后者中，两个群体的利益是明显直接对立的。如果有机会放纵这种略为迂回的歧视形式，英国人群体就会在某种程度上加入威尔士群体，偏爱他们的内群体。

表 13-4 布兰斯韦特和琼斯（1975）研究中极端选项的分布

(a) 矩阵中所有选项均为共同利益最大值	英国人	威尔士人
有利于内群体	17	28
有利于外群体	9	0

(b) 矩阵一端为差异最大值，另一端为共同利益最大值 + 内群体利益最大值	英国人	威尔士人
差异最大值（有利于内群体的）	12	32
共同利益最大值 + 内群体利益最大值	16	2

(c) 矩阵一端为内群体利益最大值 + 差异最大值，另一端为共同利益最大值	英国人	威尔士人
内群体利益最大值 + 差异最大值	13	35
共同利益最大值	18	1

(d) 矩阵一端同时为差异最大值，内群体利益最大值，以及共同利益最大值	英国人	威尔士人
差异最大值 + 内群体利益最大值 + 共同利益最大值	23.5	33
−（差异最大值 + 内群体利益最大值 + 共同利益最大值）	3	2

(e) 在同一群体（内群体或外群体）中的两名成员之间进行分配的矩阵	英国人	威尔士人
在内群体中取共同利益最大值（或接近）	17	18.5
在外群体中取共同利益最大值（或接近）	9	1.5

2. 劣等群体（方框 C 和 D）

在一个被一致定义为地位较低的群体中，产生的不安全的社会比较可以描述如下：

（a）方框 C：条件有利于离开自己的群体。

这些就是前面定义的社会流动的情境：有足够的社会灵活性，使个体能够从一个群体移动到另一个群体，或希望从一个群体移动到另一个群体；两个群体中都没有针对移动的严重的社会制裁；移动也不涉及严重的价值冲突。

（b）方框 D：条件有利于留在自己群体中。

从群际态度和行为的角度来看，这个方框比前一个更让人感兴趣。主要的社会条件是：任何形式的种姓体系（无论是由出身、种族还是由其他标准决定的），或任何其他社会分化体系，无论出于何种原因，都会使移动变得困难。两个主要的心理条件是：离开自己群体本身所固有的强烈的价值冲突①，或害怕这样做会受到强大的社会制裁，或二者兼而有之。当然，在大多数情况下，社会和心理条件会相互作用、相互强化。

这里的假设是，在许多这样的情况下，劣等群体的社会认同问题并不一定会在社会行为中表现出来，直到和除非人们意识到现有的社会现实并不是唯一可能的现实，它的替代方案是可以想象的，也是可能实现的。如果已经有了这种意识，劣等群体成员所面临的社会认同问题就可以通过几种方式之一，或多种方式的结合来解决：

（1）通过行动和对群体特征的重新解释，变得更像优等群体。

（2）重新解释群体现有的劣等特征，使其不再显得劣等，而是获得与

---

① 值得注意的是，对"优等"和"劣等"群体的成员来说，价值冲突可能会产生相反的效果。在前一种情况下，一个群体的优等地位被认为是不合法的，这可能会导致该群体的一些成员离开它，即使他们在"移动"时面临严重的障碍或困难。在后一种情况下，价值冲突可能涉及对群体的忠诚，阻止了他们离开该群体，即使"留下"会给个人带来坏处。因此，在"优等"群体中，这种冲突可能会导致成员离开，不顾困难和坏处"向下"移动；而在"劣等"群体中，这种冲突可能会导致成员留下，即使"向上"移动并不困难，而且会给个人带来好处。

优等群体相比，具有积极价值的特异性。

（3）通过社会行动和/或新的"意识形态"的传播，创造新的群体特征。这些特征与优等群体相比，具有积极价值的特异性。

第一种解决方案，即对整个群体进行文化、社会和心理同化，有时候是可行的。人们甚至可以预见——也可以从历史的后见之明中推断——如果条件支持，这可能会成为首先尝试的解决方案。然而，要使一个群体作为一个整体成功地消除其社会和心理上的劣等性，必须首先经历一个过程：破除那些防止该群体改善以前无法获得的条件的阻碍。一旦这种情况发生，就会出现一或两个心理过程：如果该群体仍然是独立的，就会以新的和积极的方式重新解释其独有的特征；或者，打破"移动"双方的心理（psychological）障碍。第一个过程合并到下文将讨论的解决方案（2）中；第二个过程可能最终会导致一个群体的消失，因为它与另一个群体合并了。

可以预见，上述解决方案（2）和（3）将会同时出现，且社会行动将是二者的重要组成部分；但为了进行经验上的区分，将分别讨论它们。人们会记得，这两种情况都起源于这样的情境，即无论出于何种原因，劣等群体都无法与优等群体合并，其个体成员也不能离开自己的群体，加入另一个群体。

解决方案（2）意味着，随着人们意识（prise de conscience）到劣等性的非法性，必须在某些现有（existing）群体特征的基础上创造一种新的特异性。美国黑人中正在发生的心理转变就是整个过程的最近、最清楚的例证之一。"黑人"（blacks）一词在本书中的使用已经证明了这些转变；仅仅在几年前，这个词的内涵还与现在大不相同。对特异性的旧有解释往往被摒弃了；旧有特征被赋予了新的含义，即与众不同但是平等的或优等的。这样的例子比比皆是：寻根运动，黑人之美，非洲发型，非洲的文化经历和传统，将黑人音乐从一种"娱乐"重新诠释为一种深深植根于独立文化传统的艺术形式，某种关于黑人性的观点一度占据主导地位或被重新创造，等等。与此同时，昔日试图变得像另一个群体"更多一点"的努力往往遭到厌弃：漂亮的黑人女孩不再拉直头发，也不再使用各种方法美白皮肤。口音，方言，身体的摇摆，舞蹈的节奏，人际交往细节的质感——所有这些都被保留、加强和重新评价。正如通常情况一样，这种意识（prise de conscience）始于一个活跃的少数群体（参见：Moscovici，1976）。当这种新发现的特异性成功地创造出一种积极的、具有疗愈作用的新的社会认同时，可以预测它的所有形式都会很容易地得到广泛传播。

解决方案（3），即创造或发明新的特征，从而确立具有积极价值的群体特异性，在结构上与解决方案（2）类似。在新民族主义的发展中可以找到这样的例子（参见：Tajfel，1969b；1970a）。正如我几年前所写的："许多新的民族都认为有必要强调或创造共同纽带，以加快民族国家发展的步伐。这种纽带不一定是'种族'类型的，尽管它经常具有这种性质，尤其是在19世纪新兴的欧洲民族主义中。这种现象在新或旧的种族主义中更加明显；种族主义意识形态的特点一直是在遥远的历史中疯狂寻找具有'天生'或'本能'性质的共同纽带，从而为该种族群体声称其所具有的特殊统一性，以及其与其他种族群体之间固有的、不可改变的差异提供理由。"（Tajfel，1969b：139。关于创造各类民族神话的一般性讨论参见：Shafer，1955 和 Mossé，1975。）

然而，创造新的特异性意味着一个新的问题。这个问题在某种程度上也存在于对现有特征重新评价的过程中［解决方案（2）］，但当需要通过行动来发明或创造新形式的特异性时，这个问题变得尤其明显。在整个讨论过程中，我们一直假设具有积极价值的心理特异性的目的，是获得适当形式的社会认同；而实现这一目的的唯一途径就是建立适当类型的群际比较。这个过程有两个阶段，理想情况下，这两个阶段都需要成功实现。第一个阶段［这是事业成功的必要（sine qua non）条件］是内群体对其新创造的特征的积极评价。第二个阶段是外群体接受这一评价。然而，这个问题要更复杂一点。劣等群体的新特征可以分为两种：

（a）它们可能包含两个（或更多）群体一致高度评价的属性，而劣等群体以前被认为不具备这些属性。在这种情况下［Turner（1975）称之为"社会竞争"］，不存在对属性进行重新评价的问题；问题是在某些现有维度上，转变对一个群体的评价。对劣等群体而言，社会比较问题是：其他人是否会在一致认可的价值维度上承认他们的新形象,即独立但是平等的或优等的形象?犹太人认同的一些新的和广泛传播的方面也许就是一个例子(参见:Herman,1970)。战后年轻一代的犹太人不能接受的群体认同的一个方面是,他们的长辈被动地接受对一个民族的大规模屠杀。因此,华沙犹太人区的起义、特雷布林卡(Treblinka)和其他集中营的起义等例外情况成为重要的象征,早已成为过去的马萨达(Masada)的故事也是如此;现在,以色列这个新国家的军事实力也是如此。

(b)第二种情况是,劣等群体的新特征在一开始并没有得到一致的重视。在第二种情况下,对劣等群体而言,社会比较问题就变成了:其他人是否会承认这个新形象,即与众不同但是平等的或优等的?因此,这是一个通过重新评价群体属性来获得他人承认的问题,而不是在已经得到普遍重视的属性上重新评价一个群体;这也适用于前面讨论过的解决方案(2),即劣等群体为其已经存在的独立特征赋予新的意义。勒迈纳报告的一些实地实验(Lemaine,1966;Lemaine & Kastersztein,1972－3;Lemaine et al.,1978)就是一个很好的例子。在其中一项研究中,在夏令营的两个男孩群体间安排了一场建造小屋的比赛——但其中一个群体得到的建筑材料少于另一个群体。两个群体都意识到了这种差异,这是由他们之间资源明确随机的分配导致的。因此,"劣等"群体采取了两种顺序行为:首先,他们建造了一间简陋的小屋,但在其周围建造了一个小花园;然后,他们"为了获得对其工作合法性的承认,与另一个群体的孩子以及成年评委进行了激烈讨论。他们的论点大致如下:我们愿意承认其他人建造了一间小屋,他们的小屋比我们的好;但是同样必须承认,我们小屋周围的小花园及其栅栏也是小屋的一部分,在这个比较标准上,我们显然更胜一筹"(Lemaine & Kastersztein,1972－3:675,译自法文)。

从我们所主张的角度来看,刚才讨论的第二阶段的重要性在于,它的考虑会导致对群际行为的一些关键预测。勒迈纳研究对象参与的合法性之战,是一场让其他人接受新形式的群际比较的战斗。只要这些形式没有被一致接受,新的特征(或对旧有特征的重新评价)就不能充分发挥其建立新的社会认同的功能。与此同时,在许多情况下,优等群体为了自己的独特认同，不能接受上述三种形式的变革中的任何一种，即不承认：（1）尽管以前存在刻板印象，但劣等群体拥有一些普遍高度重视的属性；（2）劣等群体的旧有属性在一个重要价值维度上处于积极的一端；（3）其新出现的属性是一种应该得到积极评价的属性。正是在比较社会认同相互冲突这一点上，我们讨论的因果过程预测了群际态度中的强烈敌意，以及群际行为中的明显歧视。

从目前为止描述的实验研究结果，以及对一些"真实"社会情境的思考中，可以得出这样的结论：有两个相互依存的条件，是决定行为以群体而非自我为依据的基础（见第十一章）。这两个条件是：将社会世界二分为非常不同的范畴（补充证据见：Hornstein，1972）；从一个群体"移动"到另一个群体是不可能或非常困难的（见第十一章中对"社会流动"和"社会变革"的讨论）。毫无疑问，还有其他许多条件对增强或减弱群体资格的显著性也很重要。但是，如果没有一种明确的关于"我们"和"他们"的认知结构，如果这种结构在各种社会和心理条件下被认为是可以轻易改变的，那么就不可能指望以群体而非自我为根据的行动在个体行为中占据主导地位。

第十四章
群际关系中的退出和呼吁*

❖ 退出和呼吁，流动和变革

如果你习惯购买某个品牌的牙膏，但它的价格上涨了或质量下降了，你会——没有太多困难或冲突地——换成另一个品牌。如果你发现你刚买的汽车有某些你不喜欢的特点，可能你会决定卖掉它，再买一辆其他厂家的车；但如果你很难负担得起新的交易，可能你会决定写信给制造商，指出缺陷并要求改进。如果你孩子就读的公立学校由于各种原因让你不满意，可能你会决定转去一所私立学校。但转学对孩子来说可能是一次痛苦的经历，或者可能你无法负担私立学校的费用，或者可能没有能容易转去的私立学校，或者可能根本没有私立学校。只要出现上述任何一种情况，你对孩子教育质量的感受越强烈，你就越有可能试图为孩子目前学校的质量做些什么，并在其他有同样感受的家长中找到盟友。如果你在一个政党中活跃了很多年，但你对它的某些政策越来越不满，你不会就这样离开并加入另一个政党；在你决定这样做之前，你会一次又一次地尝试改变目前的政策，使其朝着更符合你期望的方向发展，而且你会发现，你过去的党派关系越牢固，你越难离开它，你越会想尽一切办法从内部改变现状。如

---

* 来自 L. H. Strickland, F. E. Aboud and K. J. Gergen（eds.）, *Social psychology in transition*, New York: Plenum Press, 1976 中同名的一章。

果你在自己的国家很痛苦，你可能会尝试移民。但移民是一个艰难的决定，有时甚至根本不可能。而移民越是艰难，或越是不可能，你越有可能加入那些试图从内部，甚至通过革命手段来改变现状的人的行列。

这一系列例子并没有什么惊人之处。按照赫希曼（1970）① 的说法，上述例子和后面将要提到的例子，它们都可以按照一个维度来排列，即按照个体处理所面临问题的方式——从"退出"被使用的可能性到"呼吁"被使用的可能性——进行排列。或者，用赫希曼自己的话来说，"一些顾客停止购买该企业的产品或一些成员离开该组织——这就是退出选项（exit option）"（1972：4）。而"该企业的顾客或该组织的成员直接向管理层或其隶属的其他权威机构表达他们的不满，或者向任何愿意倾听的人提出一般性的抗议——这就是呼吁选项（voice option）"（1972：4）。很快我们就会知道，"呼吁是卓越的政治行动"（1972：16）。

赫希曼极具影响力的著作《退出、呼吁和忠诚》（*Exit, Voice and Loyalty*, 1970），正如其副标题［《对企业、组织和国家衰退的回应》（*Responses to Decline in Firms, Organizations and States*）］所表明的，关注的是退出和呼吁两种选项及其各种组合（"难以捉摸的退出和呼吁的最佳组合"），在防止各类公共或私人社会机构功能衰退方面的相对效能。他的分析以经济学为基础，进一步考虑了各种有效政治行动模式的条件。在此，我无意对这一分析进行任何详细评论或重新描述。但是，赫希曼描述的个体退出的可获得性与他对呼吁的使用之间的复杂关系，由于适用于他所言对社会机构"衰退的回应"，对群际关系的社会心理学有许多深远的影响。这些影响涉及（1）将退出-呼吁关系从个体行为转变为社会群体行为，以及（2）在群际背景下，呼吁的使用在理论上有可能成为维持现状的强大力量，而不是帮助防止组织功能的衰退。

退出和呼吁的术语与我最近采用的"社会流动"和"社会变革"的术语（见前三章）非常接近。但这两种讨论的目的是不同的。如前所述，赫

---

① 本书中使用的《退出、呼吁和忠诚》的引文均来自第二版（1972），页码也引自第二版。

希曼对"衰退的回应"的分析主要关注的是，在防止各类公共或私人社会机构功能衰退方面，运用两种选择或其各种组合的相对效能。对"社会流动"和"社会变革"的区分则试图界定一个连续体上的两个（理论上的）极端，这个连续体涉及个体对其所属的一个或多个社会群体与其他群体之间关系的信念。对这一信念连续体的"行为"诠释将其与另外三对与之相关的极端情况联系起来，这在第十一章中已经讨论过了。

这种连续体-划分工作的主要目的是为群际关系的社会心理学做出贡献，通过这种理论可以预测某些社会群体（或范畴）成员对其他社会群体（或范畴）成员行为和态度的某些一致性。这与赫希曼退出-呼吁（我将在后面讨论忠诚）的相似之处有两类：(1) 所使用概念的性质以及由此产生的一些后果，以及 (2) 总体路径与智识传统中某些分支的关系。

赫希曼讨论的其中一个阶段使用了一个连续体，在这个连续体中，从完全自由（或毫无成本）的退出到实际上不可能退出之间的过渡，与呼吁的出现及其行之有效的条件之间相互作用。在这里，我们从可以自由和轻松地更换牙膏品牌，转向了种类繁多的社会情境，其中退出的成本在主观或客观上都高到了不可能或无法忍受的程度，比如家庭、民族或政治归属可能就是这种情况。在这两种极端情况之间，退出可获得的不同程度可能决定了呼吁的力度，或试图在恶化的局势中进行变革的力度。赫希曼引用了埃里克松（Erikson, 1964）的名言，"那么，你可以主动逃离，也可以主动留在原地"，很好地概括了这一点。

当然，有时你无法主动逃离，你必须留在原地，无论是不是主动的；或者，在尝试逃离未果，或看到其他人尝试未果后，你可能会认为逃离是不可能的，你必须承担留在原地的后果。这些后果包括赫希曼将呼吁称为"卓越的政治行动"时提到的那些后果。对社会心理学家来说，这些后果意味着之前被描述为"社会变革"的信念体系对群际关系产生的众多行为和态度影响；尤其是当个体从自己的群体"移动"到另一个群体是不可能的或极其困难的这种观念得到有效传播，使该群体中越来越多的成员产生一致的感受和行动时。

群际态度和行为中的这种呼吁形式，不一定只适用于那些希望（或需要）改变他们与其他群体关系性质的群体。它也可能出现在那些旨在维护或加强现状的群体中。我稍后会再谈这个问题。

在我们进一步讨论之前，必须更详细地阐明群际关系的社会心理学中，"社会流动"和"社会变革"两种路径之间的区别。民族、种族、族群或社会阶级关系可以合在一起被视为社会冲突的实质。在社会心理学中，与社会冲突的各个方面相关的大量工作，都是为了将关于个人和人际功能的理论和研究的影响，延伸到社会冲突的研究中。因此，我们一直非常关注个体中偏见态度和歧视行为的发展——我们利用个体动机和认知的一般理论，或人格发展的病因学和症候学，来解释对外群体的各种形式的敌意。对人际行为的研究为我们提供了关于竞争和合作的理论，以及更广泛的人际目标和策略调整的理论。人们含蓄地——有时是明确地——希望这些理论能够帮助我们理解更广泛形式的冲突心理学。无疑我们已经取得了很大的成就，但或许还可以做得更多。毫无疑问，要分析社会冲突心理学的某些方面，了解这些个体和人际过程可能是必要的。困难在于，它是否也是充分的这一问题。

当我们从与社会冲突密不可分的一种现象，即社会运动的角度来考虑社会冲突的心理方面时，这些关于充分性的困难就变得更加清楚了。就群际关系而言，可以用三个固有的和决定性的特征来粗略地描述社会运动：一定的持续时间，来自一个或多个社会群体的相当数量的人的参与，以及共同的信念体系。前两个特征是可以明确量化的，但是——坦率地说——试图明确限制最短和最长持续时间，或者规定可以明确区分什么是社会运动和什么不是社会运动的最多和最少人数，无异于痴人说梦。更有用的办法似乎是尝试列举一些不属于社会运动的社会现象作为反面例子。这样的例子包括：一次孤立的、杂乱无章的暴乱；一系列不同类型的个体犯罪，无论其数量如何增加；一场宫廷阴谋；一次水门事件；一家素食餐馆；一个室内音乐协会；等等。如果人们记得在群际关系背景下界定社会运动的共同信念体系必须包括一套与外群体有关的目标，那么这些反面例子就有意义了。从最一般的角度看，这些目标必须包括改变群际情境的性质，这与希望维持现状的群体相冲突；或者维持群际现状，这与希望改变它的群体相冲突。前面所有的反面例子都不符合条件，要么是因为它们缺乏群际冲突的信念体系，要么是因为这些信念在一个社会群体中没有得到广泛认同，要么是因为所涉及的社会行动十分短暂，即它们不符合一个或多个相关标准。

假定个体或人际理论路径"足以"解释群际背景下的社会运动，在很大程度上，都是基于两个概念的转换，这两个概念的转换表面上看起来似乎都非常合理。举例来说，我们可以将人际博弈（无论何种类型的博弈）的实验与一些在设计中明确引入内群体和外群体概念的实验进行比较，例如谢里夫的研究（如 1966）和布里斯托尔最初的研究（Tajfel, 1970b; Tajfel et al., 1971），以及他们随后的研究（例如：Billig & Tajfel, 1973; Branthwaite & Jones, 1975; Caddick, 1974, 1978; Dann & Doise, 1974; Doise et al., 1972; Doise & Sinclair, 1973; Tajfel & Billig, 1974; Turner, 1975, 1978a & b）。

谢里夫的实地实验和各种人际博弈实验之间的关键区别在于，从个体行为到群体行为的推断的性质。个体参与者在不同条件下进行人际博弈，其中发现的竞争、合作、"信任"或"威胁"行为可以进行推断的根据，是参与者的社会行为作为自变量的函数，达到了可接受的一致性水平。这种推断弥补了人际社会行为和群际社会行为之间的差距；一些个体在类似条件下表现出相似的行为，这一事实导致了这样一个结论，即同样的个体如果在一个群体中面临的竞争、冲突或合作条件，与其他个体在人际博弈中面临的条件类似，他们也会表现出类似的行为。不可避免的结论是：（1）由个体的集合（collection）变成相同个体组成的群体（group），这一事实对他们的行为没有任何影响，因为涉及的仍然是同一"类"个体；因此，（2）这些相同的个体作为一个群体与另一个群体（或多个群体）相联系，这一事实并不构成一组新的自变量，因为竞争、冲突或合作的条件与人际情境中涉及的条件在表面上是相似的。

与此截然不同的是，谢里夫的结论不但基于若干行为方式相同的个体，而且基于这些个体作为一个群体的共同行为，即这些个体意识到他们是一个群体。不需要多复杂的方法论就可以得出结论：由于很可能会涉及新的自变量，因此在将人际冲突研究的结论应用于群际冲突的情境之前，需要在理论上考虑这些自变量。在这一点上需要明确的是，我在这里关注的并不是"领导人"或其他人在外交、国际、工业或任何其他群际谈判中，代表自己的群体面对面时的行为举止。虽然有证据表明，作为一个群体的代表，与只代表自己而不代表其他任何人的情况不同，确实会对相关社会行为产生影响（例如：Hermann & Kogan, 1968；Lamm & Kogan, 1970；Sawyer & Guetzkow, 1965），但如前所述，我们的主张关注的是群际行为的"社会运动"方面，其中面对面的人际关系并不一定非常重要。

在泰弗尔等人（1971）的实验和其他采用类似设计的实验中，从人际到群际群体行为的推断，在方法论上更接近于人际博弈研究，而不是谢里夫的研究。每名参与者独立完成任务，完全不知道其他人在做什么，无论他们来自内群体还是外群体；所以，不能说这些参与者就像在谢里夫的研究中一样，是作为一个群体一起行动的。因此，与博弈实验一样，群际行为的推断是根据一组个体回答的相对一致性做出的。然而，这两类研究之间有一个重要区别。在社会范畴化实验中，参与者在两个匿名的他人之间分配奖金，其中一个来自内群体，另一个来自外群体，他们是根据自己的群体资格（或者更确切地说，社会范畴）采取行动的。在这种情况下，虽然参与者完全有可能做出群际歧视之外的回答，而且这种回答也被他们广泛使用，但他们无法参与到任何形式的人际博弈中。特纳（Turner, 1975）的一项研究清楚地表明，在参与者对情境的看法中明确引入群际背景至关重要。他在同类实验设计中引入根据自我采取行动的可能性。与之前的一些实验一样，通过审美偏好初步引发社会范畴化。这之后，在一种实验条件下，参与者首先决定在自己和另一个人之间如何分配金钱，这个人要么来自他自己的群体，要么来自外群体。然后，他们再决定在另外两个人之间如何分配奖金，其中一个来自内群体，另一个来自外群体，这与最初的实验一样。在另一种实验条件下，参与者的任务顺序正好相反：首先，他们在另外两个人之间做出分配决定，然后再在自己与另一个内群体或外群体他人之间做出决定。在其他实验条件下，参与者经历了完全相同的程序，唯一不同的是，他们的决定与金额无关，而是没有任何明确价值的"点数"。在一系列复杂的结果中，以下是最相关的：

(1) 在所有"他人-他人"条件下，都表现出外群体歧视。

(2) 当自己和一个内群体或外群体他人之间的选择排在决定序列的首位时，没有外群体歧视（但有偏爱自己的歧视）；当自己和一个内群体或外群体他人之间的选择排在决定序列的第二位时（即在一组他人-他人间的决定之后），参与者在有利于自己的歧视外，分配给外群成员的也比分配给内群成员的少。毫无疑问，在特纳的实验中，参与者通过其在任务顺序中的相对优先性，操纵了群际视角的相对显著性，这是造成不同实验情境下的社会行为表现出重要差异的原因。

前文将人际博弈与直接使用群际背景的研究和/或参与者作为他们群体的成员采取行动的研究进行了比较，目的是论证一两个额外变量的出现，会让从一种环境直接推断到另一种环境的有效性受到怀疑。但是，人际博弈和策略不过是众多例子中的一个。我在前文提到过"个体中偏见态度和歧视行为的发展——我们利用个体动机和认知的一般理论，或人格发展的病因学和症候学"对群际行为进行直接推断。如果将这些结论直接应用于群际行为，这样的推论就会具有与人际博弈情况中完全相同的逻辑和方法论缺陷。但仅仅断言存在缺陷是不够的。必须证明存在对社会冲突进行新的社会心理学分析的需要；为了保持这种分析的有效性，必须理所当然地相信"个体"理论的成就，同时努力说明新的突出的群际变量的性质。

赫希曼的退出-呼吁视角以经济学为背景，社会流动-社会变革视角以社会心理学为基础，两者的结合正是在这里似乎证明是卓有成效的。社会流动对应着可以轻松和毫无代价地"退出"一个人的社会群体的信念；社会变革则对应着无法退出的情况，这可能会决定人们试图改变现有不满意的情境时对"呼吁"的使用。换句话说，"客观上"缺乏退出的途径和/或认为这种途径不存在，可能会导致某种社会行为（"卓越的政治行动"），赫希曼对此使用了"呼吁"这一简略表述。他的关注本质上是实用主义的，他的问题是这两种选择及其组合作为病态社会组织的恢复机制的效用。但是，在退出-呼吁和社会流动-社会变革这两个理论组合的背景下，还可以提出有关群际行为的其他问题。本章接下来的两节将讨论其中一些问题。目前，我们的关注是从这一特殊的理论视角来看显现的群际变量。

我们前面提到过，社会流动-社会变革连续体与另外三个连续体有着直接的逻辑联系：社会行为的自我-群体连续体，内群成员对外群体行为的多变性-统一性连续体，以及外群成员个体之间分化程度的多变性-统一性连续体（例如，从最小的刻板印象到最大的刻板印象）。如果赫希曼意义上的退出不是指从购买产品中"退出"，而是指从一个群体中退出以加入另一个群体，即狭义的社会流动意义上的退出，那么任何一种社会行为的"个体"理论都可以成功地用于描述这种情境的动机和认知方面。当我们从一个个体退出他的群体转向一个群体退出其所处的多群体结构时，这里的局限性就会显现出来，我们将在后面讨论这些局限性。然而，只要我们处理的是个体退出群体的问题，甚至是一系列个体的退出问题，我们就仍然在人际博弈和策略等问题的范围之内，唯一的区别在于，个体根据复杂社会环境的要求而非另一个个体的策略，调整其策略。例如，各种版本的交换理论预测的个体计算将产生其结果（通常是事后的），似乎不需要其他类型的理论框架。

然而，如果在其群际框架中考虑另外两个对应术语，即"呼吁"和"社会变革"，情况就会发生巨大的变化。在这里，个体得出的结论是，他只有作为群体的一员，只有作为群体的组成部分，与其他成员一起采取行动，才能改变他不满意的状况，或阻止改变他满意的状况。他所处的社会环境甚至比在社会流动的情况中更加复杂。"内部"环境是他自己的群体，包括所有常见的个体、人际和结构性的冲突、困难和问题。"外部"环境由其他群体组成，这些群体要么反对他所希望的变革，要么希望他所反对的变革。在所有相关的社会情境中，社会比较过程将直接应用于这些群体，无论他们与他自己的群体多么相似或不相似（见第十二章）。同样的社会比较过程，再加上群体（或社会）认同的增长，将酝酿出一个动机、认知和社会行动的强大组合，其中较明显的个体考虑的强化和个体效用的简单计算往往会被抛在一边。

前面讨论社会运动的重点在于，个体挫折、个体强化和个体人格模式无法解释对其他群体的社会行动和社会态度的统一性，这些行动和态度是——往往是——大批人长期以来所共有的。总是有可能通过加入一些概念来适当平衡整个理论体系，如从众、社会化的共同特征，或社会学习的奖励结构。但这些都是生硬的和事后的工具。生硬，是因为它们不能从理论上区分各种群际情境的不同结构；事后，是因为从来没有人能够通过援引从众或个体的强化流程，来预测（更不用说理解）一次社会运动的社会心理，无论是保守主义的反动浪潮还是一场暴力革命。更重要的是，社会运动往往是由反从众的少数群体发起的，而加入他们往往涉及个体对自身利益的计算，这种计算会让任何明智的银行经理对贷款或透支感到绝望。我们的观点是，对"社会变革"信念结构的考虑，为理解这些现象提供了充分的理论基础，它与其他社会共享的群体认同过程、社会比较过程以及思想和信念的社会传播过程（如共同的评价和共同的社会期望）相结合，为对整体（en masse）群际行为做出不同的预测提供了可能性。

在结束这一部分介绍性讨论之前，还需要做两点一般性的补充说明。第一点涉及这样一个事实，即从前面的段落中可以清楚地看出，如果把群际关系社会心理学中"社会流动"代表的人际传统，仅仅归因于第十一章中提到的"退出选项"在美国社会历史中的压倒性优势，那就未免过于简单化了。这在很大程度上可以追溯到社会心理学家对个体或人际问题的理论关注背景。第二点是，如果赫希曼和霍夫施塔特（1945）以及其他人关于"退出对民族想象力的影响"以及成功"长期以来都被认为是进化的个体主义"的观点是正确的，那么，"我们关于群际行为的大部分社会心理学"就应该适用于"被假定具有社会流动信念结构的个体行为"。毫无疑问，正因为如此，我们对偏见、歧视和敌意的个体模式的理解才取得了良好的进展。无论如何，我们的理论不是要质疑这项工作的有效性；我们关注的不是它的成就，而是它的局限性。

美国的退出传统是在相信个体流动性的背景下发展起来的，虽然这绝不是美国独有的，但其在美国社会历史中可能比在其他任何地方都更加突出。这一传统在其他地方比较薄弱，在某些文化中几乎不存在（包括许多前"原始"文化）。既然如此，问题就来了，在退出（或社会流动）选项占压倒性优势的社会背景下得出的结论，是否可以说具有广泛的普遍有效性？此外，在美国和其他任何地方一样，群际关系研究中一种明确的呼吁或"社会变革"的社会心理学是必要的。黑人权力运动（black power）就是一个很好的例子，其他许多类似的社会和民族运动也不差——无论在美国还是在其他地方。

然而，还有一点同样重要。这说起来是老生常谈，许多人曾认为（现在也认为），在美国的社会历史（或现在）中，就像在许多其他国家一样，关于个体流动性的信念或神话并没有不加区分地同样慷慨、大方和有力地适用于每一个人。剥夺某些社会群体成员顺着社会阶梯向上爬的平等机会（有时是"能力"），是"客观"群际利益冲突的心理影响之一；但它也植根于社会比较过程的某些基本方面。简单地说，我们之所以是我们，往往是因为"他们"不是我们。一个社会群体心理上"优等"的特异性，有时是在付出艰苦努力后才获得的，如果该群体要保持某种共同的和重要的认同，就必须保持和维护这种特异性。正是在这一点上，"优等"群体成员有时会非常一致地使用呼吁，特别是因为退出对他们来说往往是不可想象的。之所以在这里强调呼吁的功能，是因为它指出了群际关系心理学"社会流动"路径的另一个重要局限，即使在美国退出传统的背景下也是如此。在后面讨论呼吁对维护群际关系和行为现状的贡献时，我会更详细地论述这一点。

❖ 个体退出、群体退出与群体齐呼

我们现在必须回到消耗性产品的经济学上来，因为它与群际关系的社会心理学有关。更换牙膏品牌是无成本退出的最简范式。它从根本和内在来说，是一种个体反应。如果我们可以想象一个品牌的牙膏突然变得比其他品牌的牙膏贵一倍，却没有对其独特和卓越的品质进行任何相应的软性推销，或者——从某一天开始到第二天，在没有任何警告的情况下——使用牙膏三小时内，口腔中会留下一股强烈的臭鱼味道，那么，我们就可以很容易地预测出消费者会大规模地流向其他品牌。（从理论上讲，我们可以忽略少数喜欢这种残留味道的人。）但是，即使是这种大规模的逃离，

也不能被视为群际关系背景下的社会运动。它只是一系列个体退出的集合。将这一退出的集合与群际社会变革情境中的社会运动区分开来的标准很简单：即使昂贵或有味道的牙膏制造商被视为一个"外群体"，对于消费者"内群体"的成员来说，最简单的解决办法也是离开并忘掉一切。据推测，在这样做的过程中，他们会对制造商形成一些贬损的"刻板印象"，但除了大量离开之外，这些刻板印象不太可能与任何形式持久的、共同的和大规模的社会行动相关联。出于同样的原因，被辱骂的顾客也不可能共同构成一个有效的社会群体或社会范畴，尽管他们具有社会群体的两个最重要的先验定义特征：成员之间具有一定的相似性（他们都不喜欢这个品牌的牙膏），以及"命运"具有一定的等同性（他们都希望或不得不换成另一个品牌）。问题的关键在于，作为一个群体，他们不必改变或希望改变；每个人都可以以个体形式去做这件事，无论其他人做或者不做。

　　这种极端的社会流动范式（从 X 品牌的用户群体转变为 Y 品牌的用户群体），在大多数社会结构中都不可能找到它所对应的情境；在这些社会结构中，从一个群体移动到另一个群体需要努力、辛勤工作、运气、经历心碎等。随着退出变得更加痛苦或代价更高，赫希曼对其与呼吁之间相互作用的分析就变得越来越切题，因为这关系到这种相互作用作为衰退中组织的恢复机制的有效性。然而有趣的是，随着退出难度的上升，以及从内部改变现状的尝试相应增加，最初简单的牙膏退出范式的一个重要方面，却在赫希曼的退出-呼吁分析中趋于稳定。退出，或威胁退出，或使用呼吁，在理论上仍然是一种个体行为，或一系列个体行为的集合。充其量，这种个体行为的集合能成为一种旨在改变活动者所属群体的功能模式的有组织的活动（这就是为什么呼吁是"卓越的政治行动"）；换句话说，隐含的理论前提是，这是一种群内活动。科尔曼（Coleman, 1974）为最近出版的退出和呼吁主题的论文集所撰写的文章，很清楚地说明了这一点：

　　　　赫希曼（1970）提出的退出和呼吁范式的本质，是承认社会结构由两种行动者组成：个人和企业行动者。对这些个人来说，实现其意愿的问题可以简化为退出的困境，即从企业行动者中撤回资源，或做出呼吁，试图控制企业行动者的行动方向（1974：7，斜体是我标记的）。

在同一篇文章中，科尔曼又补充道，"赫希曼主要关注的是企业行动者效率的维持，以及个人*为这种维持*做出贡献的过程"（1974：7，斜体是我标记的）。

在我们继续讨论之前，必须对概念作进一步的区分。当一个群体的个体目标趋于一致，并且只有通过群体的共同行动才能实现时，该群体的成员就会作为一个群体一起行动，这种说法几乎没有什么新意。这通常是形成一个群体的首要条件。只要目标保持一致，这个群体就可能保持"凝聚力"。在这个意义上，谢里夫（1966）的上位目标对群际敌意的调节作用很可能不能推广得太远，因为在有共同需要的时刻采取共同行动的严格要求，一定会在很大程度上，以一个正在对抗不利环境的群体的更广泛和普遍的认同，取代两个群体先前的独立认同。在谢里夫的一项研究的最后阶段，已经没有任何"客观"利益分歧可以使这两个群体保持他们独立的认同。因此，上位目标的有效性很有可能，至少是部分地，归功于两个独立的群体开始解体，并形成一个对抗"自然"的单一群体的过程。我们很难知道，如果最初的两个群体在共同福利强有力的新要求之外，还保留了明确和各自独立的目标、利益以及体现他们先前特异性的其他特征，是否也会出现类似的敌意降低的情况。这无疑是一个急需进一步研究的群际问题。

转而简要地讨论谢里夫的上位目标，其意义在于它有助于在以下两者之间做出概念上的区分：一是群体凝聚力的概念，它通常来自共同的目标；一是这样一种情境，其中，这些目标只有通过改变现有的群际关系结构，或反之，在外群体试图进行或开始这种改变时反对这种改变，才有可能实现。这两种情境之间的区别是非常根本的——区别在于内群体对抗的不利环境的性质。谢里夫最后的上位目标并不涉及整个男孩阵营与任何其他群体的对抗（除了进行操纵的隐藏的实验者群体，参与者可能并不知道他们隐秘的设计。对这种情境与"错误意识"问题的相关性的讨论，参见：Billig, 1976）。虽然无法在这里讨论群际社会变革情境下产生的态度和行为结构的细节，但简要列出凸显的变量，将这种情境与只用面对（或被认为面对）非社会的"自然"的情境区分开来，就足以说明其特殊性。这些相互作用的变量包括：责任归因，群际社会比较过程以及随之形成的关系性的群体（或社会）认同，对所感知群际情境合法性的评估，这种评估与"客观的"群际差异以及共识层面的群际地位差异之间的关系，以及作为主要因变量的——创造或维持内群体区别于外群体的有积极价值的特异性的尝试。

到目前为止，本章一直试图从理论上论证某类群际关系的特殊性，这种特殊性使它区别于人际关系中固有的问题，也区别于当一个群体在对抗以非社会的或非人类的"自然"形式呈现的、所有成员共有的不利情境时遇到的问题。现在，我们必须回到前一种区别的变体，即群内和群际考虑，来探讨退出和呼吁范式对社会变革-社会流动范式的影响。我们已经注意到了群内和群际各自出发点的不对称性。

社会流动是指个体从他的群体中退出。社会变革是指个体退出极其困难或不可能，导致一些相关人员为其群体发展出或试图发展出一种有效的呼吁。这种呼吁的各种模式或这些模式可能发展的条件，在这里的讨论中不是直接关心的问题。呼吁和"社会变革"之间的不对称性在于，科尔曼（1974）所描述的个人与企业行动者的关系和一个群体的成员与其他群体的成员的关系之间的比较。在这两种情况下，呼吁都将以各种形式出现。但是在这样一种情况下，即组成一个群体的个人可能关心的是如何防止企业行动者的"效率"（即生活条件、地位、机会等）下降，企业行动者就是他们自己的群体。因此，在一个由许多群体组成的组织中，他们的呼吁可能必须直接指向对本群体与其他群体，即其他企业行动者之间关系性质的改变。在这一过程中，呼吁可能会成为一种群体齐呼（chorus）。

社会心理学中有时会（或明或暗地）使用"相对剥夺"的概念，这就是类似的不对称性的一个例子。这些理论的重点一直是个体将自己与其他个体进行比较（例如，费斯廷格1954年提出的社会比较论）。只要得出的结论是有关这些比较对人际态度和行为的影响，这些理论就完全足够了——而这正是费斯廷格（1954）的目标。费斯廷格对人际层面的强调与经济学中的相对剥夺，即"相对收入假说"密切相关。赫希曼（1973：

546)——在杜森伯里（Duesenberry）之后——将其描述如下："个体的福利与他所交往的人的收入或消费成反比"。

当这些人际比较转移到群际情境中时，困难就出现了。其中一个困难涉及社会心理学的社会比较论和经济学的相对收入假说的一项基本原则：提供比较基础的人不能与进行比较的人相差太大。我已经在其他地方论证过，在群际比较中，这种限制并不成立，因为其中对感知到群体之间关系合法性的要求，取代了对比较者和被比较者之间一定程度相似性的要求。这两种比较之间的差异可以简单描述为：在人际比较的情况下，一个人将自己的地位与其他人的地位联系起来；在群际比较的情况下，一个个体将自己作为他自己群体的一个成员，与作为其各自群体成员的其他个体进行比较，或与概念化为一个实体的外群体进行比较。问题是：在什么条件下，这些群际比较会在一个群体中广泛传播？其社会、政治和心理后果又是什么？但这些都是本章讨论范围之外的大问题（见第十一、十二、十三和十五章）。

让我们回到呼吁和齐呼的不对称性上来。在社会比较论中，一系列人际比较的集合有时被赋予了一种能力，有助于在大批人中形成长期一致的行为（例如：Berkowitz, 1972），尽管这是如何发生的还不太清楚。在赫希曼的退出-呼吁的分析中，并没有进行此类转换。在他关于"经济发展过程中对收入不平等容忍度的变化"（1973：553）的讨论中，他对那些能够等上一段时间再追上其他人的群体和那些认为自己不能的群体之间存在的心理差异有着清楚的认识："没有取得发展进步的群体必须能够——至少在一段时间内能够——与取得发展进步的群体产生共鸣。换句话说，这两个群体绝不能被无法逾越的障碍或是被认为无法逾越的障碍分隔开来。"回归主题，他指出这种当一些人发展进步时，另一些人暂时耐心等待的情况"不需要出现，如果每个阶级都由不同的族群或宗教群体组成，而这些群体在经济发展过程中的卷入程度各不相同。因此，相对单一的社会与高度分化的社会之间的对比与我们的主题特别相关"（1973：553-554）。

在赫希曼的分析中，呼吁来自一系列个体的集合（有时组织成一个群体），他们希望改变他们认为自己是其固有的一部分的机构或组织。从一种根本意义上说,这也可能是一个社会群体的真实写照,在一种更大的、所有群体共有的社会结构中,它试图改变自己与其他群体的关系。但随即产生的问题是,如果有的话,这种齐呼形式的呼吁与群体退出的可能性或现实性有什么关系?

赫希曼从他的角度讨论了两种与我们的旨趣相关的群体退出。其中一种是选择退出,或"嬉皮士等群体的'逃避'运动",即"逃避而不是斗争"(1970:108),也就是没有呼吁而退出。这种退出对其中一些人来说不过是暂时的,但他们选择回来(或不回来,如果是永久退出或长期退出)并不取决于他们过去使用呼吁的手段。如果他们回来,那是因为他们改变了,或社会改变了,或他们认为社会改变了。此外,他们往往是在退出之后(例如,公社中)才成为一个具有明确共同利益和普遍认同的群体,而不是在退出之前;用科尔曼(1974)的话来说,就像在呼吁的情况下,我们面对的是"个人为维护"企业行动者"做出贡献的过程",在这里,我们面对的是那些希望尽可能远离大量企业行动者的个人。从这个意义上讲,他们的退出与群体退出-群体呼吁的关系背景无关。

另一种群体退出是抵制(1970:86)。这是一种"介于呼吁和退出之间的现象",因为这种行动"是为了实现让被抵制的组织改变政策这一具体而明确的目的而采取的"(1970:86),并且伴随着一旦实现了所期望的改变,"将会重新加入的承诺"。抵制(就像罢工)想要有效,当然不能是孤立的个体行为。

这种"两种机制的真正混合"(1970:86)提出了许多有趣的心理学问题,涉及一个有所不满的群体与规定该群体相较于(vis-à-vis)同一结构中其他群体的地位的组织或制度结构之间的关系。例如,在一个等级森严的社会体系中(即一个阻止社会流动的体系和/或对这种选择的信念),一个弱势群体是不可能真正退出的;他们无处可去,除非所有成员都选择移民,或者——就像族群或民族群体那样——以分离主义运动的形式争取退出。既不是移民又不是分离的退出,只可能从其他地方寻求,且就像赫希曼的抵制一样,它必然是退出和呼吁"两种机制的混合"。但是,对于那些强烈不满,并且认为唯一的希望是从根本上改变这一体系的社会群体来说，这也是另一种角度的混合。相关个体对一名企业行动者（他们自己的群体）有着强烈的认同；但是，该企业行动者的功能效率是由他们自己和其他群体组成的更广泛的体系功能的一部分。因此，只有通过对更广泛的多群体的体系功能进行变革（或多或少是根本性的），才有可能阻止企业行动者（内群体）的功能持续衰退。

在这种情况下，可以采取的解决方案之一与抵制一样，是退出和呼吁的混合。显然，它是呼吁，因为它是一种来自内部的政治或社会行动；同样，它也是退出或威胁退出，因为它包括拒绝接受规范群体之间现有关系的规则，以及在这些规则发生变化时"重新加入的承诺"。在这里，我们再次看到一个连续体，从完全接受规则到部分接受，再到完全拒绝（见第十五章）。

这个连续体密切反映了从群体呼吁到群体退出这一渐进的转变。在这一转变过程中，群体退出的心理决定因素和"客观"决定因素之间的关系可以再次从合法性的角度加以考虑。但在这里，必须考虑到合法性三种形式之间的相互作用：有所不满的群体所认为的群际关系的合法性；其他相关群体所认为的这种关系的合法性；一种"客观"定义的合法性（即一套规则和章程），只要这种定义是可能的。

在考虑这三种合法性时，可以假定在许多情况下，前两种合法性之间的差异越大，或第三种合法性所涵盖的内部行动（呼吁）范围越窄，群体退出（或威胁退出）的可能性就越大。从表面上看，这句话的第二部分似乎与赫希曼（1970：96－97）的观点相矛盾，即"如果退出之后会受到严厉制裁，退出的想法本身就会受到压制，威胁［要退出］也不会说出来，因为担心这种威胁和行动本身会受到制裁"。毫无疑问，这一命题在个体退出的大量案例中，或一系列个体退出的集合中都是成立的。但是，将许多重要的例外情况纳入考虑也是有帮助的，这些例外情况可能出现在同一体系不同群体之间的关系中，而不是个人与企业行动者的关系中。似乎有理由假定，在各种多群体的体系中，当有所不满的群体所做的贡献对整个体系持续有效地运作必不可少时，这些重要的例外情况就有可能出现。

这种实际的或威胁性群体退出的一些社会心理后果，可以从它与个体退出内群体的不可能性或困难程度的关系角度来讨论。从这一角度看，试图寻求这种个体退出的倾向，甚至把它设想为一种发展前景，可能与群体退出的现实或感知到群体退出的可能性成反比。这种关系可以成为内群体忠诚的一个重要因素。第二种社会心理后果是群体内部相关的内群体和外群体态度及行为日趋一致——这一现象在本章前面提到过，与从社会流动过渡到社会变革相关的三个连续体有关。在这种情况下，社会心理学对情境的分析必须明确考虑到许多个体在"对他人行为的期望和评价"方面的共同点越来越多。

反过来，这种共同的社会期望和评价所引发的行动中的积极反馈，与赫希曼（1974：7）提出的"支持呼吁的新经济学主张"中的"参与的乐趣"并行不悖。"有时，与呼吁相关的活动本身就会成为人们非常渴望达到的目的"（1974：7），因此，这些活动降低了呼吁的成本，甚至可能将其转化为一种收益。但在群体退出的情况下，这种方式在心理上降低的是这种退出的成本，而不是呼吁的成本。对相关的个体来说，这种成本有时可能是巨大的。随着群体退出的风险越来越高，群体成员在外部世界中的异类地位越来越突出和明显，如果不存在一种补偿机制用于提高对内群体的忠诚度，那么有大量人接受群体退出将是不可理解的。

❖ 群际关系中的呼吁、现状和社会比较

本章上一节讨论了群体退出及其与群体呼吁的某些相互作用的形式，那些在多群体体系中认为自己的地位不尽如人意的群体，可以将其作为一种恢复机制使用。在这样一种条件下，正如赫希曼（1970：55）写道的，"不退出的情况将优于有限退出的情况，（即）如果退出作为一种恢复机制不起作用，却成功地从企业或组织中吸走了质量意识较强、警觉性较高、潜在积极性较高的顾客或成员"。当然，表现出上述品质的顾客或成员，往往比那些较为被动的顾客或成员更接近社会的顶端。

就组织中的个体成员而言，那些接近高层的成员在组织中的参与度越高，他们退出组织的成本或难度相比其他人越高，同时他们的呼吁可能会

越响亮、越热情以及越有效。作为个体，他们可能会同时关注防止组织衰退，以及防止自己在组织中的相对地位下降。当组织是由明显相互独立的群体组成时，地位较高的群体也会如此。

我们在这里遇到的情况与本章上一节讨论的有所不满的群体退出的情况类似。属于较高地位群体的个体，在考虑其群体地位的同时，也需要考虑该群体相对于组织中其他群体的地位。可以从个体退出其群体的可能性、其群体退出组织的可能性，以及相应的呼吁功能和方向等方面来考虑。

高地位群体的成员资格往往能带来各种满足感。因此，总体来说，从该群体退出的可能性不大。但关键是，无论一些个体是否离开该群体（他们可能会由于很多原因离开，包括其群体的"优等"地位有时带来的价值冲突），组织中的群际情境都保持不变。高地位群体作为一个整体是无法退出的，除非它有意进行实际的或象征性的集体自我毁灭。与有所不满的群体不同，高地位群体的成员在任何形式的退出中——无论是移民、分离还是拒绝遵守规则——都会损失惨重，而且往往一无所获。从他们的角度来看，组织效率的下降有两种形式：一是整个体系功能的衰退，二是他们的群体在体系中相对地位的下降。如果没有后者，前者将导致个体或集体以赫希曼描述的方式使用呼吁。群体相对地位的下降，或这种下降的威胁，则会产生某些与使用群体呼吁相关的心理后果。当然，较高地位群体的相对性与差异的保持相关。

在以社会变革信念结构为特征的情境中，"一个社会群体只有设法保持其区别于其他群体的具有积极价值的特异性，才能发挥它保护其成员社会认同的功能"。就高地位群体而言，这种信念结构的出现必须理解为由刚才讨论的两个条件决定：个体退出其群体的代价高昂，以及群体退出其组织的代价极其高昂（或不可能）。这两个条件也决定了该群体在试图阻止其相对地位下降的过程中，对群体呼吁的大量使用。

我们现在必须回到呼吁的使用上，它不是对内群体相对地位下降的回应，而是对整个组织功能效率衰退的回应。假设高地位群体的成员认为差异正在减少，那么需要考虑三种可能性：

（1）该群体成员并不认为群体相对地位的下降，与整个组织功能的衰退，或防止这种衰退之间有这样或那样的联系。

（2）该群体成员认为这种相对下降与整个组织功能的衰退直接相关。

（3）该群体成员认为这种相对下降与防止整个组织功能的衰退直接相关。

这些都是心理上的可能选择。组织功能的实际变化可能与群体对所发生情况的看法一致，也可能不一致。然而，关键在于，正是这些共同的看法，随着群体认为自己日益陷入困境而变得更加普遍和广泛，决定了使用呼吁的强度和方向。在三种情况中的前两种情况下，应对内群体相对地位下降的威胁与所涉及的更广泛利益之间不存在感知的冲突。因此，可以假定该群体"我群中心主义的"（或更广泛地说，社会中心主义的）呼吁将得到自由发挥。反过来，可以假定会有一堵坚固的合理化（或防御性意识形态）的围墙来抵御与第三种情况密不可分的令人不安的想法。

这些防御性意识形态的出现和传播有时会决定呼吁的使用，有时也会被呼吁的使用决定。当然，第二种可能选择可以从失调论（Festinger, 1957）中预测出来。然而，与产生这些意识形态的心理过程的性质无关，我们必须考虑受到威胁的群体使用呼吁与整个组织衰退的现实之间的以下关系：

（1）根据某些外部标准（例如，对经济表现的衡量），该群体错误地认为，其相对地位的下降与整个组织功能的衰退，或防止这种衰退无关。

（2）通过同样的方式，该群体错误地认为其相对地位的下降与整体功能的衰退直接相关。

（3）该群体正确地认为其相对地位的下降与防止整个组织的衰退直接相关。但是，在随之而来的感知利益冲突中，前者的下降比后者的衰退更为重要。

只要上述三种关系中的任何一种成为现实，受到威胁的群体使用呼吁对整个组织来说就可能是灾难性的；而且，受到失去其优等的特异性威胁的群体地位越高，其对呼吁的使用就可能变得越具有灾难性。

在结束对群体呼吁的讨论之前，有必要附加两点说明。首先，它几乎完全专注于群际关系的"主观的"方面，关注社会比较的心理过程，而不是"客观的"利益冲突。之所以选择这一关注重点，并不是因为我认为这些社会心理过程比那些构成其背景的社会、经济和政治的群际过程更重要或更基础。然而，这些与其他关系相关的心理因素的确存在；而且，正如我在本书前面所写，我关注的是：

> 社会心理变量嵌入因果螺旋中的某些点；（我的）主张是，正如这些变量的影响是由先前的社会、经济和政治过程决定的，它们反过来也获得了一种自主功能，能够使这些过程的后续功能发生一个或另一个方向的偏转。

最后，我想回到本章前面对"个体"和"群体"二分法的讨论。毫无疑问，这里讨论的许多观点和展示的结论既适用于人际行为和态度，也适用于群际情境。然而，出发点（和落脚点）坚定地停留在群际关系领域内，因为我深信，只有明确做到这一点（冒着忽视其他问题的风险），作为社会心理学家，我们才有很好的机会为理解整个社会过程做出贡献。

第十五章 少数群体的社会心理学*

❖ 什么是少数群体？

在提出这个问题时，我们并不关心社会群体（或范畴）在经济、社会、文化或其他标准下如何区分的定义。相反，我们想知道这些"客观"因素对相关人员产生了哪些心理影响：他们是否感觉自己是一个特定社会群体的成员，将该群体与其他这样的群体明显区别开来？这些"感觉"（归属或不归属）对他们的社会行为有何影响？

但是，在讨论这些问题之前，我们需要将它们与社会分化的坚固现实联系起来。作为一个群体成员的"感觉"不会漂浮在某种社会真空中；如果在讨论相应的信念体系时，没有考虑到它们与人们生活的社会现实之间直接而密切的联系，就无法正确地理解它们。

社会学家、政治学家和其他学者提出了许多关于社会少数群体的定义。我们在此使用的是瓦格利和哈里斯（Wagley & Harris, 1958）提出的一套标准，辛普森和英杰（Simpson & Yinger, 1965）在其《种族和文化少数群体》（*Racial and Cultural Minorities*）一书中引用了这套标准。这些作

---

* 摘自 H. Tajfel, *The social psychology of minorities*, London：Minority Rights Group, 1978。感谢少数群体权利组织（The Minority Rights Group）的支持，其地址是伦敦克鲁斯街36号本杰明·富兰克林大厦（Benjamin Franklin House, 36 Crewes Street, London），邮编是 WC2N 5NG。

者认为：

(1) 少数群体是复杂国家社会中的从属群体；(2) 少数群体具有特殊的身体或文化特征，而这些特征受到社会支配群体的轻视；(3) 少数群体是有自我意识的单位，由其成员共有的特殊特征，以及这些特征带来的特殊不利条件结合在一起；(4) 少数群体的成员资格是通过血缘规则传承的，即使在没有明显特殊的文化或身体特征的情况下，这种血缘规则也能使其后代继续隶属于该群体；(5) 少数群体的人们出于选择或需要，倾向于在群体内部通婚（Simpson & Yinger, 1965：17）。

有趣而重要的是，数量（numbers）在这一定义中的作用并不大。一些人数上占多的群体——例如，就像在南非——符合所有五项标准。而一些人数上占少的群体——比如荷兰裔南非人——可能只符合第五项标准：他们倾向于在群体内部通婚。同样，这个国家和其他地方的妇女解放运动的成员会认为，女性是上述意义上的"少数群体"，尽管她们显然不符合某些标准，而且往往不是人数上的少数群体。瓦格利和哈里斯（以及许多其他社会科学家）选择定义的指导原则并不在于数量，而在于他们所称作的少数群体的社会地位。

这是解决问题的明智之举。在理解某类人群的遭遇和作为方面，他们所共有的某类社会不利条件比数量因素更重要，除此之外，采用一个基于数量的有意义的参考框架也是非常困难的。"社会的"定义更为重要，也更为灵活。例如，魁北克的分离主义运动是加拿大国内的少数群体运动。与此同时，随着加拿大最近发生的政治和社会变革势头强劲，魁北克讲英语的少数群体（特别是那些母语既不是法语又不是英语，但在抵达后使用英语的新移民）问题变得更加尖锐（参见：Berry, Kalin & Taylor, 1977）。在某些方面，讲法语的魁北克人仍然符合瓦格利和哈里斯的描述，即在一个"复杂国家社会"中的"从属群体"；在另一些方面，他们构成了一个多数群体，开始为相对于自己的少数群体制造一些常见的问题。

瓦格利和哈里斯清楚阐述了将某些社会群体称为少数群体的心理标准。他们是"有自我意识的单位"的人，共同具有某些相似之处和某些社会不利条件。但这一心理标准并不像看起来那么简单。一些社会学家对所谓的"社会群体"和"社会范畴"做了严格的区分。例如，莫里斯（Morris，1968：167）将族群定义为"更大社会中一个独特的人口范畴，其文化通常和整个社会不同"。他补充说，族群成员"是，或感觉自己是，或被认为是由种族、民族或文化的共同纽带联系在一起的"。在这一点上，他区分了"一个纯粹的人口范畴，如红头发的人，即根据在其社会背景下中立的标准进行选择，并没有规定统一的行为"（1968：168）。相比之下，真正的群体必须由"根据明确原则招收，通过正式的、制度化的规则和独特的非正式行为联系在一起"的人组成。此外，这些群体必须"为凝聚力和持久性而组织起来；也就是说，群体资格的权利和义务必须规范内部秩序以及与其他群体的关系"。在认识到这一心理标准后，即人们必须"感觉自己是"，或必须"被认为是"与彼此相似，但在某些方面和其他人不同的，才能被视为一个族群，莫里斯回到了族群成员资格的"内部"特征，指出"成员通常会认同他们是一个群体，并为其命名"（1968：168）。

　　这些明确的区分对于思考一些少数群体相关的问题很有帮助；但这些区分也会带来问题，如果考虑到许多流动和变化的社会情境，其中男男女女慢慢地对自己在更广泛的社会中的特殊地位形成了共同的信念、反应、感情和态度。根据莫里斯的观点，一个社会群体与"范畴"不同，必须是有凝聚力的和持久存在的，还必须有一套公认的内部规则体系。但从这个意义上理解的"范畴"和"社会群体"，有时候分别代表着一个漫长的社会心理过程的开始和结束。有许多情况介于二者之间：被多数人一致认定为具有某种"差异"的一群人，可能一开始并不接受这种"差异"，或者否认对这种"差异"的解释。这种"外部"共识可能要经过很长时间才能形成莫里斯提到的：明确的群体边界，正式的制度化规则，以及非正式社会行为的具体特征。然而，在此期间，对成员资格，对归属感，以及对与其他人的共同差异的"感觉"在持续发展。这种新的认同发展的一个明显例子，是本书第八章介绍的西印度群岛学生来到英国后的情况。少数群体的内部凝聚力和结构有时可能是这种逐渐意识到他们被视为不同者的结果。事实上，少数群体中的一些人有时正是努力通过社会行动，通过发起社会和政治运动,来实现这种特殊意识的发展的(见第十一章)。

在许多情况下,早在相关个体为自己构建出一个有凝聚力的、有组织的"群体",甚至发展出供其内部使用的"独特的非正式行为"的特殊模式之前,就已经产生了作为少数群体共同成员带来的感觉。当然,很多时候,这一过程是相反的,或者说是在两个平行的方向上同时进行的:一个群体从内部和外部都被认为是独立的和不同的。但即使在这里,"纯粹的范畴"和真正的"社会群体"之间也不存在简单的心理二分法。这通常是一个群体资格的"内部"和"外部"标准之间复杂的相互作用问题,是一个"感觉到的"群体或范畴成员资格导致各种形式的社会行动、社会良知、态度和信念体系、个体或集体策略的条件问题。为了探讨这些不同的问题,我们必须将注意力转向少数群体成员资格的这些内部和外部标准,以及二者之间的关系。

❖ 少数群体资格的内部和外部标准

正如我们所看到的,许多关于少数群体的定义都提到了其成员资格的"主观"特征,如刻板印象、信念体系、自我意识、认同等。换言之,少数群体要成为一个可区分的社会实体,其部分、许多、大多数或全部成员必须意识到,他们共同拥有一些社会相关的特征,这些特征使他们有别于自己生活其中的其他社会实体。但是,从我们前面讨论的社会学定义中可以清楚地看出,这些"社会相关的特征"必须是某种类型的,才能产生身为我们前面讨论意义上的"少数群体"的自我觉知。毕竟,从某些方面来说,所有的复杂社会都是由少数群体组成的:职业群体、区域群体或者年龄群体,政治派别以及任何数量的其他群体。只有当被归为和/或将自己归为一个特定的社会实体,同时导致某些可察觉的社会后果,包括来自他人的歧视性待遇,以及他人基于成员资格某些共同标准(无论多么模糊的)的负面态度时,才会产生身为少数群体的意识。

所有这一切的关键词是"共同的"。为了理解"感觉"自己是少数群体成员的心理现实,很重要的是明确区分个体差异和群体差异。虽然很多人都可能有红色的头发，或体重超重，或身材矮小，但他们不太可能意识到自己是相应的"少数群体"的"成员"。这些特征虽然为许多人所共有，但在一个人的生活中仍然会保留其个体意义。很难想象肥胖、左利手或口吃会带来"群体"性的不利社会后果。很明显，这些个体特征中的任何一个都可能在一个人的生活中占有极其重要的地位；同样明显的是，它们也可能会给这些人带来一些社会不利条件。然而，与"一个巴基斯坦人，X先生"等表述相比较，我们更不可能在报纸上看到这样开头的新闻："一个胖子（或一个结巴），X先生，正在帮助警方调查。"①

"个体"属性如肥胖，与标示少数群体成员资格的属性如"巴基斯坦人"之间的区别在于，前者不是可以从中轻易得出其他社会推论的个人特征。这样一种通常不是从"肥胖"中得出的推论，对于理解各种范畴化不同的社会后果相当关键。这与同一范畴中其他人的其他特征有关。肥胖、口吃或身材矮小，都不是社会类型学会使用的标准。具有相同属性的其他人，其社会相关特征与该属性之间的关联是随机的；换句话说，它们对具有相同特征的其他人的社会属性的影响非常有限。

其结果是，胖人、矮人或使用某种牙膏的人，是个体的集合；而巴基斯坦人或（在某个时间点上）长头发的青少年，抑或刑满释放人员，则可能很容易成为少数群体。刚才提到的三个例子在某些重要方面是相似的，其他方面则有所不同。相似之处在于，所有这些称谓都与对相关人员普遍的负面刻板印象有关；"刻板印象"包括指派给所有或大多数具有该属性

---

① 1978年9月6日，《泰晤士报》登载了以下新闻（这绝不是特例）："今天，一位搭便车的英国年轻人在萨洛尼卡（Salonika）以南的卡泰里尼（Katerini）被警方指控犯有谋杀罪……X先生，20岁，持有英国护照，僧伽罗血统，家在伯明翰，被还押候审。他被指控杀害了袭击他女伴的两名吉卜赛人中的一人……他和Y女士，20岁，来自伯明翰的索利哈尔（Solihull），徒步前往萨洛尼卡。他们搭上了两名吉卜赛人驾驶的一辆小货车……其中一名手持双管猎枪的吉卜赛人将这两位英国人赶下车，另一名吉卜赛人则袭击了女子。"这名僧伽罗人和两名吉卜赛人就是这样被识别的。就Y女士而言，从她的名字来看，是"多数群体"的成员之一，除了她来自伯明翰之外，似乎没有必要进行其他身份证明。至于同样来自伯明翰的X先生，我们还被告知了他的"出身"。我们不知道这两名吉卜赛人是不是希腊（或任何其他）"护照持有者"。知道他们是吉卜赛人显然就足够了。（对证据的综述以及对此类报纸报道的讨论见：Husband，1977，1979。）

的人的一些其他特征。不同之处在于，相关人员在多大程度上接受他们确实在某些重要方面联结在一起，从而有别于其他社会范畴中的人。

接受作为地位低下的少数群体联结在一起，取决于大量的社会和心理条件，在此仅作简要讨论。在许多情况下，少数群体与社会中其他群体之间的社会或文化差异由来已久。很容易找到这样的例子，即其中的范畴符合我们前面讨论过的所有社会学的"群体"标准。荷兰的南马鲁古人，以色列的阿拉伯人，意大利上阿迪杰的德语居民，南非的种族群体，伊拉克的库尔德人，黎巴嫩的马龙派教徒，都是明显的例子。但是，必须再次牢记，从心理学角度讲，我们所面对的是一个连续体，而不是一种简单明确的区分。对自己是一个独立的少数群体成员的意识，以及随着这种意识而来的对该群体的认同，都取决于感知到的该群体成员与其他人之间共同边界的清晰程度。

反过来，感知到这些边界的清晰程度，取决于群体中是否存在并广泛传播着关于其自身和更广泛社会的某些信念。在这方面，有三种信念体系尤为重要。第一种是，其他人将其普遍范畴化为"独立"于他人的标准，属于少数群体的个体成员不可能，或至少很难脱离该群体，成为与其他人无异的"多数群体"的成员。换句话说，这种信念是在许多重要的社会情境中，个体的社会流动（如成为教师、律师、医生、厂长、领班）不会影响其他人将该个体认定为少数群体成员的过程。第二种相关的信念是，其他人将其归为某一特定群体，在很大程度上与被归为该群体的个体之间的差异无关，只要他们符合少数群体的定义标准（如肤色、血统、语言等），就会产生某些社会后果，这些后果是该群体的所有或大多数成员所共有的。第三种信念体系涉及少数群体成员自己对他们与其他人之间共同差异的看法。

我们已经讨论过可能形成这些独立观点的一种情况。这种情况主要是由外部强加的，是由"他人"创造和持续使用的社会范畴化的结果。前面提到的西印度群岛学生的例子就是这种情况。一旦出现这种情况，少数群体就会陷入心理独立的旋涡，其中"外部的"社会范畴化与群体"内部的"接受相互联系、相互强化，并逐渐趋同。

第二种情况是，少数群体因其与他人在文化、社会和历史上的差异，已经形成了独立的传统。因此，认为"移动"或离开该群体是不可能的或非常困难的信念，可能不仅来自他人强加的限制，也来自少数群体内部强大的社会压力。各种宗教少数群体、部分民族或族群少数群体、政治或意识形态运动往往都是这种情况。

还有一些少数群体，尽管他们意识到自己在文化、社会、政治或历史上的差异，但同时，如果他们愿意，他们也有权摆脱其中部分或大部分差异。如果在他们前进的道路上没有持续的阻碍，这些少数群体可能迟早会融入周围的社会，甚至同时保留他们的某些特征。生活在英格兰的苏格兰人，或英美两国的天主教徒，或许可以作为这方面的例子。在这种情况下，随着时间的推移，无论是内部的还是外部的，离开群体的心理制约因素都会逐渐减弱，社会不利条件和歧视的社会学标准也会逐渐淡化，这与少数群体存在的主要心理条件逐渐减弱相关联，即对存在明确群体界限的感知逐渐减弱。

无论出于何种原因，如果少数群体愿意，要求在他们希望的时间，以他们希望的方式进行融合，却遭到来自外部的强大的社会和心理阻力，情况就大不相同了。我们将在讨论少数群体应对这些问题的心理策略时再回到这个议题。目前而言，我们只需要指出，这种少数群体向外挺进而其他人制造阻碍之间的冲突，可能迟早会产生新的归属意识，给旧有的群属关系注入新的力量，并最终形成强大的内部约束，阻止他们离开该群体。

总之，我们区分了三种能使少数群体成员出现或加强内群体归属的一般情况。在第一种情况下，某一范畴的人受到"外部"某些态度和待遇的影响，形成了共同的认同。第二种情况是，已经存在一个希望保持其独立认同的群体，而"内部"和"外部"的态度和社会行为模式之间的相互作用进一步强化了这种认同。在第三种情况下，一个现有群体可能希望以多种方式弥合与他人之间的差异和分隔；当其受到抵制时，可能会出现新的强烈形式的共同群体认同。

❖ 从社会稳定到社会变革：少数群体资格的心理影响

少数群体与社会中其他群体之间的关系——社会的和心理的——在不断变化，这是因为社会条件随着时间推移而变化，以及少数群体周围的群体具有多样性。此外，每个社会群体都有自己的内部结构，不同的个体处于不同的社会地位；每个群体中都有相当大的个体差异，涉及性格、能力、社会角色、家庭背景、成就、机会和运气等各方面。那么，怎么可能泛泛地讨论少数群体成员资格特定的心理影响呢？

简单的回答是，这不可能。在讨论这些影响时，不能假定会出现适用于一个或另一个少数群体中所有、大多数甚至只是许多成员的简单概括。我们要描述的所有"影响"都只适用于部分少数群体的部分成员，而且在任何一个少数群体中都可以发现各种不同的模式。我们所能做的就是识别出一些看起来更为重要的模式，因为它们是由不同群体中的不同人在不同情况下采用的。（值得庆幸的是）社会心理学的概括受到了人类社会行为创造性的、无边无际的多样性以及灵活性的限制。

当我们思考少数群体成员的社会行为、态度、感情和群属关系时，必须清楚地记住这些保留意见。从某种意义上说，"少数群体的社会心理学"并不比"多数群体的社会心理学"更有资格单独存在。或者说，它的主张从一开始就必须是适度的，而且必须建立在明确陈述的初步假设之上。这就是为什么我们在前面花了很长的篇幅来讨论：从心理学的角度来说，什么"是"一个少数群体。本书其余部分所依据的初步假设非常简单，且与我们之前的讨论密切相关：如前所述，少数群体成员面临一些共同的问题；对于这些问题，可能的心理解决方案（或其尝试）数量有限；采用哪种解决方案与少数群体所处的社会条件密切相关。

目前，全世界对相互依存的意识在不断提高，与此同时，世界范围内也在推动来自少数群体的分化，这些少数群体相互之间往往在地理、文化以及历史多样性上相差甚远。有一个重要因素是许多这类分化运动的共同点：少数群体新的主张是基于他们有权决定与众不同（保持其独立性），这种不同是由他们自己的方式定义的,而不是根据多数群体默认或明确规定的方式界定的。日益增长的相互依存关系导致越来越广泛的多民族经济和政治结构;同时也导致较小的社会实体对去中心化的强烈要求,他们希望保留自主决定的权利,维持自己的"认同"。

这种分化趋势往往代表着那些认为自己是独立的、处于社会不利地位的群体在社会和政治层面对现状的一种拒绝。这种拒绝也代表着一种重要的心理发展。法国社会学家科莱特·吉约曼(Colette Guillaumin,1972)在其关于种族意识形态的杰出著作中指出,社会多数群体和少数群体之间的一个重要分野在于,正如她所说的:

> 多数群体是对少数群体的一种回应形式:只有在没有清晰的、限制性的标准的情况下,才能设想多数群体的存在,这与被明确范畴化和狭义界定的群体是不同的。或者换句话说,多数群体的成员资格是建立在否认自己属于少数群体的基础之上的。它被视为一种自我定义的自由,一种少数群体成员从未被赋予也无法赋予自己的自由(1972:196,译自法文)。

虽然这种定性是否能不加区分地适用于所有社会少数群体值得怀疑,但吉约曼就丰富的多数群体-少数群体情境的社会心理面向提出了一个重要观点。正如我们在前面所看到的,少数群体往往是根据多数群体提出并发展的标准来定义的。他们在某些社会的重要方面是不同的,但他们不同的对象本身是不需要明确界定的。当代的分化趋势是对这些单方面定义的明确拒绝。它代表着一种尝试——建立或维护并非由外部强加的群体定义标准。这些新制定的标准并不是对"规则"的背离,而是试图为该群体建立一种具有积极价值的认同;在这种认同中,该群体的"独立性"并不包含各种假定其低人一等的污名。社会行动往往与这些对"我是谁"和"我是什么"的重新定义密切相关。我们稍后将再次讨论少数群体为实现对他们的新定义而采用的心理"策略"。

少数群体对其在更广阔社会中的地位的态度构成一个社会心理连续体——从完全接受这一地位到完全拒绝这一地位的连续体,这种实现积极分化的全球性的强大推力代表了该连续体的一个极端。毫无疑问，大多数少数群体处于该连续体的中间位置，更接近两个极端中的一个或另一个。重要的问题是：接受和拒绝的心理决定因素以及产生的心理影响是什么？哪些心理过程导致了从接受到拒绝的转变？这又会引发哪些心理过程？

1. 从接受到拒绝的转变

我们从这两个问题中的第二个开始，因为在考虑这一问题时，我们已经可以开始初步讨论接受和拒绝的某些方面。少数群体对其社会和心理劣等性的接受必须首先在"客观"社会条件的框架下进行考察——但对这些条件的分析是社会学家、经济学家、历史学家以及政治学家的工作。因此，这超出了我们的讨论范围。然而，毫无疑问，维持正式或非正式的不平等现状的首要条件，是权力的不平等分配——政治、经济或军事力量的不平等分配。这种资源不平等分配的两大心理因素有助于确保其稳定性：认为不平等体系是稳定的或合法的，或认为其是同时稳定且合法的。

在这一点上必须强调的是，我们在此关注的是感知到的群体之间现有关系的稳定性或合法性，而不是其形式或制度特征，或者物质或经济力量的现实情况。因此，从社会心理学的角度来看，感知到群际关系体系的稳定性，是指缺乏对现有情境的认知替代方案。就少数群体而言，这意味着，如果处于我们连续体中"接受"的极端，其现有劣等性的性质和未来不可能发生任何改变。尽管某些出类拔萃的个体也许能够在现有情境中提高自己的地位，改善自己的生活方式，甚至得到部分多数群体成员的接纳和高度尊重，但这并不影响其群体作为一个整体的地位；事实上，这样的个体在两边或多或少，都被明确视为令人惊讶的普遍规则的例外。他们突破了分隔群体的一些障碍，这一现象有两个重要特征：多数群体通常仍然认为这些个体在某些重要方面，是他们原来所属社会范畴的标本；而且，无论他们可能是或可能已经是什么，这些属性都不会被视为可以推广到其他更"典型"的少数群体成员身上。这样的例子可以追溯到很久以前，即少数群体的个体取得了杰出成就，但多数群体的态度始终未变。舍温·怀特（Sherwin-White，1967）描述的罗马帝国对希腊人和其他奴隶起义的反应，就是其中一个例子。正如舍温·怀特所写，朗吉努斯（Longinus）是"一名严厉而残忍的法律主义者"，他认为"你只能用恐惧来控制外来的渣滓"；但

> 善良的普利尼（Pliny），因对仆人的博爱态度而闻名，在讲述卢修斯·马雷多（Lucius Maredo）被杀一案时，却表现出与朗吉努斯完全相同的反应。这是一个异常残暴的主人。他的奴隶们在他洗澡时袭击他，把他扔进火炉里烧死，这并不令人惊讶。这家人受到了应有的惩罚，而普利尼和卡修斯（Cassius）一样，对此表示赞同。他以一段有趣的非理性的怒言结束了这一叙述："看看我们面临着怎样的危险和侮辱。你们不能指望用仁慈和宽容来保证你们的安全。他们出于纯粹的犯罪心理，不分青红皂白地杀害我们。"（1967：84）

另一个有趣的例子来自威廉·斯蒂伦（William Styron）的小说《纳特·特纳的忏悔》（*The Confessions of Nat Turner*），虽然其中部分内容是虚构的。特纳领导了"1831年8月，在弗吉尼亚东南部一个偏远地区……美国黑人奴隶制历史上唯一一次有效、持久的反抗"。他具有杰出的个人品质，因此与主人家一些成员的关系比通常情况下更为亲密，在某些方面也比通常情况下更为平等。但这并不影响这个家庭对主-奴关系的普遍态度。

因此，即使少数群体中有一些例外或特别幸运的成员有机会避开体系的僵化，也很难对感知到的多数群体和少数群体之间现有关系的稳定性产生强烈影响。要动摇人们对看似不可避免的现状的接受程度，还需要其他的东西。建立"认知替代方案"来打破看似不可动摇的社会现实，必须依赖于至少在少数群体部分成员中不断发展的一种信念，即在坚不可摧的社会层级结构中，已经出现了一些裂缝，因此是时候作为一个群体推动变革了。这种作为一个群体的推进可以采取多种形式，包括明显的体系改变来鼓励普通个体的社会流动。这些问题我们稍后再谈。在今天的条件下，几乎毫无疑问，无论当代世界仍然存在的这个或那个严格分层体系中最初出现裂缝的原因可能是什么，大众传播媒介的发展都极大地推动了认为有可

能产生新裂缝的观点从一个社会场所移植到另一个社会场所。这就是我们前面讨论过的，日益增长的相互依存也会导致日益增长的分化趋势的方式之一。

感知到体系的稳定性（即对社会秩序缺乏现实的替代概念）是少数群体各种接受模式的一个重要基础。感知到现有秩序的合法性至少同样重要。丹尼尔·贝尔（Daniel Bell, 1977: 491）在《枫丹娜现代思潮辞典》中将合法性定义为"基于统治者和被统治者共同接受的某些原则（如同意），正当的统治或权力行使"。《牛津简明英语词典》将"合法"解释为，除其他含义外，法律许可的、适当的、常规的、逻辑上可接受的。因此，在我们关注的这种情况中，即一种以多数群体和"低等"少数群体之间的明确差异为基础的社会秩序中，感知到的合法性意味着接受（或用贝尔的话说，同意）这种分化是基于双方都可接受的并被双方接受的一些原则。封建社会或印度种姓制度中的某些社会分类在其还非常稳定的时候，大概就是这种情况。无论出于何种原因，当这种同意开始分崩离析时，必须考虑到三种形式的合法性之间的相互作用："有所不满的群体所认为的群际关系的合法性；其他相关群体所认为的这种关系的合法性；一种'客观'定义的合法性（即一套规则和章程），只要这种定义是可能的"（见第十四章）。

毫无疑问，多数群体和少数群体之间不稳定的社会分类体系，比稳定的体系更容易被视为不合法的；反之，被视为不合法的体系也包含着不稳定的种子。正是感知到差异体系的不稳定性和非法性之间的这种相互作用，有可能成为少数群体对现状从接受转为拒绝的一个强大因素。然而，有可能——至少在理论上，且在某些具体情况下也有可能——感知到的不稳定性和非法性并不一定从一开始就是不可分割的（参见：Turner & Brown, 1978），即使其中一个可能迟早会导致另一个。例如，可以想象，掌权者强有力地维持着某种社会或政治秩序，以至于它看起来非常稳定，无论人们对其非法性的信念有多深。在最近播出的一个纪念1968年捷克斯洛伐克遭入侵十周年的电视节目中，一个流亡的捷克人在接受采访时被问到，他是否认为至少在可预见的未来，有可能重现任何形式的"布拉格之春"（Prague spring）。他的回答是否定的。在这个例子中，就像那些少数群体认为体系不合法但极其稳定的情况一样，尽管该体系看似不可动摇，但关于局势不合法的观念将持续对行动、态度、信念和群属关系产生强大影响。反之亦然，影响少数群体的差异体系即使被视为不稳定的，也可能至少在一段时间内保持其被认为的合法性。但是，尽管我们从"现实生活"和一些社会心理学的实验研究（例如：Turner & Brown，1978；Caddick，1978；Commins & Lockwood，1979）中获得了大量证据，证明被视为不合法的社会群体关系体系会导致弱势群体对现状的拒绝，但没有多么令人信服的证据表明，同样的情况会发生在一个被视为合法但不稳定的体系中。大量关于人际攻击行为的社会心理学研究进一步证实了（至少在我们的文化中），在决定社会行动方面，人们对其合法或不合法的看法在心理上的重要性。尽管将少数群体拒绝接受其地位等同于"攻击"是荒谬的，但这些研究的证据足以令人产生深刻的印象，即这似乎与大规模的社会情境相关（详细综述见：Billig，1976）。然而，必须再次强调，要从理论上区分感知到的不稳定性和非法性，就不得不脱离社会现实。在很多情况下，它们会相互融合，或者从一开始就这样，或者因为它们中的每一个都能以某种方式促进社会情境的变革，从而导致另一个的出现。这时，正如我们前面所说的，可以有把握地预测，少数群体对其地位及其群体"劣等性"的信念将会迅速地由接受转变为拒绝。

2. 接受模式

社会地位会带来某些经验、态度和活动，而这些是其他阶层的人所不具备的，它们会改变人们的自我评价和对生活的总体看法……因此，谈论一个人的社会人格似乎是合理和有用的；所谓社会人格，是指他的构成中由他所生活和活动的社会贡献的部分，他在很大程度上与在相同条件下生活的所有其他人共享这部分人格。这种社会人格显然不同于他的个人气质或心理个性，后者是由完全不同的一系列因素形成的（Warner et al.，1941：25-27）。

322 　　对"社会人格"的这一描述写于近40年前，今天仍然在很大程度上是有效的，尽管我们中的很多人难以同意作者对"社会贡献的"部分和"完全不同的一系列因素形成的"部分所做的明确区分。今天，我们更倾向于认为"个体"和"社会"这两组不同的影响因素几乎是不可分割的，从个体生命一开始就密切地相互作用，一组因素为另一组因素的发展奠定基础，一组因素发挥或制约另一组因素所决定的潜能或束缚（参见：Bruner & Garton，1978）。尽管如此，劳埃德·沃纳（Lloyd Warner）和他的同事们还是正确地强调了"他在很大程度上与在相同条件下生活的所有其他人共享这部分人格"在一个人的生活和其"构成"中的重要性。

　　我们在此关注的少数群体成员面临一个共同的心理难题，用最概括的话来说，这个问题是令人满意的自我实现与少数群体资格的现实强加给他们的限制之间的冲突。"令人满意的自我实现"绝对是一个模糊的合成词，它的含义非常广泛，以至于有可能毫无意义。因此，我们在这里只讨论它的一个重要方面。我们将根据日常经验和层出不穷的心理学研究，假定努力获得或维持一个人的自尊以及他人的尊重，是相当普遍的人类特征；假定对我们大多数人来说，拥有和保持尽可能多的积极的自我形象是非常重要的；假定不得不忍受来自内在或他人的对自己的蔑视，是一个严重的心理问题（见第十二和十三章）。

　　与其他群体或其个体成员的价值比较可能是个人自我形象的一个重要方面，尤其是当他属于一个少数群体，该群体被认为明显独立于其他人，并且（明确或隐含地）在某些重要方面"不如"其他人时。我们在前面讨论了少数群体成员资格外部标准和内部标准之间的某些关系。只要外部标准和与之相关的价值内涵继续占据主导地位，只要少数群体资格被普遍共识定义为背离某种未明确界定的"规则"，正如吉约曼所写（见前文），这种规则是多数群体固有的，那么，少数群体个体的自我形象和自我尊重问题就会继续激化。

323 　　在许多关于所谓"我群中心主义"现象的研究中，人们已经发现了大量这方面的明显例子。这一术语首次出现是在威廉·格雷厄姆·萨姆纳（William Graham Sumner）写于1906年的《民俗》（*Folkways*）一书中；此

后，该术语在社会科学和其他领域得到了广泛使用。他写道：

> 我群中心主义是这样一种事物观的专有名称，这种观点认为自己的群体是万物的中心，其他所有群体以它为参照进行衡量和评价……每个群体都滋养着自己的骄傲和虚荣，自诩高人一等，推崇各自的神祇，蔑视外来者。每个群体都认为自己的民俗是唯一正确的；如果他们注意到其他群体有不同的民俗，他们就会嗤之以鼻。贬损性的称谓就来自这些差异……就我们当前的目的而言，最重要的事实是，我群中心主义会导致一个族群夸大和强化自己民俗中的一切独特之处、一切将其和他人区别开来的东西（1906：12-13）。

事实证明，这种"普遍的我群中心主义综合征"并没有萨姆纳在3/4个世纪前所设想的那么普遍（对一些证据的最近综述见：LeVine & Campbell, 1972）。自萨姆纳著书以来，关于我群中心主义的形式、条件和发展，已经有了大量研究工作。他所说的"和他人区别开来"可以理解为具有两种主要功能，一种是对整个群体而言，另一种是对其个体成员而言。对整个群体来说，它"强化自己民俗"，即有助于群体作为一个明确的社会实体延续下去。对群体中的个体成员来说，积极评价与他人的分化有助于提升他们的自我形象、增强他们的自尊。正如我在其他地方所写的，这相当于对自己说："我们之所以是我们，是因为他们不是我们。"

世界范围内普遍存在我群中心主义的一个重要例外，是少数群体成员在某些条件下，对自己、自己的群体以及其他群体所表现出的态度。这些条件通常是前面讨论过的：社会就少数群体特征的性质达成了普遍共识；少数群体内部对这些来自外部的界定标准有一定程度的接受；缺乏广为接受的替代选择，这种替代选择建立在对"当前情境是不合法的，且不一定是永久性的"看法之上；从被污名的群体"转移"到另一个群体非常困难；少数群体个体成功实现社会流动的一些事例，并不影响少数群体与其他群体之间普遍确立的关系和差异的性质。但这些都是"最大"条件。我群中心主义的逆转（即少数群体成员对自己、对自己群体的贬抑）也可能发生在少数群体与其他群体之间的社会分化远没有那么严重的社会条件下。正如我们在第九章中所看到的那样，群体之间的社会分化，即使是以相当微妙的形式出现，也会以惊人的灵敏度反映在受到不利影响的人群的态度中。

著名的美国黑人心理学家肯尼思·克拉克（Kenneth Clark，1965）很好地描述了少数群体成员将"外界"对他们的看法内化的一种极端形式。他写道：

> 那些被迫生活在贫民窟条件下的人，其日常经历告诉他们，社会中几乎没有任何地方尊重他们，赋予他们其他人所拥有的普通的尊严和礼遇。因此，他们理所当然地开始怀疑自己的价值。由于每个人都依赖于与他人相处积累的经验来了解他应该如何看待和评价自己，因此不断遭到排斥的儿童开始质疑他们自己、他们的家庭和他们的群体是否真的不应该得到比现在更多的社会尊重，这是可以理解的。这些疑虑成了致命的自我憎恨和群体憎恨的种子，也就是黑人对自己的复杂且自视甚低的偏见……黑人开始相信自己低人一等（转引自：Milner，1975：100）。

正如克拉克所写的那样，这种自卑的信念是一个复杂而重要的问题；但同样重要的是，要理解它的许多重要例外，以及它有可能消失的条件。我们将在本章下一节讨论少数群体"拒绝模式"时再回到这个问题。就目前而言，我们必须更详细地探讨这种对劣等性的接受，以及它对那些受劣等性之苦的人的生活的影响。这绝非仅限于这样的社会背景，其中对少数群体成员的识别是直接和确定的（如肤色），或其中很大一部分少数群体被限制在名义上（de jure）或事实上（de facto）的贫民窟中。例如，"犹太人的自我憎恨"现象早已为人所知，并在很大程度上促成了让-保罗·萨特（Jean-Paul Sartre）于1944年起草的《关于犹太人问题的思考》（Reflections on the Jewish question），当时纳粹大规模屠杀事件所带来的影响仍然挑战着全世界的良知。萨特对自我憎恨的思考与克拉克并无太大不同。

> 犹太人试图通过自省来了解自己作为犹太人（Jew）的一部分，而不是自己作为人（man）的一部分；他们想了解犹太人，以便否定

犹太人……这就可以解释犹太人讽刺的特殊性质，这种讽刺最常用来对付犹太人自己，是一种不断从外部审视自己的尝试。犹太人知道自己正在被审视，所以先到那里，试图用他人的眼光来审视自己。然而，这种对自己的客观化是另一种非本真的诡计：当他带着旁观者的超然态度来审视自己时，他感觉自己实际上已经脱离了自己，他变成了另一个人——一个纯粹的见证人（译自1948年的法文版，第117~118页）。

这一过程从儿童早期就开始了，许多国家和文化中都有证据证明这一过程的存在（最近一篇精彩的综述见：Milner, 1975）。20世纪30年代末，克拉克夫妇（参见：Clark & Clark, 1947）发表了一系列研究中的第一份报告，证明美国黑人儿童在六七岁甚至更小的时候，就已经可以直接和客观地表现出严重的身份、认同和群体偏好问题。克拉克夫妇的研究以及许多后续研究使用的方法，都包括向每个儿童展示"代表其所处环境中不同种族群体的各种玩偶或图片"，然后向儿童提出一系列问题，如他们长得像哪个玩偶，他们更喜欢和哪个玩偶做朋友、玩耍、一起上学等。结果发现，少数群体儿童（如美国的黑人、新西兰的毛利人、英国的各种"有色"少数群体儿童）有时会在测试中错认自己（即他们说自己"更像"白人玩偶而不是黑人玩偶），并且他们中的大多数人在各种测试中都"更喜欢"白人玩偶，而不是其他玩偶。出于方法论的考虑，有人对第一项研究结果——儿童错误识别其群体成员资格的有效性——提出了质疑。但是，包括英国在内的多个国家，都有大量证据支持少数群体儿童在6岁左右到11岁期间（有时会超出这一范围）表现出明显的"外群体偏好"。在亚霍达和他的同事（1972）在格拉斯哥进行的一项关于亚裔儿童的研究中，尽管采取了一切可能的措施来抵消"人为因素"的影响，包括实验者是多数群体的成员之一（在这项研究中，实验者是"一位迷人且有魅力的"年轻印度女性），但到10岁时，儿童的偏好还是转向了多数群体。之所以在这里提到这项研究，是因为与其他许多研究相比，它可能只受到最小限度的人为因素影响。在英国进行的一项大规模研究中，米尔纳证实并扩展了之前从美国和其他地方得出的关于少数群体儿童"外群体偏好"发展的许多结论（见其著作第9章）。格雷厄姆·沃恩（Graham Vaughan）

在新西兰对毛利人和白种人（欧洲裔）儿童进行了长达十多年的一系列研究，结果表明，毛利儿童也表现出类似的外群体偏好模式（例如：Vaughan, 1978a）。正如米尔纳所总结的，沃恩的研究表明，毛利儿童在确定自己族群和其他族群成员有哪些令人向往或不受欢迎的属性时，偏爱其他种族的儿童；更喜欢让其他种族的人物作为玩伴；更喜欢将其他种族的玩偶"带回家"。与此同时，毛利儿童的社会环境发生了向好的变化，这对于减轻他们在测试中对自己族群的轻视产生了巨大影响（参见：Vaughan, 1978b）。莫兰（1969）将中国香港儿童和美国的黑人及白人儿童进行了比较，也发现了类似的影响，即可以归因于社会条件的变化。用莫兰的话说，香港是一个"多种族的环境，没有哪个种族明显占主导地位"。他发现，82%的美国白人儿童，65%的中国香港儿童，以及仅28%的美国黑人儿童表现出对自己群体的偏好。

当然，很难有确凿的证据证明儿童早期对自己群体的排斥对他们日后的发展和行为有稳固的影响。虽然对这一主题的"纵向"研究可以追踪同一个体在若干年中的这种发展，但很难组织和进行。我们只能猜测，但我们知道克拉克和萨特笔下的"自我憎恨"对少数群体中一些成年成员有负面影响，这有助于支持我们的猜测。被整个社会疏远往往是社会条件造成的，如贫困、失业、家庭解体、过度拥挤等，但寻求重获某种自尊的可能性也会导致"离经叛道的"社会行为。从更广泛的社群的规则、价值、惯例和成就体系中抽身退出，建立起具有自己的价值观的群体，且这种价值观不同于普遍认可的价值观，这是现在被时髦地称为"寻求认同"的一种可能结果（绝不仅限于少数群体）。这种退缩的根源在于少数群体接受了整个社会强加给他们的自身形象；反过来，这又可能导致他们通过一些手段来拒绝这种形象，这些手段往好了说，是无法有效地改变社会状况，往坏了说，会强化现有的刻板印象和社会分层。第五章和第九章提供了这种"接受"的一些例子，表明即使在种族之间关系并没那么紧张的情况下，这种"接受"似乎也存在。

然而，夸大所有这些发现的重要性是错误的，无论研究结果涉及的是儿童还是成人，都不能作为少数群体成员出现严重个人认同问题的指标。

它们的共同点在于，在这些研究中，少数群体成员对自己群体的判断是在直接且明确地与多数群体进行比较的情况下做出的。正如我们所看到的，有大量证据表明，在这种情况下，不利的自我形象已经内化。但是，并不是所有"自然的"社会背景都包括群际比较的需求或要求，一个人对自己的看法至少同样（可能更多）依赖于与同一社会群体中的个体持续不断的日常互动。当这个群体恰好有其自身强大的整合规则、传统、价值和功能时，与其他群体相比产生的"负面"自我形象，无论如何都不需要成为个体认同的中心焦点。这就是为什么一个人可以在贫民窟中保持快乐和满足，只要这个贫民窟没有在社会层面解体。世纪之交，犹太人在俄罗斯和东欧其他地方的犹太人定居区（shtetls）过着与世隔绝的生活就是一个很好的例子。这些小社区的内部规则和文化惯例及其在指导成员生活方面的巨大力量，在肖洛姆·阿莱赫姆（Sholem Aleichem）和当时其他作家的短篇小说中得到反映和优美地传达。我们前面提到的"离经叛道的"群体可以作为另一个当代的例子，只要他们能够设法建立一种小型文化，且这种文化的力量足以保护其成员的自尊，使其免受来自外部的冷风的抨击。

但是，从根本上说，这种少数群体内部对个体自尊的保护，仍是少数群体接受现状的另一个方面。正如我们前面所说的，这是一种从整个社会中退出的形式，是一种微妙的、来之不易的平衡，很容易被破坏。在这种情况下，一个社区（或一个离经叛道的群体）必须设法在他们生活中对他们来说真正重要的那些方面，几乎保持与外界的隔绝；而反过来，他们生活中真正重要的那些方面，从长远来看，也必然是按照这样一种标准选择出来的，即可以使他们安稳地与其他人隔绝开来，不具有可比性，因为其他人在本质上与他们不同，因此也在一定程度上与他们无关。问题在于：除非能艰难地维持社会和心理隔离，否则他们之间能保持多长时间的无关？如果不能做到这一点，比较性（也是负面的）自我形象的实际影响就会再次凸显。美国社会心理学家欧文·卡茨（Irwin Katz）对隔离学校和混合学校中黑人学生的学业成就做了大量研究。他早期的一些结论是基于20世纪60年代的工作得出的，今天很可能必须加以修正；但这并不影响这些结论的重要性，因为它们说明了在群际接触和比较的情况下，当必须按照社会普遍接受的标准进行比较时，会发生什么。下面是一些例子："如果黑人儿童在校外就习得了这种自卑感，那么混合班级中来自少数群体的新生对学业成功的期望可能会很低。因此，他们的成就动机也会很低。"或者："作者和他的同事对黑人男性大学生进行的实验研究表明，在由智力相近的黑人学生和白人学生组成的合作团队中，黑人学生是被动服从的，他们认为自己的表现不如白人学生，但实际上并非如此，他们对团队体验的满意度也低于同组的白人学生。"又或者："佛罗里达的黑人大学生，当预期他们是与同龄的黑人而非白人进行智力比较时，有更好的语言表现，这符合假设，即预期与白人进行比较时，成功的主观概率较低。"（Katz，1968：283 - 284）

然而，在这两个极端之间还存在一种折中的处境，其中一个极端是在心理上与周围社会隔绝，例如沙皇俄国的犹太人定居区或当今大城市中一些离经叛道的群体，另一个极端是少数群体对多数群体主流形象的破坏性接受。正如我们所看到的，第一个极端是一种心理上的退缩，不再与他人进行比较，以便形成独立的、具有社会影响力的个人价值标准；第二个极端是一个群体在社会层面（因此也在心理层面）解体的结果，该群体无法成为一个具有自己的互动形式、价值观念、规则和惯例的明确的社会实体。不用说，大部分少数群体都处于这两个极端之间。于是，他们的认同就同时由多数群体的社会主流观点以及他们自己的文化和社会组织的心理影响决定。这种性质的情况仍然接近我们接受-拒绝连续体的"接受"端。与外部世界持续不断的日常互动，以及随之而来的对整个社会的价值体系以及刻板印象网络的心理参与，使少数群体在一定程度上接受了自己的负面形象；与此同时，群体内部尚存的社会和文化联系也提供了某种程度的保护。戴维·米尔纳（David Milner，1975）在英国的研究提供了一个很好的例子，他比较了西印度群岛儿童和亚裔儿童的负面自我形象。他对二者文化背景的差异以及相应的他们对东道国社会的初始态度作了如下描述：

> 西印度群岛人文化中的英国成分，以及他们在对西印度群岛社会种族排序中表现出的"白人偏见"，可能会增强西印度群岛儿童对英国白人的向往和好感。此外，西印度群岛人希望融入当地社会的最

初愿望确保了他们与白人群体的接触——以及接触到白人群体的敌意——比亚裔群体更多。亚裔群体对（vis-à-vis）东道国群体的疏离态度在一定程度上使他们与世隔绝，不仅如此，他们还拥有完全独立的文化传统，为其提供强烈的认同感。在美国的研究中，许多黑人儿童将占主导地位的白人群体强加给他们的种族价值观内化了，因此他们很难认同自己的群体，反而对白人的态度非常积极。由于上述原因，这种对种族主义的反应在西印度群岛儿童中似乎比在亚裔儿童中更为普遍（1975：117-118）。

在米尔纳的研究中，两类儿童之间的比较表明，"虽然亚裔儿童和西印度群岛儿童同样复刻了白人对其群体的价值判断，但他们并非同样地受其影响……贬损性的个人认同不太容易强加于亚裔儿童，就好像同样的压力却会遇到更多的阻力一样"（1975：138）。

这就是问题所在。这种局部抵抗能在后一代人中维持多久？来自周围社会的文化压力必然会变得更加有效，文化的独立性必然会削弱。这个国家中的亚裔少数群体，或其他任何地方的少数群体，如果处于我们之前提到的那种折中境地，只有较为有限的心理方法来应对他们的自尊以及人性尊严问题。其中一些解决方法至少就目前和可以预见的将来而言，根本不现实。首先是彻底同化，完全融入周围的社会。只要偏见态度和歧视现实一如既往，就不可能做到这一点。其次是与他人的文化和心理隔离。这也是不可能的，且至少有两个原因。一是我们不能指望新的一代人能够免受周围文化价值观和社会影响日益增加的压力影响。与此同时，日常生活的经济和社会需求也使得他们不可能和不愿意断绝与外部社会错综复杂的交往联系，脱离其刻板印象的等级体系。因此，归根结底，"心理"方法必须让位于社会和经济变革。少数群体无法通过创造自己相反的形象来回应外部形象，因为这些相反的形象是漂浮在社会真空中的。他们必须依靠发动社会变革，并从社会变革中寻找新的心理方法。我们接下来要讨论的一些"拒绝模式"，与这个问题有关。

3. 拒绝模式

前面大部分讨论的重点是少数群体的心理状态对个人价值和尊严观念，以及对其个体成员的自我形象和自尊的影响。正如我们所看到的，这些影响在少数群体成员与多数群体进行直接比较的情境中尤为明显。但毫无疑问，即使是在心理上"更安全的"社会互动中，即局限于少数群体本身及其独立的文化惯例中，这些影响也不会完全消失。

积极的自我形象及其削弱占据重要地位。其背后的理念是，社会比较对我们自我形象的发展至关重要（见第十二章）。在少数群体与多数群体（或任何其他不同的社会群体）之间的关系中，群体之间的比较，或明确认定属于某一群体或另一群体的个体之间的比较，对这种自我形象有着重要影响。在群际关系相当紧张或冲突相当严重的情况下，这可能会成为自我形象最重要的面向之一。在这种情况下进行的比较往往伴随着强烈的情感，这也是原因之一。即使群体之间的差异一开始可能并不夹杂任何情感，随后也可能被赋予强烈的价值内涵，并获得强大的情感力量。民族主义往往就是这种情况。这些群际比较的重要性在许多与差异相关的工业冲突中也得到了充分体现。正如埃里奥特·雅克（Elliot Jaques）在给《泰晤士报》的一封信中绝望地感叹道："难道大家还不清楚，目前的这波争论是关于相对性的，而且只与相对性有关吗？"我们在一些实验室实验中发现（见第十一至十三章），就我们研究过的学生来说，在两个群体之间确立有利于自己群体的差异，往往比他们所能得到金钱奖励的绝对数额更重要。布朗（1978）从这些研究结果出发，在一家大型工厂对属于不同工会的车间管事进行研究时，也发现了类似的模式。正如我们从日常经验以及许多社会学和心理学研究中了解到的那样，在一定范围内，"相对剥夺"可能比"绝对"剥夺水平更能决定人们的态度和社会行为（参见：Runciman，1966。对这一问题更广泛的讨论见第十二章）。

正如我们在上一节中所看到的，少数群体成员的"比较性"自我形象往往是贬损性的。问题在于：他们能做些什么？这绝不是一个"理论"或"学术"问题。爱泼斯坦（Epstein，1978）在其《精神与认同》（*Ethos* and Identity）一书的序言中写道：

> 我发现自己不禁要问，这样的群体是如何作为群体生存下来的，为什么他们如此在意努力保持自己的群体认同。同时，我也清楚地意识到，如果说我对这些情况有什么洞见的话，那是因为它们触动了我的心弦，与我作为离散犹太人的族群经历产生了共鸣。反思这一切，我得出的主要结论是，围绕或支撑着许多族群行为的似乎是强大的情感力量（1978：xi）。

毫无疑问，作为少数群体的一员，与其他处境相同的人共同面临着个人的价值、尊严和自尊问题，这是这种强烈的"情感力量"的一个重要因素。我在本书的其他地方将个体的"社会认同"定义为他们的自我形象及其评价的某些方面，这些方面源自对他们来说非常重要的社会群体资格；反过来，这种自我形象及其附带的价值，大部分来自与社会环境中其他群体的比较。这种比较很少是"中立的"。它们触动了"心弦"，与过去、现在和未来的"低人一等"产生共鸣。因此，为了捍卫自己拥有并保持与他人一样的自尊的权利，各种情绪和激情的高涨也就不足为奇了。

正如我们之前所问的：少数群体对此能做些什么呢？对于他们中的一些人来说，一个显而易见的答案就是尽可能地与多数群体同化。正如辛普森（1968）所写：

> 同化，是一个过程。在这个过程中，不同族群和种族背景的人摆脱这些限制，在更大的社群生活中进行互动。无论哪里，只要不同种族和文化群体的代表生活在一起，一些处于从属地位的个体（无论他们在人数上是否占少数）就会被同化。彻底同化意味着不再有基于种族或族群概念的独立社会结构（1968：438）。

这一过程有许多变体，既有心理层面的，也有社会层面的。从心理学的角度来看，至少可以区分出四种类型的同化。第一种类型是两个群体中的任何一方都没有对社会流动施加任何限制，不会给同化的个体带来任何特别的问题。但是，每当这种情况发生时（例如，美国的一些移民族群就属于这种情况），该少数群体迟早会不复存在。这是一种心理上的融合，即使定义的标签仍被保留并不时提及，它也已经失去了定义"少数群体"的大部分特征，无论是在心理上还是在社会上。于是，个体同化变为整个社会群体的同化，辛普森把这种情况称为"基于种族或族群概念的独立社会结构"的消失。

第二种类型会给同化个体带来更多的困难。在这种情况下，虽然从一个群体转移到另一个群体的人在新的环境中，可以在许多方面"不受限制地"进行互动，但他们还没有被多数群体完全接受。矛盾的是，在某些重要方面，他们仍然被视为其群体负面特征的典型代表，但同时，他们又被视为普遍规则的"例外"。从18世纪末到最近一段时间，一些反犹主义传统浓厚的欧洲国家提供了这种情况的一个典型例子。尽管有一些犹太人设法突破了偏见和歧视的障碍，有些人甚至在"外部"社会中取得了很高的地位，但是，一些人成功突破障碍，并没有打破整个群体的障碍，也没有消除普遍存在的偏见。这种内在模糊性的一个戏剧性案例，是世纪之交发生在法国的德雷福斯事件（Dreyfus affair）。这也是维也纳记者赫茨尔（Herzl）——犹太复国主义的创始人之一——转而寻求解决欧洲犹太少数民族问题的替代性方案的一个转折点。

德雷福斯本人可能很好地体现了这种同化过程中遇到的心理问题。作为一个法国人和一名军官，和其他法国人一样，他完全认同多数群体。这之后不久，距希特勒掌权不到20年，德国犹太裔实业家和政治家拉特瑙（Rathenau，1922年被右翼民族主义者暗杀，时任外交部长）写道，"征服者之所以成为主宰，少数人之所以征服多数人，靠的是无畏、坚韧和更纯粹的精神；如果庸碌无为，就没有办法保持这些优势，也没有办法保护更高贵的血统不被杂交破坏……这样，地球就浪费了它最高贵的种族血统"〔转引自1978年8月25日《泰晤士报文学增刊》（T. L. S.）上詹姆斯·乔尔（James Joll）的文章〕。

在这里，我们无法推测德雷福斯或拉特瑙因完全坚持自己作为多数群体成员的认同可能遇到的情感问题。然而，一个合理的假设是，只要处于从属地位的少数群体被他人（有时候也从内部）视为本质上不同的和独立的，那么，即使没有各种限制，同化也很有可能会造成个人冲突和困难。

众所周知，同化的一个影响就是反过来接受多数群体对少数群体的贬低，这可能是我们在本章前一节提到的犹太人"自我憎恨"的另一个决定因素。一个更极端的例子是在第二次世界大战期间的集中营，属于不同族群或民族的一些囚犯接受了狱卒的态度、价值观和行为。

从更为概括的少数群体社会心理学角度来看，更重要的是，在存在明显的偏见和歧视的情况下，少数人的同化并不能解决多数人的问题。对于那些成功同化的人来说，这是在接受和拒绝他们作为少数群体成员的劣等地位之间所做的艰难妥协。拒绝，因为他们试图将自己"低人一等"的至少一部分显著的标志抛在脑后；接受，因为他们往往必须通过划出和强调自己与原来群体的其他成员之间的心理距离来做到这一点。需要再次强调的是，只有当一个群体到另一个群体的通道只打开了一扇小门，当大部分从属群体的成员被牢牢地固定在自己的位置上，当少数"例外"的存在并不会显著影响现有的偏见和歧视，并常常被认为以某种方式"证明了规则"时，这种妥协才是艰难的，饱含潜在的个人冲突。正是由于这些个人冲突，法国实行选择性文化同化的殖民政策，即根据严格的标准来决定哪些原住民可以或多或少被视为法国人，对于部分通过选择的人来说，这成为滋生其不满和反抗的温床。弗朗兹·法农（Frantz Fanon）是一个比较著名的例子；来自马提尼克的诗人艾梅·塞泽尔（Aimé Césaire），以及同为诗人、后来成为塞内加尔总统的利奥波德·桑戈尔（Léopold Senghor）也是如此，二人都提出了黑人性的概念——一种黑人认同的积极概念。

第三种同化带来的问题与前一种相似，但由于它是"非法的"而变得更加尖锐。就德雷福斯、拉特瑙、法农、塞泽尔或桑戈尔而言，人人都知道他们是犹太人或黑人。而为了"通过"隐瞒自己的出身则完全是另一回事。在英国或美国等国家，一种无伤大雅的形式相当常见：在这些国家，改名并不存在太大的法律问题，而且通常可以使人摆脱在外国出生或有外国血统的束缚。曾经有一段时间，在英国，一个叫戈德史密斯（Goldsmith）的医生会比一个叫戈尔德施密特（Goldschmidt）的医生更容易在医院找到他的第一份工作。其他例子如在一些银行和一些较为"排外的"大型商业企业中也是如此。然而，当"通过"是非法的时，比如在南非或纳粹德国，或者意味着必须完全和非常小心地隐藏自己的出身，如在美国的肤色较浅的黑人，情况就完全不同了。

"非法"形式的同化导致对新群体的认同和对旧群体的拒绝，有时甚至比许多"合法"同化的情况更为严重。反常的是，即使同化的方向相反——从多数群体同化为少数群体，也可能出现这种情况。阿瑟·米勒（Arthur Miller）在他于20世纪40年代初创作的小说《焦点》（*Focus*）中提供了一个经过精心分析的虚构故事，美国记者格里芬（J. H. Griffin）在其著作《像我一样黑》（*Black Like Me*）（1962）中补充了一段与之对应的真实经历。米勒故事的主人公是一个相当反犹太人的"普通"美国人，由于视力下降，他必须开始佩戴眼镜，这让他看起来像个犹太人。他发现无法让周围的人相信，自己并不是一只披着羊皮的狼，不是一个成功"通过"的犹太人。他的整个生活因此而改变，他在许多基本的日常活动中都遭到了歧视，并一度徒劳地宣称自己是清白的。最终，他放弃了挣扎，有意识地选择了拥抱强烈的犹太认同。想象自由允许米勒在故事开头使用一些不可能的设定。但他随后的分析是可信的。格里芬的叙述也证实了这一点，他用化学方法使自己的皮肤变黑，以便亲身体验在50年代末，一个黑人在南方州是什么感受；他后面的态度与米勒所描述的并没有太大不同。

总而言之，回到更常见的"非法的"同化形式上来：生活中的威胁和不安无疑影响了那些成功"通过"但时刻面临被揭穿危险的人的态度。他们可以采取的预防措施之一，就是公开表示自己不喜欢"劣等的"少数群体。这种模式的启动并不需要太多时间。格莉妮丝·布雷克韦尔（Glynis Breakwell, 1979）在教室里对女学生进行了一项实验研究，她创建了两个地位不同的群体，地位高低的分配取决于在一项相当琐碎的任务中的表现水平。同时，也有可能通过作弊将自己分到高地位群体中。在随后的一些测试中，高地位群体中的"非法"成员比合法成员表现出更明显的有利于该群体的区别。希望这项研究对参与者也是一次有益的教育经历：完全匿名得到保留；但在随后的"汇报"阶段，向他们仔细解释了这项研究的目的和意义。

第四种同化与前面讨论过的同化有很大不同，以至于在提及它时使用同一个术语可能并不恰当。一些社会学家称之为"适应"（accommodation），约翰·特纳（John Turner，1975）则从他称为"社会竞争"的角度讨论了这种同化的社会心理面向（见第十三章）。在我们刚才讨论的第二种和第三种同化形式中，存在着同时接受和拒绝少数群体地位的模糊不清以及矛盾冲突，但在这里通常不会出现这种情况。"适应"或"社会竞争"是指少数群体试图保留他们自己的认同和独立，同时在实现目标的机会以及赢得整个社会普遍重视的尊重方面变得更像多数群体。这通常有两个重要的先决条件，其中一个或两个都是"社会竞争"发生的必要条件。第一个条件是，少数群体中一些个体成员先前的成功同化并没有影响到——或者看起来没有影响到——少数群体普遍的劣等地位和对其盛行的负面态度。第二个条件是少数群体中存在着强大的独立的文化规范和传统，多数或大多数成员不愿意放弃这些规范和传统。长期来看，第一个条件不可能与少数群体内部创造第二个条件的尝试无关；我们稍后再讨论这种关系的某些形式。从心理学的角度来看，它们的共同点还在于，作为一个社会群体的成员，如果没有得到来自其他人的应有的尊重，就会试图创造或保持一种自尊；而要实现这一点，部分是通过与其他人进行比较，且这种比较不会让他们在社会中所有群体共同重视的标准上一直处于不利地位。

第二次世界大战以来，美国黑人社会运动的发展提供了一个例子，说明上述几个过程在同时进行。全美有色人种协进会（National Association for the Advancement of Colored People，N. A. A. C. P.）的一些早期领导人认为，前进的道路是在更广泛的社会中同化尽可能多的黑人，这最终将会导致"黑人"标签或多或少与一个人的地位或社会形象无关。毫无疑问，在过去的30多年里，这种整合在社会和心理上都取得了长足的进步，但偏见、歧视以及地位和机会上的差异也绝对没有消失。60年代激进的黑人运动的一个重要方面是对黑人认同的全新肯定，这在著名的口号"黑人很美"（black is beautiful）之中得到了最好的体现。这句话肯定了黑人少数群体不必为了"值得"获得平等的经济和社会机会，而变得与其他人一样。相反，这里强调的是一种独立的文化认同、传统和根源，这在亚历克斯·黑利（Alex Haley）的小说和据此改编的影视节目中得到了最通俗的表达。

此外，少数群体还拒绝接受某些迄今为止已被默认的价值判断。黑人特征（blackness）的负面文化内涵就属于这种情况。在真正自由的人类交往中，黑色皮肤不仅无关紧要，反而应该被"遗忘"。其宣称的目的不是要消除这些传统的根深蒂固的价值判断，而是要扭转它们。

换句话说，这是一场走向"平等但不同"的运动；但是，由于一些显而易见的原因，把它等同于南非种族隔离的类似口号是非常具有误导性的。这种社会运动（目前，世界各地的少数群体中都有许多这样的例子）的背后是某些需要进一步讨论的心理问题。

我们在前面已经指出，"社会竞争"是基于少数群体争取与多数群体平起平坐的目标；但在其他方面，少数群体的目标是保持与众不同。正如我们所看到的，在某些情况下，例如对美国黑人来说，这种运动是在试图直接融入更广泛社会的努力被某些人视为失败之后才发展起来的。这意味着，在一些人看来，作为个体，仅靠个人行动就有机会融入社会的期望或希望已经或多或少地落空了。剩下的选择，既要改变群体目前的"客观"社会处境，又要保持或重获自尊，就不是作为个人，而是作为一个独立和独特群体的成员，朝着特定方向行动。在社会等级森严的情况下，这一选择深入人心。贝丽尔·热贝（1972）曾在约翰内斯堡附近的非洲城镇索韦托（Soweto），对非洲学童的态度进行研究，该镇不久前发生了非常严重的骚乱。这些儿童需要完成的任务之一是写他们的"未来自传"。正如热贝报告的那样，在许多自传中，个人的未来与全体非洲人的未来紧密相连；个人未来的决定和行动与其说是为了实现个体的成功，不如说是为了作为群体的一员，为整个群体做些什么（这项研究的部分成果于1980年出版成书）。

这些对现在和未来的态度建立在群体资格的基础上，而非个体动机和抱负，与那些试图进行个体同化背后的态度截然不同。这意味着，在获得某种形式的平等之外，还必须努力消除、改变或扭转少数群体特征的传统负面价值内涵。在争取平等的社会竞争中，人们试图改变群体在整个社会普遍接受的一些价值维度上的地位。同时，在试图以一种体面的、可接受的形式实现独立或分化时，问题不在于改变群体在已被接受的价值体系中的地位，而在于改变价值本身。现在，我们必须转而讨论"平等但不同"的第二个方面。

目前有大量证据（例见：Lemaine & Kastersztein, 1974；Lemaine et al., 1978）表明，与其他人实现某种形式的明显分化，是个人价值和自尊观念的一个重要组成部分。这一点在各行各业都是如此，而且——可以预见——当个体或小群体参与创造新形式的人类事业时，这一点变得尤为明显（例如，在艺术或科学领域）。科学家们争做"第一个"发现的人［参见沃森（Watson）在1968年出版的《双螺旋》（*The Double Helix*）一书中的描述］，并不仅仅是为了获得给予优胜者的奖励和荣誉。有创造力意味着与众不同，许多画家和作曲家长年忍受着艰辛、嘲笑、敌意或公众的冷漠，就是为了捍卫自己打破陈规的权利或决心。同时，从定义来说，与他人的分化，就是与他人的比较。如果没有旧的东西作为区别的标准，就不可能创造新的东西。毫无疑问，这种强大的分化趋势有时会导致在艺术、科学以及"大众"文化中出现一些毫无价值的时尚，这些时尚唯一显著的特征就是其"震撼力"，即表现得与以往事物明显不同的能力。也正是这种趋势，有时会导致有抱负的创新者试图放大和夸大他们所做的事与其他人已经做过的事之间微不足道的差异。

无论是否真的具有创造性，这些都是社会比较过程的一些例子。正如我们前面所说的那样，对于大部分创造、实现、维持或捍卫一种积极的自我概念而言，一个令人满意的自我形象的尝试都必须建立在这种比较过程的基础上。社会群体如此，个体也是如此。就少数群体而言，这种"社会创造活动"可能有多种形式。对于那些希望保持（或变得）独立，但也希望获得平等的群体来说，创造与多数群体比较的新形式同我们之前讨论过的社会竞争密切相关。有时，当不可能或很难进行直接的社会竞争时，这种社会创造活动可能会在一段时间内成为一种补偿性的活动，成为试图保持某种完整性的唯一可用手段。

原则上，少数群体的社会创造活动有两种主要形式，虽然它们在"现实生活"中经常同时出现，但就我们的讨论而言，对二者进行区分仍然是有用的（见第十三章）。第一种形式是试图重新评估现有的群体特征，这些特征往往在群体内外都承载着负面内涵。我们已经看到了"黑人很美"的例子。第二种形式是从该群体的过去寻找一些古老的传统或独立的属性，使其重新焕发活力，赋予其新的积极意义；也可以是创造一些新的群体特征，通过社会行动和/或尝试采取新的态度，赋予其积极价值。

上述每一种试图实现新的群体特异性的形式都有许多例子。为少数族群的独立语言重新确立平等或更高地位的运动，往往伴随着强烈的情感冲动。民族语言很容易成为有尊严的独立以及积极的自我定义的主要象征之一（详细讨论参见：Giles，1977，1978）。在比利时、魁北克地区、巴斯克地区、一个主要讲瑞士德语的行政区（canton）、一个讲法语且争取分离的少数群体聚集地区，都属于这种情况；在 19 世纪的中欧和东欧，面对来自彼得堡、维也纳或柏林统治当局在文化上进行俄罗斯化或德国化的企图，民族语言也是一些民族主义运动的重要组成部分。在这种情况下，如果官方和民众普遍接受了双语制，其结果有时会有点出乎意料。在荷兰的弗里西亚（Friesian）地区，人们在进入一些村庄时，会看到两个完全相同的路标，提供有关村名的信息；之所以如此，是因为在荷兰语和弗里西亚语中，这些村名是相同的。几年前，在比利时为佛兰芒语争取和法语平等的社会和文化地位而进行激烈斗争时，在安特卫普，有时用英语提问比用法语提问更容易获取信息，尽管回答者的法语明显比英语好得多。这些轶事反映了一个更深刻和严肃的心理现实：如果一个人只考虑到少数族群语言重新获得较高或平等地位可能带来的社会、政治或经济方面的"客观"好处，就会忽略其作为独特认同最明显和有力的象征之一所发挥的关键作用。法语在魁北克省日益占据主导地位（在某些情况下，甚至掩盖了官方的双语政策），这很可能会在这片由另一种语言占据压倒性优势的土地上造成一些新的"客观"困难；但目前，分离主义的语言压力在该省仍然保持稳定。

从这些语言方面的考虑简要地回到"黑人很美"上来，可能是有益的。正如我不久前所写的（见第十三章）：

"黑人"（blacks）一词在本书中的使用已经证明了这些转变；仅仅在几年前，这个词的内涵还与现在大不相同。对特异性的旧有解释往往被摒弃了；旧有特征被赋予了新的含义，即与众不同但是平等的或优等的。这样的例子比比皆是：寻根运动，黑人之美，非洲发型，非洲的文化经历和传统，将黑人音乐从一种"娱乐"重新诠释为一种深深植根于独立文化传统的艺术形式……与此同时，昔日试图变得像另一个群体"更多一点"的努力往往遭到厌弃：漂亮的黑人女孩不再拉直头发，也不再使用各种方法美白皮肤。口音，方言，身体的摇摆，舞蹈的节奏，人际交往细节的质感——所有这些都被保留、加强和重新评价。

这份重新评价的属性清单的有趣之处在于，其中一些属性在过去并没有受到任何负面评价。长期以来，黑人的音乐和舞蹈，或黑人在体育方面的非凡才能，一直是其总体刻板印象的一部分，黑人群体内外都在运用这种刻板印象。但人们认为，这与黑人形象的其余部分基本无关；它们可能以某种微妙的方式，助长了劣等性的普遍污名。类似的现象也出现在反犹主义中。正如毕利希（1978）指出的那样，在犹太民族阵线（National Front of Jews）的出版物中有许多例子，提到了他们令人印象深刻的成就、"聪明"、具有强大的团结和自我牺牲能力等。这只会进一步加强对他们阴谋统治世界的可怕警戒。如果孤立地看待少数群体的任何假定属性，就无法正确理解对这些属性的评价。它们的社会和心理意义只有放在其所属的总体概念和社会范畴中才能显现出来。它们的含义随着情境变化。这就是为什么一些善意的努力赋予少数群体各种"美好"的特质，却往往无法减少偏见。

寻求积极特异性的第二种主要形式在语言领域也有一些引人注目的例子。试图恢复和振兴威尔士语的使用是威尔士民族主义的关键组成部分。但也许历史上最令人印象深刻的例子是希伯来语——在不到30年的时间里成为200多万人无可争议的第一语言（而且往往也是唯一的语言）。这再次说明，一个国家在一两代人的时间里，有来自世界各地和不同文化背景的人，他们对于拥有一种共同语言的现实需求是不难理解的。然而，对于现代希伯来语是否应该继续使用自己的字母进行书写，或是否应该采用拉丁字母，早年间有过一些争议。出于多种原因，后一种解决方案更为简便。但最终第一种方案被选择，因为它以传统文化为支撑，同时加强了独特的新认同。

发展民族运动的少数族群通常有可能通过回到过去来支持自己的主张。语言只是这些从近代或遥远历史中涌现出来的独特传统之一。如果在遥远的过去存在过一个独立的统一体，以这样的想法为支撑，现在要重新建立一个新的独立统一体的主张在人们心目中就会更加有效。因此，这些运动中的每一个都必须依靠神话、象征和历史现实的结合，以便强调该群体的独特本性及其继续保持这种特异性的权利。历史学家乔治·莫斯（George Mossé，1975）在其《群众的民族化》（*The Nationalization of the Masses*）一书中讨论了他所谓的"政治美学"。他以19世纪和20世纪德国群众民族主义的发展为例，将其称为"世俗宗教的发展"，并写道："与任何宗教一样，这种神学通过礼仪来表现自身：节日、仪式和象征，这些元素在不断变化的世界中保持不变"（1975：16）。在所有这一切中，一个民族"群体"的内部统一，与它和其他人固有的和不可改变的差异密不可分。在这一点上，民族主义有可能演变为种族主义。但是，在少数族群内部发展起来的许多民族运动中，情况并不一定如此，而且很多时候并非如此。随着独特的象征、文化传统、为真实或虚构的历史所神圣化的社会行为模式，以及强调"内群体"和"外群体"之间差异的新型刻板印象的形成和复兴，群体独立认同的增强会在其成员的情感和态度中得到有力体现。正如我们已经看到的，这与他们对自己个人的整全性、尊严和价值的看法密切相关。

然而，有些少数群体无法在过去的历史中找到太多独立认同的象征和传统。因此，必须尽快创造或加强与其他群体的差异，并在当下重新评估这种差异。妇女解放运动取得了一些进展，这些进展的性质可以归因于一种压倒性的需求，即创造一种不同但平等的概念。在早期，当女权主义者登上头条新闻时，其关于男性的主要观点似乎是"无论你能做什么，我都能做得更好"（或者至少一样好）。因此，这是约翰·特纳"社会竞争"的一种相当纯粹的形式，即两个群体旨在通过相同的手段实现相同的目标。随着女权运动日益成熟，特别是在过去十多年中的发展，其重点已经转移到社会竞争与平等之中的差异化这一概念的结合上（参见：Williams & Giles, 1978）。在这些最近的发展中，人们仍然坚持认为，许多工作女性可以做得和男性一样好。但是，过去和现在的性别歧视，以及由我们对儿童的社会化方式所导致的相应的主流公众态度，常常使女性被排除在这些工作之外。①

然而，女权主义者也坚持认为，女性在传统中所做的许多事情，或者说只有女性才能做的事情，在社会上受到了贬损和低估。这又是一个试图重新积极评价本群体某些特征的例子，而不是试图变得更像"优等"群体。这种策略是有道理的，因为有证据表明（参见：Williams & Giles, 1978），在某些情况下，直接的"社会竞争"并没有达到其目的：在一些工作和职业中，女性人数增加了，但其社会地位或声望却相应地下降了。

所有这些不同的例子对我们的讨论至少有三个重要含义。首先，使一个群体"低人一等"的某些社会条件，会导致真正的社会创造活动，导致寻求社会比较的新的建设性维度。其次，从事这种创造活动的少数群体可能遇到的主要问题之一，是如何使他们的努力合法化。这种合法化有两个方面。其一是少数群体新建或重新评价的属性必须在群体内部得到广泛和积极的认可。这通常被证明是困难的，因为只有在我们前面讨论过的，少数群体接受其"劣等性"的模式被打破时，才能做到这一点。更加困难的是，要从其他群体那里获得这种新的平等形式的合法性。除了通常都会涉及的客观利益冲突外，多数群体及其个体成员积极的"社会认同"，与少数群体相应的观念一样，都取决于某些社会比较的结果。这又回到了"我们之所以是我们，是因为他们不是我们"，或者不如我们。时尚的一些周

---

① 美国一份研究报告［密歇根大学1978年春季《社会研究所通讯》（Newsletter of the Institute for Social Research）进行了总结］清楚地表明，这种直接的社会竞争仍然是完全正当的："1975年，白人男性的平均时薪比黑人男性高36%，比白人女性高60%，比黑人女性高78%……但调查研究中心（Survey Research Center）对收入动态的面板研究（Panel Study of Income Dynamics）结果清楚表明……资历方面的差异……只解释了白人男性和黑人女性工资差距的不到1/3、白人男性和白人女性工资差距的不到1/2、白人男性和黑人男性工资差距的不到2/3"。此外，"经济学家所谓的'对劳动力市场的依附'差异几乎不能解释任何男女之间的收入差距"（1978：7）。

期性变化就反映了"优等"群体的这种需要，以标志他们与其他人持续不断的差异化。如果某种服饰风格或细节明显地指向穿着者的"优等"地位，但开始被"自下而上"地模仿，就会出现适当的改变（参见：Laver，1964）。不幸的是，影响更为深远的社会变革并不像时尚的变迁那样容易推进；因此，少数群体一些新的"创造"肯定会被阻止或否认其有效性，而不会被置之不理。

我们的讨论还意味着，如果少数群体准备好拒绝他们的劣等地位以及关于他们"劣等"属性的观念，那么某些形式的竞争性或冲突性群际社会比较就可能是不可避免的。只要存在复杂的社会，不同的社会群体就会继续存在。正如我们已经看到的那样，群际差异很容易获得某种价值内涵，这对于受到不利影响的人来说，可能具有深远的个人意义；但是，对于那些从中获益的人来说，维护和捍卫这些比较的某些结果也很重要，因为他们可以借此为自己创造"社会形象"。这并不完全像是不可抗拒的力量遇到了不可移动的物体，因为这种力量并不是不可抗拒的，物体也不是不可移动的；社会情境很少会——如果有的话——定格在这种悬浮状态。冲突和紧张的种子始终存在，但把它们归因于某种模糊的、人类固有的社会"攻击"倾向，在科学上是肤浅的，也是可疑的。在这个领域，我们面对的并不是杂乱无章、毫无组织的个体攻击的集合。

目前还没有简单的解决办法。诚然，不同的社会群体可以在并非直接竞争的不同方面表现出色，并从中获得其自尊和整全性。但首先，这些不同的方面往往也会根据其声望进行社会排序；其次，任何群体的自尊在许多重要方面，都必须以其与其他群体的比较为基础，因此必须与其他群体拉开或保持有利的距离。

这些相当悲观的结论还没有考虑到，社会群体之间不可避免地持续存在客观的利益冲突。但矛盾的是，也许正是在这一点上，我们可以对未来寄予一些希望。当前，相互依存的情况也意味着群体之间的冲突很少是"零和"的，即：一方完全获益，另一方完全受损。在目前的条件下，总会有一些收益和损失是分布在各方之间的。在这种情况下，我们不妨看看在每一种群际情境中，每个群体是否以及如何能够获得、维护或捍卫自己的重要利益（或被视为重要的利益），同时又不损害其他群体的自尊。我们必须希望，各个群体之间的冲突日益复杂且相互交织，这会导致人们逐步摒弃简单的"非此即彼"的解决方案，拒绝将人类粗暴地划分为"我们"和"他们"。要做到这一点，我们需要的不仅是事后的反思，还有前瞻性的规划。毫无疑问，这些规划必须涉及人类事业的两个关键领域：教育和社会变革。这必须通过真正有效的立法、政治、社会和经济计划来实现。这并非易事，过分的乐观也无济于事；无论多么真诚，光有善意也是不行的。但是，毫无疑问，在本世纪结束之前，解决我们在这里所关注的社会和心理问题，是许多国家（无论其"肤色"或政治制度如何）必须直接面对的最紧迫和最根本的问题之一。

参考文献

1.经出版商许可,本书以修订或简略的形式使用了以下参考文献。

Chapter 2
H. Tajfel: Introduction; Experiments in a vacuum. From J. Israel and H. Tajfel (eds.): *The context of social psychology: A critical assessment.* (European Monographs in Social Psychology, No. 2), London: Academic Press, 1972.

Chapter 3
H. Tajfel: Individuals and groups in social psychology. *British Journal of Social and Clinical Psychology*, 1979, **18,** 183–90.

Chapter 4
H. Tajfel: Value and the perceptual judgement of magnitude. *Psychological Review*, 1957, **64,** 192–204. © 1957, the American Psychological Society.
H. Tajfel and S. D. Cawasjee: Value and the accentuation of judged differences: A confirmation. *Journal of Abnormal and Social Psychology*, 1959, **59,** 436–9. © 1959, the American Psychological Society.
H. Tajfel: Quantitative judgement in social perception. *British Journal of Psychology*, 1959, **50,** 16–29.

Chapter 5
H. Tajfel and A. L. Wilkes: Classification and quantitative judgement. *British Journal of Psychology*, 1963, **54,** 101–14.
H. Tajfel and A. L. Wilkes: Salience of attributes and commitment to extreme judgements in the perception of people. *British Journal of Social and Clinical Psychology*, 1964, **2,** 40–9.
H. Tajfel, A. A. Sheikh and R. C. Gardner: Content of stereotypes and the inference of similarity between members of stereotyped groups. *Acta Psychologica*, 1964, **22,** 191–201. North Holland Publishing Company.
H. Tajfel: A note on Lambert's 'Evaluation reactions to spoken languages'. *Canadian Journal of Psychology*, 1959, **13,** 86–92. © 1959 Canadian Psychological Association.

Chapter 6
H. Tajfel: Cognitive aspects of prejudice. *Journal of Biosocial Science*, 1969, Supplement No. 1, 173–91.

Chapter 7
H. Tajfel: Social stereotypes and social groups. From J. C. Turner and H. Giles (eds.): *Intergroup behaviour*. Oxford: Blackwell, 1981 (in press).

Chapter 8
H. Tajfel and J. L. Dawson: Epilogue. From H. Tajfel and J. L. Dawson (eds.): *Disappointed guests*. Oxford University Press, 1965.

Chapter 9
H. Tajfel, C. Nemeth, G. Jahoda, J. D. Campbell and N. B. Johnson: The development of children's preference for their own country: A cross-national study. *International Journal of Psychology*, 1970, **5**, 245–53.
H. Tajfel, G. Jahoda, C. Nemeth, Y. Rim and N. B. Johnson: Devaluation by children of their own national or ethnic group: Two case studies. *British Journal of Social and Clinical Psychology*, 1972, **11**, 235–43.

Chapter 10
H. Tajfel and G. Jahoda: Development in children of concepts and attitudes about their own and other nations: A cross-national study. *Proceedings of the XVIIIth International Congress of Psychology*, Symposium 36, 17–33, Moscow, 1966.
N. B. Johnson, M. R. Middleton and H. Tajfel: The relationship between children's preferences for and knowledge about other nations. *British Journal of Social and Clinical Psychology*, 1970, **9**, 232–40.

Chapters 11, 12 and 13
H. Tajfel: The psychological structure of intergroup relations. Part I in H. Tajfel (ed.): *Differentiation between social groups: Studies in the social psychology of intergroup relations*. (European Monographs in Social Psychology, No. 14), London: Academic Press, 1978.

Chapter 14
H. Tajfel: Exit, voice and intergroup relations. From L. H. Strickland, F. E. Aboud and K. J. Gergen (eds.): *Social psychology in transition*. New York: Plenum Press, 1976.

Chapter 15
H. Tajfel: *The social psychology of minorities*. London: Minority Rights Group, 1978.

2. 其他参考文献：

Abelson, R. P., Aronson, E., McGuire, W. J., Newcomb, T. M., Rosenberg, M. J. and Tannenbaum, P. H. (eds.) 1968. *Theories of cognitive consistency*. Chicago: Rand McNally.
Adorno, T. W., Frenkel-Brunswik, E., Levinson, D. J. and Sanford, R. N. 1950. *The authoritarian personality*. New York: Harper.
Allport, G. W. 1954. *The nature of prejudice*. Cambridge, Mass.: Addison-Wesley.
Allport, G. W. and Kramer, B. M. 1946. Some roots of prejudice. *Journal of Psychology*, **22**, 9–39.

Allport, G. W. and Postman, L. 1947. *The psychology of rumour*. New York: Holt.

Apfelbaum, E. and Herzlich, C. 1971. La théorie de l'attribution en psychologie sociale. *Bulletin de Psychologie*, **24**, 961–76.

Armistead, N. (ed.) 1974. *Reconstructing social psychology*. Harmondsworth: Penguin Books.

Asch, S. E. 1956. Studies on independence and conformity: A minority of one against a unanimous majority. *Psychological Monographs*, **10**, 516.

Banton, M. 1967. *Race relations*. London: Tavistock Publications.

Barbiero, N. C. 1974. *Noi e gli altri: Attegiamenti e pregiudizi nel bambino*. Naples: Guida Editori.

Bartlett, F. C. 1932. *Remembering: A study in experimental and social psychology*. Cambridge University Press.

Bell, D. 1977. Power. In A. Bullock and O. Stallybrass (eds.): *The Fontana Dictionary of Modern Thought*. London: Fontana/Collins.

Berger, P. L. 1966. Identity as a problem in the sociology of knowledge. *European Journal of Sociology*, **7**, 105–15.

Berger, P. L. and Luckmann, T. 1967. *The social construction of reality*. London: Allen Lane.

Berkowitz, L. 1962. *Aggression: A social psychological analysis*. New York: McGraw-Hill.

1972. Frustration, comparisons and other sources of emotion arousal as contributors to social unrest. *Journal of Social Issues*, **28**, 1, 77–91.

Berkowitz, L. and Walster, E. (eds.) 1976. *Equity theory: towards a general theory of social interaction*. (Advances in experimental social psychology, Vol. 9). New York: Academic Press.

Berry, J. W., Kalin, R. and Taylor, D. M. 1977. *Multiculturalism and ethnic attitudes in Canada*. Ottawa: Minister of Supply and Services.

Bevan, W. and Bevan, D. C. 1956. Judged size and personal relevance: An exercise in quasi-representative design. *Journal of General Psychology*, **54**, 203–7.

Billig, M. 1972. Social categorization and intergroup relations. Unpublished Ph.D. thesis, University of Bristol.

1976. *Social psychology and intergroup relations*. (European Monographs in Social Psychology, No. 9). London: Academic Press.

1977. The new social psychology and 'fascism'. *European Journal of Social Psychology*, **7**, 393–432.

1978. *Fascists: A social psychological view of the National Front*. (European Monographs in Social Psychology, No. 15). London: Academic Press.

Billig, M. and Tajfel, H. 1973. Social categorization and similarity in intergroup behaviour. *European Journal of Social Psychology*, **3**, 27–52.

Birrell, D. 1972. Relative deprivation as a factor in conflict in Northern Ireland. *Sociological Review*, **20**, 317–43.

Bittner, E. 1973. Objectivity and realism in sociology. In G. Psathas (ed.): *Phenomenological sociology: Issues and applications*. New York: Wiley.

Blalock, H. M. 1967. *Toward a theory of minority-group relations*. New York: Wiley.

Bodmer, W. and Cavalli-Sforza, L. 1970. Intelligence and race. *Scientific American*, **223** (4), 19–29.
Bourhis, R. Y. and Giles, H. 1977. The language of intergroup distinctiveness. In H. Giles (ed.), *op. cit.*
Bourhis, R. Y., Giles, H. and Tajfel, H. 1973. Language as a determinant of Welsh identity. *European Journal of Social Psychology*, **3**, 447–60.
Bourhis, R. Y. and Hill, P. 1981. Intergroup perceptions in British higher education. In H. Tajfel (ed.), *op. cit.*
Branthwaite, A. and Jones, J. E. 1975. Fairness and discrimination: English vs. Welsh. *European Journal of Social Psychology*, **5**, 323–38.
Breakwell, G. 1979. Illegitimate membership and intergroup differentiation. *British Journal of Social and Clinical Psychology*, **18**, 141–9.
Brehm, J. W. and Cohen, A. R. 1962. *Explorations in cognitive dissonance.* New York: Wiley.
Brewer, M. B. 1979. Ingroup bias in the minimal intergroup situation: A cognitive–motivational analysis. *Psychological Bulletin*, **86** (2), 307–24.
Brewer, M. B. and Campbell, D. T. 1976. *Ethnocentrism and intergroup attitudes.* New York: Wiley.
Brown, D. R. 1953. Stimulus-similarity and the anchoring of subjective scales. *American Journal of Psychology*, **66**, 199–214.
Brown, R. J. 1976. Similarity and intergroup behaviour. Mimeo, University of Bristol.
   1977. Similarity in cooperative and competitive contexts. Mimeo, University of Bristol.
   1978. Divided we fall: An analysis of relations between sections of a factory workforce. In H. Tajfel (ed.), *op. cit.*
Brown, R. J. and Turner, J. C. 1979. The criss-cross categorization effect in intergroup discrimination. *British Journal of Social and Clinical Psychology*, **18**, 371–83.
   1981. Interpersonal and intergroup behaviour. In J. C. Turner and H. Giles (eds.), *op. cit.*
Bruner, J. S. 1957. On perceptual readiness. *Psychological Review*, **64**, 123–51.
   1962. Myth and identity. In: *On knowing: Essays for the left hand.* Cambridge, Mass.: Harvard University Press.
Bruner, J. S. and Garton, A. (eds.) 1978. *Human growth and development.* Oxford: Clarendon Press.
Bruner, J. S. and Goodman, C. C. 1947. Value and need as organizing factors in perception. *Journal of Abnormal and Social Psychology*, **42**, 33–44.
Bruner, J. S., Goodnow, J. J. and Austin, G. A. 1956. *A study of thinking.* New York: Wiley.
Bruner, J. S. and Klein, G. S. 1960. The functions of perceiving: New look retrospect. In B. Kaplan and S. Wapner (eds.): *Perspectives in psychological theory: Essays in honour of Heinz Werner.* New York: International Universities Press.
Bruner, J. S. and Postman, L. 1948. Symbolic value as an organizing factor in perception. *Journal of Social Psychology*, **27**, 203–8.

Bruner, J. S. and Potter, M. C. 1964. Interference in visual recognition. *Science,* **144,** 424–5.

Bruner, J. S. and Rodrigues, J. S. 1953. Some determinants of apparent size. *Journal of Abnormal and Social Psychology,* **48,** 17–24.

Brunswik, E. 1947. *Systematic and representative design of psychological experiments with results in physical and social perception.* Berkeley, Calif.: University of California Press.

Buss, A. R. 1978. Causes and reasons in attribution theory: A conceptual critique. *Journal of Personality and Social Psychology,* **36,** 1311–21.

Byrne, D. 1971. *The attraction paradigm.* New York: Academic Press.

Caddick, B. 1974. Experimental Report. Unpublished ms., University of Bristol.

1977. The sources of perceived illegitimacy in intergroup behaviour. Mimeo, University of Bristol.

1978. Status, legitimacy and the social identity concept in intergroup relations. Unpublished Ph.D. thesis, University of Bristol.

Cairns, E. 1981, Intergroup conflict in Northern Ireland, In H. Tajfel (ed.) *op. cit.*

Capozza, D., Bonaldo, E. and Di Maggio, A. 1979. *Problemi di identità e di conflitto sociale: Ricerche condotte su gruppi etnici in Italia.* Padua: Antoniana Spa.

Carey, A. T. 1956. *Colonial students.* London: Secker and Warburg.

Carlson, E. R. 1956. Attitude change through modification of attitude structure. *Journal of Abnormal and Social Psychology,* **52,** 256–61.

Carswell, E. A. and Rommetveit, R. (eds.) 1971. *Social contexts of messages.* (European Monographs in Social Psychology, No. 1). London: Academic Press.

Carter, L. F. and Schooler, K. 1949. Value, need and other factors in perception. *Psychological Review,* **56,** 200–7.

Chapman, D. W. and Volkmann, J. 1939. A social determinant of the level of aspiration. *Journal of Abnormal and Social Psychology,* **34,** 225–38.

Chapman, L. J. 1967. Illusory correlations in observational report. *Journal of Verbal Learning and Verbal Behaviour,* **6,** 151–5.

Chase, M. 1971. Categorization and affective arousal: Some behavioural and judgemental consequences. Unpublished Ph.D. thesis, Columbia University.

Cheyne, W. M. 1970. Stereotyped reactions to speakers with Scottish and English regional accents. *British Journal of Social and Clinical Psychology,* **9,** 77–9.

Child, I. L. and Doob, L. F. 1943. Factors determining national stereotypes. *Journal of Social Psychology,* **17,** 203–19.

Clark, K. B. 1965. *Dark ghetto.* New York.

Clark, K. B. and Clark, M. P. 1947. Racial identification and preference in Negro children. In T. M. Newcomb and E. L. Hartley (eds.): *Readings in social psychology.* New York: Holt.

Cohen, D. 1977. *Psychologists on psychology.* London: Routledge and Kegan Paul.

Cohn, N. 1967. *Warrant for genocide.* New York: Harper.

Coleman, J. 1974. Processes of concentration and dispersal of power in social systems. *Social Science Information*, **13** (2), 7–18.
Commins, B. and Lockwood, J. 1979. The effects of status differences, favoured treatment and equity on intergroup comparisons. *European Journal of Social Psychology*, **9**, 281–9.
Crook, J. H. 1978. Evolution and social behaviour. In H. Tajfel and C. Fraser (eds.): *Introducing social psychology*. Harmondsworth: Penguin Books.
Crosby, F. 1976. A model of egoistical relative deprivation. *Psychological Review*, **83**, 85–113.
Dann, H. D. and Doise, W. 1974. Ein neuer methodologischer Ansatz zur experimentellen Erforschung von Intergruppen-Beziehungen. *Zeitschrift für Sozialpsychologie*, **5**, 2–15.
Danziger, K. 1963. The psychological future of an oppressed group. *Social Forces*, **62**, 31–40.
Davies, A. F. 1968. The child's discovery of nationality. *Australian and New Zealand Journal of Sociology*, **4**, 107–25.
Dawson, J. L. M. 1961. An analysis of the degree of adaptation achieved by Oxford University African and Asian students. Paper read to J.A.C.A.R.I.
Deschamps, J. C. 1977. *L'attribution et la catégorisation sociale*. Bern: Peter Lang.
  1978. La perception des causes du comportement. In W. Doise, J. C. Deschamps and G. Mugny, *op. cit.*
Deschamps, J. C. and Doise, W. 1978. Crossed category memberships in intergroup relations. In H. Tajfel (ed.), *op. cit.*
Deutsch, M. 1973. *The resolution of conflict*. New Haven, Conn.: Yale University Press.
  1974. The social psychological study of conflict: Rejoinder to a critique. *European Journal of Social Psychology*, **4**, 441–56.
Deutsch, M. and Krauss, R. M. 1965. *Theories in social psychology*. New York: Basic Books.
Doise, W. 1978a. Les préjugés et la différenciation catégorielle. In W. Doise, J. C. Deschamps and G. Mugny, *op. cit.*
  1978b. *Groups and individuals*. London: Cambridge University Press.
Doise, W., Csepeli, G., Dann, H. D., Gouge, C. and Larsen, W. 1972. An experimental investigation into the formation of intergroup representations. *European Journal of Social Psychology*, **2**, 202–4.
Doise, W., Deschamps, J. C. and Mugny, G. 1978. *Psychologie sociale expérimentale*. Paris: Armand Colin.
Doise, W. and Sinclair, A. 1973. The categorization process in intergroup relations. *European Journal of Social Psychology*, **3**, 145–57.
Doise, W. and Weinberger, M. 1972–3. Représentations masculines dans différentes situations de rencontres mixtes. *Bulletin de Psychologie*, **26**, 649–57.
Dukes, W. F. and Bevan, W. 1952. Size estimation and monetary value: A correlation. *Journal of Psychology*, **34**, 43–53.
Duncan, B. L. 1976. Differential social perception and attribution of inter-group violence: Testing the lower limits of stereotyping of Blacks. *Journal of Personality and Social Psychology*, **34**, 590–8.

Durkheim, E. 1959. In A. W. Gouldner (ed.): Translated by C. Sattler: *Socialism and Saint Simon*. London: Routledge and Kegan Paul.

Eaves, L. J. and Eysenck, H. L. 1974. Genetics and the development of social attitudes. *Nature,* **249,** 288–9.

Edwards, A. L. 1968. *Experimental design in psychological research,* 3rd edn. New York: Holt, Rinehart and Winston.

Ehrlich, H. J. 1973. *The social psychology of prejudice.* New York: Wiley.

Eiser, J. R. 1980. *Cognitive social psychology.* London: McGraw-Hill.

Eiser, J. R., Van der Pligt, J. and Gossop, M. R. 1979. Categorization, attitude and memory for the source of attitude statements. *European Journal of Social Psychology,* **9,** 243–51.

Eiser, J. R. and Stroebe, W. 1972. *Categorization and social judgement.* (European Monographs in Social Psychology, No. 3). London: Academic Press.

Emerson, R. 1960. *From empire to nation.* Cambridge, Mass.: Harvard University Press.

Epstein, A. L. 1978. *Ethos and identity.* London: Tavistock Publications.

Eriksen, C. W. and Hake, H. W. 1955. Multidimensional stimulus differences and accuracy of discrimination. *Journal of Experimental Psychology,* **50,** 153–60.

Erikson, E. 1964. *Insight and responsibility.* New York: Norton.

Eysenck, H. J. and Wilson, G. D. (eds.) 1978. *The psychological basis of ideology.* Lancaster: M.T.P. Press.

Faucheux, C. 1976. Cross-cultural research in experimental social psychology. *European Journal of Social Psychology,* **6,** 269–322.

Ferguson, C. K. and Kelley, H. H. 1964. Significant factors in over-evaluation of own group's product. *Journal of Abnormal and Social Psychology,* **69,** 223–8.

Festinger, L. 1954. A theory of social comparison processes. *Human Relations,* **7,** 117–40.

1957. *A theory of cognitive dissonance.* Evanson, Ill.: Row, Peterson.

Fishbein, M. and Ajzen, I. 1975. *Attitudes, beliefs, intention and behaviour.* Reading, Mass.: Addison-Wesley.

Fishman, J. A. 1968. Nationality–nationalism and nation–nationism. In J. A. Fishman, C. A. Ferguson and J. D. Gupta, (eds.): *Language problems of developing countries.* New York: Wiley.

Forgas, J. P. 1979. *Social episodes: The study of interaction routines.* (European Monographs in Social Psychology, No. 17). London: Academic Press.

Frijda, N. and Jahoda, G. 1966. On the scope and methods of cross-cultural research. *International Journal of Psychology,* **1,** 110–27.

Geber, B. A. 1972. Occupational aspirations and expectations of South African high school children. Unpublished Ph.D. thesis, University of London.

Gerard, H. B. and Hoyt, M. F. 1974. Distinctiveness of social categorization and attitude towards ingroup members. *Journal of Personality and Social Psychology,* **29,** 836–42.

Gerard, H. B. and Miller, N. 1967. Group dynamics. *Annual Review of Psychology,* Vol. 18.

Gibson, J. J. 1953. Social perception and the psychology of perceptual learning.

in M. Sherif and M. O. Wilson (eds.): *Group relations at the crossroads*. New York: Harper.
Gilbert, G. M. 1951. Stereotype persistence and change among college students. *Journal of Abnormal and Social Psychology*, **46**, 245–54.
Giles, H. (eds.) 1977. *Language, ethnicity and intergroup relations*. (European Monographs in Social Psychology, No. 13.) London: Academic Press.
  1978. Linguistic differentiation in ethnic groups. In H. Tajfel (ed.), *op. cit.*
  1979. Ethnicity markers in speech. In K. R. Scherer and H. Giles (eds.): *Social markers in speech*. Cambridge University Press.
Giles, H., Bourhis, R. Y. and Taylor, D. M. 1977a. Towards a theory of language in ethnic group relations. In H. Giles (ed.), *op. cit.*
Giles, H., Taylor, D. M. and Bourhis, R. Y. 1977b. Dimensions of Welsh identity. *European Journal of Social Psychology*, **7**, 29–39.
Goldhamer, H. 1968. Social mobility. In *International Encyclopedia of the Social Sciences*, Vol. 14. New York: Macmillan and the Free Press.
Gombrich, E. H. 1960. *Art and illusion*. London: Phaidon.
Goodman, M. E. 1964. *Race awareness in young children*. Revised edn. New York: Collier.
Grace, H. A. 1954. Education and the reduction of prejudice. *Education Research Bulletin*, **33**, 169–75.
Grace H. A. and Neuhaus, J. O. 1952. Information and social distance as predictors of hostility toward nations. *Journal of Abnormal and Social Psychology*, **47**, 540–5.
Griffin, J. H. 1962. *Black like me*. London: Collins.
Guillaumin, C. 1972. *L'idéologie raciste: Genèse et langage actuel*. Paris: Mouton.
Gurr, T. R. 1970. *Why men rebel*. Princeton: Princeton University Press.
Hamilton, D. L. 1976. Cognitive biases in the perception of social groups. In J. S. Carroll and J. W. Payne (eds.): *Cognition and social behaviour*. Hillsdale, N. J.: Erlbaum.
Hamilton, D. L. and Gifford, R. K. 1976. Illusory correlations in interpersonal perception: A cognitive basis of stereotypic judgements. *Journal of Experimental Social Psychology*, **12**, 392–407.
Hamilton, V. L. 1978. Who is responsible? Towards a *social* psychology of responsibility attribution. *Social Psychology*, **41**, 316–28.
Harré, R. 1972. The analysis of episodes. In J. Israel and H. Tajfel (eds.), *op. cit.*
  1974. Blueprint for a new science. In N. Armistead (ed.), *op. cit.*
  1977a. On the ethogenic approach: Theory and practice. In L. Berkowitz (ed.): *Advances in experimental social psychology*, Vol. 10. New York: Academic Press.
  1977b. Automatisms and autonomics: In reply to Professor Schlenker. In L. Berkowitz (ed.): *Advances in experimental social psychology*, Vol. 10. New York: Academic Press.
Harré, R. and Secord, P. F. 1972. *The explanation of social behaviour*. Oxford: Blackwell's.
Hastorf, A. H., Richardson, S. A. and Dornbusch, S. M. 1958. The problem of relevance in the study of person perception. In R. Tagiuri and L. Petrullo

(eds.): *Person perception and interpersonal behaviour*. Stanford University Press.
Hayek, F. A. 1969. The primacy of the abstract. In A. Koestler and J. R. Smythies (eds.): *Beyond reductionism: New perspectives in the life sciences*. London: Hutchinson.
Heberle, R. 1968. Social movements. In *International Encyclopedia of the Social Sciences*, Vol. 14. New York: Macmillan and the Free Press.
Heintz, R. K. 1950. The effect of remote anchoring points upon the judgement of lifted weights. *Journal of Experimental Psychology*, **40**, 584–91.
Helson, H. 1948. Adaptation-level as a basis for a quantitative theory of frames of reference. *Psychological Review*, **55**, 297–313.
Herman, S. 1970. *Israelis and Jews: The continuity of an identity*. New York: Random House.
Hermann, N. and Kogan, N. 1968. Negotiation in leader and delegate groups. *Journal of Conflict Resolution*, **12**, 332–44.
Hewstone, M. and Jaspars, J. 1981. Intergroup relations and attribution processes. In H. Tajfel (ed.), *op. cit.*
Hinde, R. A. 1979. *Towards understanding relationships*. (European Monographs in Social Psychology, No. 18). London: Academic Press.
Hirschman, A. O. 1970. *Exit, voice and loyalty: Responses to decline in firms, organizations and states*. 2nd edn., 1972. Cambridge, Mass.: Harvard University Press.
1973. The changing tolerance for income inequality in the course of economic development. *Quarterly Journal of Economics*, **87**, 544–66.
1974. 'Exit, voice and loyalty': Further reflections and a survey of recent contributions. *Social Science Information*, **13**, (1), 7–26.
Hofstadter, R. 1945. *Social Darwinism in American thought*. Philadelphia: University of Pennsylvania Press.
Holmes, R. 1965. Freud, Piaget and democratic leadership. *British Journal of Sociology*, **16**, 123.
Homans, G. C. 1961. *Social behaviour: Its elementary forms*. New York: Harcourt, Brace and World.
Hornstein, H. A. 1972. Promotive tension: The basis of prosocial behaviour from a Lewinian perspective. *Journal of Social Issues*, **28** (3), 191–218.
Horowitz, E. L. 1936. Development of attitudes towards Negroes. *Archives of Psychology*, No. 194.
1940. Some aspects of the development of patriotism in children. *Sociometry*, **3**, 329–41.
Hovland, I. and Sherif, M. 1952. Judgemental phenomena and scales of attitude measurement: Item displacement in Thurstone scales. *Journal of Abnormal and Social Psychology*, **47**, 822–32.
Husband, C. 1977. News media, language and race relations: A case study in identity maintenance. In H. Giles (ed.), *op. cit.*
1979. Social identity and the language of race relations. In H. Giles and B. Saint-Jacques (eds.): *Language and ethnic relations*. Oxford: Pergamon Press.
Irle, M. 1975. *Lehrbuch der Sozialpsychologie*. Göttingen: Hogrefe.
(ed.) 1978. *Kursus der Sozialpsychologie*. Darmstadt: Luchterhand.

Israel, J. 1972. Stipulations and construction in the social sciences. In J. Israel and H. Tajfel (eds.), *op. cit.*

Israel, J. and Tajfel, H. (eds.) 1972. *The context of social psychology: A critical assessment.* (European Monographs in Social Psychology, No. 2). London: Academic Press.

Jahoda, G. 1962. Development of Scottish children's ideas and attitudes about other countries. *Journal of Social Psychology*, **58**, 91–108.

  1963a. The development of children's ideas about country and nationality. I. The conceptual framework. *British Journal of Educational Psychology*, **33**, 47–60.

  1963b. The development of children's ideas about country and nationality. II. National symbols and themes. *British Journal of Educational Psychology*, **33**, 142–53.

  1970. A cross-cultural perspective in psychology. *The Advancement of Science*, **27**, 57–70.

  1979. A cross-cultural perspective on experimental social psychology. *Personality and Social Psychology Bulletin*, **5**, 142–8.

Jahoda, G. and Thomson, S. S. 1970. Ethnic identity and preference among Pakistani immigrant children in Glasgow. Unpublished ms., University of Strathclyde.

Jahoda, G., Thomson, S. S. and Bhatt, S. 1972. Ethnic identity and preferences among Asian immigrant children in Glasgow: A replicated study. *European Journal of Social Psychology*, **2**, 19–32.

James, H. E. O. and Tenen, C. 1951. Attitudes towards other peoples. *International Social Science Bulletin*, **3**, 553–61.

Jaspars, J., van de Geer, J. P., Tajfel, H. and Johnson, N. B. 1973. On the development of national attitudes. *European Journal of Social Psychology*, **3**, 347–69.

Jaspars, J. and Wernaen, S. 1981. Intergroup relations, ethnic identity and self-evaluation in Indonesia. In H. Tajfel (ed.), *op. cit.*

Jaulin, R. 1973. *Gens du soi, gens de l'autre.* Paris: Union Générale d'Edition.

Johnson, N. B. 1966. What do children learn from war comics? *New Society*, **8**, 7–12.

Jones, E. J. and Gerard, H. B. 1967. *Foundations of social psychology.* New York: Wiley.

Kamin, L. J. 1977. *The science and politics of I.Q.* Harmondsworth: Penguin Books.

Katz, D. and Braly, K. 1933. Social stereotypes of one hundred college students. *Journal of Abnormal and Social Psychology*, **28**, 280–90.

Katz, I. 1968. Factors influencing Negro performance in the desegregated school. In M. Deutsch, I. Katz and H. R. Jensen (eds.): *Social class, race and psychological development.* New York: Holt, Rinehart and Winston.

Kelley, H. H. and Thibaut, J. W. 1969. Group problem solving. In G. Lindzey and E. Aronson (eds.): *The handbook of social psychology*, Vol. 4. Reading, Mass.: Addison-Wesley.

Kidder, L. H. and Stewart, V. M. 1975. *The psychology of intergroup relations.*

New York: McGraw-Hill.

Kiernan, V. G. 1972. *The lords of human kind: European attitudes to the outside world in the imperial age.* Harmondsworth: Penguin Books.

Klein, G. S., Schlesinger, H. J. and Meister, D. E. 1951. The effect of values on perception: An experimental critique. *Psychological Review,* **58,** 96–112.

Klineberg, O. 1968. Prejudice. I. The Concept. In *International Encyclopedia of the Social Sciences,* Vol. 12. New York: Macmillan and the Free Press.

Kluckhohn, C. 1944. *Navaho witchcraft.* Harvard University, Peabody Museum Papers, Vol. 22, No. 2.

van Knippenberg, A. F. M. 1978. *Perception and evaluation of intergroup differences.* University of Leiden.

Lambert, W. E., Hodgson, R. C., Gardner, R. C. and Fillenbaum, S. 1960. Evaluational reactions to spoken languages. *Journal of Abnormal and Social Psychology,* **60,** 44–51.

Lambert, W. E. and Klineberg, O. 1959. A pilot study of the origin and development of national stereotypes. *International Social Science Journal,* **11,** 221–38.

1967. *Children's views of foreign peoples: A cross-national study.* New York: Appleton Century Crofts.

Lambert, W. W., Solomon, R. L. and Watson, P. D. 1949. Reinforcement and extinction as factors in size estimation. *Journal of Experimental Psychology,* **39,** 637–41.

Lamm, H. and Kogan, N. 1970. Risk taking in the context of intergroup negotiation. *Journal of Experimental Social Psychology,* **6,** 351–63.

Laver, J. 1964. Costume as a means of social aggression. In J. D. Carthy and F. J. Ebling (eds.): *The natural history of aggression.* London: Academic Press.

Lawrence, D. H. and Festinger, L. 1962. *Deterrents and reinforcements: The psychology of insufficient reward.* Stanford University Press.

Lawson, E. D. 1963. The development of patriotism in children. A second look. *Journal of Psychology,* **55,** 279–86.

Lemaine, G. 1966. Inégalité, comparaison et incomparabilité: Esquisse d'une théorie de l'originalité social. *Bulletin de Psychologie,* **20,** 24–32.

Lemaine, G. and Kastersztein, J. 1972–3. Recherches sur l'originalité sociale, la différenciation et l'incomparabilité. *Bulletin de Psychologie,* **25,** 673–93.

Lemaine, G., Kastersztein, J. and Personnaz, B. 1978. Social differentiation. In H. Tajfel (ed.), *op. cit.*

Lent, R. H. 1970. Binocular resolution and perception of race in United States. *British Journal of Psychology,* **61,** 521–33.

Lévi-Strauss, C. 1966. *The savage mind.* University of Chicago Press.

LeVine, R. A. 1965. Socialization, social structure and intersocietal images. In H. Kelman (ed.): *International behaviour: A social psychological analysis.* New York: Holt, Rinehart and Winston.

LeVine, R. A. and Campbell, D. T. 1972. *Ethnocentrism: Theories of conflict, ethnic attitudes and group behaviour.* New York: Wiley.

Liebkind, K. 1979. *The social psychology of minority identity: A case study of intergroup identification.* Research Reports, University of Helsinki.

Lilli, W. 1975. *Soziale Akzentuierung*. Stuttgart: Kohlhammer.
Lilli, W. and Winkler, E. 1972. Scale usage and accentuation: Perceptual and memory estimations. *European Journal of Social Psychology*, **2**, 323–6.
　1973. Accentuation under serial and non-serial conditions: Further evidence in favour of the relative concept. *European Journal of Social Psychology*, **3**, 209–12.
Lindzey, G. and Rogolsky, S. 1950. Prejudice and identification of minority group membership. *Journal of Abnormal and Social Psychology*, **45**, 279–86.
Lorenz, K. 1964. Ritualized fighting. In J. D. Carthy and F. J. Ebling (eds.): *The natural history of aggression*. London: Academic Press.
Louche, C. 1976. Les effets de la catégorisation sociale et de l'interaction collective dans la préparation et le déroulement d'une négociation intergroupe. *Bulletin de Psychologie*, **28**, 18, 941–7.
Lubin, A. 1965. The care and feeding of correlated means. *Psychological Reports*, **17**, 457–8.
Ludmerer, K. M. 1972. *Genetics and American society*. Baltimore: Johns Hopkins University Press.
Lysak, W. and Gilchrist, J. C. 1955. Value, equivocality and goal availability. *Journal of Personality*, **23**, 500–1 (Abstract).
Manis, M. 1960. The interpretation of opinion statements as a function of recipient attitude. *Journal of Abnormal and Social Psychology*, **60**, 340–4.
Mann, J. F. and Taylor, D. M. 1974. Attribution of causality: Role of ethnicity and social class. *Journal of Social Psychology*, **94**, 3–13.
Maquet, J. J. 1961. *The premise of inequality in Ruanda*. London: Oxford University Press.
Mason, P. 1970. *Race relations*. London: Oxford University Press.
Mead, G. H. 1934. *Mind, self and society*. Chicago: University of Chicago Press.
Meenes, M. 1943. A comparison of racial stereotypes of 1930 and 1942. *Journal of Social Psychology*, **17**, 327–36.
Meltzer, H. 1939. Group differences in nationality and race preferences of children. *Sociometry*, **2**, 86–105.
　1941. Hostility and tolerance in children's nationality and race attitudes. *Journal of Genetic Psychology*, **56**, 662–75.
Merton, R. K. 1957. *Social theory and social structure*. Glencoe, Illinois: Free Press.
Middleton, M., Tajfel, H. and Johnson, N. B. 1970. Cognitive and affective aspects of children's national attitudes. *British Journal of Social and Clinical Psychology*, **9**, 122–34.
Milner, D. 1970. Ethnic identity and preference in minority-group children. Unpublished Ph.D. thesis, University of Bristol.
　1975. *Children and race*. Harmondsworth: Penguin Books.
Montagu, Ashley M. F. (ed.) 1968. *Man and aggression*. Oxford University Press.
Morin, E. 1969. *La rumeur d'Orléans*. Paris: Seuil.
Morland, J. K. 1966. A comparison of race awareness in Northern and Southern children. *American Journal of Orthopsychiatry*, **36**, 22.
　1969. Race awareness among American and Hong Kong Chinese children. *American Journal of Sociology*, **75**, 360–74.

Morris, H. S. 1968. Ethnic groups. In *International Encyclopedia of the Social Sciences*, Vol. 5. New York: Macmillan and the Free Press.

Moscovici, S. 1972. Society and theory in social psychology. In J. Israel and H. Tajfel (eds.), *op. cit.*

1976. *Social influence and social change.* (European Monographs in Social Psychology, No. 10). London: Academic Press.

1979. A rejoinder. *British Journal of Social and Clinical Psychology*, **18**, 181.

Moscovici, S. and Faucheux, C. 1972. Social influence, conformity bias and the study of active minorities. In L. Berkowitz (ed.): *Advances in Experimental Social Psychology*, Vol. 6. New York: Academic Press.

Mossé, G. L. 1975. *The nationalization of the masses.* New York: Meridian.

Newcomb, T. 1943. *Personality and social change.* New York: Rinehart and Winston.

Orne, M. T. 1962. On the social psychology of the psychological experiment with particular reference to the demand characteristics and their implications. *American Psychologist*, **17**, 776–83.

Osgood, C. E., Suci, G. J. and Tannenbaum, P. H. 1957. *The measurement of meaning.* Urbana: University of Illinois Press.

Palmonari, A., Carugati, F., Ricci Bitti, P. and Sarchielli, G. 1979. *Identità imperfette.* Bologna: Il Mulino.

Political and Economic Planning 1955. *Colonial students in Britain.* London: Political and Economic Planning.

Perret-Clermont, A.-N. 1980. *Cognitive development and social interaction in children.* (European Monographs in Social Psychology, No. 19). London: Academic Press.

Peters, R. S. 1960. *The concept of motivation*, 2nd edn. London: Routledge and Kegan Paul.

Peters, R. S. and Tajfel, H. 1957. Hobbes and Hull – metaphysicians of behaviour. *British Journal for the Philosophy of Science*, **8**, 29, 30–44.

Pettigrew, T. F. 1958. Personality and sociocultural factors in intergroup attitudes: A cross-national comparison. *Journal of Conflict Resolution*, **2**, 29.

Pettigrew, T. F., Allport, G. W. and Barnett, E. O. 1958. Binocular resolution and perception of race in South Africa. *British Journal of Psychology*, **49**, 265–78.

Piaget, J. 1928. *Judgement and reasoning in the child.* New York: Harcourt, Brace.

1932. *The moral judgement of the child.* London: Routledge and Kegan Paul.

Piaget, J. and Inhelder, B. 1969. The gaps in empiricism. In A. Koestler and J. R. Smythies, (eds.): *Beyond reductionism: New perspectives in the life sciences.* London: Hutchinson.

Piaget, J. and Weil, A. M. 1951. The development in children of the idea of homeland, and of relations with other countries. *International Social Science Bulletin*, **3**, 561–78.

Plamenatz, J. 1970. *Ideology.* London: Macmillan.

Plon, M. 1972. Sur quelques aspects de la rencontre entre la psychologie sociale et la théorie des jeux. *La Pensée*, **161**, 2–30.

1974. On the meaning of the notion of conflict and its study in social

psychology. *European Journal of Social Psychology*, **4**, 389–436.
Poitou, J. P. 1978. *La dynamique des groupes: Une idéologie au travail*. Paris: Éditions C.N.R.S.
Popper, K. 1961. *The poverty of historicism*. London: Routledge and Kegan Paul.
Proshansky, H. M. 1966. The development of intergroup attitudes. In I. W. Hoffman and M. L. Hoffman (eds.): *Review of child development*, Vol. 2. New York: Russell Sage Foundation.
Rabbie, J. M. and Wilkens, G. 1971. Intergroup competition and its effect on intragroup and intergroup relations. *European Journal of Social Psychology*, **1**, 215–34.
Razran, G. 1950. Ethnic dislikes and stereotypes: A laboratory study. *Journal of Abnormal and Social Psychology*, **45**, 7–27.
Rex, J. 1969. Race as a social category. *Journal of Biosocial Science*, Suppl. No. 1, 145–52.
Rim, Y. 1968. The development of national stereotypes in children. *Megamot*, 45–50.
Rivers, W. H. R. 1905. Observations on the senses of the Todas. *British Journal of Psychology*, **1**, 321.
Rokeach, M. 1960. *The open and closed mind*. New York: Basic Books.
Rosenberg, M. J. 1960. Cognitive reorganization in response to the hypnotic reversal of attitudinal affect. *Journal of Personality*, **28**, 39–63.
Rosenthal, R. 1966. *Experimenter effects in behavioural research*. New York: Appleton.
Ross, R. T. 1939. Optimal orders in the method of paired comparisons. *Journal of Experimental Psychology*, **25**, 414–24.
Rothbart, M., Fulero, S., Jensen, C., Howard, J. and Birrell, P. 1978. From individual to group perspectives: Availability heuristics in stereotype formation. *Journal of Experimental Social Psychology*, **14**, 237–55.
Runciman, W. G. 1966. *Relative deprivation and social justice*. London: Routledge and Kegan Paul.
Sartre, J.-P. 1948. *Réflexions sur la question juive*. Paris: Gallimard.
Sawyer, J. and Guetzkow, H. 1965. Bargaining and negotiation in international relations. In H. C. Kelman (ed.): *International behaviour*. New York: Holt, Rinehart and Winston.
Schachter, S. 1970. The assumption of identity and peripheralist–centralist controversies in motivation and emotion. In M. Arnold (ed.): *Feelings and emotions*. New York: Academic Press.
Schlenker, B. R. 1977. On the ethogenic approach: Etiquette and revolution. In L. Berkowitz (ed.): *Advances in experimental social psychology*, Vol. 10. New York: Academic Press.
Schönbach, P. 1981. *Intergroup attitudes and education*. (European Monographs in Social Psychology). London: Academic Press, in press.
Schutz, A. 1932. *Der sinnhafte Aufbau der sozialen Welt*. Vienna: Springer. In translation: *The phenomenology of the social world*, 1967. London: Heinemann.
Scodel, A. and Austrin, H. 1957. The perception of Jewish photographs by non-Jews and Jews. *Journal of Abnormal and Social Psychology*, **54**, 278–80.

Secord, P. F., Bevan, W. and Katz, B. 1956. The Negro stereotype and perceptual accentuation. *Journal of Abnormal and Social Psychology*, **53**, 78–83.

Segall, M. H., Campbell, D. T. and Herskovits, M. J. 1966. *The influence of culture on visual perception*. Indianapolis: Bobbs-Merrill.

Shafer, B. C. 1955. *Nationalism: Myth and reality*. New York: Harcourt Brace Jovanovich.

Sheikh, A. A. 1963. The role of stereotypes in interpersonal perception. Unpublished M.A. thesis, University of Western Ontario.

Sherif, M. 1951. A preliminary experimental study of intergroup relations. In J. H. Rohrer and M. Sherif (eds.): *Social psychology at the crossroads*. New York: Harper.

1966. *Group conflict and cooperation: Their social psychology*. London: Routledge and Kegan Paul.

Sherif, M., Harvey, O. J., White, B. J., Hood, W. R. and Sherif, C. W. 1961. *Intergroup conflict and cooperation: The robbers cave experiment*. Norman, Oklahoma: University of Oklahoma Book Exchange.

Sherif, M. and Hovland, C. I. 1961. *Social judgement. Assimilation and contrast effects in communication and attitude change*. New Haven, Conn.: Yale University Press.

Sherif, M. and Sherif, C. W. 1953. *Groups in harmony and tension*. New York: Harper.

Sherif, M., Taub, D. and Hovland, C. I. 1958. Assimilation and contrast effects of anchoring stimuli on judgement. *Journal of Experimental Psychology*, **55**, 150–5.

Sherwin-White, A. N. 1967. *Racial prejudice in imperial Rome*. Cambridge University Press.

Shuval, J. T. 1963. *Immigrants on the threshold*. New York: Atherton Press.

Siegel, S. 1956. *Nonparametric statistics for the behavioural sciences*. New York: McGraw-Hill.

Simon, M. D., Tajfel, H. and Johnson, N. B. 1967. Wie erkennt man einen Österreicher? *Kölner Zeitschrift für Soziologie und Sozialpsychologie*, **19**, 511–37.

Simpson, G. E. 1968. Assimilation. In *International Encyclopedia of the Social Sciences*, Vol. 1. New York: Macmillan and the Free Press.

Simpson, G. E. and Yinger, J. M. 1965. *Racial and cultural minorities*. New York: Harper and Row.

Singh, K. A. 1963. *Indian students in Britain*. New York: Asia Publishing House.

Skevington, S. M. 1980. Intergroup relations and nursing. *British Journal of Social and Clinical Psychology*, **19**, 3, 201–13.

Smith, K. R., Parker, G. B. and Robinson, G. A. 1951. An exploratory investigation of autistic perception. *Journal of Abnormal and Social Psychology*, **46**, 324–6.

Smith, P. M. 1978. Sex roles in speech: An intergroup perspective. Paper delivered in Section 3 of the Sociolinguistics Program in the 9th World Congress of Sociology, Uppsala, August 1978.

Stallybrass, O. 1977. Sterotype. In A. Bullock and O. Stallybrass (eds.): *The*

Fontana Dictionary of Modern Thought. London: Fontana/Collins.
Steiner, I. D. 1974. Whatever happened to the group in social psychology? *Journal of Experimental Social Psychology*, **10**, 94–108.
Stephan, W. 1977. Stereotyping: Role of ingroup–outgroup differences in causal attribution of behaviour. *Journal of Social Psychology*, **101**, 255–66.
Stevens, S. S. and Galanter, E. H. 1956. Ratio scales and category scales for a dozen perceptual continua. *U.S. Navy, Project No. 142-201, Report PNR-186*.
Stouffer, S. A., Lumsdaine, A. A., Lumsdaine, M. H., Williams, R. M. Jr., Smith, M. B., Janis, I. L., Star, S.A. and Cottrell, L. S. Jr. 1949. *The American soldier: Conflict and its aftermath*. Princeton: Princeton University Press.
Strickland, L., Aboud, F. and Gergen, K. (eds.) 1976. *Social psychology in transition*. New York: Plenum Press.
Stroebe, W. 1979. The level of social psychological analysis: A plea for a more social social psychology. In L. Strickland (ed.): *Soviet and Western perspectives in social psychology*. Oxford: Pergamon Press.
Styron, W. 1966. *The confessions of Nat Turner*. London: Jonathan Cape.
Sumner, G. A. 1906. *Folkways*. New York: Ginn.
Tagiuri, R. 1969. Person perception. In G. Lindzey and E. Aronson (eds.): *The handbook of social psychology*, 2nd edn, Vol. 3. Reading, Mass.: Addison-Wesley.
Tajfel, H. 1959. The anchoring effects of value in a scale of judgements. *British Journal of Psychology*, **50**, 294–304.
  1969a. Social and cultural factors in perception. In G. Lindzey and E. Aronson (eds.): *The handbook of social psychology*, 2nd edn, Vol. 3. Reading, Mass.: Addison-Wesley.
  1969b. The formation of national attitudes: A social psychological perspective. In M. Sherif (ed.): *Interdisciplinary relationships in the social sciences*. Chicago: Aldine.
  1970a. Aspects of national and ethnic loyalty. *Social Science Information*, **9** (3), 119–44.
  1970b. Experiments in intergroup discrimination. *Scientific American*, **223** (5), 96–102.
  1972a. La catégorisation sociale. In S. Moscovici (ed.): *Introduction à la psychologie sociale*. Paris: Larousse.
  1972b. Some developments in European social psychology. *European Journal of Social Psychology*, **2**, 307–22.
  1974. Social identity and intergroup behaviour. *Social Science Information*, **13** (2), 65–93.
  1976. Against biologism. *New Society*, **37**, 240–2.
  1977. Social psychology and social reality. *New Society*, **39**, 653–4.
  (ed.) 1978a. *Differentiation between social groups: Studies in the social psychology of intergroup relations*. (European Monographs in Social Psychology, No. 14). London: Academic Press.
  1978b. The structure of our views about society. In H. Tajfel and C. Fraser

(eds.): *Introducing social psychology*. Harmondsworth: Penguin Books.

1979. Human intergroup conflict: Useful and less useful forms of analysis. In M. von Cranach, K. Foppa, W. Lepenies and D. Ploog (eds.): *Human ethology: The claims and limits of a new discipline*. Cambridge University Press.

1980a. The 'New Look' and social differentiations: A semi-Brunerian perspective. In D. Olson (ed.): *The social foundations of language and thought: Essays in honor of J. S. Bruner*. New York: Norton.

1980b. Experimental studies of intergroup behaviour. In M. Jeeves (ed.): *Survey of psychology, No. 3*. London: George Allen and Unwin.

(ed.) 1981. *Social identity and intergroup relations*. Cambridge University Press and Paris: Editions de la Maison des Sciences de l'Homme, in press.

Tajfel, H. and Billig, M. 1974. Familiarity and categorization in intergroup behaviour. *Journal of Experimental Social Psychology*, **10**, 159–70.

Tajfel, H., Flament, C., Billig, M. and Bundy, R. P. 1971. Social categorization and intergroup behaviour. *European Journal of Social Psychology*, **1**, 149–78.

Tajfel, H. and Turner, J. C. 1979. An integrative theory of intergroup conflict. In W. G. Austin and S. Worchel (eds.): *The social psychology of intergroup relations*. Monterey, Calif.: Brooks/Cole.

Taylor, D. M. and Aboud, F. E. 1973. Ethnic stereotypes: Is the concept necessary? *Canadian Psychologist*, **14**, 330–8.

Taylor, D. M. and Brown, R. J. 1979. Towards a more social social psychology? *British Journal of Social and Clinical Psychology*, **18**, 173–9.

Taylor, D. M. and Giles, H. 1979. At the crossroads of research into language and ethnic relations. In H. Giles and B. Saint-Jacques (eds.): *Language and ethnic relations*. Oxford: Pergamon Press.

Taylor, D. M. and Guimond, S. 1978. The belief theory of prejudice in an intergroup context. *Journal of Social Psychology*, **105**, 11–25.

Taylor, D. M. and Jaggi, V. 1974. Ethnocentrism and causal attribution in a South Indian context. *Journal of Cross-Cultural Psychology*, **5**, 162–71.

Taylor, S. E., Fiske, S. T., Etcoff, N. L. and Ruderman, A. 1978. Categorical and contextual bases of person memory and stereotyping. *Journal of Personality and Social Psychology*, **36**, 778–93.

Thomas, K. 1971. *Religion and the decline of magic*. London: Weidenfeld and Nicholson. Reprinted in 1973, Penguin Books.

Toch, H. 1965. *The social psychology of social movements*. Indianapolis: Bobbs-Merrill.

Triandis, H. C. 1971. *Attitude and attitudes change*. New York: Wiley.

Turner, J. C. 1975. Social comparison and social identity: Some prospects for intergroup behaviour. *European Journal of Social Psychology*, **5**, 5–34.

1978a. Social categorization and social discrimination in the minimal group paradigm. In H. Tajfel (ed.), *op. cit.*

1978b. Social comparison, similarity and ingroup favouritism. In H. Tajfel (ed.), *op. cit.*

Turner, J. C. and Brown, R. J. 1978. Social status, cognitive alternatives and intergroup relations. In H. Tajfel (ed.), *op. cit.*

Turner, J. C. and Giles, H. (eds.) 1981. *Intergroup behaviour*. Oxford: Blackwell's, in press.

Tversky, A. and Kahnemann, D. 1973. Availability: A heuristic for judging frequency and probability. *Cognitive Psychology*, **5,** 207–32.

Upmeyer, A. 1971. Social perception and signal detection theory: Group influence on discrimination and usage of scale. *Psychologische Forschung*, **34,** 283–94.

Upmeyer, A. and Layer, H. 1974. Accentuation and attitude in social judgement. *European Journal of Social Psychology*, **4,** 469–88.

Vaughan, G. M. 1964. The development of ethnic attitudes in New Zealand school children. *Genetic Psychology Monographs*, **70,** 135.

1978a. Social change and intergroup preferences in New Zealand. *European Journal of Social Psychology*, **8,** 297–314.

1978b. Social categorization and intergroup behaviour in children. In H. Tajfel (ed.), *op. cit.*

Vroom, V. H. 1957. Design and estimated size of coins. *Canadian Journal of Psychology*, **11,** 89–92.

Wagley, C. and Harris, M. 1958. *Minorities in the New World*. New York: Columbia University Press.

Walster, E., Berscheid, E. and Walster, G. W. 1976. New directions in equity research. In L. Berkowitz and E. Walster (eds.), *op. cit.*

Warner, W. L., Junker, B. H. and Adams, W. A. 1941. *Colour and human nature: Negro personality development in a Northern city*. A.C.E.

Watson, J. B. 1968. *The double helix*. New York: Athenaum.

Wilkes, A. L. and Tajfel, H. 1966. Types de classification et importance du contraste relatif. *Bulletin du C.E.R.P.*, **15,** 71–81.

Williams, J. and Giles, H. 1978. The changing status of women in society: An intergroup perspective. In H. Tajfel (ed.), *op. cit.*

Wittgenstein, L. 1953. *Philosophical investigations*. Oxford: Blackwell's.

Zimbardo, P. G. 1969. *The cognitive control of motivation*. Glenview, Illinois: Scott and Foresman.

主题索引*

accentuation of differences 差异强调
　　see judgements, polarization of 参见判断，……的极化
accentuation of similarities 相似强调 90, 93, 98, 99, 100, 102, 103 – 104, 114 – 122, 133, 148
aggression 攻击 130, 155, 265, 321, 343
　　see also frustration-aggression theory 另见挫折-攻击理论
animal behaviour 动物行为
　　and intergroup relations 与群际关系 129 – 131, 141
anti-Semitism 反犹主义 154, 156, 249 – 250, 324 – 325, 332 – 333, 334, 339 – 340
aspiration level 抱负水平 260
assimilation 同化 284, 318, 329, 331 – 336, 337
attribution theory 归因理论 155, 159 – 161
authoritarian personality 权威人格 16, 33, 136

black power 黑人权力（运动）253, 297
classifications 分类 57, 59 – 60, 75 – 89, 115
　　and judgements of length 与对长度的判断 90, 91 – 104
　　past experience in 在……方面过去的经验 100 – 102
　　salience of ……的显著性 95
cognitive coherence 认知连贯性 136 – 141
cognitive development 认知发展 32
　　of outgroup attitudes 外群态度的…… 134 – 136
cognitive dissonance theory 认知失调论 27 – 28, 37, 39, 44, 155, 307
collective behaviour 集体行为 41, 45 – 53, 161, 244, 262 – 264, 296, 302
　　see also social change, social movements 另见社会变革，社会运动
colonialism 殖民主义 140, 156 – 157, 333

---

* 所注页码为英文原书页码，即本书边码。

Committee on Transnational Social Psychology 社会心理学跨国委员会 5
Commonwealth students 英联邦学生 9，165，168-186，311
conformity 从众 22，36-37，296
cross-cultural research 跨文化研究 22，187，207-208
cultural relativism 文化相对主义 14

dehumanization 去人性化，或非人化 10，52-53，241
depersonalization 去个性化 10，53，241
differentials 差别 223，306，330-331

equity theory 公平理论 42，51-53
ethnic and race relations 族群和种族关系 8，32，34，81，310-311
    in Australia 在澳大利亚 173
    in Belgium 在比利时 194，196，197，201，339
    in Britain 在英国 143，165，168-185，196-201，228，264-265，281-283，325-326，328-329，334
    in Canada 在加拿大 115-126，310，339
    in France 在法国 173，332
    in Germany 在德国 332，334
    in Holland 在荷兰 230-231
    in Hong Kong 在香港 326
    in Israel 在以色列 166，198，201-206
    in New Zealand 在新西兰 136，166，325-326
    in Nigeria 在尼日利亚 171
    in Ruanda 在卢旺达 275-276，280
    in Russia 在俄罗斯 327，328
    in South Africa 在南非 85-86，136，140，172，248，264，334，336-337
    in Uganda 在乌干达 170-171
    in the U.S.A. 在美国 135-136，140-141，154，172-173，187，263-264，284-285，324，325，327-328，332，334，335-336，339
ethnic attitudes 族群态度
    in children 在儿童中 4，8，135-136，165，166-167，185
    see also ethnic and race relations 另见族群和种族关系
ethnocentrism 我群中心主义 157，167，187-206，254，322-323
ethnomethodology 常人方法论 14
'ethogeny' "行为发生论" 14，15
ethology 生态学，或动物行为学 2，22，24，35，130-131
European Association of Experimental Social Psychology 欧洲实验社会心理学协会 5，6，17，18
European Monographs in Social Psychology 《欧洲社会心理学专著丛书》6
exchange theory 交换理论 295
'exit' and 'voice' "退出"和"呼吁" 252-253，288-307
experimenter effect 实验者效应 235-236，238

F-scale F量表 136
fascism 法西斯主义 14
frustration-aggression theory 挫折-攻击理论 19-20，24，27，33，39-40，44，239，262-265

game experiments 博弈实验 292-293, 294, 295

genocide 种族灭绝 38

　　see also Holocaust 另见纳粹大屠杀

group mind 群体思维 128, 161

Holocaust 纳粹大屠杀 2, 7, 241, 286, 324, 333

　　ideologies 意识形态 15-16, 36, 38, 139-141, 146, 154-157, 248, 250, 264, 266, 275, 280, 284, 307

illusory correlations 错觉相关 144, 149-150

ingroup devaluation 内群贬抑 122-126, 135-136, 166, 174, 196-206, 324-330

instinct 本能 130, 131

Institute of Race Relations 种族关系研究所 168

intergroup relations 群际关系 3, 4, 8-9, 19-20, 30-40, 42-43, 45-53, 61, 83, 122-126, 128-141, 161, 223-343

inter-individual similarity 人际相似性 237-238, 271-3

international preferences 国家之间的偏好

　　and factual information 与事实信息 207-220

　　in children 在儿童中 207-220

interpersonal attraction 人际吸引 42, 50

interpersonal-intergroup continuum 人际-群际连续体 238-243, 244-253, 261-265

judgements 判断

　　anchoring effects in ……中的锚定效应 92

　　assimilation effects in ……中的同化效应 92-93

　　contrast effects in ……中的对比效应 92-93

　　of compound stimuli 对复合刺激的…… 68-69

　　of length 对长度的…… 90, 91-104, 115, 133

　　of people 对人的…… 104-114

　　of skin colour 对皮肤颜色的…… 77-78, 81, 82, 83, 84, 85, 132, 170, 214

　　polarization of ……的极化 59-60, 70-75, 85-86, 90-114, 115-116, 133, 148, 151, 159, 226

legitimacy 合法性 48, 245-246, 247, 248, 265-267, 277, 283, 284, 286-287, 300, 301, 304, 318, 320-321, 323, 342

L'Enfant Sauvage《野孩子》28

locus of control 控制源 155, 160

loyalty 忠诚 290, 304-305

marginality 边缘性 277, 332-334, 335

mass media 大众传媒

　　and interdependence 与相互依存 320

　　and stereotypes 与刻板印象 143-144, 195-196

　　in children's national preferences 在儿童的民族偏好中 219-220

　　in race relations 在种族关系中 178, 185, 313

　　see also war comics 另见战争漫画

'minimal' group experiments "最简"群体实验 233-238, 241, 268-273, 292-294

moral judgement 道德判断 134-135

national attitudes 民族态度 38, 174-175, 184, 247, 248-249, 275, 281, 285, 340-341
   and cognitive decentration 与认知去中心化 207
   in children 在儿童中 4, 8, 137, 166-167, 187-197, 198-206, 207-219
   role of language in 在……中语言的作用 274-275, 338-339, 340

National Front 民族阵线 339-340

National Socialism 民族社会主义/纳粹主义 16, 140

Négritude 黑人性 184, 284, 333

New Look 新视角 8, 62-63

norms 规范 36-39, 270-271

perceptual overestimation 感知高估 3, 8, 57, 58, 62-75, 79-80, 86, 226

person perception 对人的感知 58, 90, 151
   description categories of ……的描述范畴 106-107, 113
   favourable ratings in 对……的有利评分 113
   polarization of judgements in 对……的判断的极化 104-114
   salience of attributes in ……的属性的显著性 105-109, 110-114

'physiognomic ecology' "相貌生态" 193-194, 195-196, 204-205

political attitudes 政治态度 15-16

positive group distinctiveness 积极群体特异性 254, 259, 264, 265, 266-267, 271, 273-274, 275-287, 297-298, 300, 306, 317-318, 323, 340-341

prejudice 偏见 2, 4, 9, 58, 76, 77, 84, 143, 147, 153, 239, 248, 249-250, 252, 291, 329, 333, 341
   belief similarity theory of ……的信念相似性理论 42, 50-51, 52
   cognitive aspects of ……的认知方面 127-142
   experience of ……的经验 168-186

public knowledge 公共知识 127-128

Race Relations Act 《种族关系法》228

racism 种族主义 38, 50, 77, 140, 169, 171-172, 176-181, 274, 285, 317

relative deprivation 相对剥夺 25, 42, 258, 259-267, 301, 330-331

relative income hypothesis 相对收入假说 301-302

response bias 反应偏差 153-154

rules in behaviour 行为规则 35-40

rumour 谣言 160

self-definition 自我定义 14, 48, 135, 137, 139-140, 225, 254-256, 258, 322, 326-328, 330, 331, 338

self-hate 自我厌恶 324-325, 326, 332

self-interest 自身利益, 或利己 36, 37, 38, 268, 296

semantic differential scales 语义差异量表 118

signal detection theory 信号检测论 59

slavery 奴隶制 319

social accentuation theory 社会强调论 57, 58, 59, 61, 63–89, 226

 see also judgements, polarization of 另见判断，……的极化

social attitudes 社会态度 16, 39, 59–60, 105–106, 114

social categorization 社会范畴化，或社会分类 8, 14, 45–47, 48, 49, 50–51, 58, 61, 62, 90, 116, 132–134, 145, 147–150, 158–159, 160–161, 226, 228, 231, 240, 243, 254–256, 258, 264, 272–274, 293–294, 310–312, 313

social change 社会变迁，或社会变革 36, 37–38, 48, 49, 51, 137, 141–142, 244–253, 258–259, 264, 266–267, 278–287, 288–307, 330, 342

social comparison 社会比较 44, 45, 47, 48, 49, 83, 133, 157, 159, 165, 226, 256–267, 274, 278–287, 296, 297, 300, 301–302, 305–308, 330–331, 335–336, 338, 342

social competition 社会竞争 286, 293–294, 335–336, 337, 341

social conflict 社会冲突 7, 51, 161, 225, 230, 246, 290–291, 294, 343

 see also ethnic relations, intergroup relations, social groups 另见族群关系，群际关系，社会群体

social creativity 社会创造 248, 249, 250, 252, 283–287, 337–342

social Darwinism 社会达尔文主义 253, 296–297

social differentiations 社会分化，或社会差异化 14, 52, 146, 152–153, 156, 157, 159, 223, 226–227, 268–287, 309–343

social distance 社会距离 224–225

social groups 社会群体 9, 29–30, 38, 46–47, 165, 223–341

 definition of ……的定义 229–238, 254, 258

 perception of ……的感知 104–126

 self-evaluation of ……的自我评价 90, 122–126

 see also ingroup devaluation 另见内群贬抑

social identity 社会认同 9, 31, 40, 45, 47, 48, 49, 135, 140–141, 159, 161, 165, 176, 226–227, 255–259, 265, 274, 276–287, 296, 299–300, 306, 311, 317, 328, 329, 331, 335–336, 340, 342

social minorities 社会少数群体 8, 9, 61, 70, 135–136, 165–166, 274, 309–343

social mobility 社会流动 49, 244–253, 258–259, 260, 278–287, 288–307, 314, 318, 319, 323, 331

social movements 社会运动 16, 49, 244–253, 263–265, 291–292, 293, 296, 298, 311

social perception 社会感知 8, 42, 58, 69–70

 of social causality 社会因果关系的…… 40, 137–141, 155, 156, 157, 159–160

social psychology 社会心理学 1, 6, 7, 9, 13-15, 158-159
American 美国的 6
and political processes 与政治过程 14-16, 295
and social processes 与社会过程 7, 8, 13-51, 308
'autonomous' "自主的" 13-15
diversity in ……的多样性 6-7
European 欧洲的 3, 4-6, 10, 227
experimental 实验的 13, 17-39
group theories in ……中的群体理论 43-53
individualistic 个体主义的 13-16, 24-30, 31-34, 41-53, 146, 228, 252-253, 291, 296-298
inter-individual 人际的, 或个体间的 10, 15, 24-30, 41-53, 259-267, 291-293, 296-298
in the study of intergroup relations 在群际关系研究中 223-225
middle-range theories in ……中的中层理论 27
reductionism in ……中的还原论 2, 25-30, 32
social and cultural background of ……的社会和文化背景 7, 10, 253, 296-298
'value-free' "价值无涉", 或 "价值免疫" 6, 7, 10
social stability 社会稳定 36, 48, 49, 51, 245-246, 248, 266-267, 318, 320-321
social stereotypes 社会刻板印象 3, 4, 8-9, 33, 57, 58, 83, 88, 90, 93, 104, 114-126, 131, 132-134, 143-161, 185, 250, 276, 295, 313, 339
as social myths 作为社会神话 134
cognitive processes in ……中的认知过程 144-150, 158
genesis of ……的起源 224-225
group functions of ……的群体功能 146, 155-157, 158
individual values in ……中的个体价值 146, 148, 150-154, 158, 159
language cues in ……中的语言线索 122-126
memory organization of ……的记忆组织 144, 149
of own national groups 自己民族群体的…… 192-194, 195-196
social consensus in ……中的社会共识 143-145, 151-152, 159
theory of contents of ……的内容理论 155-157
social stratification 社会分层 245-246, 247, 248, 250, 251, 302, 319, 336
social-economic status 社会经济地位
and international preferences 与国家之间的偏好 212, 213, 215-216, 217, 220
in ethnic relations in Britain 在英国的族群关系中 176, 179-180, 200-201
in ethnic relations in Israel 在以色列的族群关系中 198
in Montreal 在蒙特利尔 122-126
in race relations 在种族关系中 274
see also social minorities 另见社会少数群体
'student revolution' "学生革命" 17

style in art 艺术风格 26–27，337
superordinate goals 超然目标，或上位目标 299–300
symbolic interactionism 符号互动论 14

unconscious motivation 无意识动机
    and intergroup relations 与群际关系 129–131，141

values 价值 36–39，57–58，60，62–89，90，104–114，116，122–126，140–141，146，148，150–154，206，207，208，224，226–227，254–255，259，274–275，279–281，283，306，337，342
    see also positive group distinctiveness, social comparison, social identity 另见积极群体特异性，社会比较，社会认同
victims of war 战争的受害者 1，10，333

war comics 战争漫画 219–220，227
witch-hunting 猎巫运动 154–155，244
women's liberation movement 妇女解放运动 310，341–342

译后记

亨利·泰弗尔（Henri Tajfel，1919—1982）是欧洲社会心理学的奠基者之一。他对人际-群际行为差异的精妙辨析，他开创性的"最简群体范式"，以及建构主义的群体观，为当代群际过程和群际关系研究提供了重要的理论基础和实验程序，也为社会心理学注入"社会关怀"的核心理念。

本书汇集了泰弗尔不同阶段的重要研究成果，为理解其思想演进提供了重要线索。在早期研究中，泰弗尔延续布鲁纳所开创的知觉"新视点学派"（New Look School）的研究，证实简单的价值分类会影响受试者对硬币大小、线条长短的判断，导致类别之间的差异被放大、类别内部的差异被缩小。1967年从牛津大学到布里斯托尔大学后，泰弗尔将这些研究与偏见和歧视联系起来，指出偏见的根源可能并非"特殊"的人格类型，而是基于一些"普通"的认知过程。随后，一系列实验研究表明，将人们范畴化为不同社会群体的成员，足以引发内群偏好和外群敌意，而无须以现实利益的冲突或个体之间的相似性为前提。在此基础上，社会认同论逐渐发展成型，它以社会范畴化、社会比较和社会认同为核心构念，革新了群际关系的研究路径。

本书也是欧洲社会心理学理智复兴的缩影。一方面，泰弗尔致力于推动欧洲社会心理学的学科制度建设，通过成立欧洲实验社会心理学协会、编辑《欧洲社会心理学专著丛书》、定期举办研讨会等举措，推动多样化的社会文化视角的发展，有助于打破北美"非社会的"社会心理学符号霸权。另一方面，社会认同论的发展并非一人、一日之功，其他学者对北爱尔兰宗派冲突的分析、对南非种族问题的研究等加强了社会认同论在解决现实问题中的应用，而自我归类论、不确定性-认同论的提出也为该理论的成熟发展贡献了力量。

本书的翻译和出版离不开许多人的支持和帮助。感谢导师方文教授。他开设的社会心理学课程内容丰富，充满启发，帮助我们建立起学科认同和概念框架。方老师也是国内最早引入社会认同论的学者之一，他主编的"当代西方社会心理学名著译丛"（第一辑）收录的泰弗尔两位学生的名著《社会认同过程》和《自我归类论》，对我们理解社会认同论的发展起到重要的指引作用。

感谢中国人民大学出版社的张宏学编辑，她在内容审校和出版安排等各方面提供了宝贵的支持。感谢马梁英师姐持续不断、细致耐心的帮助。全书翻译由两位译者共同完成，具体分工如下：第一、二部分由毕竞文负责，第三、四部分由蒋谦负责，完成后相互校对，尽力保证内容的准确性和连贯性。学识和经验所限，书中恐有许多不足之处，敬请各位师友批评指正。

蒋谦　毕竞文

2024 年 11 月 2 日

当代西方社会心理学名著译丛

《欲望的演化：人类的择偶策略》（最新修订版）

【美】戴维·巴斯 著
王叶 谭黎 译
ISBN：978-7-300-28329-6
出版时间：2020 年 8 月
定价：79.80 元

《归因动机论》

伯纳德·韦纳 著
周玉婷 译
ISBN：978-7-300-28542-9
出版时间：2020 年 9 月
定价：59.80 元

《偏见》（第 2 版）

【英】鲁珀特·布朗 著
张彦彦 译
ISBN：978-7-300-28793-5
出版时间：2021 年 1 月
定价：98.00 元

《努力的意义：积极的自我理论》

【美】卡罗尔·德韦克 著
王芳 左世江 等 译
ISBN：978-7-300-28458-3
出版时间：2021 年 3 月
定价：59.90 元

《偏见与沟通》

【美】托马斯·佩蒂格鲁 琳达·特罗普 著

林含章 译

ISBN：978-7-300-30022-1

出版时间：2022 年 1 月

定价：79.80 元

《情境中的知识：表征、社群与文化》

【英】桑德拉·约夫切洛维奇 著

赵蜜 译

ISBN：978-7-300-30024-5

出版时间：2022 年 1 月

定价：68.00 元

《道德之锚：道德与社会行为的调节》

【英】娜奥米·埃勒默斯 著

马梁英 译

ISBN：978-7-300-31154-8

出版时间：2023 年 1 月

定价：88.00 元

《超越苦乐原则：动机如何协同运作》

【美】E. 托里·希金斯 著

方文 康昕 张钰 马梁英 译

ISBN：978-7-300-32190-5

出版时间：2024 年 1 月

定价：198.00 元

《情绪传染》

【美】伊莱恩·哈特菲尔德 等 著

吕小康 译

ISBN：978-7-300-33222-2

出版时间：2025 年 1 月

定价：79.00 元

This is a Simplified-Chinese translation of the following title published by Cambridge University Press:

Human Groups and Social Categories: Studies in Social Psychology, 9780521280730
© Cambridge University Press 1981

This Simplified-Chinese translation for the People's Republic of China (excluding Hong Kong, Macau and Taiwan) is published by arrangement with the Press Syndicate of the University of Cambridge, Cambridge, United Kingdom.

© China Renmin University Press 2025

This Simplified-Chinese translation is authorized for sale in the People's Republic of China (excluding Hong Kong, Macau and Taiwan) only. Unauthorized export of this Simplified-Chinese translation is a violation of the Copyright Act. No part of this publication may be reproduced or distributed by any means, or stored in a database or retrieval system, without the prior written permission of Cambridge University Press and China Renmin University Press.

Copies of this book sold without a Cambridge University Press sticker on the cover are unauthorized and illegal.

本书封面贴有 Cambridge University Press 防伪标签，无标签者不得销售。

图书在版编目（CIP）数据

社会认同论：人类群体与社会范畴 /（波）亨利·泰弗尔（Henri Tajfel）著；蒋谦，毕竞文译. -- 北京：中国人民大学出版社，2025.5. --（当代西方社会心理学名著译丛/方文主编）. -- ISBN 978-7-300-33961-0

Ⅰ. C912.6-0

中国国家版本馆 CIP 数据核字第 2025Y2R657 号

当代西方社会心理学名著译丛

方文　主编

社会认同论

人类群体与社会范畴

[波] 亨利·泰弗尔　著

蒋　谦　毕竞文　译

Shehui Rentong Lun

出版发行	中国人民大学出版社			
社　　址	北京中关村大街 31 号		邮政编码	100080
电　　话	010-62511242（总编室）		010-62511770（质管部）	
	010-82501766（邮购部）		010-62514148（门市部）	
	010-62511173（发行公司）		010-62515275（盗版举报）	
网　　址	http://www.crup.com.cn			
经　　销	新华书店			
印　　刷	北京昌联印刷有限公司			
开　　本	720 mm×1000 mm　1/16		版　次	2025 年 5 月第 1 版
印　　张	25.25　插页 2		印　次	2025 年 5 月第 1 次印刷
字　　数	369 000		定　价	119.00 元

版权所有　　侵权必究　　印装差错　　负责调换